CSSCI来源集刊

现代中国文化与文学

45

MODERN CHINESE
CULTURE AND LITERATURE

李怡 毛迅 主编

四川大学文学与新闻学院
四川大学大文学研究学派培育项目　主办

巴蜀书社

图书在版编目(CIP)数据

现代中国文化与文学.45/李怡,毛迅主编.一成都:巴蜀书社,2023.6
ISBN 978-7-5531-2076-8

Ⅰ.①现… Ⅱ.①李…②毛… Ⅲ.①中华文化-文化研究-现代-丛刊②中国文学-现代文学-文学研究-丛刊 Ⅳ.①G122-55 ②I206.6-55

中国国家版本馆 CIP 数据核字(2023)第 181196 号

现代中国文化与文学(45)

李怡　毛迅　主编

责任编辑	李　蓓	
出　　版	巴蜀书社	
	四川省成都市锦江区三色路 238 号新华之星 A 座 36 楼	
	邮编 610023　总编室电话:(028)86361843	
网　　址	www.bsbook.com	
发　　行	巴蜀书社	
	发行科电话:(028)86361852	
经　　销	新华书店	
印　　刷	成都蜀通印务有限责任公司　(028)64715762	
照　　排	成都完美科技有限责任公司	
版　　次	2023 年 6 月第 1 版	
印　　次	2023 年 6 月第 1 次印刷	
成品尺寸	185mm×260mm	
印　　张	23	
字　　数	600 千	
书　　号	ISBN 978-7-5531-2076-8	
定　　价	68.00 元	

── 目 录 ──

"川大学派" 专题研究

巴蜀兴鲁学，异彩生光辉

——论林如稷先生的文学贡献 ················· 周 文 1

论华忱之的中国现当代文学研究 ········· 燕 晓 曾绍义 12

鲁迅专题研究

灵魂的讽喻

——论鲁迅杂文的审美形式（之二） ············· 李国华 23

人—尸—鬼：鲁迅"骂之为战"中的语义递进 ········· 李 辉 43

作为记忆的叙事与文学化的思想启蒙：重读鲁迅小说《怀旧》 ········· 令狐兆鹏 56

郭沫若专题研究

郭沫若中学课堂笔记·经解篇简介及原文披露 ········· 王奕朋 68

"声音"的技艺与修辞：郭沫若的战时演讲动员 ········· 高 菲 张武军 81

郭沫若致吴一峰书信辨真及题画佚诗 ········· 蔡 震 93

郭沫若早期历史剧中的性别书写与国族建构 ········· 逯 艳 97

大文学视野

瘟疫的科学性来源

——近现代中美科学小说里的人种论述及其想象 ········· ［韩］徐维辰 110

场域竞争与文化创新：场域理论视角下的中国科幻文学 ········· 李 佳 121

论川藏茶马古道与藏地文学的现代新变 ·················· 赵志军 131

"学术性解读"的另一种方式

——以贾植芳小说对鲁迅的仿写与改写为中心 ·················· 汪静波 145

《孽海花》"梦魇"与解构"佳话"

——论张爱玲的自传性小说对祖辈事迹原型的改写 ·················· 陆 洋 157

文学档案

周作人 1943 年南行史料补遗 ·················· 曾祥金 171

民国文学研究

小报缘何写新诗

——《晶报》文人的新诗接受机制与另类建构 ·················· 王威龙 181

《一个青年的梦》：基于世界"文明标准"的东亚对话 ·················· 田 野 193

被遮蔽的冲突：《学衡》前史中的梅光迪与吴宓 ·················· 黄彦伟 205

中国左翼文学典型理论的发现与传播

——以胡风、周扬的典型论争及其双重矛盾现象为中心 ·················· 张 锋 215

维特情爱故事的资鉴与浮士德精神的感召

——论沈从文对歌德的接受 ·················· 龙永干 227

追寻"汗血诗人"的青春记忆

——牛汉大学时期文学活动与革命实践考述（1943-1946） ·················· 丁永杰 237

"酱色的心"与"另一种革命"

——陈启修的"新写实主义"论 ·················· 顾宇玥 256

共和国文学研究

"散文运动"与新世纪散文跨文体写作现象的生成 ·················· 林淑玉 270

去病化、新人塑造与民族国家想象

——论 20 世纪五六十年代中国体育小说 ·················· 李昌俊 281

地方的经验与往返的伦理

——论萧开愚的"内地"书写 ················· 康宇辰 293

族群的建构、体认与超脱

——试论阿来长篇小说中叙事身份的演变 ················· 杨轲轲 304

《红高粱家族》受到马尔克斯影响了吗? ················· 谢文兴 315

著述·综述

还原鲁迅,如何可能

——"世界文明视野下的鲁迅"国际学术会议综述 ········· 沈庆利 许 可 326

新时代中国老舍研究的历史演进与价值取向 ················· 谢昭新 333

考历史之暗角,探文学之新源

——评凤媛《从边缘到合流:圣约翰大学和燕京大学的新文学教育研究》

················· 熊静娴 345

编后语 ················· 姜 飞 355

投稿须知 ················· 357

—— Contents ——

Special Study on "Sichuan University School"

The Rise of Lu Studies in Bashu with Extraordinary Splendor

——On the Literary Contributions of Mr. Lin Ruji ················· Zhou Wen 1

On Hua Chenzhi's Study of Modern and Contemporary Chinese Literature

················· Yan Xiao Ceng Shaoyi 12

Special Study on Lu Xun

The Allegory of Soul

——On the Aesthetic Form of Lu Xun's Essays (Part II) ················· Li Guohua 23

Humanity · Corpse · Ghost: Semantic Progression in Lu Xun's "To Use Insults as a Way

of Fighting" ················· Li Hui 43

Narration Based on Memory and Literary Enlightenment: Rereading Lu Xun's Novel *Nostalgia*

················· Linghu Zhaopeng 56

Special Study on Guo Moruo

Middle School Class Notes by Guo Moruo · Introduction of the Interpretation of Confucian

Classics and Disclosure of the Original Text ················· Wang Yipeng 68

The Skill and Rhetoric of "Voice": Guo Moruo's Speech Mobilization During the

Anti-Japanese Wartime ················· Gao Fei Zhang WuJun 81

Authentication of Guo Moruo's Letter to Wu Yifeng and Anonymous Poem in Painting

················· Cai Zhen 93

Gender Writing and Nation Construction in Guo Moruo's Early Historical Dramas

················· Lu Yan 97

The View of Great Literature

The Scientific Sources of Plague

——Ethnographic Discourse and Its Imagination in Modern Chinese and American Science

Fictions ················· Xu Weichen 110

—— Contents ——

Field Competition and Cultural Innovation: Chinese Science Fiction from the Perspective

of Field Theory ·· Li Jia　121

On the Ancient Tea-horse Route in Sichuan and Tibet and the New Modern Changes

in Tibetan Literature ······························· Zhao zhiyun　131

An Alternative Approach to "Scholarly Explanation"

——About the Parody and Rewriting of Lu Xun in Jia Zhifang's Novel ··· Wang Jingbo　145

The Nightmare of A Flower in a Sinful Sea and the Deconstruction of Romance

——Eileen Chang's Autobiographical Rewriting on the Legendary Narration of Her Ancestors

·· Lu Yang　157

Literary Files

Addendum to the Historical Data of Zhou Zuoren's Southbound Journey in 1943

·································· Ceng Xiangjin　171

Literary Study of the Republic of China

Why the Tabloids Write Chinese New Poetry

——The Chinese New Poetry Reception Mechanism and Alternative Constructions of

Literati in *Crystal* ······························· Wang Weilong　181

A Youth's Dream: East Asian Dialogue Based on the World's "Civilization Standards"

·································· Tian Ye　193

Hidden Conflict: Mei Guangdi and Wu Mi in the Pre-History of *Xueheng*

·································· Huang Yanwei　205

The Discovery and Dissemination of Typical Theory of Chinese Left-Wing Literature

——Centering on the Typical Controversy of Hu Feng and Zhou Yang and Their Double

Contradictions ······························· Zhang Feng　215

The Enlightenment of Witte's Love Story and Faustian Spirit

——On Shen Congwen's Acceptance of Goethe ··············· Long Yonggan　227

Tracing the Youthful Memories of the Hot-blooded Poet

——A Research of Literary Activities and Revolutionary Practice during Niu Han's

College Period (1943-1946) ··············· Ding Yongjie　237

"The Heart Between Red and Black" and "Another Revolution"

——Chen Qixiu's Theory of "New Realism" ·················· Gu Yuyue 256

Literary Study of the People's Republic of China

"Prose Movement" and the Formation of Prose Cross-style Writing of Prose in the

New Century ·················· Lin Shuyu 270

De-pathologization, New Human Beings' Formation, and Nation-State Imagination

——A Study of Chinese Sports Fiction in the 1950s and 1960s ·········· Li Changjun 281

Local Experience and the Ethics of Back and Forth

——On Xiao Kaiyu's "Hinterland" Writing ·················· Kang Yuchen 293

The Construction, Recognition, and Transcendence of Ethnic Identity

——On the Creative Approach of Alai's Novels ·················· Yang Keke 304

Was Red Sorghum Influenced by Marques? ·················· Xie Wenxing 315

Writings · Summarization

How is it Possible to Restore Lu Xun

——A Summary of the International Academic Conference "Lu Xun from the Perspective

of World Civilization" ·················· Shen Qingli Xu Ke 326

On the Historical Evolution and Value Orientation of Lao She Research in China in the

New Era ·················· Xie Zhaoxin 333

Examining the Dark Corner of History and Exploring the New Source of Literature

——A Book Review of Feng Yuan's *From the Edge to the Confluence*: *A Study of*

New-vernacular Literature Education at St. John's University and Yenching University

·················· Xiong Jingxian 345

Afterword ·················· Jiang Fei 355

Instructions for Authors ·················· 357

巴蜀兴鲁学，异彩生光辉[①]

——论林如稷先生的文学贡献

周　文

"著译文章生异彩，浅草沉钟放光辉。"这是 1987 年林如稷先生逝世十周年之际，艾芜为纪念老友写下的"两句话"。可能，在作家艾芜的心中，他最看重的是林如稷的文学创作、译作以及杂文等其他创作，然而在相当长的时间里，因鲁迅而显得格外耀眼的"浅草沉钟光辉"几乎遮蔽了林如稷先生个人著译文章之"异彩"。更加遗憾的是，随着文化语境的不断变化，林如稷先生的鲁迅研究却未能长久地为后世学者所重视，尽管他是受到鲁迅亲自提携的"文学青年"，尽管他的鲁迅研究与陈涌、唐弢、王瑶、李长之等鲁研名家几乎同步……作为巴蜀学人，林先生在近代蜀学的浸润下成长而活跃于 20 世纪 20 年代的京沪新文学界，从法国留学归来任教于京蓉，致业于教授经济学却又始终情系艺林。林先生度过浩劫而仙逝，他丰厚的履历背后蕴藏着中国现代知识分子尤其是巴蜀文人的精神成长史，是值得后人珍视的一笔精神财富。

一、文学创作之异彩

林如稷是 1919 年随家到的北京，其时五四运动正如火如荼地展开。作为中学生，他是否直接参与了运动，在其本人的回忆和其子林文光先生为其所作"传略"中均未提及，但很快他便于 1920 年末和 1921 年初在《晨报》上发表了两篇白话小说——

---

① 本文系国家社科基金青年项目"北伐政治宣传与'革命文学'的兴起研究"（18CZW036）的阶段性研究成果。本文是为《中外文学论——林如稷学术文集》（四川大学文学与新闻学院组编《四川大学学术群落·中国现当代文学卷》之一）所写的评述文章，已编入该书（巴蜀书社即出）。

《伊的母亲》（《晨报》1920 年 12 月 17 日第 7 版）和《死后的忏悔》（《晨报》1921 年 1 月 19、20、21 日第 7 版），小说揭露了地主剥削和军阀混战给底层民众带来的沉痛灾难。由此，林如稷给后人留下了"高潮五四作先锋"的印象。作为时代大潮中年轻的一分子，中学生林如稷积极参与"五四"新文化运动，先进、正确地进入历史却又淹没在同质化的革命文学叙述之中。直到读者真正走进这两篇小说，才会发现，笔法略显稚嫩的小说背后有着深广的社会历史内涵，在作者以及同时代巴蜀文人微观川地生命体验的烛照之下，这两篇小说在"五四"新文化场域中的价值抑或说中学生林如稷参加"五四"的独特性才能得到彰显。

《伊的母亲》是一部只有 510 余字的短篇小说，情节场景也非常简单：一位名唤"云儿"的幼儿也即"伊"，向她的爸爸索要妈妈；与此同时，富翁家娶的第七房太太，也即云儿的母亲，为了一年的租钱被迫作抵，此时正在婚轿内哭泣。在以往的叙述中，一般都说这篇小说揭示了贫民之苦和阶级之恨，表现了作者对劳动人民的同情以及对剥削阶级的憎恨。如果读者单从这个角度来理解这篇作品，那么它与当时诸多问题小说以及后来更具革命性的文学作品相比，的确显得过于简短、稚嫩。有人将之视为文学青年对鲁迅作品的一种简单、幼稚的模仿，当政治话语隐退之后，甚至会怀疑中学生能否有如此前瞻的政治觉悟。的确，林如稷发表这篇白话小说时只有 18 岁，如果将作品题旨直接与阶级、革命关联，小说便有诸多"稚嫩"之处。如作者显然未能详述云儿一家的凄惨，云儿的手居然"又肥又白"，还有烧饼可吃，而且云儿居然没有如饿狼一般吞食烧饼。此外，既然是作抵，富翁何苦大费周章举行仪式迎娶已婚生育的女子为第七房太太呢？在情感上是否还有其他纠缠而作者未能言明呢？如此来看，这似乎是一篇情节经不起推敲、漏洞百出的小说。

其实，这篇很短的小说之所以能够得以发表并引起时人的情感共鸣，与民国时期四川地区普遍存在的"卖儿鬻女"、"买婢蓄妾"等复杂的人口交易有关。《国民公报》（成都版）于 1915 年 8 月 11 日就曾有倡议，"贩卖人口宜禁"，说"本年川东各属因年荒米贵，贫民艰难于衣食以至于卖儿鬻女"，有人贩"利用时机出资转卖"①。这一不认真阅读报纸都很难看到的"倡议"说明，当时的人口交易已有资本介入而产业化，当时的政府显然无意更无力管理。产业化的人口交易为了规避法律风险，多以婚嫁的形式进行。成都《国民公报》另一篇文章便揭露"重庆近日街上花轿往来不计其数"，无嫁妆乃至无执事，"仅抬一花轿每日必过数十起"②，足见当时此种交易的繁盛。长此以往，国人对这种人口交易渐趋麻木且自然而然地参与其中。同在 1915 年，

① 《贩卖人口宜禁》，《国民公报》（成都版）1915 年 8 月 11 日，第三版。
② 《抬过多少新姑娘》，《国民公报》（成都版）1916 年 2 月 1 日，第三版。

吴虞的日记详细记载了他"买婢蓄妾"的过程，在讨价还价及各种周旋的过程中，他直称中间人为"李人贩、汪人贩"①，先后以"买婢蓄妾"的形式纳了好几房妻妾。"又肥又白"的天府之国，"买婢蓄妾"成为常态，所谓"第七房太太"不过是下人奴婢的另一种称呼罢了。当时的读者不需要历史背景的还原便能理解作者所言之"问题"，也能理解小说的简短和婉约，但当这一切抽象到单一文学史叙述之中，便失去了作品特有的异彩。

如果说从篇幅上看，《伊的母亲》稍显单薄，那么林如稷的第二篇小说《死后的忏悔》则很快向当时的白话短篇看齐，在场景布置、情节悬念等内容细节方面都显示了作者快速成长的潜力。小说以"我"亦即小说主人公"老林"为第一人称视角，先设置了诸多悬念：当老林偶遇两年不见的同学老李时，居然只是"顺口说几句敷衍的话"，而且是"很吃力地才说出来"，尽管他们在同学时代是"一切物件都交换用的"。这是为何呢？原来，同学老李现在已经贵为连长，驻扎高升店，身边还带着勤务兵。不过，面对老同学相聚的邀请，老林先是"欢喜极了"，但"到门口又退了几步，末了仍转回来……心头很不愿去看他"②，后在勤务兵的带领下才走进兵营。两位老同学相聚，谈到了同样偶遇老李的同学大高和小高，二人给老李送来礼物并各自附信一封，大高称赞老李"班生此行，不异登仙"，而小高则大骂老李为"军阀"，是"万恶的傀儡、人道的蟊贼、野心家的奴隶"。小说通过大高和小高的对立，将老林对老李冷热矛盾态度的原因揭示出来，显示了作者在创作上的匠心，尤其在细节的处理上，提升了小说的表现力和批判的深度。再如，小说最后，老李在火线上战死，留下新娶的太太和五十岁的老母，无尽悲痛中的老林却在二十多天后突然收到老李的一封信。这种意外的惊喜抑或惊吓带给读者无限的遐想，难道老李还没有死？再有奇迹发生？老李冷静下来，认真分析后才恍然大悟——原来，因为战事，老李早已投递的信件，二十多天后才开始递送。小说在这一刻，将"反战"的主题开掘到一个新的深度，而老李信中"灰心如土……不日乞假退伍，或再立志求学"的忏悔通过"天堂的邮差"送达，不仅呼应了开头"身体发肤受之父母"与"杀身成仁战死沙场"的矛盾，更使军阀混战带给人民的痛浸入读者心灵深处。

与当时大多数问题小说突出"爱"与"美"不同，林如稷初登文坛便以两部短篇小说直面旧中国最扎心的顽疾恶痛——人口交易与军阀混战，这其中不仅有初生牛犊的锐气才情与道义担当，更有着丰厚的生命体验。正是这种植根于巴蜀大地的生命体

① 中国革命博物馆整理，荣孟源审校：《吴虞日记》（上册），四川人民出版社 1984 年版，第 182 页。

② 林如稷：《林如稷选集》，四川文艺出版社 1985 年版，第 6-7 页。

验使得林如稷小说在所能触及的批判深度上超过当时大多数新文学创作者，题材的敏感和表达的力度都为《晨报》刊登这两篇小说提供了充足的理由。当然，小说的色调和文风跟鲁迅确有相似之处，这种源于灵魂深处的冷灰色调使得林如稷与鲁迅由不相识到结下不解之缘。正是从这个意义上来说，林如稷后来的人生际遇，似乎从他初登文坛开始就"早已注定"。

二、文学之信仰

从某种意义上说，青年林如稷是带着某种文学理想与抱负登上文坛的。他的文学理想与抱负并非清晰明确的文学观念抑或系统严密的文艺思想，而是基于沉痛生命体验而抉择出的行动指南——文艺作为一种参与社会改造的方式而被信仰。在这一点上，林如稷与艾芜同样坚定而明确。小说《死后的忏悔》反映的军阀混战悲剧正是艾芜所极力抗争的命运——艾芜曾多次回忆，决定他人生命运的重大选择便是求学与当兵："许多亲戚本家，在言谈之间，都对军队抱着相当的好感，认为这是做人一条不错的出路。外祖母的第三个女婿贺印根，丢了小学教师的位子，到刘禹九的军队里去做书记官。而我那毕业于南城小学的八叔汤坤萱，也跟着去进学兵营，再不希望什么文官试用了"[1]；"当时四川军阀大量招兵买马，各据一方，有时战争，攻城夺地，大发横财。我的两个舅父，投入刘湘部队，尤其二舅父，因管军需，搞了千把块，引起亲戚眼红。其他的亲友，如我的三姨父，我的堂叔父，纷纷入伍从军。我的父亲就主张我进军阀办的步兵学校"[2]；"我大舅父后来升到了连长，但接着不多几天，就在成都南门外龙泉驿一役，和滇军作战，饮弹阵亡了。这使母亲和嬢嬢她们暗中痛哭，却不敢把这悲痛的消息，漏给外祖母"[3]。中学即将毕业的艾芜，家庭面临破产的风险，娶妻养家甚至入伍当兵成了艾芜所必须做出的抉择，而艾芜选择"南行"半工半读游学正是对这种命运的抗争。这是促使艾芜南行的直接外因。正是基于同样的生命体验，艾芜对林如稷的创作有着深切的认同，称赞其所散发的是中国现代文学并不多见的"异彩"。众所周知，作出类似抗争的还有朱德、郭沫若等一大批巴蜀俊杰，而他们的选择为现代中国文化思想、中国革命增添了一道靓丽的巴蜀风景线。

整理林如稷先生中外文学文论，不难发现，初登文坛的理想与抱负对林如稷的文学观念、文艺思想产生了极为深刻的影响。林如稷的文学译介工作在译介作家、作品

---

① 《艾芜全集》第 11 卷，四川文艺出版社 2014 年版，第 85 页。
② 《艾芜全集》第 11 卷，四川文艺出版社 2014 年版，第 112 页。
③ 《艾芜全集》第 11 卷，四川文艺出版社 2014 年版，第 199 页。

的选择和作家"生活"、"轶事"等细节的强调上，都能见出其对文学"遥远的信仰"始终植根于中国的现实。"不知怎样的，自从闻一多先生在昆明惨遭暗杀以来，这一个多月当中，我总常联想到法国大革命时代，热情的青年诗人安德娄·雪尼（André Chénier）① 被送上断头台这一件事。"除了在文章开头直陈写作用意，林如稷在《时代悲剧与诗人之死——从闻一多之死谈到雪尼的被杀》一文的末尾更毫不隐讳地感叹"一个国家里一位优异的天才，是如此不幸断送在政治浪潮之中了"。而对于国民党反动政府，甚至对于蒋介石，他更大胆地宣称："许多后代的人，尤其是一般历史家，对于大革命领导者罗伯斯比尔之杀诗人，还总不能宽恕，表示歉惜，认为是光荣的大革命的一个永不能洗濯的污点！至于像我们的诗人学者闻一多先生的更惨痛的遭遇，则真恐怕是已达到中华民族的奇耻大辱的程度了吧！"② "雪尼"在中国读者眼中或许是一个陌生的名字，却是一个让 18 世纪法国诗坛"蓬荜生辉"的名字③。林如稷的"总联想到"无疑是对诗人闻一多的崇高礼赞，尤其是在白色恐怖弥漫的时刻。在闻一多被暗杀后的一个多月里，林如稷先生一如"五四"时期直面黑暗的勇气，用文字将以鲜血反对独裁者的"雪尼"、"闻一多"赞颂于报端，使其永垂于青史。

　　林如稷甘冒"雪尼"、"闻一多"流血之风险勇于发声，与他将文学视为一种"使中土文化之复兴和光大"④ 的伟大事业有关，而从事这项事业的人则需要有"宗教般的虔诚"⑤。考诸林如稷并不浩繁的中外文学文论，便可发现，他的每一个文学选择，每一份文学付出甚至每一个文学符号都与这份有着"宗教般的虔诚"的文学理想有关。1935 年，受中法文化出版委员会委托，林如稷选择翻译《左拉集》中由 20 篇长篇小说组成的连续性系列巨著《卢贡·马加尔家传》，但他并未选择这 20 篇小说中如《小酒店》、《萌芽》、《娜娜》、《金钱》这样的名篇，而是选择了第一部《卢贡家族的家运》。至于为何选择"这并非特别有名的《卢贡家族的家运》"？除了它是"起源"和"实现左拉文艺理论很具体的一本"等原因外，"最可注意和最要紧的是：左拉这一卷的开始写作是在一八六八年，离'第二帝政'的倾覆还有两年。这位自然主义的大师却在拿破仑三世失位以前两年便著作这样一部攻击'帝政'的小说——并且是指名的露骨攻击——又还在普法战争之先就在《世纪报》上开始发表，这正是后来掀动

---

① 安德娄·雪尼（1762-1794），现在一般译为安德烈·谢尼埃，法国大革命期间敌视雅各宾派专政，反对罗伯斯庇尔，并写出《讽刺诗》，在罗伯斯庇尔垮台前两天被送上了断头台。

② 林如稷：《时代悲剧与诗人之死——从闻一多之死谈到雪尼的被杀》，《民主报》1946 年 10 月 4 日，第四版。

③ 《柳鸣九文集卷·法国文学史（上）》，海天出版社 2015 年版，第 394 页。

④ 林如稷：《碎感之一》，《国民日报·文艺旬刊》第 16 期，1923 年 12 月 6 日。

⑤ 林如稷：《"五四"文艺节的意义》，《华西晚报》1947 年 5 月 4 日，第 3 版。

'德莱菲事件'风暴的左拉的一种特有的大无畏态度，当得起作家这个名字的文人应有的态度！"① 选择即命运，作为中国第一个翻译左拉作品的学者，林如稷对左拉研究的实际贡献有待后世学者进一步梳理。林如稷对左拉庞大的译介也因战事而中辍直至完全放弃，然而他似乎并不后悔抑或放弃自己的选择，在内心深处他更不曾放过任何延续的希望。"关于翻译左拉著作，我以前所搜集和手抄的大部分参考资料，以及若干重要书籍和字典，除去运在香港的于战争中完全毁损外，有一小部分还保留在北平。于是，仅只为这一点，我便急想早日回到北方去。"② 资料的毁灭、译述的中辍以及现实政治的黑暗使得林如稷对左拉一介文人大无畏的道义担当更加推崇，在他的眼中，左拉才"当得起作家这个名字"，才是"真正的文艺工作者"③。

正是在这样的文学精神指引下，林如稷于 1946 年春季——"个人生命上最暗淡的一季"——写作《左拉怎样反对不义战争》，旗帜鲜明地反对内战，借以呼唤中国出现更多闻一多、雪尼、左拉一样"真正的文艺工作者"，"在暴力之前，永远也不会低头，仍要直挺着高尚的身子，吼出对嗜杀好战的独裁者的忿怒"④。林如稷不仅如此呼吁，他本人也正践行着这一伟大的文学精神。1947 年双十节之际，他再次借左拉发声，在《大公晚报》上发表《左拉逝世四十五周年忌》："全世界有良心的人士纪念左拉上面，不仅只是为了回顾追思，而是更着重的为了广大人民解放和自由的前途的瞻望，而这一伟大的传统式的纪念，也自然不须拘定一种虚伪或例行的礼节，因为它本身便正充实的具有鲜活的现实意义。"虽然 1947 年环境更加恶劣，但他仍不失时机地在文末说道："略一顾我们自胜利后一二年来文化界窒息和沉寂的状况，不要说对已逝世的伟大作家文人——如鲁迅先生和遭不幸的郁达夫先生——是一片冰凉透了的冷漠，就是苟全的许多文化人士，不是也正在感到救生不遑么？"⑤ 同年，受华西协和大学助学会进步学生的邀请，林如稷做过一次名为"左拉生活"的文艺演讲。林如稷讲到，作家有自己的私生活，更有权保护自己的隐私，如"福禄贝尔和莫泊桑"，但他同时认为，一个文人，自然是一个社会人，左拉的伟大正在于他是"时代之子"，在于他是"争取人类解放而具有全世界历史意义的斗争的参加者"。林如稷再次表达了他对左拉作为真正的文艺工作者积极参与社会的赞扬与肯定。在这次演讲中，林如稷并未细读左拉的某部作品而是强调了左拉"一生中有重大意义"的两三件事儿，即他在年轻困顿之际选择以创作《卢贡·马加尔家传》来反抗拿破仑三世"第二帝政"的独裁

---

① 左拉著，林如稷译：《卢贡家族的家运》，四川文艺出版社 2018 年版，第 3-4 页。
② 林如稷：《左拉怎样反对不义战争》，《萌芽》第 1 卷第 2 期，1946 年 8 月 15 日。
③ 林如稷：《左拉怎样反对不义战争》，《萌芽》第 1 卷第 2 期，1946 年 8 月 15 日。
④ 林如稷：《左拉怎样反对不义战争》，《萌芽》第 1 卷第 2 期，1946 年 8 月 15 日。
⑤ 林如稷：《左拉逝世四十五周年忌》，《大公晚报》1947 年 10 月 10 日。

统治以及在法国危难之际返回巴黎，"愿与巴黎的受难民众同甘共苦地生活在一起"。林如稷特别详细地讲解了国内民众并不熟悉的"德莱菲事件"。这个军事案件牵涉"法国陆军部的军统局"，是个间谍案，反间谍部门的高级官员涉及其中。左拉为受冤的低阶军官辩护，面对的是狂热的民族主义情绪，然而他一如既往地为坚守正义而奋不顾身！这不禁让人联想到当时的国内形势，林如稷将"德莱菲事件"视为"近代法国思想界的进步与反动的分野"①，并确定地在演讲中说："确信真理和正义在任何社会事件上，终是永恒的胜利者。"他赠言华西协和大学进步学生一句左拉的名言——"为'真理'和'正义'受苦难的人是可以成为至上和圣洁的人"②。正是这样一句赠言，成为我们走进林如稷在中华人民共和国成立后文学活动的一个指引。

三、未竟的鲁迅研究

林如稷坚信，真正的文艺工作者应该积极参与社会活动，雪尼、左拉如此，鲁迅、闻一多、郁达夫等亦是如此，他们都"是一个为争取人类解放而具有全世界历史意义的斗争的参加者"③。林如稷希望所有的文艺工作者都能像左拉一般，"把这爱真理，爱正义的精神，传给后人，传给全人类"④。在这样的文学信仰之上，林如稷认为左拉的名言便不是一句空话，而应成为一种行动——既然"为真理和正义受苦难的人是可以成为至上和圣洁的人"，我们便应以实际行动向他们学习，纪念这些真正的文艺工作者。在林如稷的眼中，鲁迅正是"为真理和正义受苦难的人"，毫无疑问应"成为至上和圣洁的人"。正是从这个意义上说，林如稷对鲁迅先生的纪念是在一种持久的文学信仰之中进行的，是一种发自内心的认同与追随。在多少年之后的今天，在神化鲁迅之后各种后学思潮弥漫的文化语境中，再来阅读林如稷先生的鲁迅研究，难免有些不解或轻蔑，认为"林老对鲁迅的崇拜已经上升到'神'一样的存在"⑤。

其实，林如稷先生的鲁迅研究开始得很早，与唐弢、王瑶、林辰等几乎同时起步。如果研究者不能在中华人民共和国成立初期的文化语境中透过文字表面来理解林如稷鲁迅研究的阐释逻辑，在其文艺思想的发展脉络中理解其鲁迅研究的行动价值，而将其与中华人民共和国成立后尤其是"文化大革命"时期的鲁迅研究直接等同，那自然难免产生误解，从而忽略了林如稷鲁迅研究的时代价值与历史意义。

---

① 林如稷：《左拉的生活》，《新民报》副刊《天府》，1948 年 4 月。
② 林如稷：《左拉的生活》，《新民报》副刊《天府》，1948 年 4 月。
③ 林如稷：《左拉的生活》，《新民报》副刊《天府》，1948 年 4 月。
④ 林如稷：《左拉的生活》，《新民报》副刊《天府》，1948 年 4 月。
⑤ 童秀芬：《林如稷的鲁迅研究》，《长江丛刊》，2016 年 12 月，总第 355 期。

　　鲁迅是"为真理和正义受苦难的人"，"是一个为争取人类解放而具有全世界历史意义的斗争的参加者"，将纪念鲁迅作为一种参与社会改造的文艺实践是林如稷文学信仰在中华人民共和国成立后的新发展，而这种仪式化纪念本身则并非临时起意或者跟随风尚，而是有着现实斗争的历史印记和文化渊源。比如，延安在抗战时期就曾以鲁迅诞辰纪念日 8 月 3 日为"文艺节"①，而国民党由于在将"五四"设定为"青年节"上的复杂态度，曾"默许"1944 年中华全国文艺界抗敌协会第六届年会将每年的 5 月 4 日确定为"文艺节"②，但发现郭沫若等进步作家将"文艺节"巧妙地与"反战"，与切实保障人权、保障作家人身自由和创作自由等联系起来时，就又试图将"五四"新文化运动"空洞"化以及"无气节"，或别有用心地将之简化为"白话文运动"。对此，林如稷明确表示不满，他认为"五四"的本质是"中国不愿做内外主子的奴隶的人"，"要求民族解放，要求思想解放和要求政治民主的斗争信号"，并最终"以广大人民的正义力量来实践了的"③。最后，林如稷深情地写道："凡是一个节日总是有着神圣意义和价值，我们文艺工作者值着这个节日，不仅要认清它，记得它，而且是当以宗教般的诚心来纪念庆祝……恐怕也只有这种宗教般的虔诚，才能支持我们循着我们文艺工作的应走的正道迈进呢。"④ 林如稷正是以这样"宗教般的虔诚"来对待文学、对待鲁迅精神的。这份"神圣意义"是理解中华人民共和国成立后林如稷文学活动和文艺思想的关键。

　　诸如"文艺节"、"青年节"等纪念日合法性的斗争，让林如稷意识到，对鲁迅文学贡献的肯定、对鲁迅具有世界历史意义的文学遗产的传承正面临巨大挑战，而对鲁迅精神旗帜鲜明且大张旗鼓的肯定是直面上述风险最有效的办法。林如稷先生是在"五四"新文化的滋养下成长起来的文学青年，对鲁迅作品的长期阅读和深刻体悟，让他对鲁迅精神有着一种高度的体认、一种仰视的姿态。正因如此，他表现出一种极为谦卑的态度，如自称"一小群默默无闻的幼稚后辈"、"情感脆弱和患幼稚病的文学青年"、"一小群迷途彷徨的青年"，对于他们自己所办的刊物也认为是"极端幼稚的"。这种谦虚的姿态唯有在文学的信仰之下方能很好地被理解，而其彰显"五四"历史功绩的意图则应放置于抗战胜利后国共两党对"五四"阐释权的斗争之中来看待，而不只是中华人民共和国成立后新民主主义革命历史叙述文学表达的一种。在

---

　　① 《中华全国文艺界抗敌协会延安分会第五届会员大会记录（专载）》，刘增杰等编：《抗日战争时期延安及各抗日民主根据地文学运动资料》（上），知识产权出版社 2010 年版，第 462 页。

　　② 《文协六年，在文化会堂举行年会，邵梁潘诸氏莅会致词》，《中央日报》1944 年 4 月 17 日，第 3 版。

　　③ 林如稷：《"五四"文艺节的意义》，《华西晚报》1947 年 5 月 4 日。

　　④ 林如稷：《"五四"文艺节的意义》，《华西晚报》1947 年 5 月 4 日。

《鲁迅给我的教育》一文中，林如稷以"浅草、沉钟"社为例，以自己的亲身经历为例，详述鲁迅对文学青年的爱护和帮扶，尤其是对鲁迅在《一觉》中"默默地"一词的解释，颇为生动①。在这篇为后人所熟知的文章中，林如稷深情回忆了鲁迅对文学青年的提携，进而把这份感激之情升华为鲁迅精神的一部分并躬行之。在《慎重对待小读者的感情——与青年习作者的通信》这篇与名为"李禾"的文学青年的通信中，林如稷先是称赞道："你能从艺术的现实功效上出发不局限在……真人真事范围之内，根据原有素材记录在写作过程中进行艺术加工，你这种写作意图和努力，我以为是很好和应该肯定的。"② 在肯定了文学青年的努力后，林如稷主要以其创作为例，交流如何避免作品"冗长"和"沉闷"，如何克服创作过程中枝蔓的缠绕，以挣脱原始素材的拘束，从而增强作品的艺术感染力。可以看出，在情感与信仰的双重逻辑之下，林如稷在用自己的实际行动践行鲁迅精神，进而传承其所代表的文艺理想。

虽然林如稷对鲁迅的景仰和礼赞有深厚的思想与情感基础，但不可否认的是，他是中华人民共和国成立后鲁迅研究的积极推动者，对鲁迅的革命意识形态化阐释与当时大多数研究者并无根本不同，在语言表达上更饱含鲜明的时代特征。如，《学习鲁迅的最主要之点》一文，便将学习鲁迅与1957年正在进行的反右斗争和社会主义思想政治教育相结合，抨击一些人"以文学工作来追求个人名位和权势发展为反党的野心家"，认为从鲁迅那里取得"战斗的力量和有益的教训"是"向鲁迅学习的最主要之点"。《关于鲁迅思想发展的几个问题》一文则肯定瞿秋白、茅盾关于鲁迅思想分前、后期质变的观点，强调鲁迅向马克思主义转换的过程，进而为其思想改造的可能性张目。

然而，作为中华人民共和国成立后四川大学中文系和中国现当代文学的创建者之一，林如稷先生对鲁迅研究另外一个值得后人铭记的贡献是他在高校中文系讲授"鲁迅研究"课程，四川大学因此成为中华人民共和国成立后最早开设鲁迅研究课程的高校之一。在教学过程中，林如稷"还写出了10多万字的《鲁迅研究》，可惜最后四章因病和十年动乱而未能完成"。据其子林文光先生回忆，1960年，林如稷因突发脑出血住院，"昏迷20余日后脱离危险。出院后留下后遗症，左手瘫痪，腿脚行走不便"③。因此，今天我们根据四川大学教务处油印稿整理的《鲁迅研究》讲义便只有第1章、第2章第1、2节和根据部分手抄稿整理录入的第2章第3节。这正是1960年

① 林如稷：《鲁迅给我的教育》，《林如稷选集》，四川文艺出版社1985年版，第268-276页。
② 林如稷：《慎重对待小读者的感情——与青年习作者的通信》，《草地》1959年6月号。
③ 林文光：《欣看浅草色常碧，爱听沉钟声胜诗——记父亲林如稷》，曹顺庆等编：《濯锦录——名宿与旧事中的百年川大》（第二卷），四川大学出版社2016年版，第29页。

1月至5月林如稷为四川大学中文系四班讲授"鲁迅研究"课程所写的讲义。

作为高等学校中文系入学基础课程，林如稷课堂讲授的"鲁迅研究"与公开发表的论文在细节上有所不同，其细腻的文本解读并不十分拘泥于时代政治话语而富有洞见。比如，在对鲁迅《故事新编》做讲授和解读时，林如稷特别提到当时对于《故事新编》有两种完全不同的看法。一种认为《故事新编》的基本创作方法是典型化的方法，那么显然，《故事新编》是再现史实的历史小说。至于小说中鲁迅所说的"油滑"，包括非现实主义和非历史意义的内容则是作品客观上确实存在的缺点，甚至也都是毫无必要的。另一种观点则认为，《故事新编》虽然取材于古代的神话传说和历史史实，但作者并不是在写古人，也并不是为了再现历史事实，只不过假借历史小说这一形式反映作者当时所处的现实，从而抨击之。对于这两种不同的观点，林如稷既没有直接反对，也没有直接赞成，而是根据他对鲁迅作品的阅读经验，将《故事新编》中的八篇作品，按照鲁迅写作和发表的不同时间以及当时的文化语境，进行了文本细读，进而说明鲁迅《故事新编》是一种特殊的小说形式。这种特殊的小说形式就是在历史题材中加入现代内容，将历史和现实巧妙结合，从而达到一种自然完整的艺术境地，并具有自己鲜明的艺术特色。在类似的文本细读之中，林如稷完成了对时代政治话语的超越，从而实现了对鲁迅精神的传承。

更难能可贵的是，在教学课堂上，林如稷对于当时鲁迅研究界的流行观点提出了不同看法。比如，丁易《中国现代文学史略》中曾提到苏联汉学家波兹涅也瓦"认为《非攻》和《理水》中的两个伟大历史人物形象就是隐喻当时毛泽东同志和朱德同志及其所领导的红军"，丁易认为波兹涅也瓦"这意见基本上是对的"①，而林如稷当时就在课堂上反驳道："其唯一的根据是《理水》写于一九三五年十一月，而长征胜利地到达陕北，则是同年十月，鲁迅先生当时又曾致电毛主席和朱德同志庆祝红军长征的胜利"，"这种说法未免牵强附会，缺乏充分依据"②。林如稷在践行鲁迅精神的实际行动中，最看重的是传承，正如鲁迅之于"浅草"、"沉钟"，林如稷之于"青年习作者李禾"、之于四川大学中文系四班（1960）。坚持真理、不惧流俗的文学精神在四川大学中文系得以传承。

成都解放以后，林如稷参与创建四川大学中文系、中国现当代文学教研室，为中华人民共和国西南地区高等教育贡献良多。他与华忱之、王瑶、单演义等同是中华人民共和国现代文学学科的奠基人，是第一代中国现代文学学者。今天，我们整理林如稷的中外文学论，是为了沿着先生开辟的路径，在研究与教学中注重文献史料的甄别

---

① 丁易：《中国现代文学史略》，作家出版社1955年版，第195页。

② 上述所引林如稷《鲁迅研究》讲义内容均根据四川大学教务处油印稿整理录入。

与打捞。我们希望能以这种方式向先生致敬！

　　（林如稷先生之子林文光老师为本文写作提供了多种重要资料，其中包括未刊稿《鲁迅研究》讲义等，在此谨向他深表感谢！）

　　　　　　　　　　（作者单位：四川大学文学与新闻学院、中华诗歌研究院）

论华忱之的中国现当代文学研究①

燕晓　曾绍义

在中国现当代文学研究史上，四川大学已故教授华忱之先生不仅是四川大学中国现当代文学学科建设的重要奠基人，在经典作家鲁迅、郭沫若、茅盾和曹禺的研究中也建树颇丰，其中尤以对曹禺的剧作研究最为突出，同时对中国抗战文艺研究也做出了很大贡献。

一、在"鲁、郭、茅"研究中的建树

华忱之先生原本侧重于中国古典文学研究，中华人民共和国成立后，基于中国新文学学科的建立，工作需要他转向，他即于20世纪50年代末发表了研究鲁迅和郭沫若的论文。1973年，他又与李昌陟教授共同主编了《鲁迅小说选》，作为当时工农兵大学生的教材。在《鲁迅小说选》中，华忱之除了为所选作品做必要的注释，还为每篇小说做了题解。这些题解虽然也带有那个时代的政治色彩，习惯于挖掘革命主题和阶级内涵，但依然流露了一些珍贵的个人感受与理解。比如，作者不仅强调了《孔乙己》反封建的思想主题以及鲁迅对孔乙己的严厉批判，也看到了鲁迅对孔乙己的遭遇所怀有的"深切同情"②；不仅揭示了《伤逝》"反对封建专制，争取婚姻自由、妇女解放"的思想主题，也感受到鲁迅对涓生和子君"所信奉的爱情至上主义的婚姻恋爱

---

① 本文是为《中国文学论——华忱之学术文集》（四川大学文学与新闻学院组编《四川大学学术群落·中国现当代文学卷》之一）所写评述文章的节选。全文编入该书（巴蜀书社即出），题为《论华忱之的中国文学研究》。

② 四川大学中文系选编：《鲁迅小说选》，成都日报社1973年版，第19页。

观，以及他们思想性格上的某些弱点"① 所持有的批评态度。这些富有个人洞见的文学批评在当时崇尚宏大叙事的狂热年代里实属难能可贵。除了对鲁迅小说的研究，华忱之对鲁迅杂文的研究也很有特色。他认为鲁迅的杂文极富价值，不仅意涵深远，而且达到了相当高的艺术水准，绝非如夏志清在《中国小说史》所说的"十五本杂文给人的总印象是搬弄是非，罗罗嗦嗦"②。1975 年，华忱之主编了《鲁迅杂文选》，仍然对所选杂文做了题解与注释，并发表了两篇研究鲁迅杂文的论文。1981 年，华忱之发表了《鲁迅后期杂文的思想深度》，探讨了鲁迅在后期杂文中对辩证法、两点论和唯物主义的运用，对"左倾"思想和教条主义的警惕等，从而在很大程度上揭示了鲁迅后期杂文的思维特点。1984 年，华忱之又写了《鲁迅与徐懋庸》，描述了徐懋庸学习鲁迅杂文的经历和道路，展示了鲁迅对徐懋庸杂文创作的具体影响。

华忱之先生视野宏阔，将鲁迅放在古今中外的大格局中进行研究，既看到了鲁迅对本民族传统文化的继承与发展，又点明了鲁迅对外国文化的借鉴与转化。1961 年，华忱之发表了题为《鲁迅在文学研究和创作上的民族化群众化方向》的重要论文，指出鲁迅在文学理论上"创造性地批判继承中国民族文艺遗产"③，在文学研究上专注于考订、整理、辑佚、校勘以及研究中国古典小说，最终也在作品中呈现出民族化和大众化的艺术特色。20 世纪 80 年代以后，华忱之又发表了《鲁迅对中外文化的理论主张与批评实践》（1986）和《在中外文化交融中的鲁迅创作——简论鲁迅作品对外国文学的借鉴》（1993）等论文，分别从鲁迅"借鉴世界进步文化"的文学理论主张、以"博采众家"、"取长弃短"④ 的方式翻译外国文化思想和文学作品的批评实践，以及鲁迅在小说、杂文和散文诗上受到的具体影响三个方面，详尽勾勒出了鲁迅文学创作的世界文化质素。最终，作者得出结论，认为鲁迅"既和中国古典文学、民间文学保持着传统的历史联系，又广泛吸取世界文化思潮、文艺创作的有益营养"，不仅在融汇中西的过程中形成了个人的独特风格，还"为中国现代小说引进许多新形式和新手法，推动着中国现代文学逐步走向现代化和世界文学走向中国"⑤。通过这一系列论文，华忱之深刻阐明了鲁迅融合古今中外的文学特质以及鲁迅之于中国现代文学的重要意义。

华忱之先生也将这种融汇古今中外的研究方法用在了其他作家的研究上。他在 20

① 四川大学中文系选编：《鲁迅小说选》，成都日报社 1973 年版，第 189 页。
② 夏志清著，刘绍铭等译：《中国现代小说史》，香港中文大学出版社 2001 年版，第 45 页。
③ 华忱之：《鲁迅在文学研究和创作上的民族化群众化方向》，《四川文学》1961 年第 10 期。
④ 华忱之：《鲁迅对中外文化的理论主张与批评实践》，《天府新论》1986 年第 6 期。
⑤ 华忱之：《在中外文化交融中的鲁迅创作——简论鲁迅作品对外国文学的借鉴》，《四川大学学报》（哲学社会科学版）1993 年第 1 期。

世纪 80 年代的曹禺研究中比较重视曹禺对表现主义的借鉴和转化，到了 90 年代，则对曹禺研究有了进一步的思考。在《曹禺剧作与民族文化的几点浅见》中，他强调曹禺在剧作中塑造了许多拥有鲜明民族性格的人物，运用了一些中国传统文艺手法（比如"比兴"），全剧充满着富有民族传统的诗意美。在对曹禺数十年来不间断的思考、研究中，华忱之先生最终发现曹禺的作品其实是中西文化交融的产物，作家在借鉴世界文学的同时还继承了本民族的文化传统，甚至还"把外国戏剧艺术技巧通过民族化过程加以转化，用以表现民族的社会生活的经验"，创造出了"独特的民族风格和个人风格"①。他在茅盾研究方面也是如此，如在《继承传统　借鉴外国》（1984）中就指出了茅盾贯通中西、融汇古今的文学批评特质。

除了对鲁迅有过深入研究，华忱之先生在对郭沫若的研究上更是有着诸多开拓之举。他秉持着大文体的观念，对郭沫若作品中一些边缘的甚至未被关注的文体作品做了细致研究。在现代文学研究中，除了鲁迅的杂文，其他作家的杂文少有得到过研究者的充分重视。1982 年，华忱之发表了《论郭沫若抗战时期的杂文》，从动员大众抗战、纪念鲁迅先生以及争取民族团结三个方面阐释了郭沫若抗战时期杂文的主要内容和重要意义，率先开启了对郭沫若杂文的研究。即如前辈学者秦川先生所说，"华忱之对郭沫若抗战杂文的研究……填补了郭沫若研究的某个空白，使郭沫若研究又进了一步"②。在诗歌研究方面，华忱之不仅关注到了郭沫若最具代表性的新诗，完整概括了郭沫若在各个历史时期的不同阶段的特征③，也关注了郭沫若的旧体诗词创作。1979 年，他就发表了研究郭沫若旧体诗词的重要文章《"八千里路赴云旗"——读郭沫若〈归国杂吟〉及其他》，较早关注到了郭沫若旧体诗词的研究价值。该文曾被《四川文学》、《中国人民大学复印报刊资料》转载，并收入《郭沫若研究论集》和《中国当代文学研究资料·郭沫若专集》等重要的郭沫若研究著作。1988 年，华忱之又发表了研究郭沫若旧体诗词的专论《"高歌吐气作长虹"——论郭沫若抗战时期的旧体诗》，对郭沫若的旧体诗词做了更为全面的研究。在这些研究中，作者依靠自身扎实的古典文学研究功底，不仅结合史实与社会环境，对郭沫若旧体诗词中感时忧国、友人唱和、记题诗画、咏史、怀古、纪游、咏物和怀念亲友等各种传统诗歌题材做了符合抗战时代背景的贴切解读，还精辟总结了郭沫若旧体诗词"含咀风骚，出入唐宋，渊源所自，

---

① 华忱之：《曹禺剧作与民族文化的几点浅见》，田本相、刘家鸣主编：《中外学者论曹禺》，南开大学出版社 1992 年版，第 38 页。

② 秦川：《现代文学散论·建国三十五年来郭沫若研究评述》，重庆出版社 1988 年版，第 345 页。

③ 参见华忱之：《谈谈郭沫若诗歌创作的发展——为迎接〈沫若文集〉出版而作》，《草地》1957 年第 5 期。

不主一家"① 的创作风格。尤应指出的是，华忱之先生并非只是单纯地发掘和阐释郭沫若所写的旧体诗词，而是通过将这些旧体诗词与郭沫若同时期的其他作品"互相说明补充"②、相互印证参看，进而对郭沫若及其作品做了更为深刻、全面的研究。

华忱之先生对茅盾的旧体诗词也有过详尽研究。在 1996 年发表的《"爱国精神照肝胆"——读茅盾同志的诗词》中，他从题材内容、写作风格、创作手法、思想立场等方面对茅盾旧体诗词进行了全方位的研读，展示了茅盾从 20 世纪 40 年代开始到 80 年代间"心灵历程的演变发展"③，以及茅盾试图将古典诗词现代化的独特探索与尝试。

总之，华忱之先生对鲁迅的小说和杂文的精彩研究，揭示出了鲁迅融合民族性与世界性的文学特质。其率先对郭沫若杂文的论述，对郭沫若、茅盾旧体诗词的研究，既点明了现代作家旧体诗词之于现代文学研究的重要意义，也在一定程度上拓展了现代文学研究的广度和深度。

二、对曹禺研究的重要贡献

华忱之先生对于曹禺的研究是出类拔萃的，可谓走出了一条个性鲜明且充满创造力的曹禺研究之路。早在 20 世纪 80 年代，他就开始了对曹禺的研究。那时候，学界研究曹禺剧作的焦点还主要集中在《雷雨》和《日出》上，其他剧作多无人问津。华忱之则率先以曹禺的另一部剧作《北京人》作为研究对象，1962 年就发表了《重读曹禺的〈北京人〉》，细致分析了《北京人》中的人物形象和表现手法，是当时"比较突出"、"较有分量"④ 的关于《北京人》的研究成果。20 世纪 80 年代以后，华忱之又陆续发表了 4 篇关于曹禺剧作的研究论文。1981 年，他发表了《关于〈黑字二十八〉和〈编剧术〉——记曹禺抗战初期的一些创作活动》。这是"建国后发表的第一篇关于《黑字二十八》和《编剧术》的评介文章"，不仅在国内被多家文学专业刊物转载，在国外亦引起了反响，日本学者饭塚容就曾"在《关于〈黑字二十八〉》中对本文作了全面引述"⑤。同年，华忱之还发表了《论曹禺解放前的创作道路》，"使长

---

① 华忱之：《高歌吐气作长虹——论郭沫若抗战时期的旧体诗》，《郭沫若研究》1988 年第 4 辑。

② 华忱之：《"八千里路赴云旗"——读郭沫若〈归国杂吟〉及其他》，《四川文学》1979 年第 8 期。

③ 华忱之：《继承传统 借鉴外国》，《茅盾研究》1984 年第 2 辑。

④ 卢洪涛：《中国现代作家专题研究》，陕西人民出版社 2005 年版，第 139 页。

⑤ 田本相、黄爱华主编：《简明曹禺词典》，甘肃教育出版社 2000 年版，第 403 页。

期以来忽视戏剧艺术研究的薄弱环节得以扭转，对于提高曹禺戏剧研究水平是有作用的"①。1983年，他发表了《重评曹禺的〈原野〉》，阐释了曹禺在《原野》中的积极探索，而这种"对《原野》的正面肯定，在当时还是空谷足音"，"为后来正确评价《原野》起了开拓作用"②。1984年，华忱之发表了《结构的艺术，抒情的诗意——论曹禺〈家〉的创作成就》，通过与巴金原作《家》的比较，对研究者一直不太重视的《家》做了精彩分析。

　　1988年，华忱之先生结集出版了《曹禺剧作艺术探索》。该书凝结着他20多年来研究曹禺剧作的心血和感悟，是其现代文学研究的巅峰之作，甫一付梓，就在学界得到了热烈反响和极高评价：《中国现代文学研究丛刊》在"新书林"专栏中认为该书"材料丰富、翔实"，"全面地把握曹禺剧作的思想历程和艺术探索轨迹"，对曹禺研究的热点、难点问题都有"独到的见解"③；著名曹禺研究专家田本相则在《简明曹禺词典》中充分肯定了《曹禺剧作艺术探索》的学术价值，认为此著"大大推动了曹禺戏剧研究的发展"④；青年学者邹建军、赵令珍更是认为，与同时期数千篇论文和六七部研究专著相比，华忱之先生的"这部曹禺戏剧研究专著'更上一层楼'，在不少方面有所突破"，"拓展了研究领域，扩大了视野，转变了审美视角"，是"中国现代戏剧研究的重要突破"⑤。1990年，《曹禺剧作艺术探索》获四川省中国现当代文学研究会科研成果一等奖、四川省人民政府哲学社会科学优秀研究成果二等奖；1992年4月，该书获中国首届满族文学荣誉奖。

　　细说起来，研究曹禺剧作既是本自华忱之先生个人的浓厚兴趣与爱好，也是出于一种知己间的欣赏与共鸣。华忱之生于北京，祖籍满族镶蓝旗，小时候就常常被母亲带到东安市场里的吉祥戏院看京剧，日久天长，耳濡目染，逐渐成了小戏迷。进入大学以后，华忱之更是在课余闲暇跑遍了京中各大剧院。中华人民共和国成立后，他到四川大学任教，又迷上了川剧。尽管当时四川大学距专演川剧的锦江剧场很远，他也风雨无阻，常常顾不上吃饭就去离剧场不远的春熙路茶楼上等着买戏票。这种对戏剧的热爱与痴迷，一直延伸到现当代文学学术研究的领域，使他对曹禺的话剧产生了极大的兴趣。他曾这样描述自己在20世纪50年代读曹禺剧作时的场景："我一遍又一遍

---

①　韩日新：《新时期曹禺研究纵横谈》，《艺术百家》1995年第2期。

②　肖飞：《看似寻常最奇崛，成如容易却艰辛——读华忱之〈曹禺剧作艺术探索〉》，《中国现代文学研究丛刊》1989年第4期。

③　炳：《曹禺剧作艺术探索》，《中国现代文学研究丛刊》1989年第3期。

④　田本相、黄爱华主编：《简明曹禺词典》，甘肃教育出版社2000年版，第391页。

⑤　邹建军、赵令珍：《曹禺戏剧研究的新收获——读〈曹禺剧作艺术探索〉》，《四川教育学院学报》1989年第4期。

地诵读了他的每一部剧作，咀嚼着剧作中的每一句台词，体味着剧中人物的酸甜苦辣，深深为他剧中抒情的诗意，语言的动作性和节奏感，刻画人物心灵的复杂性等等高超的艺术本领和美学风格特色所陶醉，如饮醇醪，甚至为他的《北京人》和《家》深切动人的描绘而感动下泪。"①

出于对曹禺话剧的热爱，华忱之先生在 1962 年便开设了"曹禺剧作研究"课程，这在 20 世纪五六十年代的四川大学乃至全国的大学都非常难得。当时四川大学现代文学研究的主流是鲁迅研究，一方面是因为川大文学教研室中的老一辈学者林如稷、陈炜谟等人都"曾受到鲁迅热情的指导与鼓励，这段特殊的经历使他们对于鲁迅研究抱有一种当事人天然的热忱"②；另一方面则是因为经过多次文艺批判运动之后，研究者们往往倾向于选择研究风险较小的鲁迅。华忱之则特立独行，开设了曹禺剧作专题研究的课程，最终因在讲课中称赞《原野》的艺术成就而遭到批判，被定性成重艺术而轻政治的资产阶级思想，一度中断了对曹禺的研究。"文化大革命"结束后，华忱之对曹禺剧作的研究热情再一次喷发出来，取得了更大成绩，从而为曹禺研究做出了突出贡献。

华忱之先生与曹禺可谓知己之交。他俩都在小时候就对戏剧有着超常的痴迷与热爱，后来二人皆就读于清华大学，有着同校之谊。曹禺进入清华大学稍晚于华忱之，便亲切地称华忱之为学长。虽然华忱之与曹禺相交不多，但情意深长。1964 年，华忱之登门拜访，向曹禺核对一些相关事实，二人一见如故，相谈甚欢，分别时曹禺还赠予华忱之一张《胆剑篇》的戏票；1988 年，华忱之把自己的研究著作《曹禺剧作艺术探索》寄送给了当时因病住院的曹禺，得到了曹禺的亲笔回信与手书的陆游诗句条幅，这是曹禺在病中唯一给朋友写过的一封信；1994 年，二人虽然都已年迈耳背，却又很想叙旧倾谈一番，便托曹禺的妻子李玉茹从中"翻译"，华忱之戏言二人此次会面为"双龙（聋）会"③。相同的成长环境、求学经历以及对戏剧共同的热爱，让华忱之的曹禺剧作研究显得亲切与熨帖，回荡着一种知己间的灵魂共鸣。

华忱之不仅与研究对象倾心交谈，更在著作里与学界同仁展开对话与交流，特别是针对曹禺研究中的一些不同观点进行了理性探讨，为恢复正常的学术交流秩序做出了努力。在《曹禺剧作艺术探索》中，华忱之讨论了诸多国内学界一直争论不休的问

---

① 华忱之：《怀念曹禺》，见《世纪留痕》，第 52-53 页。《世纪留痕》系作者未刊稿，现已编入《中国文学论——华忱之学术文集》，由华忱之先生之子华熔提供，在此谨向他深致谢忱。他人引用当以此为准。

② 程骥：《四川大学与中国现代文学》，《现代中国文化与文学》2008 年第 1 期。

③ 华忱之：《怀念曹禺》，见《世纪留痕》，第 56 页。

题，如《雷雨》中是否有"浓厚的宿命气氛"和"神秘的色彩"①，《日出》中陈白露的悲剧实质到底是什么，原野是否"是曹禺最失败的一部作品"② 等。同时，华忱之还密切关注着海外曹禺研究的动态，曾对美籍华人学者刘绍明《小说与戏剧》中的"曹禺剧作专章"作了评点，既肯定了刘绍明在比较文学视角下得出的新颖观点，又指出了刘绍明因对比较文学方法的不合理运用而造成的偏颇。

华忱之也运用过比较文学的方法来研究曹禺剧作，一方面通过把曹禺的作品放置在其自我创作的坐标系中，"在前、后剧作的联系中显示出艺术特色"③；一方面也在与外国作家的比较中来研究曹禺在艺术上受到的影响和做出的改变。不过，当具体到如何正确使用比较文学的方法研究曹禺剧作时，华忱之却有着与刘绍明截然不同的看法。在判定《雷雨》是否为悲剧时，刘绍明完全按照西方的审美观点和批评标准对作品进行精细的测量，而华忱之则认为不能单纯依靠文学理论或悲剧定义去做评断，应该从作品塑造的人物形象在矛盾冲突中的实际情况出发，从文本本身的实际出发。同时，刘绍明认为曹禺的某些剧作是对西方剧作家的被动模仿，华忱之则指出曹禺的创作是一种基于自身需要的主动借鉴，曹禺是"为了探索新的表现技巧，也为了强化现实主义塑造人物性格的深度"④，才积极尝试了西方剧作的表现手法，甚至还在剧作中做了一些创造性的转化，将外国现代派的一些戏剧手法加以民族化和本土化，绝非只是被动接受和生硬模仿。一句话，"曹禺并不是外国文学养料的被动接受者或移植者，而是一个天才的民族风格和个人风格的主动创造者"⑤。华忱之对中国作家主体性的强调是非常有意义的，不仅校正了比较文学研究中一些简单粗暴的比附倾向，同时也有利于探索中国作家自身的独特性。

特别值得重视的是，华忱之先生的曹禺剧作研究不但充满了彼此思想的碰撞和不同观点的博弈，而且贯穿着他对现代文学研究方法与学术理念的探索和创新。1983年，华忱之曾发表《管窥蠡测》⑥，对当时现代文学研究的既成格局和体系做了反思，希望学界同仁能够挣脱束缚有所突破。他的《曹禺剧作艺术探索》就是一次极有意义的尝试。

---

① 田本相：《曹禺剧作论》，中国戏剧出版社1981年版，第42页。
② 杨晦：《曹禺论》，《青年文艺》1944年第1卷第4期。
③ 邹建军：《比较文化：曹禺研究中的一种视野》，曹树钧、刘清祥编：《神州雷雨——曹禺诞辰90周年纪念文集》，湖北人民出版社2002年版，第312页。
④ 华忱之：《曹禺剧作探索》，四川文艺出版社1988年版，第122页。
⑤ 肖飞：《看似寻常最奇崛，成如容易却艰辛——读华忱之〈曹禺剧作艺术探索〉》，《中国现代文学研究丛刊》1989年第4期。
⑥ 华忱之：《管窥蠡测》，《中国现代文学研究丛刊》1983年第4期。

　　还需指出的是，此前的研究多是以文艺运动、文艺思想为经，以作家、作品为纬，华忱之则更加重视文本，把曹禺的作品放在了研究的首位；此前某些有争议的曹禺剧作曾被研究者有意忽视，华忱之则将那些被遮蔽的剧作一一解封，力图全面解读曹禺各个时期的重要作品；此前的文学研究以解读作品的政治性和社会性为主要出发点和落脚点，华忱之则更加着力于研究作品的艺术性，即曹禺作品中的人物形象、结构艺术和语言特色。华忱之还接续了"知人论世"的批评传统，在解读每一篇作品之前，都对作家当时的经历与遭际做了必要的叙述，并阐明其对于作家创作的影响。于是，华忱之的曹禺研究便开创了一种新的综合研究模式，在精研文本的基础上融合了对作家生平传记和政治社会环境的描摹与分析，以此研究作品的艺术特色以及作家的创作理念与创作心态。

　　借助于这样的研究模式，华忱之概括出了中华人民共和国成立前曹禺在创作手法和艺术表现上的不断变化——从利用巧合制造冲突的《雷雨》，到以横断面展览人物群像的《日出》，再到借鉴和发挥表现主义的《原野》，直到洗尽铅华、寓戏剧冲突于平凡生活和家庭人事关系中的《北京人》，从而全面展示了曹禺话剧创作的先锋性与探索性。同时，对于曹禺在中华人民共和国成立后创作心理所发生的隐微变化，华忱之也做了细致入微的分析。曹禺在中华人民共和国成立后的第一部话剧《明朗的天》曾遭到批评，一些评论者认为该剧显得束手束脚，流于概念化和公式化。华忱之则深入分析了这种现象背后的心理原因：在写正面人物时，曹禺"怕写'歪曲'了"[1]；在写反面人物时，曹禺又怕写得太坏，因为这些反面人物是知识分子，可能会"不利于党的团结教育改造知识分子政策的贯彻"[2]。在这样谨慎的创作状态中，剧中的人物形象就难免会显得僵硬和刻板。在历史剧《胆剑篇》中，那位代表下层人民的"苦成"实在过于抢戏，连越王勾践卧薪尝胆的史实也被虚构改编成了苦成献胆，大大削弱了核心人物勾践的艺术表现力。华忱之就此指出，这并非是因为曹禺不懂得如何安排不同艺术人物在话剧中的戏份，而是由于作者"怕过分强调了越王勾践个人的历史作用"[3]，违背了人民创造历史的历史观念，才最终导致了角色安排上的失衡。

　　综观华忱之先生的曹禺研究，不仅本自作者兴趣，发乎由衷热爱，洋溢着巨大的激情与活泼的生气，亦是与知己间的灵魂对话、倾心相谈。华忱之对研究对象充满了理解之同情，既看到了曹禺在艺术追求中勇于尝试、不断突破的锐气与勇气，又体味到了曹禺在创作过程中遭遇的苦恼与纠结。于学术交流体制而言，与20世纪六七十年

---

① 华忱之：《曹禺剧作探索》，四川文艺出版社1988年版，第250页。
② 华忱之：《曹禺剧作探索》，四川文艺出版社1988年版，第251页。
③ 华忱之：《曹禺剧作探索》，四川文艺出版社1988年版，第283页。

代的政治批判和 80 年代初期的自说自话不同，华忱之就曹禺研究中的热点问题和争议问题，与学界同仁展开了就事论事的真诚讨论，推动构建一种平等、敞亮的学术对话机制；于学术范式而言，华忱之在深刻分析和反思当时文学研究的模式和体系之后，一面顺应新时期回到文本、回到艺术的潮流，一面又融合了上一时期乃至更早的学术研究传统，创造出一种融政治社会批评、人物传记、作家心理和艺术分析为一炉的综合批评模式。华忱之不仅研究曹禺如何进行话剧艺术探索，他本人也在努力尝试和创造一种新的研究范式。

三、华忱之与现当代文学的学科建设

在贡献着诸多现代文学重要学术研究成果的同时，华忱之先生也为四川大学现当代文学学科乃至整个中国现当代文学学科的建设做出了重要贡献，是"中国现代文学学科第一代研究者、建国后四川大学现代文学学科的重要奠基人"①。1950 年 5 月，教育部通过了《高等学校文法两学院各系课程草案》，决定把"中国新文学史"设置成各高校的必修课。1952 年，华忱之从华西大学调至四川大学任教，成为川大现代文学教研室的第一批成员，同期还有林如稷、陈炜谟、李昌陟、陈思苓等人，共同负责四川大学现当代文学的教学与研究。不过，对于华忱之以及教研室的同仁来说，建立一门新的学科并非易事，因为既没有现成的先例以供参考，也没有充足的文献资料以供研究，一切都得从头做起。

华忱之先生首先从搜集现代文学的相关文献开始。他曾在他的长篇自述《世纪留痕》中这样回忆：中华人民共和国成立初期，搜集文献的难度很大，许多原始文献资料尚未得到整理，还处于杂乱无章的状态，当时的四川省图书馆就有一大批中华人民共和国成立前的旧文艺书刊杂志还"杂乱地堆放在古籍藏书部的过堂大厅上"②。于是，他便夜以继日地逐本翻阅，独自在浩瀚的文献卷帙中披沙拣金，手抄笔录，完成了数十万字的《中国现代文学史参考资料》（1919-1949），可惜这本宝贵的原始资料手抄本在"文化大革命"中被悉数抄没，现仅存目录。经过艰难的摸索与跋涉，华忱之在 20 世纪 50 年代初期开设了"中国现代文学史"和"中国现代文学名著选"两门课程（同时期还有林如稷的"鲁迅研究"课程和陈炜谟的"现代小说"、"现代文学名著选"两门课程）。1962 年，华忱之又开设了两门选修课——"鲁迅杂文研究"和"曹禺剧作研究"，走在了当时全国高校的前列，格外引人瞩目，也深受学生喜爱。在

---

① 康斌：《华忱之的现代文学研究》，《中国现代文学研究丛刊》2015 年第 9 期。
② 华忱：《点滴积累》，见《世纪留痕》，第 21 页。

教学过程中，华忱之编写了《中国现代文学史》（1951–1960 年稿）、《鲁迅杂文研究》（1962 年稿）、《曹禺剧作研究》（1962 年稿）和《现代文学专题》等四部讲稿。令人遗憾的是，这些手稿也大多在"文化大革命"期间散失。

在四川大学授课和编写教材的同时，华忱之先生还参与了全国现当代文学学科的创立与建设，为整个中国现代文学学科做出了自己的贡献。现代文学史的编审是现代文学学科建设的重中之重。华忱之分别参加了中华人民共和国初期和历史新时期初的两次现代文学史的编审工作。1954 年，华忱之作为四川大学的代表参加了中央教育部组织的"中国现代文学史大纲讨论会"，与王瑶等学界同仁一起讨论和改定了中国现代文学史的大纲，达成了一系列关于如何建设现代文学学科的宝贵共识。1978 年，华忱之先生又在北京大学参加了教育部编选《中国现代文学史参考资料》的审稿会议，再次与学界同仁一起通过了现代文学史的核心纲要，提出了许多建设新时期现代文学学科的合理建议。

除了参加编写现代文学史方面的相关会议，华忱之先生还主持和参加了一系列有关重要作家和重大议题的研讨会，开启或推进了新时期现代文学研究中的一些关键领域。1978 年，华忱之与戈宝权、王瑶、许钦文、黄源、孙席珍等知名学者一同参加了在安徽黄山举办的纪念鲁迅逝世 42 周年的学术讨论会，会议"揭批了'四人帮'破坏鲁迅研究的罪行，总结、交流鲁迅研究的经验和成果"[1]。1979 年 6 月，四川大学与乐山市政府共同举办了全国郭沫若学术研讨会，标志着新时期郭沫若研究的正式开启。会后，四川大学组建了郭沫若研究室，华忱之先生被选为该室主任，此后即带领研究室的同仁完成了《郭沫若全集》文学编和历史编的部分注释，编辑了《郭沫若选集》、《郭沫若集外序跋集》、《郭沫若著作选读》等重要选本，为新时期郭沫若的研究打下了坚实的文献基础。除此之外，为了加强对郭沫若的研究，华忱之先生负责的郭沫若研究室还编辑了 6 期《郭沫若研究专刊》，成为 20 世纪 80 年代最早专门研究郭沫若的刊物。

为了改变现代文学史研究的薄弱环节，华忱之先生又大力呼吁加强有关抗战文艺的研究，分别在 1983 年的四川省抗战文艺学术研讨会和 1987 年的抗战文艺学术讨论会上做了重要发言，同时还在重要论文《夏志清〈中国现代小说史〉评析》中驳斥了海外学者夏志清所谓"中国现代文学在抗战期间，开了倒车"[2] 的谬论，肯定了抗战文艺的意义和价值。华忱之把在抗日斗争中发展起来的抗战文艺看作与"五四"以来

---

① 安徽省地方志编纂委员会编，马昌华（卷）主编：《安徽省志 52·社会科学志》，方志出版社 1999 年版，第 330 页。

② 夏志清著，刘绍铭等译：《中国现代小说史》，香港中文大学出版社 2001 年版，第 114 页。

的新文学运动、20世纪30年代以"左联"为代表的左翼文学运动并立的"三座高峰之一"①。他认为，抗战时期的文艺不仅极富时代特色，同时上承"五四"新文学中的革命传统，下启中华人民共和国成立后的社会主义文艺创作，是研究现代文学绕不开的重要一环，希望研究者"大力收集整理有关抗战文艺的资料"，"对抗战文艺运动和作家作品问题做些综合性的研究"②，齐心协力，共同推进抗战文艺的研究。华忱之本人也身体力行，做了许多有关抗战文艺的研究，其中就有对重要作家在抗战时期各种文体的全面研究。如前文所述，华忱之对郭沫若在抗战时期创作的话剧、旧体诗和杂文进行了全方位的细致分析，这是抗战文艺研究的重要贡献。此外，华忱之先生还发掘和抄录了一些抗战时期的稀见文献史料。比如，在《关于〈黑字二十八〉和〈编剧术〉——记曹禺抗战初期的一些创作活动》（1981）中，他即考证了鲜有人提及的曹禺在抗战时期创作的话剧《黑字二十八》，以及曹禺在中华人民共和国成立前创作的唯一一篇有关编剧方法和戏剧理论的文章《编剧术》；在《田汉同志与〈抗战日报〉》（1983）中，对田汉在抗战时期自编的罕见文献《抗战日报》的《创刊词》做了重述。

（作者单位：四川大学文学与新闻学院）

① 华忱之：《我对抗战文艺的基本估计——在四川省抗战文艺学术讨论会上的发言》，《抗战文艺研究》1983年第4期。
② 华忱之：《我对抗战文艺的基本估计——在四川省抗战文艺学术讨论会上的发言》，《抗战文艺研究》1983年第4期。

灵魂的讽喻

——论鲁迅杂文的审美形式（之二）

李国华

　　鲁迅杂文作为灵魂的讽喻，既切己，又切人。所谓切己，指鲁迅杂文蕴藏着写作者本人鲁迅的精神现象，构成了灵魂的讽喻；所谓切人，则指鲁迅杂文写下了现代中国人的灵魂，构成了现代中国精神现象的一种讽喻。而切己、切人之间交互沟通，使得鲁迅杂文中举凡社会时政、文人言议、身体发肤之议论都具有言此意彼的特点。而所谓意彼，是指鲁迅杂文在讽喻的意义上指向现代社会个体和集体的精神征兆。当然，这里所谓的讽喻，并非詹明信所谓第三世界国家的文学都是一种民族寓言的讽喻。事实上，鲁迅杂文的文章形式蕴含着超越地缘政治的价值。

一

　　先从"灵魂"一词在鲁迅杂文中的下述三个用例说起：

　　　　现在是一年的尽头的深夜，深得这夜将尽了，我的生命，至少是一部分的生命，已经耗费在写这些无聊的东西中，而我所获得的，乃是我自己的灵魂的荒凉和粗糙。但是我并不惧惮这些，也不想遮盖这些，而且实在有些爱他们了，因为这是我转辗而生活于风沙中的瘢痕。凡有自己也觉得在风沙中转辗而生活着的，会知道这意思①。
　　　　我所要说的几句话陶元庆君绘画的展览，我在北京所见的是第一回。记得那时曾经说过这样意思的话：他以新的形，尤其是新的色来写出他自己的世界，而

---

① 鲁迅：《华盖集·题记》，《鲁迅全集》第3卷，人民文学出版社2005年版，第4-5页。

其中仍有中国向来的魂灵——要字面免得流于玄虚，则就是：民族性①。

　　这两位，一位比我为老丑的女人，一位愿我有"伟大的著作"，说法不同，目的却一致的，就是讨厌我"对于这样又有感想，对于那样又有感想"，于是而时时有"杂文"。这的确令人讨厌的，但因此也更见其要紧，因为"中国的大众的灵魂"，现在是反映在我的杂文里了②。

　　第一段引文出现在鲁迅1925年12月31日写作的《华盖集》的题记中，其中的"灵魂"指写作者的精神世界。鲁迅反观自己从事杂文写作的结果，认为自己所获得的是"灵魂的荒凉和粗糙"。这意味着杂文对于鲁迅而言，至少在编辑的过程中，具有镜鉴的作用。写作者揽镜自照，从写作杂文这一行为中发现了自己精神世界的特殊性。在这一揽镜自照的行文中，杂文的主题和内容因其"无聊"而退居其次，杂文写作这一行为被凸显出来，鲁迅由此对杂文写作产生了切己的感觉和认知，强调自己"实在有些爱他们了"，并进而生发一种讽喻的指涉——"这是我转辗而生活于风沙中的瘢痕"。而且，他还希望读者对这一讽喻的指涉共情。如此一来，杂文写作对于鲁迅而言就构成了一种切于己的灵魂的讽喻。

　　第二段引文出现在鲁迅1927年12月13日写作的《当陶元庆君的绘画展览时》一文中，其中最关键的信息是鲁迅把"魂灵"当作"民族性"的玄虚表达。在鲁迅的用词系统中，"魂灵"与"灵魂"同义，而"民族性"一词源自日语，基本上与"国民性"同义。不过，正如讨论阿Q的灵魂问题和讨论阿Q身上所表现的国民性问题不是一回事一样③，"魂灵"作为"民族性"的玄虚表达，自然也必须分而剖之，从而分析"灵魂"一词在鲁迅杂文中作为民族性或国民性的玄虚表达的意义。就《当陶元庆君的绘画展览时》一文的语境来说，鲁迅认为陶元庆的绘画以新形、新色写出自己的世界，"而其中仍有中国向来的魂灵"，这肯定不是指向一种国民性批判。实际上，根据鲁迅此文意思的最初表达，可以判断的是，鲁迅指向的是一种对于国民性的积极理解。鲁迅的最初表达见1925年3月16日的《〈陶元庆氏西洋绘画展览会目录〉序》：

　　在那黯然埋藏着的作品中，却满显出作者个人的主观和情绪，尤可以看见他对于笔触，色采和趣味，是怎样的尽力与经心，而且，作者是夙擅中国画的，于

---

① 鲁迅：《而已集·当陶元庆君的绘画展览时》，《鲁迅全集》第3卷，人民文学出版社2005年版，第573页。
② 鲁迅《准风月谈·后记》，《鲁迅全集》第5卷，人民文学出版社2005年版，第423页。
③ 参见李国华：《革命与"启蒙主义"——鲁迅〈阿Q正传〉释读》，《文学评论》2021年第3期。

是固有的东方情调，又自然而然地从作品中渗出，融成特别的丰神了，然而又并不由于故意的。将来，会当更进于神化之域罢，但现在他已经要回去了①。

在鲁迅看来，陶元庆的西洋绘画因为画家"夙擅中国画"而自然而然渗出"固有的东方情调"，并且"融成特别的丰神了"。这就意味着鲁迅特别肯定陶画自然流露的东方情调，将其奉为"特别的丰神"之后，还期待"更进于神化之域"。东方情调即是"中国向来的魂灵"，而"融成特别的丰神"的判断和"更进于神化之域"的期待，即隐含着鲁迅留日时期以来一贯的文化取径。在《文化偏至论》中，鲁迅曾言："外之既不后于世界之思潮，内之仍弗失固有之血脉，取今复古，别立新宗，人生意义，致之深邃，则国人之自觉至，个性张，沙聚之邦，由是转为人国。"② 他在《破恶声论》中复言："凡所浴颢气则新绝，凡所遇思潮则新绝，顾环流其营卫者，则依然炎黄之血也。荣华在中，厄于肃杀，婴以外物，勃焉怒生。于是苏古掇新，精神阔彻，自既大自我于无竟，又复时返顾其旧乡，披厥心而成声，殷若雷霆之起物。梦者自梦，觉者是之，则中国之人，庶赖此数硕士而不殄灭，国人之存者一，中国斯侘生于是已。"③ 凡所言议，鲁迅的取径都是以"世界之思潮"复苏中国"固有之血脉"，从而"别立新宗"，其中既包含着对于彼时中国现状非改革不可的痛彻判断，又内蕴着对中国固有文化的特殊信心，"婴以外物，勃焉怒生"更是一种高情感强度的积极表达。而且，鲁迅这一文化取径的目标是要在整个世界的意义上创造新的文明和文化形态。因此，借陶元庆的画所展开的对于"中国向来的魂灵"的抉发以及对于"丰神"的判断和"神化"的期待，所涉理路是"取今复古，别立新宗"，所讽喻的是对于中国过去和未来的信心。在这个意义上来说，杂文写作对于鲁迅而言是关乎中国的灵魂讽喻。

第三段引文出现在鲁迅 1934 年 10 月 16 日写的《准风月谈》的后记中，其中"中国的大众的灵魂"一语直接来源于该后记所全文引录的鸣春《文坛与擂台》一文。《文坛与擂台》系《中央日报》上攻击鲁迅及其杂文的文字，该文引用翻译《阿 Q 正传》的俄国人 Vassiliev 的说法，即鲁迅因为《阿 Q 正传》而成为"反映中国大众的灵魂的作家"，指责鲁迅应该"多写几部比《阿 Q 正传》更伟大的著作"，而不是写杂文，编"骂人文选"④。鲁迅看穿了该文对于"伟大的著作"的理解不过是为了攻击

---

① 鲁迅：《集外集拾遗·〈陶元庆氏西洋绘画展览会目录〉序》，《鲁迅全集》第 7 卷，人民文学出版社 2005 年版，第 272 页。

② 鲁迅：《坟·文化偏至论》，《鲁迅全集》第 1 卷，人民文学出版社 2005 年版，第 57 页。

③ 鲁迅：《集外集拾遗补编·破恶声论》，《鲁迅全集》第 8 卷，人民文学出版社 2005 年版，第 26 页。

④ 转引自鲁迅：《准风月谈·后记》，《鲁迅全集》第 5 卷，人民文学出版社 2005 年版，第 421-423 页。

杂文，并借机表示，小说固然可以"反映中国大众的灵魂"，杂文也不例外，而且强调，在杂文被攻击的情形下，以杂文"反映中国大众的灵魂"是更加要紧的。鲁迅通过将时人理解小说的逻辑顺势套在杂文的理解上，使得杂文也具有了"反映中国大众的灵魂"的作用，从而在切于人的意义上构成灵魂的讽喻。

"灵魂"一词在鲁迅的杂文中出现时，还有其他意蕴，这里不赘述。在进一步论述展开之前，我们需要再就"讽喻"一词做一番概念辨析。首先要说明的是，鲁迅翻译厨川白村的《苦闷的象征》时使用过"讽喻"一词：

> 象征的外形稍为复杂的东西，便是讽喻（allegory），寓言（fable），比喻（parable）之类，这些都是将真理或教训，照样极浅显地嵌在动物谭或人物故事上而表现的。但是，如果那外形成为更加复杂的事象，而备了强的情绪底效果，带着刺激底性质的时候，那便成为很出色的文艺上的作品。但丁的《神曲》（*Divina Commedia*）表示中世的宗教思想，弥耳敦的《失掉的乐园》（*Paradise Lost*）以文艺复兴以后的新教思想为内容，待到莎士比亚的《哈谟列德》来暗示而且表象了怀疑的烦闷，而真的艺术品于是成功①。

在厨川白村的理解中，讽喻（allegory）、寓言（fable）和比喻（parable）都是作为象征的复杂外形而存在的，基本含义则是以"动物谭或人物故事"来表现"真理或教训"。外形复杂的事象加上强烈的情绪和刺激的性质，就是很出色的文艺作品，如但丁的《神曲》、弥尔顿的《失乐园》和莎士比亚的《哈姆雷特》。就以"动物谭或人物故事"来表现"真理或教训"这一点而言，厨川白村将象征和讽喻、寓言、比喻联系在一起是有道理的。后世研究者张隆溪在解释什么是讽喻时就认为，"就其在形象之外另有寓意这一点来说，象征和讽寓并没有本质区别"②。以鲁迅对厨川白村的推崇来看，他大概也能接受相关的理解，但从鲁迅对"讽喻"的用例来看，情况要复杂一

① 厨川白村：《苦闷的象征》，鲁迅译，见止庵、王世家编：《鲁迅著译编年全集》第5卷，人民出版社2009年版，第313页。

② 张隆溪：《讽寓》，《外国文学》2003年第6期。张隆溪在该文中特意将allegory翻译为"讽寓"，2021年又特意著文《略论"讽寓"和"比兴"》回应罗钢2013年在《当"讽喻"遭遇"比兴"——一个西方诗学观念的中国之旅》一文中的批评，认为罗钢对自己2005年的英文著作 *Allegoresis：Reading Canonical Literature East and West* 的理解有误，强调自己将allegory译为"讽寓"是因为"'寓'字可以明确突出作品在字面意义之外，还另有寓意寄托其间"。在两位学者论衡的过程中，朱国华也著文《何谓讽喻》参与，着重阐发本雅明的讽喻理论。参见罗钢：《当"讽喻"遭遇"比兴"——一个西方诗学观念的中国之旅》，《北京师范大学学报》2013年第3期；朱国华：《何谓讽喻》，《中国图书评论》2014年第9期；张隆溪：《略论"讽寓"和"比兴"》，《文艺理论研究》2021年第1期。

些。在《摩罗诗力说》中，鲁迅认为普希金的诗"多讽喻，人即借而挤之"①，其中"讽喻"的实际含义是讽刺，即同文中评价普希金"指摘不为讳饰"② 之意。其他各处"讽喻"的用法，如《中国小说史略》评价唐传奇"其间虽亦或托讽喻以纾牢愁，谈祸福以寓惩劝，而大归则究在文采与意想"③、评价清代小说《六合内外琐言》"故作奇崛奥衍之辞，伏藏讽喻"④，则明显看中的是所评作品的"另有寓意"这一点；而《"民族主义文学"的任务和运命》批评黄震遐的诗剧《黄人之血》写拔都率领联军攻打欧洲"是作者的讽喻，也是作者的悲哀"，意在讽喻大唱"日支亲善"的日本要"爱抚中华的勇士"⑤，《〈食人人种的话〉译者附记》说自己对菲力普的小说《食人人种的话》"所取的是篇中的深刻的讽喻，至于首尾的教训，大约出于作者的加特力教思想，在我是也并不以为的确的"⑥，则在"另有寓意"之外仍然另有深意。就鲁迅对黄震遐《黄人之血》的批评而言，与其说鲁迅识别了该剧的讽喻性质，不如说他通过讽喻的阅读和批评方法，识别了民族主义文学的作者无力守住民族立场的悲哀；就鲁迅对菲力普《食人人种的话》的取径而言，与其说鲁迅否定了小说"首尾的教训"，即否定了小说文本表层的讽喻指向，不如说他认为讽喻是一种对于小说文本的重新发现，并在重新发现的意义上颠覆了文本的表层意思。因此，就前引鲁迅对于"灵魂"和"讽喻"的用例而言，鲁迅不仅在写作的意义上深谙"讽喻"之道，而且在阅读和批评的意义上深谙"讽喻"之道。关于阅读和批评意义上的"讽喻"，张隆溪曾以另一相关概念"讽寓解释"（allegoresis）来表达，他认为 allegoresis 就是 allegorical interpretation，是一种特别的阐释方法，目的"也就是在文学作品字面意义之外，寻找另外一层意义的解释，而那层意义往往归结于宗教、道德或政治的意义，具有强烈的意识形态色彩"⑦。鲁迅对《黄人之血》和《食人人种的话》的批评和取径符合此旨，不过对《食人人种的话》的取径蕴藏着以讽寓解释取代文本本身的讽喻的意图，更加凸显了讽寓解释可以发明、建构和解构文本的指向。张隆溪认为自斯多葛的哲学家为了维护荷马的权威而主张荷马史诗是"讽喻"开始，"讽喻"的精髓就是"替换"或"取代"，"用符合某一意识形态（无论是宗教、伦理或政治）的意义取代文本字面的

---

① 鲁迅：《坟·摩罗诗力说》，《鲁迅全集》第 1 卷，人民文学出版社 2005 年版，第 89 页。

② 鲁迅：《坟·摩罗诗力说》，《鲁迅全集》第 1 卷，人民文学出版社 2005 年版，第 90 页。

③ 鲁迅：《中国小说史略》，《鲁迅全集》第 9 卷，人民文学出版社 2005 年版，第 73 页。

④ 鲁迅：《中国小说史略》，《鲁迅全集》第 9 卷，人民文学出版社 2005 年版，第 219 页。

⑤ 鲁迅：《二心集·"民族主义文学"的任务和运命》，《鲁迅全集》第 4 卷，人民文学出版社 2005 年版，第 322—323 页。

⑥ 鲁迅：《译文序跋集·〈食人人种的话〉译者附记》，《鲁迅全集》第 10 卷，人民文学出版社 2005 年版，第 506 页。

⑦ 张隆溪：《略论"讽寓"和"比兴"》，《文艺理论研究》2021 年第 1 期。

意义"，与中国古代读经的美刺讽谏说一致①。这便意味着，无论古今中西，"讽喻"都意味着以一种写作的意识形态"替换"或"取代"另一种写作的意识形态，而"讽喻"的阅读和批评则是意识形态斗争的展开方式。那么，当鲁迅将杂文写成灵魂的讽喻，并再三对自己的杂文进行讽喻式阅读和批评时，"灵魂的讽喻"就构成了一个在主体、历史和理论上都充满动能的命题。

二

关于灵魂的讽喻这一充满动能的命题，鲁迅本人提供的最表层的内容是鲁迅杂文反映了"中国大众的灵魂"。从鲁迅建构命题的基本机制来说，有两点是要特别注意的：其一是灵魂的讽喻本来是对鲁迅小说，尤其是《阿Q正传》的理解，鲁迅将其挪用过来理解杂文，小说和杂文之间出现了同构关系；其二是鲁迅以灵魂的讽喻"取代"了文坛长期以来对杂文的理解方式，表现出强烈的辩护和抗争的指向。

鲁迅的挪用看似被动，其实背后早有踪迹。早在《呐喊》的自序中解释自己为什么从事文艺活动时，鲁迅即曾表示是为了以文艺改变国民的"精神"②，在《俄文译本〈阿Q正传〉序及著者自叙传略》中解释自己的小说写作时，又表示"终于自己还不能很有把握，我是否真能够写出一个现代的我们国人的魂灵来"③。"精神"、"魂灵"和"灵魂"三者在鲁迅的使用里往往多有交叉，甚至是同义的。而有意思的是，鲁迅对自己能否写出"国人的魂灵"的说法正是对前引俄国人Vassiliev认为《阿Q正传》反映了"中国大众的灵魂"的委婉认领。他相信文艺创作是灵魂的讽喻，而且也在灵魂讽喻的意义上充分肯定陀思妥耶夫斯基的小说"显示着灵魂的深"，使读者的精神也发生变化④。因此，与其说Vassiliev发明了以灵魂的讽喻来读鲁迅文学的读法，不如说他被鲁迅的表达引导着，以灵魂的讽喻来解读鲁迅的文学。更为明显的证据是，鲁迅对自己小说中的人物构造和自己杂文中的形象构造，描述方式几乎完全一样：

所写的事迹，大抵有一点见过或听到过的缘由，但决不全用这事实，只是采

---

① 按照张隆溪的逻辑，allegory与美刺讽谏一致，那么，allegory翻译成"讽喻"是再合适不过的，因为"讽喻"也就是美刺讽谏之意。

② 鲁迅：《呐喊·自序》，《鲁迅全集》第1卷，人民文学出版社2005年版，第439页。

③ 鲁迅：《集外集·俄文译本〈阿Q正传〉序及著者自叙传略》，《鲁迅全集》第7卷，人民文学出版社2005年版，第83页。

④ 鲁迅：《集外集·〈穷人〉小引》，《鲁迅全集》第7卷，人民文学出版社2005年版，第105页。

取一端，加以改造，或生发开去，到足以几乎完全发表我的意思为止。人物的模特儿也一样，没有专用过一个人，往往嘴在浙江，脸在北京，衣服在山西，是一个拼凑起来的脚色。有人说，我的那一篇是骂谁，某一篇又是骂谁，那是完全胡说的①。

我的杂文，所写的常是一鼻，一嘴，一毛，但合起来，已几乎是或一形象的全体，不加什么原也过得去的了。但画上一条尾巴，却见得更加完全。所以我的要写后记，除了我是弄笔的人，总要动笔之外，只在要这一本书里所画的形象，更成为完全的一个具象，却不是"完全为了一条尾巴"②。

对于自己小说中的人物构造，鲁迅强调是从碎片中拼合出来的。对于自己杂文中的形象，鲁迅强调写的时候是碎片，但在杂文集子中拼合起来，就可以构成整体。这就意味着，对于鲁迅来说，无论是写小说还是写杂文，面对的都是碎片，而写作的目的都是为了拼合出完整的形象。而所谓完整的形象，在小说表现为人物形象，如阿Q、祥林嫂，在杂文或杂文集子中则表现为对于时事和时代的讽喻。小说和杂文在文体上固然不同，但在灵魂讽喻的意义上却是一致的。因此，当鲁迅将评价小说的反映了"中国大众的灵魂"挪用至杂文时，他不过是在灵魂讽喻的意义上将小说和杂文的审美形式贯通理解罢了。也正是在这样的逻辑上，鲁迅的弟子萧军著文讨论鲁迅杂文中的典型人物可谓是契合鲁迅杂文的审美形式的一种读法。萧军的核心论旨如下：

鲁迅先生不独能用小说和散文的形式来从事这工作——典型铸造，他还能应用"杂文"。这是他在用以铸造典型的另一种形式，也就是他在艺术上的另一种手法！但这是一种不大容易学习而更学得好的手法③。

萧军把握了鲁迅小说、散文、杂文等不同文体写作的统一性的理论工具，即马克思主义文艺批评中的"典型"理论。他以典型塑造为艺术通则来审视鲁迅杂文的形式，并且认为鲁迅杂文中出现的胡羊、蚊蚋、浮水的狗、要不朽的作家、非猫非狗的动物……就是典型④。萧军的举例论证多少有些薄弱，但把鲁迅杂文论涉的种种碎片化形象升格为典型，则还是契合鲁迅杂文写作的意图的。鲁迅曾以"砭锢弊常取类

① 鲁迅：《南腔北调集·我怎么做起小说来》，《鲁迅全集》第 4 卷，人民文学出版社 2005 年版，第 527 页。
② 鲁迅：《准风月谈·后记》，《鲁迅全集》第 5 卷，人民文学出版社 2005 年版，第 402-403 页。
③ 萧军：《鲁迅杂文中底"典型人物"》，《鲁迅风》第 15 期，1939 年 6 月 5 日。
④ 萧军：《鲁迅杂文中底"典型人物"》，《鲁迅风》第 15 期，1939 年 6 月 5 日。

型"解释自己杂文中攻击的对象，表示"盖写类型者，于坏处，恰如病理学上的图，假如是疮疽，则这图便是一切某疮某疽的标本，或和某甲的疮有些相像，或和某乙的疽有点相同"①。这种科学式的解释思路既契合典型理论背后的社会科学思维，也与鲁迅认为自己写小说是为了揭出病苦以引起疗救的注意②的意图如出一辙。鲁迅写杂文时将"锢弊"作为"类型"来处理，这与典型理论若合符节，而病理学式的认知逻辑又与小说写作的意图一致，故而借助典型理论来升格鲁迅杂文中出现的各类形象，可谓水到渠成。这就是说，萧军薄弱的论证也是一种灵魂讽喻式的解读，弥合了文体和形式之间的隔阂，在一定程度上抉发了鲁迅杂文反映"中国大众的灵魂"的具体方式。

而且，关于弥合文体和形式之间的隔阂，鲁迅还有一些说法值得关注。在解释《狂人日记》的写作时，对于鲁迅提供的以下三处说法，我们不妨再做讨论：

> 《狂人日记》实为拙作，又有白话诗署"唐俟"者，亦仆所为。前曾言中国根柢全在道教，此说近颇广行。以此读史，有多种问题可以迎刃而解。后以偶阅《通鉴》，乃悟中国人尚是食人民族，因成此篇。此种发见，关系亦甚大，而知者尚寥寥也③。

> 《狂人日记》很幼稚，而且太逼促，照艺术上说，是不应该的④。

> 我的来做小说，也并非自以为有做小说的才能，只因为那时是住在北京的会馆里的，要做论文罢，没有参考书，要翻译罢，没有底本，就只好做一点小说模样的东西塞责，这就是《狂人日记》⑤。

这三处说法分别来自《狂人日记》发表不久后写给好友许寿裳的私人信件、写给北大学生傅斯年的公开信以及《狂人日记》发表多年后的回顾文章。虽然公、私以及时间不一，但鲁迅对《狂人日记》的态度相当统一，即强调《狂人日记》的小说艺术不够，徒具"小说模样"，自己本来可能更倾向于以论文的形式表达"中国人尚是食人民族"的发现，只因住在北京的会馆里没有参考书，才写成了小说《狂人日记》。

---

① 鲁迅：《伪自由书·前记》，《鲁迅全集》第5卷，人民文学出版社2005年版，第4页。
② 鲁迅：《南腔北调集·我怎么做起小说来》，《鲁迅全集》第4卷，人民文学出版社2005年版，第526页。
③ 鲁迅：《书信·180820 致许寿裳》，《鲁迅全集》第11卷，人民文学出版社2005年版，第365页。
④ 鲁迅：《集外集拾遗·对于〈新潮〉一部分的意见》，《鲁迅全集》第7卷，人民文学出版社2005年版，第236页。
⑤ 鲁迅：《南腔北调集·我怎么做起小说来》，《鲁迅全集》第4卷，人民文学出版社2005年版，第526页。

鲁迅是否真的被迫写成小说模样，还值得讨论。此处可以引申的是，对于鲁迅而言，不同文体的写作不过是他发表意见的不同方式而已，论文和小说在文体上自有区别，但在功能和形式上则往往是一致的。假如将《狂人日记》当作论文来看，其日记叙述的推进的确具有论述的痕迹，其中"凡事须得研究，才会明白"及重复性的"凡事总须研究，才会明白"两句①，甚至构成了理解小说的文眼。同样，在鲁迅的杂文集子中，也可以读到不少小说式的杂文，如1921年写的《智识即罪恶》、1922年写的《无题》、1926年写的《记"发薪"》、1933年写的《上海的少女》、1934年写的《阿金》，而尤以《阿金》为最，引发了关于《阿金》是小说还是杂文的长久讨论②。文体上的细致辨认固然是重要的学术课题，但对于理解鲁迅的文体而言，鲁迅如何超乎文体的固有认知以获得表达的自由也许是更重要的学术课题。在灵魂讽喻的意义上，鲁迅其实已经打破小说和杂文的区隔，已经可以自由地写和读了。

虽然就鲁迅自身而言，他早在写《狂人日记》时就没有区分小说和杂文的执念，但鲁迅杂文的读者并不都在同一个认知轨道上。甚至毋宁说，鲁迅的论敌对于杂文的种种贬抑，实际上是一种直接从字面阅读、获取信息的准确反映。诸如陈西滢说鲁迅的杂感"除了热风中二三篇外，实在没有一读的价值"③，王平陵老调重弹地说鲁迅杂文骂人不过是"不自觉的供状"④，都并非毫无讨论价值。鲁迅在《热风》的题记中感慨集中所收不过是"应时的浅薄的文字"，"应该置之不顾，一任其消灭的"⑤；在《华盖集》的题记中感慨集中"无聊的东西"是自己"生活于风沙中的瘢痕"⑥。这些都是与论敌的意思相近而情感态度不一的说辞。因此，无论是针对论敌的攻讦而言，还是针对自我的消极理解而言，挪用理解小说的方式以建构对于杂文的灵魂的讽喻，都是非常必要的辩护和抗争。鲁迅的辩护和抗争最早见于1926年2月回应陈西滢的《不是信》一文中：

> 我有时泛论一般现状，而无意中触着了别人的伤疤，实在是非常抱歉的事。
> 但这也是没法补救，除非我真去读书养气，一共廿年，被人们骗得老死牖下；或

---

① 鲁迅：《呐喊·狂人日记》，《鲁迅全集》第1卷，人民文学出版社2005年版，第445-447页。

② 相关讨论可参考陈迪强：《"阿金"是虚构的吗？——与李冬木先生商榷》，《上海鲁迅研究》2010年第2期。

③ 陈源：《新文学运动以来的十部著作》（上），转引自陈漱渝主编：《一个都不宽恕——鲁迅和他的论敌》，中国文联出版公司1996年版，第117页。

④ 王平陵：《骂人与自供》，转引自鲁迅：《准风月谈·后记》，《鲁迅全集》第5卷，人民文学出版社2005年版，第429-430页。

⑤ 鲁迅：《热风·题记》，《鲁迅全集》第1卷，人民文学出版社2005年版，第308页。

⑥ 鲁迅：《华盖集·题记》，《鲁迅全集》第3卷，人民文学出版社2005年版，第5页。

者自己甘心倒掉；或者遭了阴谋。即如上文虽然说明了他们是亲戚并不是我说的话，但因为列举的名词太多了，"同乡"两字，也足以招人"生气"，只要看自己愤然于"流言"中的"某籍"两字，就可想而知。照此看来，这一回的说"叭儿狗"（《莽原半月刊》第一期），怕又有人猜想我是指着他自己，在那里"悻悻"了。其实我不过是泛论，说社会上有神似这个东西的人，因此多说些它的主人：阔人，太监，太太，小姐。本以为这足见我是泛论了，名人们现在那里还有肯跟太监的呢，但是有些人怕仍要忽略了这一层，各各认定了其中的主人之一，而以"叭儿狗"自命。时势实在艰难，我似乎只有专讲上帝，才可以免于危险，而这事又非我所长。但是，倘使所有的只是暴戾之气，还是让它尽量发出来罢，"一群悻悻的狗"，在后面也好，在对面也好。我也知道将什么之气都放在心里，脸上笔下却全都"笑吟吟"，是极其好看的；可是掘不得，小小的挖一个洞，便什么之气都出来了。但其实这倒是真面目①。

这段辩护和抗争至少有五层意思值得注意。首先，鲁迅委婉地承认了自己的文章有攻击具体个人的效果，只是强调自己是无意的。其次，他强调自己性情难移，无法补救误伤的弊病。第三，他正面举例抗争，说自己为了表达泛论之意，防止被认为攻击具体个人，已经使用"太监"这样泛无实指的词，却仍然无法控制读者的接受；这是人性如此，自己对"流言"中的"某籍"两字也是"愤然"的。第四，他于是推论"只有专讲上帝，才可以免于危险"。最后，他强调一个写作者如果只有"暴戾之气"，"还是让它尽量发出来罢"，否则就算他人只是"小小的挖一个洞，便什么之气都出来了"，露出了真面目。根据这五层意思可以大致推论的是，鲁迅以写作者的真性情和真面目为写作的根本，反对一切伪饰和伪善，同时将杂文的意义结构离析为两层，一层是字面上可能造成的对于具体个人的揭伤疤效果，一层是讽喻的意义上对一般社会的批评。鲁迅尤其看重的是在讽喻的意义上对一般社会的批评，并以"叭儿狗"为例说明自己对一般社会的精神世界的批判。他并不讳言自己的杂文给具体个人可能带来的阅读效果，而且徒有歉意绝不悔改，但在其想象中读者会把类似于"叭儿狗"所关联的精神现象理解为一般社会的典型现象。通过这样的努力，鲁迅就把自己的杂文从私人意气的漩涡中解救出来，并赋予了灵魂的讽喻的品质。

而且，值得注意的是，鲁迅通过辩护和抗争而赋予杂文的灵魂讽喻，既是一种杂文的读法，也是一种杂文的写法。1926年前的杂文写作，鲁迅实行得更多的是一种意在言中的写作；1926年后的杂文写作，实行得更多的则是意在言外的写作。一个经典

---

① 鲁迅：《华盖集续编·不是信》，《鲁迅全集》第3卷，人民文学出版社2005年版，第239页。

的误读个案可以证明这一点。当时的左翼新晋青年作家廖沫沙读了鲁迅以笔名公汗发表在《申报·自由谈》上的《倒提》一文后，写了《论"花边文学"》一文进行批评，认为《倒提》是"走入鸟道以后的小品文变种"，"渗有毒汁，散布了妖言"，其作者是称洋人为"我们的东家"的买办文人①。此文可谓一石激起千层浪，鲁迅借机将其时的杂文集子定名为《花边文学》，并解释在国民党政府的书报检查之下，"花边文学"只能是"吞吞吐吐，不知所云"的"奴隶文章"，自辩"我的投稿，目的是在发表的，当然不给它见得有骨气"②。鲁迅的回应对廖沫沙虽然未假辞色，但主要针对的是国民党的文网。这与廖沫沙 1984 年的回忆可谓异曲同工。廖沫沙也主要解释了国民党营构的文网使自己无法识别《倒提》出自鲁迅之手，也没有看懂鲁迅的深意③。鲁迅为了在国民党的文网中发表杂文，不得不"吞吞吐吐，不知所云"，进行一种意在言外的讽喻式写作。这样一来，读者也需要进行一种读出言外之意的讽喻式阅读。廖沫沙的阅读也是一种讽喻式阅读，只是讽喻式的阅读未必总能够读出讽喻式写作的写作意图罢了。由于这种写和读无法对接的现象经常存在，鲁迅不得不以各种方式一而再、再而三地进行回应，从而导致新的辩护和抗争再次出现。鲁迅杂文写作也再次增添了讽喻的层次。因此，灵魂的讽喻对于鲁迅杂文而言，还层叠着种种过往经验的写法和读法，充满魅惑力。

三

　　关于灵魂的讽喻这一充满动能的命题，鲁迅本人提供的第二层内容关乎"中国向来的魂灵"，即玄虚意义上的中国的民族性。这一层内容很难从鲁迅杂文的字面上读到，大体上需要从鲁迅的杂文形式及杂文写作行为中读出来。从字面上看，正如种种国民性论述所注意的那样，鲁迅是不惮以最坏的恶意来推测中国人的④，鲁迅是看见中国这辆车要翻了就要等翻了以后再去抬的⑤，鲁迅是认为中国历史上只有做奴隶而不得的时代和暂时坐稳了奴隶的时代的循环的⑥……我们的确很难见到鲁迅对"中国

---

　　① 林默：《论"花边文学"》，转引自陈漱渝主编：《一个都不宽恕——鲁迅和他的论敌》，中国文联出版公司 1996 年版，第 451-452 页。

　　② 鲁迅：《花边文学·序言》，《鲁迅全集》第 5 卷，人民文学出版社 2005 年版，第 437-438 页。

　　③ 廖沫沙：《我在三十年代写的两篇杂文》（节选），转引自陈漱渝主编：《一个都不宽恕——鲁迅和他的论敌》，中国文联出版公司 1996 年版，第 454-457 页。

　　④ 鲁迅：《华盖集续编·记念刘和珍君》，《鲁迅全集》第 3 卷，人民文学出版社 2005 年版，第 291 页。

　　⑤ 鲁迅：《集外集·渡河与引路》，《鲁迅全集》第 7 卷，人民文学出版社 2005 年版，第 38 页。

　　⑥ 鲁迅：《坟·灯下漫笔》，《鲁迅全集》第 1 卷，人民文学出版社 2005 年版，第 225 页。

向来的魂灵"的积极书写。偶有一些表述，如鲁迅在《看镜有感》中"遥想汉人多少闳放"①，在《中国人失掉自信力了吗》中认为"我们从古以来，就有埋头苦干的人，有拼命硬干的人，有为民请命的人，有舍身求法的人……虽是等于为帝王将相作家谱的所谓'正史'，也往往掩不住他们的光耀，这就是中国的脊梁"②，也都淹没在鲁迅对于"中国向来的魂灵"的消极书写中。不过，一旦鲁迅关于"中国向来的魂灵"的积极书写成为值得研究的问题，被淹没的积极书写反而凸显出来成为焦点，即在鲁迅浩繁的国民性批判的书写中，何以存在着对于"中国向来的魂灵"的积极书写？其中是不是隐藏着鲁迅独特的心曲？根据一般的矛盾律来看，鲁迅是有大爱大恨的人，他越是猛烈地抨击中国存在的种种问题，就越是源于对中国博大的爱。鲁迅的挚友许寿裳曾表示：

> 鲁迅的人格和作品的伟大稍有识者都已知道，原无须多说。至于他之所以伟大，究竟本原何在？依我看，就在他的冷静和热烈双方都彻底。冷静则气宇深稳，明察万物；热烈则中心博爱，自任以天下之重。其实这二者是交相为用的。经过热烈的冷静，才是真冷静，也就是智；经过冷静的热烈，才是真热烈，也就是仁。鲁迅是仁智双修的人。唯其智，所以顾视清高，观察深刻，能够揭破社会的黑暗，抉发民族的劣根性，这非有真冷静不能办到的；唯其仁，所以他的用心，全部照顾到那愁苦可怜的劳动社会的生活，描写得极其逼真，而且灵动有力。他的一支笔，从表面看，有时好像是冷冰冰的，而其实是藏着极大的同情，字中有泪的。这非有真热烈不能办到的③。

许寿裳对鲁迅人格的分析极富同情心和洞察力。冷静与热烈、明察与博爱、智与仁、冷冰冰的表面与极大同情的内里，这些看似二元对立的范畴相互依存，共同刻画出鲁迅的伟大人格④。但这种知人论世的理解还是不够的，仅仅理解鲁迅的人格在字面上表现为"字中有泪"是不够的，需要深入分析的是鲁迅通过深刻的观察揭破社会的黑暗之后，将"中国向来的魂灵"的积极内容暗示给读者，使读者感受到鲁迅内心深处博大的爱和信心。这也就是说，只有一个"仁智双修"的鲁迅才能真冷静，才不

---

① 鲁迅：《坟·看镜有感》，《鲁迅全集》第 1 卷，人民文学出版社 2005 年版，第 208 页。

② 鲁迅：《且介亭杂文·中国人失掉自信力了吗》，《鲁迅全集》第 6 卷，人民文学出版社 2005 年版，第 122 页。

③ 许寿裳：《鲁迅传》，吉林出版集团股份有限公司 2017 年版，第 130 页。

④ 曹聚仁写《鲁迅评传》，进一步发挥了许寿裳的观察。参见曹聚仁：《鲁迅评传》，复旦大学出版社 2006 年版，第 212-215 页。

是一味垂泪，才能写出"中国向来的魂灵"的积极内容来。因此，关于"中国向来的魂灵"问题，鲁迅多以讽喻的方式写出，而读者的解释也只好从讽喻着手。

汪晖解读《阿Q正传》的时候认为，小说存在国民性的两重性，一重是学界经常讨论的国民劣根性，另一重是反思国民性的国民性，其中反思国民性的国民性就意味着革命的可能性①。这一解读思路带来的启发是，在鲁迅杂文中，是否也存在着关于"中国向来的魂灵"的两重性书写？这种两重性书写不是杂文《中国人失掉自信力了吗》在内容层面的阶级书写，也不是《田军作〈八月的乡村〉序》中所引用的爱伦堡的话"一方面是庄严的工作，另一方面却是荒淫和无耻"②。这些都属于字面上就存在的二元对立，并不需要经过讽喻解读才能发现。需要经过讽喻解读才能发现两重性书写的是类似于《且介亭杂文》的附记那样的杂文。这篇附记广被征引的末尾点题的一句"我们活在这样的地方，我们活在这样的时代"③，论者往往借此发挥关于现代中国的灰暗理解。这也没有什么不对，因为鲁迅在整篇附记中所记录的都是些与《且介亭杂文》中的杂文发表有关的各类不如意的琐事：《关于中国的两三件事》被林语堂、邵洵美和章克标编的杂志《人言》用作攻击作者的材料；《草鞋脚》无法出版；《答曹聚仁先生信》被登在《社会月报》后，田汉攻击鲁迅是替杨邨人打开场锣鼓；《门外文谈》、《不知肉味和不知水味》、《中国人失掉自信力了吗》、《脸谱臆测》、《病后杂谈》、《病后杂谈之余》、《阿金》都被"中央宣传部书报检查委员会"或"第三种人"删改或拒绝登载；《答〈戏〉周刊编者信》被"战友"沈端先嘲笑"这老头子又发牢骚了"④。这些琐事不相连属，有的指向林语堂、邵洵美和章克标这些自由主义文人的狭隘，有的指向国民党政府统治的专制，有的指向同为左翼文人的"战友"田汉、沈端先的无聊和霸道，有的指向第三种人的挟私报复。无论是什么样的政治和文化立场，无论与鲁迅的关系亲疏远近，鲁迅所揭示的都是每一个对象存在的问题。因此，附记虽然由琐屑的片断连缀而成，但总体上却构成了鲁迅末尾点题的氛围："我们活在这样的地方，我们活在这样的时代。"鲁迅似乎放弃了政治立场的辨别，对现代中国感到极度虚妄，从而生成完全负面的判断。"中国向来的魂灵"反映在这篇附记中，真可谓一团黑暗。那么，该如何建构对这篇附记的讽喻解读呢？它不是小说，无法通过离析

① 参见汪晖：《阿Q生命中的六个瞬间——纪念作为开端的辛亥革命》，《现代中文学刊》2022年第3期。

② 鲁迅：《且介亭杂文二集·田军作〈八月的乡村〉序》，《鲁迅全集》第6卷，人民文学出版社2005年版，第295-297页。

③ 鲁迅：《且介亭杂文·附记》，《鲁迅全集》第6卷，人民文学出版社2005年版，第221页。

④ 鲁迅：《且介亭杂文·附记》，《鲁迅全集》第6卷，人民文学出版社2005年版，第216-221页。

作者、叙述者和人物来建构两重性，附记字面上的灰暗情绪就是作者的情绪，不能另立说辞。对于这样的困局，许寿裳对鲁迅人格的分析提供了一种脱困的路径，即认为鲁迅之所以在附记中"揭破社会的黑暗，抉发民族的劣根性"，是因为大爱。但要从这样的逻辑里推导出鲁迅对"中国向来的魂灵"的积极理解是几乎毫无可能的，问题仍然悬而未决。这就需要从形式分析入手了。附记之所以是附记，是因为附属在文集的末尾，必须与文集联系起来才能获得完整性。这也就是说，要理解《且介亭杂文》的附记对"中国向来的魂灵"的完整书写，就必须将附记与《且介亭杂文》联系起来，否则就无法突破对附记内容和形式的消极理解。

而一旦将附记中的书写情绪和整个《且介亭杂文》连贯起来看待，就会发现，尽管鲁迅感慨"我们活在这样的地方，我们活在这样的时代"的情绪无比真实，有着复杂的事实支撑，但他并不是只有这一面的情绪。事实上，《且介亭杂文》共收文37篇，其中至少有11篇杂文是积极书写，而尤以《拿来主义》、《中国人失掉自信力了吗》、《门外文谈》和《中国语文的新生》4篇为最。它们展开的对于中国历史、现在和未来的理解，对于中国人的信心，都是明显而确切的。由此可见，当鲁迅在附记中书写"我们活在这样的地方，我们活在这样的时代"，并不是对于现代中国的整全判断，而是序言所说的"为现在抗争"①。正如鲁迅在《且介亭杂文》的序言中所说的，"战斗一定有倾向"②，有倾向就必然表现为杂文中的选择性书写，即《且介亭杂文》的附记选择性地进行了消极书写。用鲁迅自己的话来说，这是战斗的策略，"世上如果还有真要活下去的人们，就先该敢说，敢笑，敢哭，敢怒，敢骂，敢打，在这可诅咒的地方击退了可诅咒的时代"③。唯有在杂文中"敢说，敢笑，敢哭，敢怒，敢骂，敢打"，才能"在这可诅咒的地方击退了可诅咒的时代"，"真要活下去的人们"的"魂灵"因此也就表现为一种积极的形态。相应地，《且介亭杂文》的附记中所呈现出来的作者形象，就是一个"敢说，敢笑，敢哭，敢怒，敢骂，敢打"的"魂灵"，并召唤着"真要活下去的人们"共同战斗。这构成了对于"中国向来的魂灵"的第一重积极书写，其积极内涵类似于汪晖所谓的反思国民性的国民性。但更重要的是，《且介亭杂文》的附记关联着《拿来主义》和《中国人失掉自信力了吗》等杂文中对于"中国向来的魂灵"的积极书写，那不是一种自我反思式的积极书写，而是对于"地底下"④的发现。"地底下"作为客观存在的历史事实和现阶段的历史主体，强势地提

---

① 鲁迅：《且介亭杂文·序言》，《鲁迅全集》第6卷，人民文学出版社2005年版，第3页。

② 鲁迅：《且介亭杂文·序言》，《鲁迅全集》第6卷，人民文学出版社2005年版，第3页。

③ 鲁迅：《华盖集·忽然想到（五至六）》，《鲁迅全集》第3卷，人民文学出版社2005年版，第45页。

④ 鲁迅：《且介亭杂文·中国人失掉自信力了吗》，《鲁迅全集》第6卷，人民文学出版社2005年版，第122页。

醒着读者。鲁迅在附记中的一系列记录和点题自然都是真实的，但并不是"中国向来的魂灵"的全部。用《中国人失掉自信力了吗》一文中的话来说，即"倘若加于全体，那简直是污蔑"①。这也就是说，杂文作者的自我反思固然构成了关于"中国向来的魂灵"的积极书写，但更重要的是，历史事实和历史主体的客观存在教会了杂文作者必须对"中国向来的魂灵"进行积极书写。而在这一意义上来说，单篇杂文的阅读必须回到杂文集子的整体中才能完成，灵魂的讽喻的完整图景和路径是历史的图景和路径。也许正是因为对于这种碎片和讽喻的洞察，鲁迅才会在《且介亭杂文》的序言中调动自己和读者对于"诗史"的理解和想象②。

因此，关于"中国向来的魂灵"，即玄虚意义上的民族性，鲁迅的确在杂文中进行了双重书写。他写出了自己的反思和大爱，也让历史事实和历史主体的客观存在进入了自己的思考和书写，从而建构了对于中国的民族性的过去、现在和未来的积极理解。正是在这一逻辑上，鲁迅在评价陶元庆的画时，不是直接使用民族性这样的外来词，而是使用玄虚的传统词汇"魂灵"来进行表达。这是为了积极地表达自己对于古国的信心。在语词的择用上，鲁迅将自己对"中国向来的魂灵"的书写与"取今复古，别立新宗"的文化政治想象建立了讽喻式关联。在看似不起眼的细节和碎片中，鲁迅留下了灵魂的讽喻的写作痕迹和阅读方向。这才是鲁迅对民族性的本根的洞察和书写，其中值得申议的是一种与语词表面的绝望逆向相关的希望的伦理和哲学，倒也是朴素而质实的③。在这个意义上来说，灵魂的讽喻与形而上学是无缘的，鲁迅对

---

① 鲁迅：《且介亭杂文·中国人失掉自信力了吗》，《鲁迅全集》第 6 卷，人民文学出版社 2005 年版，第 122 页。

② 参见鲁迅：《且介亭杂文·序言》，《鲁迅全集》第 6 卷，人民文学出版社 2005 年版，第 4 页。

③ 竹内好在《作为思想家的鲁迅》一文中的说法大概构成了这些年理解鲁迅思想的源头，但竹内好的说法本身充满形而上学的迷思，使他难以理解鲁迅的杂文。竹内好的相关说法如下：鲁迅无法相信与恶相对抗的善。在世界上，善也许是有的；但是，不管怎么说，他本身并不是善。他与恶战斗，就是与自己战斗；消灭自己，也就是要消灭恶。这对于鲁迅就是生命的意义，因此，他的唯一的希望就是下一代不与自己相似。为了消灭恶就要了解恶，这只能是为恶所许可，也可以说是恶的特权。在某个时候实现了的善，由于恶的自我克服，才被赋予了克服其相对性的基础吧。不用说，鲁迅这种虚无主义是以落后、闭塞的社会为条件的。但是，应该注意到，它在鲁迅那里产生出了诚实的生活者的实践。同时，它显示了今天的中国文学自律性的根源。鲁迅晚年由于接受了马克思主义世界观，摆脱了早期尼采主义的影响；但是，这并不能改变他的虚无主义的本质。与其他思想一样，马克思主义也仍然没有赋予他解放的幻想。在与黑暗的格斗中，为了加强斗争力，阶级斗争学说发挥了作用；但是，他仍然不能具体地描绘理想社会。与其说那是武器，是手段，但不是目的；不如说，由于他通过与那些以挥舞马克思主义的旗号为目的的人的对立、由于否定把应该给予的新社会的秩序作为能够给予的东西来要求，他以那种否定为媒介，在相反的方向上，使自己在个性上马克思主义化了。这与中国共产主义运动的特殊性是对应的，毛泽东把并不相信自己是共产主义者的鲁迅评价"比马克思主义者更加马克思主义化"。（见竹内好：《鲁迅》，李心峰译，浙江文艺出版社 1986 年版，第 161 页。）

"中国向来的魂灵"的信心不是盲目的情感，而是客观存在的历史事实和历史主体的发现。

四

关于灵魂的讽喻这一充满动能的命题，鲁迅本人提供的第三层内容关乎个体的精神世界与杂文写作的纠缠，是切己的灵魂讽喻。这一层内容由两个方面构成。其一是鲁迅自己多次叙述的，杂文写作耗费了他的生命，使他的灵魂粗糙，他从杂文中看到了自己生命的瘢痕。其二是鲁迅自己几乎从不谈起的，几乎每一篇杂文都散落着指向鲁迅个体的对付论敌的经历的符码，那些符码在失去了对敌战斗的意义之后，鲁迅却仍然孜孜不倦地使用它们，从而构成极为独特的灵魂讽喻现象。鲁迅自己几乎从不谈起的灵魂的讽喻，与他多次叙述的内容形成奇妙的对照，其中蕴藏的与其说是生命耗费和灵魂粗糙的瘢痕，不如说是生命的经历不断被记忆和书写强化的讽喻，是鲁迅外溢的生命热情，既虚无又温暖。

就鲁迅自己多次叙述的内容来说，正如上文引证、分析其《华盖集》题记中的自叙时所说的那样，鲁迅将杂文的主题和内容虚化处理，突出杂文的写作和编集行为，并从中照见了自己灵魂的荒凉和粗糙，像是在揽镜自照。不过，在《华盖集》的题记中，鲁迅并没有说出灵魂的荒凉和粗糙的具体所指。从以杂文为无聊的东西这一点来看，所谓灵魂的荒凉和粗糙似乎指的是甘于写杂文。鲁迅在 1927 年写的《怎么写——夜记之一》一文中也提供了翔实的佐证。他在一段《野草》式的抒情文字之后插入日常生活的细节，然后以"尼采爱看血写的书"为中介议论道：

> 能不写自然更快活，倘非写不可，我想，就是随便写写罢，横竖也只能如此。这些都应该和时光一同消逝，假使会比血迹永远鲜活，也只足证明文人是侥幸者，是乖角儿。但真的血写的书，当然不在此例。
>
> 当我这样想的时候，便觉得"写什么"倒也不成什么问题了①。

无论是"随便写写罢"和"'写什么'倒也不成什么问题"，还是鲁迅的口气，都将杂文写作行为与生命的消耗绾合在了一起，不是"写什么"刺激着写作者，而是"随便写写罢"刺激着写作者。而"随便写写罢"对写作者的刺激，既是写作者无奈

---

① 鲁迅：《三闲集·怎么写——夜记之一》，《鲁迅全集》第 4 卷，人民文学出版社 2005 年版，第 20 页。

地只能写的表现，又是写作者备受诱惑不能不写的表现。鲁迅作为写作者，他不能从"写什么"中获得价值和意义，而只能"随便写写罢"，则其灵魂的荒凉和粗糙可想而知。他已经不能从写作《野草》式的文字中获得灵魂的丰盈和细腻，更不能豁免自己对于血迹的恐怖之感，故而的确是只能"'而已'而已"①。写作变成书写，随书写行为出现的文字只剩能指在自为自在地空转。鲁迅这种极端荒凉和粗糙的精神现象当然跟 1927 年的白色恐怖有关，即所谓"被血吓得目瞪口呆"②，但与此同时，他却觉得写作摆脱了"写什么"的局囿，"随便写写罢"却写成了"纵意而谈"的"杂感"，自己即使"很吃过一点苦"，也要继续写，继续编集③。这也就是说，随着"随便写写罢"的杂文写作行为持续发生，鲁迅不仅摆脱了"灵魂的荒凉和粗糙"之感，反而努力向读者说明杂文的价值。在较早的集子《坟》的后记中，鲁迅还不过说《论费厄泼赖应该缓行》"是见了我的同辈和比我年幼的青年们的血而写"，故而"也许可以参考罢"④，在较晚的集子如《且介亭杂文》的序言中，就"希望，并且相信有些人会从中寻出合于他的用处的东西"⑤ 了。在鲁迅说辞的变迁中，杂文从"无聊的东西"变成了有用处的东西，那么，鲁迅的灵魂是不是也就从"荒凉和粗糙"变为丰盈和细腻了呢？这个问题不好回答，但至少有两点是确定的：一，鲁迅后来不但不再说杂文是"无聊的东西"，而且反复强调杂文的价值；二，鲁迅后来不再感慨灵魂的荒凉和粗糙，反而着力抒发"风沙扑面，狼虎成群"的时代⑥，崇高的美学是更重要的。这也就意味着，即使灵魂并未变得丰盈和细腻，鲁迅也找到了新的路径以充实灵魂的空虚，建构对于自身而言的新的精神现象学。

就鲁迅几乎不谈起的内容而言，鲁迅的精神世界其实是相当自足的，似乎从来没有遇到危机。鲁迅写作杂文时频繁将论敌的语词植入自己的文本始于和陈西滢论战的阶段。在此之前，他发表在《新青年》和《晨报副刊》上的杂文都非常节制，甚至拒绝植入论敌的语词，批评学衡派的几篇杂文开始植入论敌的语词，但也带有偶一为之的意味。待到与陈西滢论战时，鲁迅的确投入了个人意气，1925 年 5 月 21 日写了《"碰壁"之后》便一发不可收拾，着意于将论敌使用的一些词汇进行改造，如《"碰

① 鲁迅：《而已集·题辞》，《鲁迅全集》第 3 卷，人民文学出版社 2005 年版，第 425 页。
② 鲁迅：《三闲集·序言》，《鲁迅全集》第 4 卷，人民文学出版社 2005 年版，第 4 页。
③ 鲁迅：《三闲集·序言》，《鲁迅全集》第 4 卷，人民文学出版社 2005 年版，第 3 页。
④ 鲁迅：《坟·写在〈坟〉后面》，《鲁迅全集》第 1 卷，人民文学出版社 2005 年版，第 299 页。
⑤ 鲁迅：《且介亭杂文·序言》，《鲁迅全集》第 6 卷，人民文学出版社 2005 年版，第 4 页。
⑥ 鲁迅：《南腔北调集·小品文的危机》，《鲁迅全集》第 4 卷，人民文学出版社 2005 年版，第 591 页。

壁"之后》将"学校犹家庭"和"勃豀相向"改造为"婆婆"和"媳妇儿们"①，《我的"籍"和"系"》将陈西滢暗示的浙江籍和国文系改造为陈西滢可能暗示的是浙江籍和研究系、交通系②。但登峰造极的还是从 1925 年 11 月的《从胡须说到牙齿》一文开始到去世的 12 年间，鲁迅在 50 篇（封）不同文体的文章、书信中对"正人君子"一词的改造，使得他的读者在他的各类文本中一碰到"正人君子"四个字就条件反射地联想到陈西滢的形象。陈西滢在写下自己是正人君子的那一刻，是无论如何不会想到"正人君子"一词竟被鲁迅如此爆破的。因为衔怨如此之深，以至于鲁迅在 1935 年 12 月 31 日写的《且介亭杂文二集》的后记中还愤愤不平地说：

　　呜呼，"男盗女娼"，是人间大可耻事，我负了十年"剽窃"的恶名，现在总算可以卸下，并且将"谎狗"的旗子，回敬自称"正人君子"的陈源教授，倘他无法洗刷，就只好插着生活，一直带进坟墓里去了③。

　　鲁迅的激烈情绪跃然纸上，"正人君子"也因此随着陈西滢形象的复现而反讽的含义更加稳定。鲁迅就像是自己小说《铸剑》中的人物宴之敖者——"你还不知道么，我怎么地善于报仇。你的就是我的；他也就是我。我的魂灵上是有这么多的，人我所加的伤，我已经憎恶了我自己"④，是"纠缠如毒蛇，执着如怨鬼"⑤ 的善于记仇和复仇的灵魂。但是，鲁迅这一善于记仇和复仇的形象并不是在单篇杂文中完成的，而是通过拼合一系列散落在不同杂文中的碎片而形成的。单独看一篇杂文，鲁迅的记仇和复仇或许会被理解为一时之意气；将几乎散落在所有杂文中的碎片拼合起来看，才能看到鲁迅的记仇和复仇并非一时之意气，背后有着超越个体、你我等世俗之见的形而上学维度。正如宴之敖者的复仇不但不是为了个体的仇恨，而且带着对于自我的憎恶，鲁迅留在杂文中的复仇形象也变成了灵魂的讽喻，那种形而上学的意味也许恰如竹内好所理解的那样，鲁迅"与恶战斗，就是与自己战斗；消灭自己，也就是要消灭恶"，复仇是为了对恶的真正克服，而非个人之意气。

————————————

　　① 鲁迅：《华盖集·"碰壁"之后》，《鲁迅全集》第 3 卷，人民文学出版社 2005 年版，第 72-77 页。

　　② 鲁迅：《华盖集·我的"籍"和"系"》，《鲁迅全集》第 3 卷，人民文学出版社 2005 年版，第 87-89 页，

　　③ 鲁迅：《且介亭杂文二集·后记》，《鲁迅全集》第 6 卷，人民文学出版社 2005 年版，第 465-466 页。

　　④ 鲁迅：《故事新编·铸剑》，《鲁迅全集》第 2 卷，人民文学出版社 2005 年版，第 441 页。

　　⑤ 鲁迅：《华盖集·杂感》，《鲁迅全集》第 3 卷，人民文学出版社 2005 年版，第 52 页。

而在审美形式上，鲁迅此刻灵魂的讽喻就像是本雅明所理解的巴洛克艺术，一切繁复的细节都指向形而上学的不安。本雅明以卡尔德龙希律剧的一个段落来说明巴洛克艺术的讽喻问题。希律的妻子玛丽安娜偶然发现了丈夫命令自己死的一封信的碎片，然后叙述道：

> 它们都讲了些什么？我所看到的第一个词就是死；这里是名誉，而在那里我看到了玛丽安娜。这意味着什么呢？上天保佑我！因为这三个字已经说得很清楚了：玛丽安娜，死亡和荣誉。这里说秘密进行，这里是尊严；这里：命令；还有这里：野心；这里还说：如果我死了。还有什么可怀疑的呢？从这卷文件中我已经得知，这里包藏着他们的祸心。噢，大地啊，在你绿色的地毯上，让我把它们拼在一起吧！

本雅明就此议论道："即使是孤立的，这些词也揭示出其致命的意义。事实上，人们禁不住要说，它们在孤立状态下仍然具有意义这个事实给予它们所保留的残余意义以危险的性质"，"语言的破碎是为了获得其残片中变化了的和强化了的意义"，"破碎的语言已不再纯粹是交流的过程，而是作为一个新生的客体获得了与融入寓言的诸神、河流、美德和同样的自然形态相同的尊严"①。本雅明这里所说的寓言即讽喻。在讽喻的意义上，词语的碎片比完整的句子具有更高的位格，可以拥有与诸神、河流、美德和同样的自然形态相同的尊严。在鲁迅的杂文中，类似于"正人君子"这样的语词碎片也同样可以脱离单一的文本语境，被重新拼合在鲁迅杂文整体的讽喻结构中，指向鲁迅对现代中国的深刻批判。在这个意义上，当鲁迅锲而不舍地在杂文中给类似"正人君子"的语词碎片加上引号，就是在进行灵魂的讽喻。所有私人恩怨和个人意气固然附着其上，构成意义的双重结构，但更重要的是，鲁迅对整个现代中国的知识者所感到的不安和愤懑已经上升到了形而上学的层次，他甚至无法将自己从这种形而上学的不安中解脱出来。

但必须强调的是，事过境迁之后，鲁迅还在杂文写作中植入各种论敌提供的语词的碎片，倒也不一定总是出于个人意气和形而上学的愤懑。在许多特殊的角落，他植入论敌的语词碎片仅仅是文本性的，即他仅仅是为了游戏般的愉悦而书写论敌的语词碎片。在散文诗《风筝》中，鲁迅曾经深感虚妄地表示，自己记住了对于弟弟的伤害，而弟弟却早已忘却，那种无怨的恕不过是说谎②。这种为自己的记忆所苦的情境，

---

① 本雅明：《德国悲剧的起源》，陈永国译，文化艺术出版社 2001 年版，第 171–172 页。
② 鲁迅：《野草·风筝》，《鲁迅全集》第 2 卷，人民文学出版社 2005 年版，第 188–189 页。

发生在他的小说写作中，即《呐喊》自序所谓"苦于不能全忘却"①，大概也发生在他的杂文中。他试图把杂文写作当成一种"为了忘却的记念"，让书写帮自己"竦身一摇，将悲哀摆脱，给自己轻松一下"②。因此，当鲁迅在跟当初的论敌毫不相干的杂文中也植入论敌的语词碎片时，他不过是在"给自己轻松一下"，乘着语词碎片的小舟在荒凉和粗糙的精神世界里漂浮一小会儿。举例来说，鲁迅确实很讨厌诗人徐志摩，以至于徐志摩在鲁迅与陈西滢论战中出来猛喝一声"带住"时，鲁迅不仅在杂文标题上就说"我还不能'带住'"③，在1926年后的多篇杂文中都给"带住"一词加上了引号。但是，1931年以后，徐志摩已经辞世，鲁迅的论敌也早换了几茬，虽然未必要宽恕，但当他还在杂文《"人话"》④和《"靠天吃饭"》中植入"带住"，实在不过是玩玩而已吧。在1925年5月30日写给许广平的信中，鲁迅说：

> 其实，我的意见原也不容易了然，因为其中本有着许多矛盾，教我自己说，或者是"人道主义"与"个人的无治主义"的两种思想的消长起伏罢。所以我忽而爱人，忽而憎人；做事的时候，有时确为别人，有时却为自己玩玩，有时则竟因为希望生命从速消磨，所以故意拼命的做⑤。

描述鲁迅的思想和情感世界时，这段话是广被征引的。其中关于鲁迅思想的矛盾和精神世界的黑暗，学界多有论述。此处仅想表达的是，在种种复杂的处境中，鲁迅做事有时不过是"为自己玩玩"，杂文写作当然也不例外。游戏式地植入论敌的语词碎片，也许很难构建鲁迅灵魂的讽喻的崇高美学面貌，却可能通往更为鲜活有趣的鲁迅的精神世界和杂文世界，令人感受到鲁迅外溢的生命热情是多么虚无，又多么温暖。

（作者单位：北京大学中文系）

---

① 鲁迅：《呐喊·自序》，《鲁迅全集》第1卷，人民文学出版社2005年版，第437页。

② 鲁迅：《南腔北调集·为了忘却的记念》，《鲁迅全集》第4卷，人民文学出版社2005年版，第493页。

③ 鲁迅：《伪自由书·"人话"》，《鲁迅全集》第5卷，人民文学出版社2005年版，第80页。

④ 鲁迅：《且介亭杂文二集·"靠天吃饭"》，《鲁迅全集》第6卷，人民文学出版社2005年版，第380页。

⑤ 鲁迅：《书信·250530致许广平》，《鲁迅全集》第11卷，人民文学出版社2005年版，第493页。

人—尸—鬼：鲁迅"骂之为战"中的语义递进①

李 辉

鲁迅同其论敌的"骂战"无疑是现代文学史上重要的文学事件。近些年，学界或重溯鲁迅与各派交锋的历史现场，借助不同话语，对每场论战之"实质"提出新解；或探求鲁迅"骂之为战"的生发路径，重新衡度骂战文本的历史价值与美学价值②。诸多研究成果自然大有裨益于评骘、阐释乃至重构鲁迅的"骂"，此处毋须赘言。但研究者往往忽视了最为表象的言语层面，即鲁迅如何"骂"？所谓"骂，詈也"③，乃是以恶言相加于人。鲁迅是否在"骂战"中常常恶言相向呢？显然，纯用粗劣的詈语攻击论敌，以求中伤，并非鲁迅之风格。

本文着重考察鲁迅骂战中的言语词汇。首先关注到的是既往研究忽略甚至误读的"流尸"一词，重新考释、确认其为南京方言，并由此深发鲁迅 20 世纪 30 年代"骂之为战"中的词汇选用——从"流氓"到"流尸"再至"鬼魅（蜮）"，由词及义，语义逐步递进，构成"人—尸—鬼"的演化图谱。这些词汇并非骂之"修饰语"，而是对于论敌的"判断词"。"鬼蜮"乃文言正辞，不同于前两者是口语、方言；尤其该词并非首现而是"复用"，于鲁迅文本中有着一段相当长久的"词汇史"，词汇背后贯穿着鲁迅的"语法"，标志着其对于社会现实决绝的判定。"骂之为战"中不断"复现"的"鬼蜮"一词，正展现出鲁迅在"人"与"鬼"之间战斗的姿态。

---

① 本文系国家社科基金重大项目"基于公共数据库的古文字字符集标准研制"（21&ZD309）的研究成果。

② 文学史对于鲁迅"骂战"的评判，可参见钱理群、温儒敏、吴福辉：《中国现代文学三十年》（修订本），北京大学出版社 1998 年版，第 289–298 页。近年研究成果颇多，如李哲：《"骂"与〈新青年〉批评话语的建构》，山东文艺出版社 2015 年版；邱焕星：《鲁迅"骂之为战"的发生》，《文学评论》2016 年第 2 期。

③ （汉）许慎，（宋）徐铉校定：《说文解字》，中华书局 2013 年版，第 155 页。

一、"南腔"一种："流尸"重释

1931 年 10 月，鲁迅在《"民族主义文学"的任务和运命》一文中将"民族主义文学"归为"宠犬派文学"，抨击其为"流尸文学"，言其与"流氓政治"同在。

那些宠犬派文学之中，锣鼓敲得最起劲的，是所谓"民族主义文学"。但比起侦探、巡捕、刽子手们的显著勋劳来，却还很逊色。这缘故，就是他们还只在叫，未直接咬，而且大抵没有流氓的剽悍，不过是飘飘荡荡的流尸。然而这又正是"民族主义文学"的特色，所以保持其"宠"。翻一本他们的刊物来看罢，先前标榜过各种主义的各种人，居然凑合在一起了。这是"民族主义"的巨人的手将他们抓过来的吗？并不。这些原是上海滩上久已沉沉浮浮的流尸，本来散见于各处的，但经风浪一吹，就漂集一处，形成一个堆积，又因为各自本身的腐烂，就发出较浓厚的恶臭来了。这"叫"和"恶臭"有较为远闻的特色，于帝国主义是有益的。这叫作"为王前驱"。所以，流尸文学仍将与流氓政治同在①。

鲁迅最初并未"化为泼皮，相骂相打"②，"鲁迅风"也决不是"泼皮相"，即便其后以"骂"为"战"，也著文表明"辱骂和恐吓决不是战斗"③，不赞同诬陷、造谣、恐吓、辱骂。鲁迅的"骂"，更多体现为"论时事不留面子，砭锢弊常取类型"④。鲁迅确凿使用过的詈语当属"叭儿"、"落水狗"、"癞皮狗"一类的"狗"之譬喻，用以肖像奴才面目，几乎从未率先使用污言秽语进行人身攻击。唯有对顾颉刚"鼻子"的嘲弄揶揄，或可算"人身攻击"罢，但止于私人书信，公开出版的《两地书》则较为隐晦地用了"朱山根"一词。所谓"宠犬"不难理解，同属"狗"之譬喻，与"叭儿"是一脉词汇。然而，此处鲁迅新造了一个术语——"流尸文学"，学界对此似未充分关注。

刘玉凯先生曾撰《"流尸"考释》一文，认为鲁迅"喜用'仿拟'的修辞手法。……'流尸'是'流氓'的仿词"，同时又引胡朴安《中华全国风俗志》指认

---

① 晏敖（鲁迅）：《"民族主义文学"的任务和运命》，上海《文学导报》1931 年第 1 卷第 6、7 期合刊。

② 鲁迅：《通讯》，《猛进》1925 年第 5 期。

③ 鲁迅：《辱骂和恐吓决不是战斗——致〈文学月报〉编辑的一封信》，《文学月报》1932 年第 1 卷第 5、6 号合刊。

④ 鲁迅：《伪自由书前记》，《鲁迅全集》第 5 卷，人民文学出版社 2005 年版，第 4 页。

"流尸"一词乃是宁波话，谓"鲁迅是浙江人，他不会不知道这一俗语吧？将民间俗语俗词信手拈入作品是鲁迅写作的一个习惯"①。这一问题似已解决，然若吹毛求疵，仍有纰缪。"流尸"并非"流氓"的仿词，确确实实是个方言词，但非宁波方言，而是南京方言。刘文指认其为宁波话，正可与鲁迅浙籍联系，看似合理，实则是误引《中华全国风俗志》。此书成于 20 世纪 20 年代，编者胡朴安为近现代著名的文字训诂学家，对于方言词的判定应当不会出现明显的偏差。核《中华全国风俗志·下编卷三·江苏》之《南京采风记》有"人品绰号"条目：

> 宁俗好以绰号呼人。暴富人家。皆有绰号。……此外就流品而呼人绰号。亦不一而足。试缕述之。……（流尸）即流氓之别称。以敲诈为生活。遇事生风。不知情理。俗谓之流尸②。

该段文字安排在《南京采风记》一文之下，"宁"自然指南京而非宁波。查《吴方言词典》、《宁波方言词典》仅收"浮尸"一词，无有"流尸"；《鲁迅作品中的绍兴方言注释》收"死尸"一词，亦无"流尸"③。《汉语方言大词典》有"流尸"一词，谓"〈形〉流气。江淮官话。江苏南京"④；《南京方言词典》释"流尸"为"游手好闲，不务正业的人，流氓"⑤；《扬州方言词典》谓"流尸""指人终日在外游荡，行踪不定"⑥。如此可确定"流尸"乃江淮官话中的词汇，尤为南京本地方言，词典释义与"流氓"类同。

"民族主义文学"是南京国民政府文化统制政策下的产物，鲁迅用南京方言"流尸"痛斥其为"流尸文学"，可谓辛辣至极。正如鲁迅所言"不会说绵软的苏白，不会打响亮的京腔，不入调，不入流，实在是南腔北调"⑦，可见这"流尸"正是鲁迅"南腔"之一种。

"流尸"虽为南京方言，却非生僻难懂。其词典释义为"流氓"，鲁迅则在文中有意将二者做了语义区分。所谓"飘飘荡荡"、"沉沉浮浮"、"腐烂恶臭"，正用以形容"尸"而非"氓"。"没有流氓的剽悍"者沦为"流尸"。细玩文味，包含两方面的原

---

① 刘玉凯：《"流尸"考释》，《鲁迅研究月刊》1992 年第 4 期。
② 胡朴安编：《中华全国风俗志》，大连图书供应社 1936 年版，第 29 页。
③ 谢德铣：《鲁迅作品中的绍兴方言注释》，浙江人民出版社 1979 年版，第 5 页。
④ 许宝华、［日］宫田一郎主编：《汉语方言大词典》，中华书局 1999 年版，第 5121 页。
⑤ 李荣主编，刘丹青编纂：《南京方言词典》，江苏教育出版社 1995 年版，第 180 页。
⑥ 李荣主编，王世华、黄继林编纂：《扬州方言词典》，江苏教育出版社 1996 年版，第 213 页。
⑦ 鲁迅：《南腔北调集题记》，《鲁迅全集》第 4 卷，人民文学出版社 2005 年版，第 427 页。

因。其一，"流尸"的词根"尸"在江浙方言片区可衍生义类相近的词汇，如吴语、沪语中的"浮尸"、"烂浮尸"、"死尸"。不仅南京国民政府，就是海上文坛，一望"尸"字便知是指"民族主义文学"的"死态"。无论何种"尸"骂，游荡、漂集、腐烂的状态都是一致的。郭沫若《女神·上海印象》中就用过近似的词汇，其诗曰："游闲的尸，淫嚣的肉，长的男袍，短的女袖，满目都是骷髅，满街都是灵柩，乱闯，乱走。"① 其二，南京方言"流尸"的语义本源是"在流水中漂浮的尸体"，典籍用例如：韩愈《归彭城》："去岁东郡水，生民为流尸。"唐顺之《瘗河壖枯骨志》："自癸卯至乙巳，东南荐饥，流尸顺河而下，多于河中之船。"② "流尸"古义多用于战争、灾荒等情境中，刻画尸骸荡集的残酷世象。"生民成流尸"本该引发恻隐之情，而"民族主义文学"却不断宣扬"尸"的场面——"流血的生活"、"煎着尸体的沸油"、"亚细亚勇士们张大吃人的血口"、"看同胞们的尸体挂了起来"、"准备着我们的头颅去给敌人砍掉"③。这些鲁迅引用的"民族主义文学者"的创作，真是"杂碎的流尸""多带着些先前剩下的皮毛"，"看不见一点鲜明的作品"④。

是故，鲁迅打着一种"南腔"，化用南京方言，新造"流尸文学"，怒斥当局。一词"双关"，方言与古义并置，痛恶与蔑视跃然纸上，将南京国民政府所主导的"民族主义文学"定性为"尸"，其"唯一的路也实在只有一个死了"⑤。

二、流氓—流尸—鬼魅：人—尸—鬼的演化图谱

"流尸"自然不会突骤形成，而是先前标榜过各种主义的各种人。对于此种还未转投"民族主义文学"大纛之下的、标榜各种主义的各种人，鲁迅便视其为"流氓"。他说："无论古今，凡是没有一定的理论，或主张的变化并无线索可寻，而随时拿了各种各派的理论来作武器的人，都可以称之为流氓。"⑥ "流氓"是"流尸"的"前史"，"流尸"无疑是"流氓"的"退化"与"死态"。

---

① 郭沫若：《女神·上海印象》，上海《时事新报·学灯》1921年4月24日。

② 汉语大词典编纂处编：《汉语大词典》，汉语大词典出版社1986–1994年版，第7712页。

③ 分别见于黄震遐：《陇海线上》，《前锋月刊》1931年第5号；黄震遐：《黄人之血》，《前锋月刊》1931年第7号；邵冠华：《醒起来罢同胞》，《申报》1931年10月2日；徐之津：《伟大的死》，《申报》1931年10月15日。

④ 晏敖（鲁迅）：《"民族主义文学"的任务和运命》，上海《文学导报》1931年第1卷第6、7期合刊。

⑤ 晏敖（鲁迅）：《"民族主义文学"的任务和运命》，上海《文学导报》1931年第1卷第6、7期合刊。

⑥ 鲁迅：《上海文艺之一瞥》，《鲁迅全集》第4卷，人民文学出版社2005年版，第304页。

流氓乃是近代城市社会的产物，晚清民国报刊中关于流氓的报道数见不鲜，画报也频频勾画都市流氓的形象①，甚至视其为城市乃至国家发展所遇到的难题顽症②。何为"流氓"？清末时人从"氓"字古义出发，引《孟子》"愿受一廛而为氓"，指其本自流民，演变为"无业者谓之流氓"，直至"成为一种匪类之代名词"，"此辈无恒产无恒业，游手好闲，无所事事，其平日以赌场妓馆为巢穴，以敲诈劫夺为生涯，以胥吏差保为护符"③。鲁迅1927年10月自广州移居上海，一眼看穿了这座远东都会的世态百相——拆梢、揩油、吃白相饭，甚至碰到无赖邻居的顽童画乌龟、撒尿、丢火纸头④。鲁迅恰于1929年写就《流氓的变迁》一文。此篇却全然未从流民社群演变、城市流氓情状着笔落墨，而是直截从文化根脉上探源出"流氓"之根柢。

鲁迅首先直指孔、墨两家，谓二者虽均不满现状，要求改革，但先用"天"压服人主。鲁迅对孔、墨二子的针砭，不言自明。"孔子之徒为儒，墨子之徒为侠"⑤，就是要把"流氓"与先秦时期的"儒"、"侠"相勾连。关于"侠"的来源，谭嗣同《仁学·自叙》云："墨有两派：一曰任侠，吾所谓仁也。"⑥ 章太炎《訄书·儒侠》则言："漆雕氏之儒废，而闾里有游侠。"⑦ "侠"究竟是来自墨家还是孔门（漆雕氏为孔子弟子）？鲁迅并未采纳任何一种的观点，而是提出"孔子之徒为儒，墨子之徒为侠"这一命题，从根本上寻绎文、武两类流氓的源流，为下文所引"儒以文乱法，而侠以武犯禁"张本。鲁迅接着说"惟侠老实，所以墨者的末流，至于以'死'为终

---

① 早在19世纪80年代，上海《益闻录》就多次刊载与"流氓"相关的议论，如"宜令流氓作工论"、"安置流氓议"等等。1912年上海《时事新报画报》登出"城脚根之流氓"的图画，1913年杭州《之江日报》第10卷第25期亦刊"流氓无赖之宜惩"的图画。凡此种种，不胜枚举。

② 孙中山在民生主义第四讲最末明言："此等游惰之流氓，就是国家人群之蟊贼……流氓尽绝，人人皆为生产之分子，则必丰衣足食，而民生问题便可以解决矣。"1927-1929年的第二任上海特别市市长张定璠自表辞职后留下这样的言论："本人经验，上海之难治，难在流氓太多，上海一埠，统计人口二百五十万人，工人占五十万，商人占二十万，学生占三十万，其余一百五十万，均流氓也。"参见筱草：《张定璠口中之上海流氓》，《上海画报》1929年第441期。

③ 耒青：《流氓考》，《吴门杂志》1911年第2期。

④ 许广平：《景云深处是吾家》，《文汇报》1962年11月21日。

⑤ 鲁迅：《流氓的变迁》，上海《萌芽月刊》1930年第1卷第1期。

⑥ 谭嗣同著、吴海兰评注：《仁学·自叙》，华夏出版社2002年版，第1页。

⑦ 章太炎：《訄书》，《章太炎全集》第3卷，上海人民出版社2018年版，第10页。《訄书》初刻本与重订本文字同，亦未变更观点。《检论·儒侠》谓："漆雕氏之儒，'不色挠，不目逃，行曲则违于臧获，行直则怒于诸侯'。《韩非·显学篇》。其学废，而闾里游侠兴。"（《章太炎全集》第3卷，上海人民出版社2018年版，第446页。）

极的目的"①，而"老实的死完"只剩"取巧的侠"与"公侯权贵相馈赠"，由此，"原则"已经从"墨守"到了"丧失"。等而下之，侠变为强盗，再下之成为官员大臣的保镖，逐渐听命，自然成了奴才。由此，"孔墨—儒侠—强盗—保镖—流氓"的演变轨迹形成，"无原则"与"奴性"的根柢也被发现是有着"传统的靠山"。

1931 年 2 至 3 月间，鲁迅作《黑暗中国的文艺界的现状》一文，写道："属于统治阶级的所谓'文艺家'，早已腐烂到连所谓'为艺术的艺术'以至'颓废'的作品也不能生产"，而"和左翼作家对立的，也只有流氓，侦探，走狗，刽子手了"②。4 月 17 日，鲁迅前往同文书院作题为《流氓与文学》的讲演，谓"流氓一得势，文学就要破产"③。8 月 20 日，鲁迅作题为《上海文艺之一瞥》的长篇演说，细梳 30 年来海上文艺实况，总结出"才子+流氓"的文艺模式，批判"新的流氓画家"叶灵凤、"也有些才子+流氓式的""新才子派的创造社"以及"还是中了才子+流氓的毒"的革命文学④。"流氓"成为这一时期鲁迅"骂之为战"的字眼与题词，在私人通信中除却使用"流氓"一词，又换用"文氓"、"文虻"、"小虻"⑤ 来指代各色"无原则"与"奴性"的论敌，并指斥那些无味、无聊的攻击、诋毁、造谣、恫吓。

1934 年 11 月 21 日，鲁迅的笔锋再次直指"民族主义文学"兼及"第三种人"，

---

① 人民文学出版社 2005 年版《鲁迅全集》第 4 卷第 161 页注释"死"："指游侠中流行的所谓'其言必信，其行必果，已诺必诚，不爱其驱'（见《史记·游侠列传》）的一种侠义精神。这些游侠往往为某些权贵所豢养。'士为知己者死'，是他们的道德观念。"这一理解有误。首先所引"士为知己者死"出自春秋时期的刺客豫让，既言"墨者的末流"，必然至少已到战国时期，况且刺客与游侠并非一类人。其次，鲁迅此处所言，也决非褒奖，以"死"为终极目的，是说其墨守教义，当指东周末年墨家巨子孟胜偕 180 名弟子自杀取义的事迹（参见许维遹撰、梁运华整理：《吕氏春秋集释·离俗览》，中华书局 2016 年版，第 454-455 页），所以后面紧接着说"真老实的逐渐死完，只留下取巧的侠"。

② 鲁迅：《黑暗中国的文艺界的现状——为美国〈新群众〉作》，《鲁迅全集》第 4 卷，人民文学出版社 2005 年版，第 292 页。

③ 荣太之：《鲁迅在同文书院讲演的〈流氓与文学〉的新发现》，《鲁迅研究动态》1983 年第 6 期。

④ 参见鲁迅：《上海文艺之一瞥》，《鲁迅全集》第 4 卷，人民文学出版社 2005 年版，第 298-310 页。

⑤ "文虻"见于 1933 年 7 月 11 日致曹聚仁信（信中言"文虻"古本作"氓"）及当月 22 日致黎烈文信。"小虻"见于当月 29 日致黎烈文信。"文氓"主要见于《文床秋梦》，1934 年 3 月 6 日、15 日、24 日致姚克信，以及是年 3 月 27 日致曹靖华信，4 月 30 日致曹聚仁信（信中以"文氓"自嘲），5 月 16 日致郑振铎信。"虻"，古本作"蝱"而非"氓"，《说文·蚰部》"蝱，啮人飞虫"，是一种会吸人和动物血液的昆虫。鲁迅"误用"《说文》，谓"虻"本作"氓"，无疑指斥上海文坛的流氓文人如吸人血的小虫。

然变更名号，呼其为"中国文坛上的鬼魅"①。当年5月31日致杨霁云信已言："上海之所谓作家，鬼蜮多得很。"② 翌年3月13日致萧军、萧红信说："所谓文坛，其实也如此（因为文人也是中国人，不见得就和商人之类两样），鬼蜮多得很。"③ 1935年12月撰就的《"题未定"草（八）》谓"鬼蜮似的作家"、"鬼蜮的伎俩"，"明明有天兵天将保佑，姓名大可公开，他却偏要躲躲闪闪，生怕他的'作品'和自己的原形发生关系"④。其后在著名的《答徐懋庸并关于抗日统一战线问题》一文中，鲁迅甚至称徐懋庸为"覆车之鬼"⑤。《半夏小集》则识破那些投敌的"革命作家"，在"联合战线"一出之后便又"以'联合'的先觉者自居"，是"鬼蜮行为"⑥。直至1936年10月6日致曹白信，依旧言"你看上海的鬼蜮，多么可怕"⑦。10月17日致曹靖华信则愤愤地说道："此地文坛，依然乌烟瘴气，想乘这次风潮，成名立业者多，故清涤甚难。"⑧ 这是鲁迅最后一封完整的致友人信，此时其病况已难回天。由时间线上看，鲁迅所用的词汇从"流氓"到"流尸"再至"鬼蜮"。文坛上标榜过各种主义的各种人，先被斥为"无原则"与"奴性"的"流氓"，等而下之成为"漂聚于上海"⑨、沉沉浮浮的"流尸"，"尸"未得腐烂消散，居然化作"鬼蜮"，无疑形成一幅"人—尸—鬼"的演化图谱。

"鬼魅（蜮）"二字的出现，已经不是简单的批驳痛骂，原因有三。首先，与"流氓"、"流尸"这类口语、方言词汇不同，"鬼魅"乃是文言正辞，不是随口拈来的詈语、骂话。"鬼魅"、"鬼蜮"，二者义近。《韩非子·外储说左上》："鬼魅，无形者。"⑩ 鲁迅指称古典小说中的鬼怪时，一般用精魅、物魅，或者单用一个"魅"字，

① 鲁迅：《中国文坛上的鬼魅》，《鲁迅全集》第6卷，人民文学出版社2005年版，第156-162页。

② 鲁迅：《19340531致杨霁云》，《鲁迅全集》第13卷，人民文学出版社2005年版，第130页。

③ 鲁迅：《19350313致萧军、萧红》，《鲁迅全集》第13卷，人民文学出版社2005年版，第408页。

④ 鲁迅：《"题未定"草（八）》，《海燕》1936年2月第2期。

⑤ 鲁迅：《答徐懋庸并关于抗日统一战线问题》，《作家》1936年第1卷第5期。此时鲁迅在病中，文章由冯雪峰拟，鲁迅补充修改。称徐懋庸为"覆车之鬼"，据鲁迅近两年来对于上海文坛"鬼魅"的认知，想必乃鲁迅自己的说法。

⑥ 鲁迅：《半夏小集》，《作家》1936年10月第2卷第1期。

⑦ 鲁迅：《19361006致曹白》，《鲁迅全集》第14卷，人民文学出版社2005年版，第164页。

⑧ 鲁迅：《19361017致曹靖华》，《鲁迅全集》第14卷，人民文学出版社2005年版，第171页。

⑨ 鲁迅：《19330708致黎烈文》，《鲁迅全集》第12卷，人民文学出版社2005年版，第415页。

⑩ （战国）韩非著，陈奇猷校注：《韩非子新校注》，上海古籍出版社2000年版，第678页。

特在此情形使用"鬼魅"。"鬼蜮"则出自《诗·小雅·何人斯》："为鬼为蜮，则不可得。"毛传："蜮，短狐也。"陆德明释文："一名射工，俗呼之水弩。在水中含沙射人。一云射人影。"①《说文·虫部》："蜮，短狐也，似鳖，三足，以气射害人。"②《何人斯》是一首以示绝交的古诗③。鲁迅此时正患大病，而把文坛诸色人等视作"鬼蜮"，也就决非单纯的骂话。

其次，"尸"变为"鬼"，于鲁迅而言，并非理所当然的演化。1936 年 9 月，鲁迅身体状况极坏，写就一篇杂文《死》。文中说自己对于死亡是"随便党"，研究"灵魂"的有无，结论是不知道。但是，极富贵者一面"化为居士，准备成佛"，一面"主张读经复古，兼做圣贤"，而"穷人利于立即投胎，小康者利于长久做鬼"，"自有一桌盛馔和一堆国币摆在眼前"，"就是他还未厌过的人的生活的连续"④。那复古读经者自成圣贤，被豢养的文人长久做鬼。如果说从"流氓"到"流尸"是更为彻底的否定与蔑视，"鬼蜮"的出现则令人绝望，地狱成为人间的延续，二者也就无有分别，黑暗同一。

更重要的是，鲁迅指斥"流氓"乃着眼文化根柢中的"无原则"与"奴性"，痛骂"流尸"是言等而下之的"民族主义文学"的"死态"，根本不值一提。"鬼蜮"的出现则与谣言流言、罗织罪名、暗枪冷箭、倒戈投敌等更为彻底的"无原则"行为紧密相连。"鬼蜮"处于"无形"，"射人"致死。"鬼蜮"这个骂战中的文言正辞并非首现，而是有着相当长久的一段"词汇史"。鲁迅身处相似的人生景况时往往反复征用。

三、"鬼蜮"词汇史：反复征用的"判断词"

鲁迅初次使用"鬼蜮"一词，是在 1903 年《中国地质略论》一文中。此篇虽详细介绍地质调查史、地质分布与发育、中国石炭（煤炭）分布等近代科学知识，却并非纯粹传播自然科学的文章。其中不忍为"采炭之奴"、"救之奈何"等，明显寄托了鲁迅的救亡之心，希冀必有"悢悢以思考，奋袂而起者"。文章第六部分重点讲述了"俄索金州诸矿"、"浙绅高尔伊卖矿"两事，亦是当年留日的清国学生群体所知闻的大事。鲁迅此时疾呼"呜呼，鬼蜮为谋，猛鸷张口，其亡其亡，复何疑焉"⑤，"鬼

① 《十三经注疏》整理委员会整理：《毛诗正义》，北京大学出版社 1999 年版，第 765 页。
② （汉）许慎著，（宋）徐铉校定：《说文解字》，中华书局 2013 年版，第 283 页。
③ 程俊英、蒋见元：《诗经注析》，中华书局 1991 年版，第 612-613 页。
④ 鲁迅：《死》，《中流》1936 年第 1 卷第 2 期。
⑤ 索子（鲁迅）：《中国地质略论》，《浙江潮》1903 年第 8 期。

蛾"既指帝国列强，更指暗中卖矿的乡绅大夫与当时的社会景况。从 1898 年可考的文字记录至 1903 年发表此文，其间鲁迅所作多为文言旧诗、简短杂记以及少量翻译①，如此长段的议论文字实属罕见。此时直言"鬼蛾"，可见鲁迅对于清末社会抨击之决绝。鲁迅正于是年在江南班中第一个剪掉发辫。

"鬼蛾"的第二次使用见于 1911 年 1 月 2 日致许寿裳信：

> 越中理事，难于杭州。技俩奇觚，鬼蛾退舍。近读史数册，见会稽往往出奇士，今何不然？甚可悼叹！上自士大夫，下至台隶，居心卑险，不可施救，神赫斯怒，湮以洪水可也②。

所谓"技俩奇觚，鬼蛾退舍"，指手段低下得连鬼蛾都退避三舍。鲁迅 1909 年 8 月底因"母亲和几个别的人很希望我有经济上的帮助"③，于是回国在浙江两级师范学堂任监学，继而又在绍兴府中学堂任教。至 1911 年初，其已"经二大涛"，"一遭于杭，两遇于越"，即"木瓜之役"与"罢考风波"。此时，鲁迅身心俱困于绍兴，多次表达内心无比绝望的想法。在与同事、上级官僚乃至学生的交往之中④，鲁迅年虽青壮，心却憔悴。其上年末致许寿裳信："外界之九千九百九十九种恶口，当亦如秋风一吹，青蝇绝响；……百余学生，亦尚从令，独有外界，时能射人。"⑤"恶口"即"恶毒言语"，为佛教十恶行之一。"青蝇"出自《诗·小雅·青蝇》，该诗旨在"斥责谗人害人祸国"⑥。鲁迅 1925 年于《战士与苍蝇》、《死后》两文中创造"青蝇"形象，"苍蝇们即更其营营地叫，自以为倒是不朽的声音"⑦、"嗡的一声，就有一个青蝇停在我的颧骨上……我不是什么伟人，你无须到我身上来寻作论的材料……"⑧ 等正是饱受流言的场景。外界能"射人"者，自然就是暗中含沙射人致死的"蛾"，可见社会满是各类制造流言的人。1911 年致许寿裳的多封信中，鲁迅屡言"越中迷阳遍地"、

---

① 参见王世家、止庵编：《鲁迅著译编年全集》第 1 卷，人民出版社 2009 年版，第 1–119 页；黄乔生：《鲁迅年谱》，浙江大学出版社 2021 年版，第 18–44 页。

② 鲁迅：《19110102 致许寿裳》，《鲁迅全集》第 11 卷，人民文学出版社 2005 年版，第 341 页。

③ 鲁迅：《集外集拾遗补编·鲁迅自传》，《鲁迅全集》第 8 卷，人民文学出版社 2005 年版，第 343 页。

④ 参见鲁迅：《病后杂谈之余——关于"舒愤懑"》，《鲁迅全集》第 6 卷，人民文学出版社 2005 年版，第 194–195 页。

⑤ 鲁迅：《19101221 致许寿裳》，《鲁迅全集》第 11 卷，人民文学出版社 2005 年版，第 337 页。

⑥ 程俊英、蒋见元：《诗经注析》，中华书局 1991 年版，第 693 页。

⑦ 鲁迅：《战士和苍蝇》，《民众文艺周刊》1925 年第 14 号。"苍"即青色，故苍蝇也即"青蝇"，亦可喻指谗言小人。曹植《赠白马王彪》："苍蝇间白黑，谗巧令亲疏。"

⑧ 鲁迅：《死后》，《语丝》1925 年第 36 期。

"越中棘地"、"事皆貸末猥杂"、"惟从横家乃大得法"①，悲绝的情绪弥漫纸间。

至此已然明了"鬼蜮"一词的出现，饱含鲁迅对于空妄虚假、荆棘遍地的社会世态的批判，表现出或呼号、或绝望的决绝态度。鲁迅此时尚只是中学教员周树人，还未在社会中扮演以笔为"投枪"和"匕首"的作家。在两次判定这"鬼蜮"社会后，他心近死灰。此时，辛亥革命骤起，绍兴虽经历短暂光复，然"鬼蜮"终是"鬼蜮"，不可相处。鲁迅于 1912 年决然离越北上，由"教员"而"公务员"，参与民国建设。民初政局动荡，鲁迅虽积极于教育部本事，但也度过了一段埋首抄经的黯淡时光，直至新文化运动起，"听将令"而"呐喊"而成作家。随着北洋政府"复古"逆流、"后五四"新文化阵营分裂，鲁迅在 1925 年女师大潮及与现代评论派论战中再次启用了相隔十多年的词汇——"鬼蜮"。

起初，同十多年前一样，"鬼蜮"一词首先出现在通信之中。1925 年 3 月 31 日致许广平信中谈及《现代评论》"一个女读者"的文章，鲁迅怀疑是陈西滢中伤自己，叹道："世上的鬼蜮是多极了。"② 而本月 18、23 日两封致许广平的信已经提出了"染缸论"，明言自己"偏要向这些作绝望的抗战"③。5 月 21 日夜所作《"碰壁"之后》虽言"华夏大概并非地狱"，但是"眼前总是充塞着重迭的黑云，其中有故鬼，新鬼，游魂，牛首阿旁，畜生，化生，大叫唤，无叫唤，使我不堪闻见"④，分明是地狱群鬼图景。5 月 30 日致许广平信又言："牠们是无所不为的，满口仁义，行为比什么都不如。我明知道笔是无用的，可是现在只有这个，只有这个而且还要为鬼魅所妨害。"⑤ 尔后，"鬼蜮"一词便在杂文中不断出现。5 月 30 日写就之《并非闲话》愤慨言道"'流言'本是畜类的武器，鬼蜮的手段"⑥，"牠们"无疑与"畜类"对应；11 月 22 日《并非闲话（三）》写道"古人常说'鬼蜮技俩'，其实世间何尝真有鬼蜮，那所指点的，不过是这类东西罢了"⑦；12 月 18 日《"公理"的把戏》斥破坏女师大的人"形同鬼蜮"⑧；12 月 29 日《论"费厄泼赖"应该缓行》提出闻名的"痛打落水狗"，

---

① 分别见于 1911 年 1 月 2 日、3 月 7 日、4 月 20 日、7 月 31 日致许寿裳信。

② 鲁迅：《19250331 致许广平》，《鲁迅全集》第 11 卷，人民文学出版社 2005 年版，第 469 页。

③ 鲁迅：《19250318 致许广平》，《鲁迅全集》第 11 卷，人民文学出版社 2005 年版，第 467 页。

④ 鲁迅：《"碰壁"之后》，《语丝》1925 年第 29 期。

⑤ 鲁迅：《19250530 致许广平》，《鲁迅全集》第 11 卷，人民文学出版社 2005 年版，第 492 页。

⑥ 鲁迅：《并非闲话》，《京报副刊》1925 年 6 月 1 日。

⑦ 鲁迅：《并非闲话（三）》，《语丝》1925 年第 56 期。

⑧ 鲁迅：《"公理"的把戏》，《国民新报副刊》1925 年 12 月 24 日。

谈到"中国又一天一天沉入黑暗里"，"就因为先烈的好心，对于鬼蜮的慈悲"①；1926年1月25日《学界的三魂》附记谈到那些所谓"正人君子"乃是用"'捏造事实'和'散布流言'的鬼蜮的长技"②。1926年6月23日，鲁迅便塑造出"雪白的一条莽汉"③ ——"公正"而"有点人情"的"活无常"这一民间鬼物，用这鲜活明艳的鬼物讽刺自以为持得"公理"的鬼蜮伎俩的人。

因对"真"之坚持，鲁迅一旦识破流言者的鬼蜮假面，断然不可与之共处。况且从1924年起历经首都革命、女师大学潮、现代评论派论战、与章士钊对簿公堂、"三一八"惨案，民元时期之短暂光明不复，处于极度"彷徨"乃至"虚妄"的鲁迅又一次认知到社会遍是鬼蜮。虽然他还以商量、犹疑的口吻说华夏大概并非地狱，但态度已然再次"决绝"。1926年8月，鲁迅离京奔赴开展"国民革命"且要"再造国家"的南方城市，期待着能够"造一条战线，更向旧社会进攻"④。

四、余论：在"人"与"鬼"之间战斗

鲁迅骂战中的词汇选用与转换，虽说是最为表层的言语现象，却恰可通过言辞"直观"鲁迅的态度、意涵以至观念。"骂之为战"，在某种层面而言，既是方法，也是目的。从"流氓"到"流尸"再至"鬼魅"，是词汇语义的层层递进，是主体认知的步步加深，更是对黑暗社会的痛斥音辞。

20世纪90年代初，日本学者丸尾常喜通过研究鲁迅文学世界中的"鬼"与中国传统文化的联系，指出其精神世界与文学世界中"人与鬼的纠葛"之复杂状态⑤。随后，诸多学者不断对鲁迅文本中的"鬼"进行更为深入细致的探讨⑥。其实，无论鲁

---

① 鲁迅：《论"费厄泼赖"应该缓行》，《莽原》1926年第1期。

② 鲁迅：《学界的三魂》附记，《语丝》1926年第64期。

③ 鲁迅：《无常》，《莽原》1926年第1卷第13期。关于"活无常"的形象，鲁迅在《朝花夕拾后记》（《莽原》1927年第2卷第15期）中详细交代自己所蒐集的各类版本图像均与记忆中的影像存在偏差，于是"只得选取标本各一——南京本的死有分和广州本的活无常——之外，还自己动手，添画一个我所记得的目连戏或迎神赛会中的'活无常'来塞责"。

④ 鲁迅：《两地书·六九》，《鲁迅全集》第11卷，人民文学出版社2005年版，第195页。

⑤ ［日］丸尾常喜著，秦弓译：《"人"与"鬼"的纠葛：鲁迅小说论析》，人民文学出版社1995年版。

⑥ 相关研究繁多，仅略举一二。孙郁：《鬼气·血气·正气》，《鲁迅研究月刊》1998年第3期。程凯：《"招魂"、"鬼气"与复仇——论鲁迅的鬼神世界》，《鲁迅研究月刊》2004年第6期。汪晖：《鲁迅与向下超越——〈反抗绝望〉跋》，《中国文化》2008年第1期。钱理群：《鲁迅笔下的鬼和神》，《名作欣赏》2010年第34期。谭桂林：《鬼而人、理而情的生命狂欢——论鲁迅文学创作中的"鬼魂"叙事》，《扬州大学学报》（人文社会科学版）2014年第2期。

迅内心世界如何"纠葛"，"骂之为战"中不断"复现"的"鬼魅（蜮）"一词所展现的，不正是鲁迅在"人"与"鬼"之间毫无犹疑的战斗吗？当1934年再次辨识出文坛"鬼魅"之后，即便身体状况愈来愈糟，鲁迅也并未选择出走①。虽说只能"拾荒"与"花边"，"伪自由"或"准风月"，但他在"且介亭"中想定之后，仍"要赶快做"②，也就是不停地战斗。

鲁迅虽然肯定华夏并非地狱，可是境由心造，人间不正如同地狱？鲁迅常常感慨、愤懑于自己的"碰壁"③。所谓"碰壁"，就是"撞鬼"、"鬼打墙"。此"鬼"即江浙一带民俗中的"摸壁鬼"④，遇见鬼挡墙就走不出去，只能原地打转到天亮。鲁迅不会选择原地打转等候天亮，而是要"肉薄这空虚中的暗夜"⑤。自然，这"壁"就是鲁迅碰见的"人"，可这些"人"便是"鬼"，"鬼"所操持的武器就是"流言"与"暗箭"。鲁迅在1934年12月18日致杨霁云信中言明自己"横站"⑥的姿态，正是因为屡屡见识到世间"鬼魅"的面孔。

由此而言，鲁迅仅是间或一时彷徨与虚妄，无论内心有何种复杂的情绪、决绝的认知乃至"鬼气"，都没有停止摆出战斗的姿态。

先前在北京识得"鬼魅"后，鲁迅塑造了"雪白的一条莽汉"的"公正"之"无常"；如今，再次启用民间的"方法"，创作出"更美，更强的鬼魂"⑦，穿着"大红衫子"的"复仇"之"女吊"。此时不再有1911年的喟叹反问——"会稽往往出奇士，今何不然"⑧，而是于《女吊》开篇便斩钉截铁地引说"会稽乃报仇雪耻之乡，非藏垢纳污之地"⑨。"在乡村的节日舞台上、在民间的传说和故事里的明艳的'鬼'世界"⑩ 与都市文坛上遍是流氓、流尸、鬼魅的现实中的黑暗"鬼"世界，形成了鲜

---

① 参见锡金：《鲁迅为什么不去日本疗养》，《新文学史料》1978年第1期；陈漱渝：《鲁迅为何不去日本疗养——以李秉中致鲁迅的一封信为中心》，《鲁迅研究月刊》2020年第6期。

② 鲁迅：《死》，《中流》1936年第1卷第2期。

③ 鲁迅曾撰《"碰壁"之后》、《"碰壁"之余》两文，从1925年起文章与书信中常常提及"碰壁"。《两地书》说"四面碰壁"，《死后》言"六面碰壁"，《准风月谈后记》谓"生性拙直愚笨，处世无方，常常碰壁"。

④ ［日］大谷亨：《黑无常的诞生与演变——以江苏南部的摸壁鬼传说为中心》，《民间文化论坛》2021年第2期。

⑤ 鲁迅：《希望》，《语丝》1925年第10期。

⑥ 鲁迅：《19341218致杨霁云》，《鲁迅全集》第13卷，人民文学出版社2005年版，第301页。

⑦ 鲁迅：《女吊》，《中流》1936年第1卷第3期。

⑧ 鲁迅：《19110102致许寿裳》，《鲁迅全集》第11卷，人民文学出版社2005年版，第341页。

⑨ 鲁迅：《女吊》，《中流》1936年第1卷第3期。

⑩ 汪晖：《"死火"重温——以此纪念鲁迅逝世六十周年》，《天涯》1996年第6期。

明的对比，无常与女吊乃是"鬼而人"，现实诸公却是"人而鬼"。"雪白"与"赤红"的明丽颜色，或正可对应最初的"白心"与"内曜"①，"白"与"赤"共同搏击着"黬暗"。

这些现实中的"人而鬼"，尸位素餐，俱为肉身真实的人，却是灵魂虚假的鬼。如何对付？便是用"真"。因为"中国的邪鬼，非常害怕明确，喜欢含混"②，"中国的邪鬼，是怕斩钉截铁，不能含胡的东西"③。如此看来，鲁迅"骂之为战"中那种分毫不让与锱铢必较，一字一句的批驳，甚至句读、标点的细究，不正是"真"吗？因为"只有真的声音，才能感动中国的人和世界的人；必须有了真的声音，才能和世界的人同在世界上生活"④。而鲁迅所塑造的两个没有肉身的鬼——"无常"与"女吊"，正是灵魂真实的"人"。公正之"无常"与复仇之"女吊"所唱出的声响、那民间的声响，正乃"真声"。"真人"却"假鬼"，"假鬼"而"真人"。"人"与"鬼"之间的战斗，正是鲁迅在"假"与"真"之间的搏击，要求得"真的人"⑤ 而不是"假的鬼"，"新文化"更要造就的是"真文化"！

正如鲁迅最后评价章太炎"'战斗'的文章乃先生一生中最大，最久的业绩"⑥，大先生则是在"人"与"鬼"之间恒久地战斗着，即便现实如"流氓—流尸—鬼魅"一般每况愈下，也要"肩住了黑暗的闸门，放他们到宽阔光明的地方去"⑦。

（作者单位：华东师范大学中文系/中国文字研究与应用中心）

---

① 迅行（鲁迅）：《破恶声论》，《河南》1908 年第 8 期。

② 鲁迅：《19340227 致增田涉》，《鲁迅全集》第 14 卷，人民文学出版社 2005 年版，第 287 页。

③ 鲁迅：《我的第一个师父》，《作家》1936 年第 1 卷第 1 期。

④ 鲁迅：《无声的中国》，《鲁迅全集》第 4 卷，人民文学出版社 2005 年版，第 15 页。

⑤ 鲁迅：《狂人日记》，《新青年》1918 年第 4 卷第 5 期。

⑥ 鲁迅：《且介亭杂文末编·关于太炎先生二三事》，《鲁迅全集》第 6 卷，人民文学出版社 2005 年版，第 567 页。

⑦ 唐俟（鲁迅）：《我们现在怎样做父亲》，《新青年》1919 年第 6 卷第 6 期。

作为记忆的叙事与文学化的思想启蒙：
重读鲁迅小说《怀旧》^①

令狐兆鹏

　　鲁迅的小说以"表现的深切、格式的特别"而成为中国现代文学的翘楚已是学术界的共识。鲁迅小说的研究成果可谓汗牛充栋，然而，对于鲁迅的第一部小说《怀旧》的研究，依然有相当大的空间。可能因为是文言文小说的缘故，《怀旧》很长时间内被淹没在历史潮流之中，甚至鲁迅晚年回忆起《怀旧》，竟然颇多错漏之处^②。1938 年，许广平才将《怀旧》收入《鲁迅全集》（第 7 卷）"集外集拾遗"。

　　学术界关于《怀旧》的研究，大多集中于小说的内容（比如小说人物研究、小说与辛亥革命关系研究等），而对于小说叙事形式的研究，则相对比较薄弱。1969 年，普实克发表《鲁迅的〈怀旧〉——中国现代文学的先声》，认为《怀旧》虽然语言是文言文，但精神是"现代新文学"的^③。普实克认为鲁迅在《怀旧》中"把情节压缩成最简单的成分；并且试图不对故事内容加以解释就点出主题"，正构成了"新文学特有的现代特征"^④。

　　本文则将叙事研究与文化回忆联系在一起，认为《怀旧》是一部结构独到的记忆小说，叙事者"我"关乎王翁的叙事是不可靠的——儿童对于王翁的亲近认同阻碍了隐含读者对王翁的客观判断，隐含作者对王翁的批判态度被很多批评家所忽视。从整

---

　　① 本文系运城学院重点学科研究项目"鲁迅小说叙事与文化记忆研究"（XK-20200006）的结项成果。

　　② 参阅鲁迅：《书信·340506 致杨霁云》，《鲁迅全集》（第 13 卷），人民文学出版社 2005 年版，第 93 页。

　　③ ［捷］普实克：《普实克中国现代文学论文集》，湖南文艺出版社 1987 年版，第 113 页。

　　④ ［捷］普实克：《普实克中国现代文学论文集》，湖南文艺出版社 1987 年版，第 116 页。

个小说的叙事结构来看，隐含作者依此来展开对整个中国社会面对暴力的"国民性"之批判，绝无将王翁、李媪所代表的下等阶层与秃先生为代表的知识分子阶层对抗之意。小说着重探讨的不仅是暴力本身的残酷性，更是民众面对暴力的消极态度，并由此而展开国民性批判，这正是鲁迅前期"立人"启蒙思想的文学化阐释。

一、记忆小说：独特的叙事结构

《怀旧》是一部非常讲究叙事技艺的记忆小说。所谓记忆小说，是指作者有意通过回忆来展开叙事的小说。追忆既是人类构建历史、追寻生命意义的思考方式，也是小说家进行叙事的绝佳手段。"作为对过去事件的概括或者重构，回忆绝对属于文学文本的基本主题。"①《怀旧》是对过去事件的追忆，其独特之处在于以儿童的视角展开回忆，从而形成套盒式叙事结构。叙事有两个层次。第一层是主叙事层，讲述"我"回忆幼年时所经历的一场逃难，以"我"的视角观察动乱来临时秃先生、金耀宗、王翁等人的反应。第二层为次叙事层，是由第一层叙事延伸出来的叙事——王翁讲述"长毛"之乱时的逃难情形。

主叙事层由第一人称"我"对幼年时光展开追忆。"我"既是叙事者，又是小说人物。其复杂性就在于叙事者在讲述故事时既要服从人物自身的逻辑，又要完成隐含作者所交代的突出小说主旨的任务。小说的主旨往往通过"叙述之我"与"经历之我"之间的差异而得以体现。"从叙述理论的角度来看，对'经历的我'和'叙述的我'进行的区分已经建立在了一种记忆纲领（通常是隐藏的）之上：更确切地说，是建立在此构想之上，即在前叙事经历与经过对过去的叙述和回顾而形成的、具有一定意义的回忆之间存在着差异。"② 文本中，"经历之我"占据了主要的位置，还原了一个儿童在故事中特有的视角和感知。当然，"叙述之我"会不断介入故事层面，从而形成叙事声音的插入。此时，叙事者"我"超越了故事层面，从话语层面进行阐释。"叙述者通过定义永远不可能成为聚焦主体，因为它们一般没有位于故事层面。"③ 如果说"经历之我"决定了故事的细节和感知的话，那么"回忆之我"则揭示了故事的主旨和意义。因此，隐含作者往往通过"回忆之我"来发出声音，控制着故事主旨的

---

① ［德］米切尔·巴斯勒、多罗塞·贝克：《回忆的模仿》，［德］阿斯特莉特·埃尔、冯亚琳主编：《文化记忆理论读本》，北京大学出版社 2012 年版，第 274 页。

② ［德］阿斯特莉特·埃尔、艾斯加尔·埃尔：《文学研究的记忆纲领：概述》，［德］阿斯特莉特·埃尔、冯亚琳主编：《文化记忆理论读本》，北京大学出版社 2012 年版，第 222–223 页。

③ ［德］米切尔·巴斯勒、多罗塞·贝克：《回忆的模仿》，［德］阿斯特莉特·埃尔、冯亚琳主编：《文化记忆理论读本》，北京大学出版社 2012 年版，第 287 页。

走向。

从记忆的角度上讲，"回忆之我"起到了建构意义的作用。"回忆者从一个观察者的角度来'看'自己在被回忆的场景中。后一视角主要存在于对儿童时期的回忆中，必然会对事件进行修改。"① "叙述之我"突然闯入，形成老练、讽刺的文风，迥异于儿童天真、幼稚的感知。叙事者借"回忆之我"之口，表达了对秃先生、金耀宗之流的批判："人谓遍搜芜市，当以我秃先生谓第一智者，语良不诬。……故虽自盘古开辟天地后，代有战争杀伐治乱兴衰，而仰圣先生一家，独不殉难而亡，亦未从贼而死，绵绵至今，犹巍然拥皋比为予顽弟子讲七十而从心所欲不逾矩。若由今日天演家言之，或曰由宗祖之遗传；顾自我言之，则非从读书得来，必不有是。"② 很明显，这段充满着反讽意味的评论完全不可能出自一个童稚小儿之口，唯有经过岁月磨洗和人生历练的成年人才有可能发出洞穿历史风云变幻、直抵人性本质的高屋建瓴之论。隐含作者对犬儒主义生活态度进行了严厉的批判。而这种适应乱世的苟活方式恰恰不是来自遗传，而是从读书中得来的——中国传统文化的基因出了问题（为何圣贤书所培养出来的是精明的利己主义者）。叙事者终于完成了隐含作者交代的任务，由讲述故事转向文化批判。

次叙事层则为王翁讲述长毛的故事。王翁俨然是一个"说书人"，绘声绘色地回忆自己年轻时，长毛入侵，大家如何躲避灾祸。值得注意的是，此时，叙事者"我"不再越位，以近乎纯客观的视角讲述王翁的故事，从而形成了一个"书场"氛围。问题在于，鲁迅的小说很少出现模拟话本小说的情形，他的小说大都采用横断面的反高潮叙事，着重凸显叙事者的功能，尽显现代小说的先锋色彩。为何在他的处女作《怀旧》中，出现了一个传统的"书场"结构？"惟环而立者极多，张其口如睹鬼怪，月光娟娟，照见众齿，历落如排朽琼，王翁吸烟，语甚缓。"③ 鲁迅首次在小说中披露出看客的形状——阴森恐怖，若鬼怪现身。这种书场式的叙事结构隐含着强烈的反讽意味。40 年前惨烈的"长毛之乱"留给幸存者的，只不过是饭后的谈资。记忆成了一场情景剧，而所谓的书场只不过是对当年灾难的一次戏仿而已。谈论越是精彩，主旨越是悲哀。"你在桥上看风景，看风景的人在楼上看你。"悲哀的是，当年狼狈逃跑的当事人王翁，40 年后，摇身一变，由画中人（当事人）成为画外人（说书者）。而那些聆听这场精彩演出的看客们，则陶醉于死亡的演出，沦为"做戏的虚无党"。

① ［德］米切尔·巴斯勒、多罗塞·贝克：《回忆的模仿》，［德］阿斯特莉特·埃尔、冯亚琳主编：《文化记忆理论读本》，北京大学出版社 2012 年版，第 288 页。
② 鲁迅：《怀旧》，《鲁迅全集》（第 7 卷），人民文学出版社 2005 年版，第 228 页。
③ 鲁迅：《怀旧》，《鲁迅全集》（第 7 卷），人民文学出版社 2005 年版，第 229 页。

王翁的讲述是一场反高潮的叙事。其一，小说略去了赵五叔被杀时的场景，紧接着，秃先生的归来打乱了叙事节奏。其二，三大人之父何狗保如何打宝，也被省掉，只说"见有打大辫子之小长毛，伏其家破柜中……"① 李媪以下雨回家为由打断王翁的演讲，以至于"我"竟然恋恋不舍，以不能听完整个故事为憾。叙事者似乎并不想将整个故事讲成恐怖故事，更不愿意替打宝之情节添油加醋。这种省略本身就显示出隐含作者的立场，即拒绝将人生悲剧猎奇化，反而通过叙事的中断显示王翁说书的无聊性和荒诞性，从而形成强烈的反讽。

二、儿童视角：一种不可靠的叙事

记忆小说是对记忆行为的重构，必然会对过去的事件进行加工、取舍。那么，我们不得不进行一系列的追问：当事人对回忆之事的感受如何，叙事者对当事人的回忆持什么态度，隐含作者对叙事者的叙事态度是否认同。

《怀旧》主要聚焦三个人物——秃先生、金耀宗及王翁。前二者只处于被追忆的位置，叙事者对于他们的厌恶之情溢于言表，隐含作者也认同这一判断。唯有王翁，身份较为复杂。一方面，他是追忆的对象，处于与秃先生、金耀宗同一层次的位置；另一方面，他又摇身一变，成为追忆的主体，开启了对长毛入侵的所有回忆。

王翁对于这场动乱的态度是复杂的。一方面，他着力渲染长毛的残暴杀戮，如赵五叔被砍了头、牛四被杀死。另一方面，他又沉浸于当时打宝（追杀太平军，趁机抢夺太平军丢弃的财宝获利）的情形，为自己打宝得来的财宝被牛二抢走而愤愤不平。40 年后，王翁摆出一副超然于物的潇洒姿态——"长毛初来时良可恐耳，顾后则何有"②。

叙事者毫不掩饰对王翁的崇拜之情——当秃先生、金耀宗等名流在"长毛之乱"面前一筹莫展、慌乱之极时，唯有王翁沉着冷静，"亦已出而纳凉，弗改常度"③，似乎王翁所代表的民间传统正是对抗地方士绅的正面力量。近来有学者努力从王翁身上挖掘正面价值，有矫枉过正之嫌。有的人认为王翁对躲长毛的见识、态度迥异于秃先生、金耀宗之流，王翁属于狂人之谱系，系作者更多的自我感情投射④。更有甚者，认为王翁代表的价值系统与秃先生完全对立，代表着"士大夫的'谋略'与民间的

---

① 鲁迅：《怀旧》，《鲁迅全集》（第 7 卷），人民文学出版社 2005 年版，第 232 页。
② 鲁迅：《怀旧》，《鲁迅全集》（第 7 卷），人民文学出版社 2005 年版，第 231 页。
③ 鲁迅：《怀旧》，《鲁迅全集》（第 7 卷），人民文学出版社 2005 年版，第 229 页。
④ 符杰祥、关海潮：《"狂人"的前世今生——重识〈怀旧〉与"王翁"》，《鲁迅研究月刊》2020 年第 7 期。

'智慧'之间的对立与差异"①。

这里涉及一个叙事学关键问题：叙事者对于王翁的态度是否为可靠叙事。"不可靠叙事"这个概念来自韦恩·布斯，指的是"叙述者的报道、解读（或阐释）和/或认识（或评价）与隐含作者的不一致"②。如果叙事者"我"代表着隐含作者的态度，则必然为可靠叙事，可以推定上面两位学者的观点成立。相反，隐含作者不认同叙事者对于王翁的态度，则变成不可靠叙事，而立足于从王翁身上寻找正面能量的行为则无异于缘木求鱼。

很明显，小说关于王翁的讲述属于不可靠叙事。"我"与"王翁"之间是一种主仆关系——"我"是小主人，而王翁则是"家之阍人"，因此，"我"可以"尝扳王翁膝，令道山家故事"。孩子与佣人之间容易形成亲密的关系，"孩子喜欢和他们聊天——以平衡被父母判为'不是他这个年龄该问的事'时的克制和沉默。佣人们有时候在孩子面前或者对孩子说话时很坦率，并由于他们常常表现得像个大孩子而得到孩子们的理解"③。以"我"的眼光看待王翁，未必能够保持客观态度。整部小说是以儿童视角叙事，儿童的纯真心态固然可以反衬成人世界的狡诈，但也容易缺乏公正、客观的判断力。"我"曾经问王翁他是否也是"长毛"，因为在儿童的世界里，长毛的入侵导致了秃先生的逃亡。秃先生是坏人，长毛必然就是好人。而王翁对我很好，那么秃先生就是长毛了。从一个成年人的判断来看，"我"的判断是何其幼稚，不值一驳。因此，"我"眼中的王翁未必客观、公正，相反，很容易由于童年的视角遮蔽了王翁的本来面目。

既然"我"眼中的王翁未必可靠，那么小说如何才能揭开隐含作者眼中王翁的庐山真面目呢？我们必须将整部小说当作一个系统，从整体小说的结构中去看待王翁的位置，才有可能寻找出蛛丝马迹。

如果说秃先生代表乡村知识分子阶层的话，那么，王翁、李媪则代表乡村下层民众。他们对这场暴力的态度并无本质不同。秃先生是暴力的游戏者（与魔共舞）；金耀宗、三大人是暴力的受惠者（金耀宗父亲靠巴结太平军而发财，而三大人父亲靠打宝而发家）；王翁则是暴力的逃脱者，差点因打宝而受益，若非他靠打宝得来的夜明珠被牛二抢走，他也会摇身一变，成为三大人。因此，王翁不是暴力的受害者，而是暴

---

① 张丽华：《从"故事"到"小说"：作为文类寓言的〈怀旧〉》，《鲁迅研究月刊》2012 年第 9 期。

② ［美］詹姆斯·费伦、彼得·J. 拉比诺维茨：《当代叙事理论指南》，北京大学出版社 2007 年版，第 639 页。

③ ［法］莫里斯·哈布瓦赫：《集体记忆与历史记忆》，［德］阿斯特莉特·埃尔、冯亚琳主编：《文化记忆理论读本》，北京大学出版社 2012 年版，第 75 页。

力投机者（妄图以打宝而发财）。暴力投机者对待暴力当然不害怕，以其经验来看，即便再来一次长毛，不过是增加打宝的机会罢了。隐含作者据此展开了对整个中国社会面对暴力的"国民性"之批判，绝无将王翁、李媪为代表的下等阶层与秃先生为代表的知识分子阶层对抗之意。否则，如何解释李媪的半夜梦魇、惊叫？谁又说下层人民不害怕暴力？在隐含作者的逻辑中，麻木与恐惧绝非天然沟壑，恰恰相反，恐惧的极致即为麻木，二者相隔一层纸。因此，无论秃先生、金耀宗还是王翁、李媪，无不在隐含作者的尖锐批判之下，他们是一个整体。

三、感觉回忆：长毛故事的创伤记

正如上文所说，小说讲述了双重回忆。其一，"我"回忆秃先生、金耀宗面临"长毛"侵袭流言的窘态；其二，王翁回忆年轻时躲避长毛及打宝的经历。而这两则故事之间又有什么关系？隐含作者为何要将二者并置？普实克认为长毛的故事与秃先生、金耀宗对革命的恐惧并无关系，"这些回忆虽然是由长毛逼近城镇引出来的，与小说的中心主题没有什么联系"①。其实，普实克的论断颇有存疑之处。小说涉及两重回忆——对太平天国的回忆及对辛亥革命的回忆。二者有着内在的必然联系，都是有关逃亡的叙事。

"当代最好的作品不是一种创造，而是一种召唤，一种奇特的充满回忆的召唤。"②"召唤使得记忆变得有弹性，将历史铺得久远，甚至跨越世纪的间隔。"③《怀旧》中的逃亡事件召唤起王翁青年时期的逃亡，一种"感觉回忆"就此产生。因为在某些特定环境下，"通过感性印象存储的东西对他来说要比通过语言上重复的媒介存储的东西更加直接和真实"④。小说中最具有现场感的回忆当属王翁以说书人的口吻讲述太平天国入侵江南的事件。这场回忆占据了全文篇幅的一半，足见其地位的重要性。回忆的高潮部分应当是吴姬看到赵五叔被杀的场景：

少顷少顷，突有数十长毛入厨下，持刀牵吴姬出，语格磔不甚可辨，似曰："老妇！尔主人安在？趣将钱来！"吴姬拜曰："大王，主人逃。老妇饿已数日，

① ［捷］《普实克：普实克中国现代文学论文集》，湖南文艺出版社 1987 年版，第 119 页。
② ［捷］《普实克：普实克中国现代文学论文集》，湖南文艺出版社 1987 年版，第 119 页。
③ ［德］阿莱达·阿斯曼：《记忆中的历史——从个人经历到公共演示》，南京大学出版社 2017 年版，第 68 页。
④ ［德］阿斯特莉特·阿斯曼：《回忆的真实性》，［德］阿斯特莉特·埃尔、冯亚琳主编：《文化记忆理论读本》，北京大学出版社 2012 年版，第 149 页。

且乞大王食我，安有钱奉大王。"一长毛笑曰："若欲食耶？当食汝。"斗以一圆物掷吴妪怀中，血模糊不可视，则赵五叔头也……①

无独有偶，1926年，鲁迅在回忆性的散文《阿长与〈山海经〉》中写道：

后来长毛果然进门来了，那老妈子便叫他们"大王"，——据说对长毛就应该这样叫，——诉说自己的饥饿。长毛笑道："那么，这东西就给你吃了罢！"将一个圆圆的东西掷了过来，还带着一条小辫子，正是那门房的头。煮饭老妈子从此就骇破了胆，后来一提起，还是立刻面如土色，自己轻轻地拍着胸脯道："阿呀，骇死我了，骇死我了……。"

我那时似乎倒并不怕，因为我觉得这些事和我毫不相干的，我不是一个门房②。

两部文本是一种对话性关系，"一个文本只有通过与另一个文本的相互联系（语境联系）才得以存在。只在文本的联结点上才会发出光亮，它既能够照向过去又能够照亮未来，同时，还能够使文本参与到对话中来"③。将《怀旧》与《阿长与〈山海经〉》进行互文性阅读，我们会发现两部作品都对太平军祸乱江南进行了深刻的揭露。两篇文章相差近乎15年，但两段文字几乎一模一样，后者只不过是前者的白话文版。长妈妈讲的故事对童年鲁迅而言太过深刻，足以影响他的一生，乃至于他在写《怀旧》的时候，信手拈来，才能栩栩如生。

童年回忆往往会影响一个人的一生，最引人震撼的莫过于"肉体感觉"。宾杰明·维乌科米尔斯基认为，"我早期的童年回忆，主要基于留在我的照相式记忆中的精确画面以及我为它们保留的那些感觉——其中也包括肉体感觉"④。鲁迅回忆童年时期阿长讲的长毛故事，画面惊悚，"肉体感觉"颇为强烈——一颗血淋淋的人头——"形象而感性地铭刻在记忆里的回忆，具有绝对的真实可信性"⑤。

鲁迅的回忆揭露了太平军在江南烧杀抢掠的野蛮行径，深入地挖掘了普通民众那

---

① 鲁迅：《怀旧》，《鲁迅全集》（第7卷），人民文学出版社2005年版，第229-230页。

② 鲁迅：《阿长与山海经》，《鲁迅全集》（第2卷），人民文学出版社2005年版，第252页。

③ 转引自：［德］奥利弗·沙伊丁：《互文性》，［德］阿斯特莉特·埃尔、冯亚琳主编：《文化记忆理论读本》，北京大学出版社2012年版，第264页。

④ ［德］阿斯曼：《回忆有多真实》，韦尔策编：《社会记忆：历史 回忆 传承》，北京大学出版社2007年版，第65页。

⑤ ［德］阿斯曼：《回忆有多真实》，韦尔策编：《社会记忆：历史 回忆 传承》，北京大学出版社2007年版，第65页。

种面对残暴的内心"惊悚心理"，这在心理学上称为"闪光灯回忆"。"闪光灯回忆"具有原始、生动的品质，并且记忆持久，往往伴随一个人的一生。"'闪光灯回忆'表现了自传记忆或片段记忆的一种特殊形式，即当一个人遭遇重大历史事件时能精确回忆他曾在哪里做了什么。触发闪光灯回忆的首先是重大历史变迁，它毫无预兆地直接发生在时代见证者身上并带着痛苦突发性进入其意识。这种效果尤其出现在开启新纪元和把个人生活引向出乎意料方向的划时代转折点上。"① 当老妈子看见门房的人头时，内心完全崩溃了，暴力的创伤记忆刻骨铭心。1920 年，鲁迅创作了《头发的故事》，借 N 先生之口，揭露太平天国时期江浙人民被杀戮时的"心理创伤"——"我的祖母曾对我说，那时做百姓才难哩，全留着头发的被官兵杀，还是辫子的便被长毛杀！"② 1861 年，由吉庆元、朱衣点等率领的太平军占领浙东，所到之处，烧杀抢掠，民不聊生。乃至于马克思在 1862 年写的《中国记事》中，引用宁波的英国领事写给北京英国公使的信，对太平军在宁波的暴行进行了强烈的谴责——"他们的全部使命好像仅仅是用丑恶万状的破坏来与停滞腐朽对立"③。

门房的人头构成了老妈子对太平军的"创伤记忆"。所谓的创伤记忆，是"对生活中具有严重伤害性事件的记忆"④。创伤记忆有三个特质，即个体性、亲历性、情绪性，而其核心为记忆主体的亲历性⑤。创伤记忆可以传播，老妈子传给阿长，阿长传给鲁迅，鲁迅付之于文章。

四、逃亡：动乱年代的集体记忆

《怀旧》深刻地揭露了辛亥年间人们在动乱时代逃难的场景。关于小说反映的时代，学术界一般认为反映了辛亥革命时期农村的生活现状。但是，有些学者提出异议。伍斌认为，长毛来临时王翁 30 多岁（1861 年太平军占领浙东），讲故事时王翁 70 多岁，相隔约 40 年，故小说反映的是 1900 年左右的故事，与辛亥革命无关⑥。史承钧

① ［德］阿斯特莉特·阿斯曼：《回忆的真实性》，［德］阿斯特莉特·埃尔、冯亚琳主编：《文化记忆理论读本》，北京大学出版社 2012 年版，第 148 页。

② 鲁迅：《头发的故事》，《鲁迅全集》（第 1 卷），人民文学出版社 2005 年版，第 485 页。

③ 马克思：《马克思恩格斯选集》（第 15 卷），人民出版社 1995 年版，第 548 页。

④ 杨治良：《记忆心理学 I》，华东师范大学出版社 2012 年版，第 412 页。

⑤ 赵静蓉：《文化记忆与身份认同》，生活·读书·新知三联书店 2015 年版，第 98 页。

⑥ 伍斌：《〈怀旧〉：探索"国民性"的最初尝试——兼与部分研究者商榷》，《鲁迅研究月刊》1994 年第 12 期。

也持相同观点①。其实，小说反映的时代到底是否与辛亥革命有关并不重要，因为"长毛事件"只不过是一则流言，而所谓的"长毛"只不过是几个难民而已。然而，文本反映的事件并不等同于作者创作的背景。毕竟小说是虚构的艺术。小说采用的事件底本是庚子事变与辛亥动乱的复合体。周作人认为《怀旧》中金耀宗如夫人"检脂粉芗泽纨扇罗衣之属，纳行箧中"的行为源自庚子年夏天本家少奶奶携带团扇逃难，"这篇小说是当时所写，记的是辛亥年的事，而逃难的情形乃是借用庚子夏天的事情，因为本家少奶奶预备逃难，却将团扇等物装入箱内，这是事实"②。庚子事变对鲁迅产生了很大的影响，他在 1912 年 6 月 27 日读《庚子日记》时说："午假《庚子日记》二册读之，文不雅驯，又多讹夺，皆记'拳匪'事，其举止思想直无以异于斐澳野人。齐君宗颐及其友某君云皆身历，几及于难，因为陈述，为之瞿然。"③ 很可能鲁迅在面对辛亥动乱时，首先想到的是庚子事变造成的动荡。然而，小说客观上反映了辛亥革命来临时浙江农村的心理状态。此论断为鲁迅后来的回忆所证实。"民国成立的时候，我住在一个小县城里，早已挂过白旗。有一日，忽然见许多男女，纷纷乱逃：城里的逃到乡下，乡下的逃进城里。问他们什么事，他们答道，'他们说要来了。'"④

《怀旧》写出了历史动乱时代的集体回忆。正如哈布瓦赫所主张的，不论个体及个体的记忆能力有多大的差别，也不论是怎样的个体记忆，个体记忆都是集体记忆的一个部分。"予窥道上，人多于蚁阵，而人人悉函惧意，惘然而行。手多有挟持，或徒其手，王翁语予，盖图逃难者耳。中多何墟人，来奔芜市，而芜市居民则争走何墟。"⑤ 辛亥年间（1911），全国各地都陷入流言的慌乱之中，不少商铺关闭，人们纷纷卷起铺盖，开始逃难。各大火车站、码头挤满难民⑥。1911 年 11 月 30 日，叶圣陶记载："近日城中居民异常恐慌，皆纷纷迁家避难，或则至沪上，或则至乡下，而以今日为尤多，河中装家伙之船首尾相接也。"⑦ 郁达夫说，当武昌的消息传到浙江富阳时，"城里的谣言，更是青黄杂出，有的说'杭州在杀没有辫子的和尚'，有的说'抚台已经逃了'，弄得一般居民，乡下人逃上了城里，城里人逃往了乡间"⑧。周作人回

① 史承钧：《〈怀旧〉的时代与主题——兼评历来对它的一种误解》，《鲁迅研究月刊》2000年第 9 期。
② 周作人：《知堂回想录》（上册），河北教育出版社 2002 年版，第 293 页。
③ 鲁迅：《鲁迅全集》（第 15 卷），人民文学出版社 2005 年版，第 6-7 页。
④ 鲁迅：《随感录五十六"来了"》，《鲁迅全集》（第 1 卷），人民文学出版社 2005 年版，第 364 页。
⑤ 鲁迅：《怀旧》，《鲁迅全集》（第 7 卷），人民文学出版社 2005 年版，第 229 页。
⑥ 傅国涌：《百年辛亥——亲历者的私人记录》（上册），东方出版社 2011 年版，第 55 页。
⑦ 叶至善、叶至美、叶至诚编：《叶圣陶集》（第 19 卷），江苏教育出版社 1994 年版，第 45 页。
⑧ 张梦阳编：《郁达夫散文选集》，百花文艺出版社 1984 年版，第 282-283 页。

忆辛亥年间的绍兴，"绍兴只隔着一条钱塘江，形势更是不稳，因此乘机流行一种谣言，说杭州的驻防旗兵突围而出，颇有点儿危险，足以引起反动的骚乱，但是仔细按下去，仍是不近情理，不过比平常说九龙山什么地方的白帽赤巾党稍好罢了。一有谣言，照例是一阵风的'逃难'"①。

那么，隐含作者为何要将这些逃难事件（太平军入侵浙东与辛亥动乱）进行并置？实际上，二者呈现出互文的关系。无论是今之长毛，还是昔之长毛，都代表着一种暴力。小说着重探讨的不仅是暴力本身的残酷性（如太平军残酷杀死牛二、王翁的两族兄、赵五叔等），更是人民面对暴力的态度。无论是秃先生还是金耀宗，抑或是王翁、李媪，他们面对暴力时，表现出逃避、恐惧、逆来顺受。面对暴力，本来应有的愤怒和憎恶则完全消失殆尽，反而表现出麻木的精神状态。更为可恶的是，他们颇懂"胜败辩证法"，将灾难当成千载难逢的发财机会，从而演绎出一场闹剧。

因此，王翁讲述长毛的故事绝非如普实克所说的，与主旨毫无关系。相反，后者与前者具有同构性，都加深了小说的主旨。王翁作为两场动乱的唯一见证者起到了串连两场动乱的作用，其重要性不言而喻。

五、文学记忆与思想启蒙

文学是一种高级的、接触的记忆艺术，"它使得记忆变成一种文化；它为文化记录记忆；它是一种记忆行为；它将自己写进一个由文本构成的记忆空间；它设计出一个记忆空间，这个空间容纳了处在不同转变阶段的文本"②。

鲁迅在《怀旧》中对历史进程中的暴力进行了猛烈的批判。多年以后，他在随笔中做出了更深刻的思考：

> 中国历史的整数里面，实在没有什么思想主义在内。这整数只是两种物质，——是刀与火，"来了"便是它的总名。
>
> 火从北来便逃向南，刀从前来便退向后；—大堆流水帐簿，只有这一个模型。倘嫌"来了"的名称不很庄严，"刀与火"也触目，我们也可以别想花样，奉献一个谥法，称作"圣武"，便好看了③。

① 周作人：《知堂回想录》（上册），河北教育出版社2002年版，第292-293页。
② ［德］阿斯特莉特·埃尔、艾斯加尔·埃尔：《文学研究的记忆纲领：概述》，［德］阿斯特莉特·埃尔、冯亚琳主编：《文化记忆理论读本》，北京大学出版社2012年版，第215页。
③ 鲁迅：《随感录五十九　"圣武"》，《鲁迅全集》（第1卷），人民文学出版社2005年版，第372页。

所谓"圣武"，以武为圣之意，即崇尚武力，胜者为王，只求目的，不求手段。而正是在正义缺席的暴力流转中，鲁迅总结了奴隶们的两个时代："一，想做奴隶而不得的时代；二，暂时做稳了奴隶的时代。"① 无论在哪个时代，中国人都不过是奴隶。"中国的百姓是中立的，战时连自己也不知道属于那一面，但又属于无论那一面。强盗来了，就属于官，当然该被杀掉；官兵既到，该是自家人了罢，但仍然要被杀掉，仿佛又属于强盗似的。这时候，百姓就希望有一个一定的主子，拿他们去做百姓，——不敢，是拿他们去做牛马，情愿自己寻草吃，只求他决定他们怎样跑。"② 正如《怀旧》中所描写的，"昔发逆反时，户贴顺民字样者，间亦无效；贼退后，又窘于官军"③。鲁迅曾经不无同情地感慨，一遇到战争，有钱的遁入租界，妇女孩子躲进教堂，不得不依靠外国势力而求自保，堕入"想做奴隶而不得的时代"④。

小说故意隐去故事所反映的时代，将人们随时要面对的暴力处理成一则流言，将故事发生的时代推至庚子年，进一步抹掉辛亥年的痕迹。一场流言引起的逃亡风波，不仅可能（当然确实）发生于辛亥年间，更可能发生在历史上的任何年代。鲁迅意在杜绝研究者对之进行索隐式解读的可能，从而有意引向普遍的象征主义式的阅读。小说的主旨在于揭露民众在暴力面前的生存状态。一方面，民众是暴力的受害者，或被杀死，或生存于随时被杀的惶恐状态中；另一方面，他们又是暴力的受益者，通过模拟暴力的形式（如打宝）、谄媚于暴力（如金耀宗父亲一般）而发战争财，从而成为新一轮秩序的主子。

《怀旧》是鲁迅早期"立人"思想的形象化的反面阐释。三年前，鲁迅写下《文化偏至论》，对那些假正义之空名、满足一己之私欲的"伪士"进行了猛烈的抨击——

　　盖国若一日存，固足以假力图富强之名，博志士之誉；即有不幸，宗社为墟，而广有金资，大能温饱，即使怙恃既失，或被虐杀如犹太遗黎，然善自退藏，或不至于身受；纵大祸垂及矣，而幸免者非无人，其人又适为己，则能得温饱又如故也。……至尤下而居多数者，乃无过假是空名，遂其私欲，不顾见诸实事，将事权言议，悉归奔走干进之徒，或至愚屯之富人，否亦善垄断之市侩，特以自长营揹，当列其班，况复掩自利之恶名，以福群之令誉，捷径在目，斯不惮竭蹶以

---

①　鲁迅：《灯下漫笔》，《鲁迅全集》（第1卷），人民文学出版社2005年版，第224页。
②　鲁迅：《灯下漫笔》，《鲁迅全集》（第1卷），人民文学出版社2005年版，第224页。
③　鲁迅：《怀旧》，《鲁迅全集》（第7卷），人民文学出版社2005年版，第228页。
④　鲁迅：《灯下漫笔》，《鲁迅全集》（第1卷），人民文学出版社2005年版，第225页。

之耳①。

《怀旧》中的秃先生（地方知识分子）与三大人、金耀宗等（乡绅）沆瀣一气，他们表面上一身正气，为人师表，实则满脑子男盗女娼，或虚伪狡诈，或愚不可及（如金耀宗），不正是鲁迅所批判的"伪士"吗？正是在这些人的把持下，国家日益凋敝。"人惟客观之物质世界是趋，而主观之内面精神，乃舍置不之一省。重其外，放其内，取其质，遗其神，林林众生，物欲来蔽，社会憔悴，进步以停，于是一切诈伪罪恶，蔑弗乘之而萌，使性灵之光，愈益就于黯淡：十九世纪文明一面之通弊，盖如此矣。"② 而对于王翁等众数（吃瓜群众），鲁迅也对其无操守进行了批判："夫誉之者众数也，逐之者又众数也，一瞬息中，变易反复，其无特操不俟言。"③ 因此，面对民众一盘散沙、逆来顺受的社会现状，鲁迅呼吁英哲（先觉善斗士）出现。"与其抑英哲以就凡庸，曷若置众人而希英哲？则多数之说，缪不中经，个性之尊，所当张大，盖揆之是非利害，已不待繁言深虑而可知矣。虽然，此亦赖夫勇猛无畏之人，独立自强，去离尘垢，排舆言而弗沦于俗囿者也。"④

只有"尊个性而张精神"——"掊物质而张灵明，任个人而排众数"——方能将沙聚之邦转变成人国。而立人，则呼吁如拜伦、雪莱等为代表的"摩罗精神"和以叔本华、施蒂纳、基尔凯郭尔、尼采、易卜生等为代表的个人主义。

"个人"与"众数"的对立反映在鲁迅的小说中，则表现为"英哲"与"庸众"的对立，如狂人（《狂人日记》）、夏瑜（《药》）、吕纬甫（《在酒楼上》）、魏连殳（《孤独者》）、N先生（《头发的故事》）与阿Q、短衣帮们的对立。"英哲"们是"梦醒之后无路可走"的中国最丰富、最痛苦的魂灵，系鲁迅自我的镜像。而在《怀旧》中，庸众无处不在，而"狂人"的形象在鲁迅的头脑中酝酿，直到数年之后，在新文化运动中，随着《狂人日记》出版才得以横空出世。

（作者单位：运城学院中文系）

---

① 鲁迅：《文化偏至论》，《鲁迅全集》（第1卷），人民文学出版社2005年版，第46-47页。
② 鲁迅：《文化偏至论》，《鲁迅全集》（第1卷），人民文学出版社2005年版，第54页。
③ 鲁迅：《文化偏至论》，《鲁迅全集》（第1卷），人民文学出版社2005年版，第53页。
④ 鲁迅：《文化偏至论》，《鲁迅全集》（第1卷），人民文学出版社2005年版，第54页。

郭沫若中学课堂笔记·经解篇简介及原文披露[①]

王奕朋

　　郭沫若中学课堂笔记第五册、第十七册、第二十一册和第二十二册记有与经解相关的内容。第五册记有《诗经·周南》十一首、《诗经·召南》十四首、《诗经·邶风》十九首以及《诗经·鄘风》第一首，共四十五首诗歌的字词解释。值得注意的是，其解释不仅参考了"毛传"及"郑笺"的内容，更几乎在每个词语后都标注了词性，这应当是较早将拉丁语法引入课堂教学的案例。第十七册为《左传》学习笔记，同样以词语解释的方式呈现，下文节录了其中第一篇《晋文建霸》及其后部分相关联的内容。第二十一册记有《诗经心学纂述》一文，介绍了《诗经》的来源、体裁、谋篇布局和社会作用等，是一篇诗歌理论文章，系未完稿。第二十二册从多个方面对《左传》进行了述评，下有"发明六经"、"包括诸家"、"左传解经"、"礼同王制"、"源同二传"、"史公始师"、"传有缺疑"、"倡言忠孝"、"传非国史"共九个小标题。

　　以下附手稿识读原文，标点为整理者依文意所标，原文无；段落基本依照原文呈现；文中明显的错讹均未径改。因纸张虫蛀、字迹模糊等原因无法识读之字均以（　）代替；括号内之字均表疑似该字，后加问号，供读者参考；括号中加省略号，表示相关内容无法辨认且不确定字数。

　　关雎

　　关关和声也。窈窕【副】幽闲也。淑【形】善也。

　　述【名】匹也，又与仇通，笺云，怨妃曰仇。思服服，思之也，笺云，服，事也[②]。

---

　　① 本文系四川省哲学社会科学重点研究基地郭沫若研究中心重点项目"郭沫若分设中学时期课堂笔记整理与研究"的成果。

　　② 原稿残缺漶漫不可识读，据（清）马瑞辰《毛诗传笺通释》（中华书局 1989 年版）第 33 页补。

葛覃

覃【名】延也。萋萋【形】茂盛貌。喈喈【副】和声之远闻也。莫莫【形】茂密貌。

濩【动】煮也。𫗦【动】厌也。言【助】无义。归【动】妇人谓嫁曰归。

薄【副】少也，又勉也。害【代】何也。

卷耳①

顷筐【名】畚属，易盈之器也。寘【动】置也。

周行【名】行列也。笺云，周之列位，谓廷臣也。陟【动】升也。

崔嵬土山之戴石者，笺云，卒者，崔巍，谓山巅之石也②。虺隤【动】瘏也。

姑【副】且也。玄黄【动】玄马病则黄。砠【名】石山载土曰砠。瘏【动】病也。

痡【动】亦病也。

樛木③

乐只君子笺云，"乐其君子"犹云乐是君子也。履【名】禄也。荒【动】奄也。

将【动】大也。笺云，犹扶助也。

螽斯④

诜诜【形】众多也，又群集貌。振振【形】仁厚也，又盛貌。

薨薨【形】亨洪切，音訇，众多也。绳绳【形】戒慎也。揖揖【形】会聚也。

桃夭

夭夭【名】其少壮也。灼灼【形】花之盛貌。贲【形】实貌。蓁蓁【形】至盛貌。

兔罝

肃肃【形】敬也。干城【名】可以御患难之谓也。逵【名】九达之道。赳赳【形】武貌。

芣苢

薄【副】聊也。"薄言采之"犹言我聊之也。捋【动】力活反。取也。

袺【动】音结，执衽也。襭【动】户结反，扱衽也。

---

① 原稿残缺漶漫不可识读，据（清）马瑞辰《毛诗传笺通释》（中华书局1989年版）第40页补。

② 原稿残缺漶漫不可识读，据（清）马瑞辰《毛诗传笺通释》（中华书局1989年版）第43页补。

③ 原稿残缺漶漫不可识读，据（清）马瑞辰《毛诗传笺通释》（中华书局1989年版）第48页补。

④ 原稿残缺漶漫不可识读，据（清）马瑞辰《毛诗传笺通释》（中华书局1989年版）第51页补。

汉广

思【助】语已辞。方【动】泭也。泭，说文云，编木以渡也。翘翘【形】薪貌。

楚【名】笺云，杂薪错之尤翘翘者。秣【动】眷也。蒌【名】草中之翘翘然。

汝坟

坟大防也①。惄【名】饥意也。笺云，思也。调饥【名】调，朝也，犹言朝饥也。

肄【名】斩而复生者曰肄。赪【形】赤也。毁【名】火也。

麟之趾

定【名】题也。

上周南之篇十一，名十三，复名五，代三，形十七，动十五，副六，助一，共字六十二。

鹊巢

两【名】乘也。御【动】五嫁反。迎也，送也。方【动】有也。

采蘩

被【名】首饰也。僮僮【名】竦敬也。公【名】事也。祁祁【名】舒迟也。

草虫

忡忡【形】犹冲冲也。降【动】下也。惙惙【形】忧也。夷【动】平也。

采蘋

筐筥【名】方曰筐，圆曰筥。湘【动】烹也。锜釜【名】有足曰锜，无足曰釜。

甘棠

蔽芾【形】小貌。茇【动】草舍之也。拜【动】拔也。说【动】舍之也。

行露

厌浥【形】湿意也。速【动】召也。

羔羊

委蛇【副】委曲自得之貌也。

殷其雷

无

---

① 原稿残缺漶漫不可识读，据（清）马瑞辰《毛诗传笺通释》（中华书局 1989 年版）第 64 页补。

摽有梅

摽【名】落也。**迨**【动】及也。**塈**【动】取之。

小星

嘒【形】微貌。**肃肃**【形】疾貌。**犹**【动】若也。

江有汜

汜【名】决复入为汜。**处**【动】止也。

野有死麕

朴樕【名】小木也。**纯束**【动】犹包之也。**脱脱**【副】舒迟也。**帨**【名】佩巾也。

何彼襛矣

无

驺虞

无

上召南篇十四，名十一，形六，动十四，副二，共字三十三。

变风

邶柏舟

茹【名】度也。**棣棣**【形】富而闲习也。**选**【动】算也，又择也。**悄悄**【形】忧貌。
愠【动】怒也。**闵**【名】病也。**辟**【名】拊心也。**摽**【名】拊心貌。
居、诸【助】乎字意。

绿衣

无

燕燕

颉颃【动】飞而上曰颉，飞而下曰颃。**任只**【形】言以恩相亲信也。

日月

无

终风

暳【名】阴而风曰暳。**暳暳**【形】阴晦之貌。**虺虺**【形】震雷之声。

击鼓

镗【形】击鼓声也。**爰**【介】于也。**契阔**【名】犹勤苦也。

凯风

凯风【名】南风谓之凯风。劬劳【动】病苦也。睍睆【形】好貌。

雄雉

泄泄【形】鼓翼貌。诒【动】遗也。伊【形】犹紧是也。阻【名】难也。

匏有苦叶

厉【动】和衣而涉。揭【动】褰衣而涉。弥【名】深水也。鷕【名】雌雉声也。

招招【形】号召之貌。卬【代】我也。

谷风

习习【形】和舒貌。谷风【名】东风也。违【名】徘徊也。

湜湜【形】音殖，澈底清澄也。阅【动】容也。不屑【副】凡遇事物轻视不加意也。

遑【副】何暇意。匍匐【副】言尽力也。慉【动】养也。鞠【形】穷也。旨【形】美也。洸【名】怒貌。又洸洸武也。

溃【名】怒也。又溃溃不善貌（溃滩水相击也）。肆【名】劳苦之事。塈【名】息也。

式微

无

旄丘

诞【形】阔也。蒙戎【形】乱也。琐尾【形】少好之貌。又琐屑尾末也。

简兮

简【形】大也。俣俣【形】容貌大也。渥赭【名】犹云厚傅丹也。

泉水

娈【形】好貌。饯【名】祖而舍轶饮酒于其侧曰饯。遄【副】疾也。臻【动】至也。

写【动】除也。

北门

坤【副】厚也。敦【动】犹投掷也。

北风

雱霏【形】盛貌（指雨雪言）。喈【形】疾貌。

静女

姝【形】美色也。踟蹰【动】言志往而行止。炜【名】赤色也。

新台

泚【名】鲜明貌。燕婉【名】言安且顺之人。籧篨【名】不能俯者。洒【名】高峻貌。戚施【名】

不能仰者。

二子乘舟

泛泛【形】迅疾而无碍也。养养【形】忧不知所定也。

邶篇十九

鄘

柏舟

仪【动】匹也。矢【动】誓也。特【动】特匹也。谅【动】信也。

眉批：

1. 爰【代】何处也。

2. 展【形】诚也。

3. 遽篨，丑疾，名。晋语亦有籧篨不可俯身语，盖编席为粗，如人拥肿而不能俯，故名之。

（以上录自郭沫若中学作业本第五册）

左传　晋文建霸

司空季子，胥（姓）也，臣名也。晋有臼邑，盖食采于臼邑。

字季子，而为司空之（官）也。

廧咎如，成三年，晋郤克、卫孙良父伐廧咎如，《传》曰："讨赤狄之余焉"。

《晋语》逐子犯曰："若无所济，吾食舅氏肉，其知餍乎！"舅犯走，且对曰："若无所济，吾未知死所，谁能与豺狼争食？若克有成，公子无亦晋之柔嘉。是以甘食，偃之肉腥臊，将焉用之？"遂行。

三士，《晋语》，宋公孙固言于襄公曰："晋公子好善不厌，父事狐偃，师事赵衰，长事贾佗。此三人者，实左右之，公子居则下之，动则谘焉"。

《晋语》："羽旄齿革，则君地生焉。"《注》，羽，鸟羽，非羽翠，孔雀之属。旄，毛牛尾。齿，象牙。革，犀兕皮。皆生于楚。

《晋语》："公子欲辞。"司空季子曰："今子于圉，道路之人也，取其所弃，以济大事，不亦可乎？"公子谓子犯曰："何如？"对曰："将夺其国，何有于妻，唯秦所命从也。"

下义其罪，上赏其奸。《疏》："在下者，以贪天之功，为立君之义，是下义其罪也。在上者，以立君之勋而赏盗天之罪，是上赏其奸也。"

介之推隐而死，《庄子·盗跖》篇。介子推，至忠也，自割其股以食文公。后背之，子推怒而去，抱木而燔死。

展获字禽，柳下为所食之邑，惠其谥也。

庄子称柳下季者，子季是五十字，禽是二十字。

幼名，冠字。五十以伯仲。

元帅，元者，长也，谓将帅之长，军行则重者居中，故晋以中军为尊，上军次之。其二军则上军为尊。故闵元年，晋侯作二军，公将上军。

距跃，超越也。曲踊，跳踊也。有犹励也。

距跃，向前跳而越物过。曲踊，向上跳而折复下。

《周礼》，车仆掌戎右之萃，广车之萃。郑玄言，广车，横陈之车。襄公十一年，郑人赂晋侯以广车。盖兵车之名，名之为广，因即以车表兵，谓属西广之兵也。

文元年，商臣以宫甲围成王，是东宫兵也。

《周礼》，凡制军百人为卒，知六卒六百人也。

水北曰阳，姬姓之国。在汉北者，楚尽灭之。

金辂，祭祀所乘。其大辂之服，当谓油鍪冕之服；戎辂之服，当谓韦弁之服也。

《周礼》，鬯人掌共秬，鬯而饰之。郁人掌裸器，凡祭祀之裸事，和郁鬯以实彝而陈之。礼，祭祀必先裸，是用之以降神也。

《周礼》："虎贲氏下大夫二人，虎士八百，掌先后王而趋以卒伍。"

麋薮泽，草木之交曰麋，又同湄，尔雅释水，水草交为湄。

大司马云："若师有功，则左执律右秉钺，以先恺乐献于社"。注云："律所以听军声，钺所为将威兵，乐曰恺。"《司马》注曰："得意则恺乐、恺歌，示喜也。"

晋侯召王，疏，晋侯本意止欲大合诸侯之师共尊天子，实无觊觎之心，但于时周室既衰，忽然帅九国之师将数十万众入京师，似有篡夺之谋，故曰摭强大令王就会受朝。

何休云："时晋文年老，恐伯功不成，故上白天子曰'诸侯不可卒致，愿王居践土'，谓诸侯曰'天子在是，不可不朝'。"迫是正君臣明王法。

《周礼》："命夫命妇不躬坐狱讼，元咺不宜与君对坐，故使针庄子为坐。"

南，古者听讼两造，与听者皆坐。

职纳槀馈　郭璞曰："馈，糜也。"孙炎曰："鬻淖糜，然则糜之与鬻稠淖之异名耳。"

帝丘，即今北直大名府之开州，因为颛顼帝虚，故名。

《史记·卫世家及年表》，卫从此年以后历十九君积四百二十年，卫元君乃徙于野王，元君卒，子角代立，秦灭卫，废角为庶人。

$$禹—启\begin{cases}太康\\仲康，相\end{cases}$$

飨食在庙宴—一作燕在寝。

湛露彤弓，此二篇为天子燕诸侯之诗，公非天子宾非诸侯，不知歌此何意？盖以武子有令名，歌此，以试之耳。

桧即郐，妘姓祝融后，今河南许州府密县东五十里有桧城，春秋前为郑所灭。

成五年，晋赵婴梦天使谓己："祭余，余福女。"

按，天使，犹言上天使者，梦者恍惚之言耳。

晋武公自曲沃而兼晋国，曲沃有旧时宫庙，故公卒而往殡焉。《礼》："诸侯五日而殡。"案，经文以己卯卒，庚辰是卒之次日。矜，传，即殡者以曲沃路远早行故也。《礼》，人死在床曰尸，在棺曰柩。

上寿百二十，中寿百，下寿八十。

蹇叔之子与师，或以为即西乞术白乙丙。按，传言："与师不过在师中而言耳，若西乞白乙则为将帅，不得云与。"

姜戎子，姜姓陆浑之别部。

古者三年之丧，衣皆缟素，至禫二年为禫而服黑经白纬之衣，晋襄以凶服从戎，故权用墨衰之制。

衰衣当心之布。经首经，要经。

勇则害上，不登于明堂。郑玄以为明堂在国之阳与祖庙别处，左氏旧说及贾逵、卢植、蔡邕、服虔等皆以明堂与祖庙为一。故杜因之祭统云，古者明君必赐爵禄于太庙。

康诰曰：子弗只服厥父事，大伤厥考心。于父不能字厥子，乃疾厥子；于弟弗念天显，乃弗克恭厥兄；兄亦不念鞠子哀，大不友于弟。曰：乃其速由文王作罚，刑兹无赦。其意言，不慈不祇不友不恭，各用文王之法刑之，不是罪子又罪父，刑弟复刑兄，是其弗相及也。

《礼》"期而小祥"，晋文以僖三十二年十二月卒，则三十三年十月为小祥。

按，小祥，《礼》经多称练。练，熟布也。去丧服小祥始用熟也。

眉批：

1. 骈胁，《说文》，并干也，腋下谓之胁。

2. 飧，水浇饭也。辟君三舍。古者师行三十里而舍，三舍九十里。《司马法》曰，进退不过三舍，礼也。弭，骨饰两头曰弓，不以骨饰，曰弭。

3. 放牛马曰风。

4. 斥候所以望敌。

5. 骒，音庐，黑色也。

6. 鞠，稚也。

（以上录自郭沫若中学作业本第十七册）

诗经心学纂述

诗之兴也，轩辕之世无考焉。虞书曰："诗言志，歌咏言。声依永，律和声。"诗之道，放于此乎？有夏篇章泯弃，商王不风不雅。周自后稷播种，公刘世修其业，太王王季，克堪顾天。文武之德，光熙前绪。以集大命于厥躬，使民有政有教。其时之诗，风有周南、召南，雅有鹿鸣、文王诸篇。及成王，周公致太平，制礼作乐而有颂声作焉，盛之至矣。故其盛也，上自郊庙朝廷，而下达于乡党闾巷，其言粹然无不出于正者。圣人固已协之声律，而用之乡人，用之邦国，以化天下。至于列国，则天子巡狩，亦必陈而观之，以行黜陟之典，昭穆而后，寝以陵夷；至于东迁，朝廷无制作国史，无纪录善恶，不彰五霸之事无书，诗无观。幽厉以前，美刺在诗，平王以后，是非在春秋矣。

考古诗三千余篇，孔子删之为三百十一篇。诗者，志之所之也，在心为志，发言为诗。诗有六义，风、雅、颂为三经，赋、兴、比为三纬；诗有四始，关雎为风始，鹿鸣为小雅始，文王为大雅始，清庙为三颂始。风，风也，教也；雅，正也，颂之为言容也。教化之道，必先讽，动之物情，既悟，然后教化使之齐正，风俗既齐，然后德为能容物，故功成乃谓之颂。风则闾巷风土男女情思之辞，雅则朝会燕飨，公卿大夫之作，颂则鬼神宗庙祭祀歌舞之乐。风非无雅，文王之风，终于驺虞序，以为王道，成则近于雅矣；雅无非颂，文王之雅，终于鱼丽序，以为可告神明则近于颂矣。周南系周公，召南系召公作之，盛者必有待于二公也。风之终，以豳风者，雅之终，以召昊化之，衰者必有思于二公也。

鲁颂后于周颂者，别以君臣之分，商颂后于鲁颂者，间以亲疏之本。悯平王之教化，不行则以雅为风，尊周公之大，有勋劳则以风为颂。治国先齐家，乱极则思治，故豳二南居三百篇之首，豳风居十三国之终，二南教起宫闱，而后渐及天下。周公在内善让君，故周南无周公之诗；召公在外德显于民，故召南多召公之咏。上以风化下，下以风刺上，言之者无罪，闻之者足戒。其时男女相与咏歌以言其情，行人振木铎徇路以采之，其是以诸侯采之，以贡天子，天子受而列之，乐官以考风俗之美恶，而知政治之得失焉。文王之化，起自宫庭，后夫人之德侔乎天地，故关（……）

（以上录自郭沫若中学作业本第二十一册）

发明六经

圣人作经，贤人述传，圣作贤述，经传通例。况六经本有（　）通之义，故传记不为一偏之辞，载记经解一篇，己统（　）（　）经之旨。《左传》初为国语，即同系诸子之书，是以诗章（　）（　）见诗乐合一之源，龟筮卜占，泄易象吉凶（　）蕴，郯子详（　）帝之文昭十七年，足补书缺，东鲁存周礼之籍昭二年，编（　）名卿，凡所征引，往兼及群经，故所说礼制经意，多不系于见经之（　），而附于无经之传。如说妇人见兄弟不逾（　）僖廿二年云云，不在夫人会齐侯下，且中微言大义，足为全经纲领，其他一言一事，足以发明经旨者，实繁其文，如九叙九功，论于郤缺文七年，元享利贞，言于穆姜襄九年，黄裳元吉，惠伯有云昭十二年，昊天成命，叔向置义周语叔向云，是道成王之德也，单穆公言旱麓周语三，景王廿一年，叔孙穆子言鹿鸣襄四年，蔡伯之言（　）（　）昭廿九年，闵马父之言商那鲁语，观射父之言重黎楚语下柳（　）（　）之述礼典鲁语下，泠州鸠之述七律周语三，景王铸无射是也。盖（　）（　）文为出于国史，岂其然乎？

包括诸家

天生孔圣，学界肇开，四科分授，六艺殊趋，九流百氏，并蓄兼包，以故周秦以降，诸子百家，皆出孔门之支派，以成著作于一家。顾孔子既集其大成，而《左传》亦师其余意，羌于鸿篇巨制之中，博采偏胜专长之学，故季札郤縠为儒家，管仲晏子为法家，董狐倚相为史家，卜偃、辛廖、史苏、（　）父为占家，曹翙、子鱼、先轸、臾骈为兵家，展喜、国佐为（　）家，子产、子贡为言语家，吕相、声子为纵横家，秦和、秦（　）为方伎家，梓慎、裨竈、子韦为天文家，履端归余历家之说。芟夷、蕴崇，农家者流，凡诸医巫数术，权谋杂家，莫不详志先经始事后经终义之间，择尤鉴略，足概其余。此则左氏之文，所以称为大官厨，而积累甚厚者也。

左传解经

自来好左氏者，大抵喜其文藻渊懿，名物繁多。而引以解经者甚觉寥寥，况公穀二家，门户水火，并疑左氏解经之条，为刘附益，望文诋讥，不求通贯，既惧传本之繁重，辄兴谣诼以罢销，不知左氏传文，叠矩重规，胥符经义，（　）（　）国语序云，昔孔子发愤于旧史，垂法素王，左氏因（　）（　）据意，托王义以流藻。此则左氏解经之旧说也，按，左氏（　）事有二例，一缘经立说，一异经见义。凡传有而经无者为削例，传详而经略者为略例，传与经不同者为加损例。可以考见制作，春秋之意，盖传与经异者，皆纪实事，如未修春秋之原文也。至于缘经立说之条，则圣经贤传，道一同趋。就经立义，不必求合本事，异者可以见经，旨同者可以明传意，则以左氏为不解经者，盖耳食之言也。

礼同王制

《左传》礼制，全与王制相同，盖王制为春秋典礼，左则（　）推广，期于发明，宗旨也，如经以齐晋为二伯，左（　）郑而楚皆有伯义。王制立三公，《左传》以郑称子国，而司马，子耳为司空，子孔为司徒襄十年，是为三公全文。又桓六年，（　）以僖侯废司徒，宋以武公废司空，起废礼制，（　）见意，他若国高为天子之守，则（　）大夫也，巡虢（　）（　）地庄公二十一年，则巡守礼也。其余官（　）（　）政令，更不（……）见之文，是（　）以王制立纲，然后考《左传》之目，未有（　）（　）绪者也。

源同二传

三传同说一经，本属兄弟，毛里既分，自各有面目，然全书（　）同，不过一二十条微末之事，至于大事宏例，三家未（　）（　）同者，特为旧解所蔽耳。学者苟于立异，自谓家法，分明（　）系畏难苟安，不求甚解，如用夷礼则夷之，二传以为滕秦，《左传》以说杞僖二十三年，然而传例则同也。诸侯同盟，于是书名，穀梁以说宿，《左传》以说滕隐七年，然其同盟书名之例，则同也。枝节虽殊，本根不异，凡见于五十凡，与贾逵长义者，莫不与二传同条共贯，盖皆系尼山弟子，解说春秋之本。是以区区小异，不害大同也。

史公始师

《左传》成于先秦，迄于汉兴，藏在秘府。史公职史，绅石室金匮之书，必得寓目而尽悉其微，故诸侯世家年表因之而出，鲁世家，鲁人共令息姑，摄位不言即位，合于隐公元年传。陈世家桓公病而乱作，国人分散，故再赴，合于桓五年传。如此者数十事，年表标题十（　）诸侯。周为天子，（　）春秋之天王，以下十三国较多一国，燕禽后人所（　）也。去（　）（　）齐晋为二伯，宋为王后，余为八方伯，曹为卒正小国，（　）全与左氏春秋合。惟以史公为始师，则古学之谣，刘歆之说，可以息啄矣。

传有缺疑

传本先为国语，后师引传解经，改分国而为编年，始成今本。故往往记事说经，不见于本经之下，而错见于他传，且多缺误之处，如文宣以上，传恒略，成襄以后，事较详。庄公篇七年，竟无一传，僖公葬，传在僖公篇。齐桓迁邢封卫，说在闵二年闵二年狄入卫，传云，僖之元年，齐桓迁邢于夷仪，封卫于楚丘，刑迁如归，卫国忘亡之类。惟其旧文，不专为春秋作传，亦不以编年为体。是以脱跳参差，不能一律，非若公穀随经附传，逐条解说，详备无缺矣。

倡言忠孝

春秋一事，所以立千古臣子之大防者也。孟子云，春秋成，乱贼惧，史公自序云，为臣子不通春秋之义，必陷死罪之名，诚以赵盾许止，间在疑似之间，春秋犹不稍恕，左氏深明此义，羽翼春秋，故于颖考叔曰纯孝，于石错曰纯臣，特表暴二人，以维持天下万世之人心。即此二篇，已足见经传相得，有相助相济之功也。则孔子素王，（　）明素臣之说。信哉信乎？

传非国史

孔子因鲁史作春秋，左氏因春秋成左传，圣经贤传，相得益章。无经则传不立，无传则经不明，既新撰述于孔门，实改史文之旧贯，如造酒然。鲁史为稻秫，左传记酿法，其所遗之糟粕，固与酒迥殊矣。孟子谓，鲁春秋同于晋乘梼杌，即鲁史也，乃杜氏谓史违旧章，仲尼尊周公遗制，修明之左氏身为国史，躬览载籍，其发明言例，皆史书之旧。是圣贤经传，莫非史氏遗规，而后世历代史书，皆可以比美麟经，而无愧圣人之目也。当知春秋为孔子奇文，左传为六艺之铃键，凡备一说，立一义，要于经旨大有关系，非然者，以经为史，荆棘丛生，北辙南辕，何从问道。

（以上录自郭沫若中学作业本第二十二册）

（作者单位：四川大学文学与新闻学院）

"声音"的技艺与修辞：郭沫若的战时演讲动员

高 菲　张武军

一、引言

依历史的"后见之明"，全面抗战的爆发无疑是郭沫若海外流亡十余载后生命轨迹的重要转折点。彼时横亘在他面前的不仅是"家"与"国"的取舍问题，同时也是国民革命之后自我归属与道路择选的新的分水岭，时势再次将他推到了历史的当口。郭沫若这一次所选的"路"，用他的话来说就是"处之死地而后生，置之亡地而后存。我自己现在所走的路，我相信正是唯一的生路"①。而这迈向"生路"的第一步，则是自"演讲"这一声音实践始。抗战期间，郭沫若仅时间、地点和主题都明确的演讲记录，就多达一百余次。

若对"演讲"与"现代中国"作一关联性的源流梳理，便可得知，自清季始，"演讲"就被视为极具鼓动性和宣传性的动员技术而应用于向现代社会转型的实验方案。全面抗战爆发后，"演讲"更成为社会动员的有效方法，尤其是在城市之外的广袤"地方"。卢作孚战时在其进行乡建实验的基地北碚就十分看重以公开演讲这一——"'有声的文艺'传播常识，普及民族国家观念，培养公共意识"，并且其"已然成为北碚民众公共生活的一部分"②。

陈平原曾以"声音"影响现代中国文化转型为思路，开拓了"演说"之新的文化研究路径。这虽然引起了学界对郭沫若战时演讲的关注，但捡诸相关研究，大多偏重

---

① 郭沫若：《由日本回来了》，《宇宙风》第 47 期，1937 年 8 月。

② 张武军：《地方北碚与"有声"的中国文艺》，《西南大学学报》（社会科学版）2021 年第 5 期。

于史料钩沉，或又只是化约为其他议题的讨论事项①。如果我们仔细考察就会发现，"演讲"不仅是郭沫若战时政治文化实践的重要表达方式，更是彰显其动员技术的声音载体。故，本文旨在在前人研究的基础上略其所详，详其所略，以演讲这一声音实践本身为研究对象，来探讨郭沫若是如何将社会情势与民众的肉身经验、知觉感知相勾连，进而动员民众的？

二、"诗人"与"革命家"的召唤：
听众对演讲的"前理解"

1937 年 7 月 25 日夜，郭沫若从日本神户港踏上归国的路途，向住了十年的岛国作了"最后的诀别"，于 7 月 27 日下午抵沪。他甫一回国，就积极从事抗战救亡的工作，起初多以民间人士的身份参与文化界组织的救亡运动，直至出任政治部第三厅厅长一职，遂开始在社会层面广泛开展抗战宣传与民众动员的活动。从时间上看，1938 年 1 月 9 日，郭沫若受陈诚之邀，为政治部组建第三厅一事来到武汉，但和全民社记者随后的谈话中，对政府的政调一事却表示："政府本有此意，而个人方面，则以两耳欠听的原故，曾一再辞谢，结果尚不知。"② 据蔡震考辨，郭沫若正式应允陈诚出任三厅厅长并着手组建工作应该是在 1938 年 3 月上旬，也就是距其回国半年之后。就空间上而言，郭沫若先是到上海，后经香港、广州、长沙停留武汉，又随国民政府西迁到了重庆。在这一密集的时空转换过程中，"演讲"成了郭沫若此阶段最为重要的表达方式之一。据刘奎统计，战时郭沫若的演讲主要集中在 1937—1941 年。演讲的形式有广播演讲和现场演讲两种，其中前者多是代表国民政府对抗战形势的官方发言。

一般来说，在正式演讲的前一天会先借助报刊或广播媒介进行预告，之后为扩大演讲的宣传动员效果，报刊等纸质媒介又会对演讲进行二次传播，或全景"实录"演讲的现场，转述演讲的内容，或直接发表演讲稿。而无论是"预告"还是"回顾"，

---

① 对郭沫若的演讲进行史料考辨的有：金传胜、何佩佩《郭沫若 1946 年演讲钩沉与补正》，《郭沫若学刊》2020 年第 1 期；金传胜、薛婧妍《郭沫若演讲史料考辨》，《郭沫若学刊》2018 年第 3 期；凌孟华《郭沫若集外演讲记录稿〈写作经验谈〉叙论》，《郭沫若学刊》2018 年第 1 期；李斌《郭沫若在汉藏教理院的一次演讲》，《郭沫若学刊》2013 年第 1 期。涉及相关议题的论文还有李斌《〈羽书集〉考释》，《郭沫若文献史料国际学术研讨会暨 IGMA 学术年会论文汇编》，2010 年；孟文博《鲁迅与郭沫若对各自一篇演讲稿的修改》，《鲁迅研究月刊》2020 年第 12 期。王兴盛的《民国时期郭沫若演讲及演讲辞创作研究》（山东师范大学，2009 年）和张思思的《抗战时期郭沫若演讲研究》（四川师范大学，2013 年）是系统研究郭沫若演讲的硕士学位论文。此外，刘奎的《战时郭沫若的演说及其政治修辞学》从社会实践与文学修辞的双重视野分析探讨了郭沫若的抗战演说。

② 《郭沫若谈抗战形势》，《新华日报》1938 年 1 月 25 日。

都会通过强调演讲者的身份来吸引听众与读者。若"演说者是一位大政治领袖，大文豪，大科学家或他种著名人物，他们的赫赫的威望，早已使听众十分钦佩或同情，正所谓'先声夺人'，所以只要一登讲台，大家都很热心地去倾耳静听"①。就此而言，演讲者的"身份"并非一个无关紧要的问题，而是实际影响着听众行动与否（是否要去听演讲）。

1938 年 2 月 13 日上午，青年会大礼堂，在由田汉、孙伏园、徐特立、翦伯赞等人发起的"欢迎郭沫若先生大会"上，一位叫罗岚的青年事后写到"'这便是郭沫若先生'，从门口站着的许多人群中飞出一个悄声来"，而他曾经耳闻、如今得见之人的气概"正像他的诗一样，非常豪迈"②。另一个名为岳兰的听众也回忆说，"冒着早寒，源源来会的人，有革命老前辈，有新进作家，有青年，有妇女，有军人，有学生，有儿童"，到"郭发言了。以他那洪亮的声音，豪迈的气概，热烈的情感，刚开口，便使每个人的视线，不期而然的转过来集中在一起。他的话就像一首鼓舞大家抗战的诗"，"'伟大的诗人！'在郭先生座后，一个青年听了，忽然挥舞着拳头兴奋的这样叫着"③。从罗岚和岳兰的记录中，我们能够了解到，当时听众去听演讲的动力很大程度上源自"诗人"郭沫若的文化影响力。郭沫若在重庆中央大学的演讲给徐中玉留下的"诗人"印象，同样也可以证明这一点。"特别热烈的是郭沫若来那一次。大饭厅里里外外全挤满了人，不少老师也来参加了。郭又是诗人，讲的激昂慷慨，热情奔放，在师生中造成了很大影响，震动了整个沙磁文化区。"④

这意味着，"五四"时期所积累的文化资本给予郭沫若的号召力依然存在，在多数人的眼里他仍是精神文化界的斗士、浪漫的诗人。1938 年 8 月 13 日举行的纪念"八一三"大会，郭沫若同样出席并发表了演讲。《新华日报》隔天对此进行了报道："到会有一千五百多人，主席是周佛海部长，在台上的主席团中有天才的文学家郭沫若厅长。"⑤ 这一略显冗赘的"文学家郭沫若厅长"的身份介绍颇值得玩味，在作为政治符号的"三厅厅长"之前署上"文学家"的身份认证，或许也说明无论是认可性还是知名度，"厅长郭沫若"显然都还需"诗人郭沫若"来加持。

第三厅组建之前的郭沫若更多是以爱国知识分子、文化名人的身份参与民间的救亡活动，是"天下兴亡，匹夫有责"的"士"之精神与气节的标杆。而当第三厅组建

---

① 张孟休：《听众心理学》，商务印书馆 1938 年版，第 34 页。
② 罗岚：《欢迎会上的郭沫若先生》，《抗战中的郭沫若》，战时出版社 1949 年版，第 42 页。
③ 岳兰：《欢迎郭沫若大会纪详》，《抗战中的郭沫若》，战时出版社 1949 年版，第 44-48 页。
④ 徐中玉：《郭沫若到重庆中央大学演讲》，《海上春秋》，上海书店出版社 1992 年版，第 43 页。
⑤ 《全国各地热烈纪念"八一三"》，《新华日报》1938 年 8 月 14 日。

之后，单就公开身份来说，郭沫若的言行在社会层面具有了一定的政治象征性。总体来说，郭沫若"文学家"与"革命家"的双重身份包容了诸多听众的期待与想象，所以，他演讲时，听众都不在少数。1939 年郭沫若在乐山演讲时，"会场原定在乐山城内嘉州公园中山堂前的广场上。是日，时钟尚未敲响八点，嘉州公园的广场上早已挤满了听众……青年学生，一般的市民群众，三三两两，一伙一群地把广场的空隙堵得水泄不通，就连临时作为主席台的中山堂大门的台阶，也站满了听众"①。

事实上，对于郭沫若本人而言，以什么"身份"演讲，也决定了其"讲什么"和"怎么讲"。他以文化名人的身份受邀演讲时，更多面对的是青年学生、文化界同仁和民众，因此，无论是演讲方式还是演讲修辞，都更为轻松活泼，演讲的主题也较宽泛，譬如"青年与文化"、"纪念'一二·九'运动"、"对于文化人的希望"以及妇女问题等。而就职政治部后，除了依然能以个人身份参加文化活动进行演讲之外，另一方面，"三厅厅长"的身份具有一定的政治符号性，难免要发表一些"应制"演讲以呼应国民政府抗战时期的一些政策指令，譬如 1939 年 1 月 11 日在外交部招待各国记者会上演讲《日本帝国崩溃的前奏》，1941 年在中央电台广播演讲《从日寇南进说到劝募公债》等。因此，当把视线落在演讲主体时，对于郭沫若来说，在不同的场合，面对不同的听众，要说不同的话。这不仅意味着演讲的主题和内容有变，演讲的修辞、演讲时的姿态和动作也都完全不同。

要言之，"'演说'作为一种社会行为，对演说者的社会地位及学术声誉有很高的要求。同样一句话，不同身份的人说出来，效果就是不一样。听众之所以动不动'大拍掌'，很大程度基于对演说者的崇敬以及'前理解'"②。郭沫若的"文学家"与"革命家"之双重身份，对民众而言，本就极具有号召力，故而能够在一定程度上保障演讲时听众的到场人数，不至于在演讲时出现门可罗雀的情况。然而，这并不能完全保证演讲的成功，因为听众随时都可以离场，郭沫若对此就有过尴尬的经历。

1924 年，郭沫若去杭州参加中华学艺社的年会时，却"临危受命"演讲"文艺之社会使命"。戏剧性的一幕是，"在未到（演讲）时刻之前，那宏大的讲堂里，楼上楼下都被人坐满了"，周颂久的"相对论"在热烈的掌声中讲完了，然而轮到郭沫若的时候，"听众在开始的十分钟光景，都还能够忍耐，但渐渐地便动摇起来了。接着有几个人退场，接着又是十几个，几十个，几百个；没到三十分钟的光景，全场的人退去

---

① 李又林：《一次激动人心的演说》，《抗战时期的郭沫若》（论文集），四川省社会科学院出版社 1985 年版，第 351 页。

② 陈平原：《演说现场的"复原"与阐释——"现代学者的演说现场"丛书总序》，《社会科学论坛》2006 年第 5 期。

了三分之一"①。由是可见，演讲最为关键的环节还是演讲者现场的表达与实践。郭沫若 1924 年的演讲生生把听众"劝退"，然而其战时的演讲不但"留住"了听众，还博得了一片喝彩。

三、"声"与"身"：演讲的技艺

在现代汉语中，"演讲"又叫讲演或演说，是指在公共场合，以有声语言为主要手段，以体态语言为辅助手段，针对某个具体问题阐明事理或抒发情感，进行宣传鼓动的一种语言交际活动。从文体学的角度看，演讲、辩论等文体"可以看做表演性在文学内部的体现"，其"忠实地体现了表演在这些文体表达中所具有的核心作用"②。1928 年，杨炳乾就在《演说学大纲》中如是云："演者推演，含系统之意。如天演演绎等是，可知演说有系统组织之性质。又演者表演，含动作之意，如演剧是，可知演说有应用姿态之性质"，故"演说者，运用姿态声音，以感动群众之有组织之陈述也。"③ 即是说，演讲并不完全等同于"说话"，不仅要能"讲"，还要会"演"，"演讲是要开口的，是要讲的，这一层谁都明白，但那'演'字往往被人忘却了。许多的演讲者只讲而不演，结果便不能收得很好的效果"，演讲者"同演剧者一样运用面部的表情、身姿、手势，乃至一切的可理解的动作，使他的讲话'剧化'（dramatized）起来，这样，才是演讲，才能获得演讲的特殊效果"，所以"演和讲是演讲的两个很重要部分，我们决不能只注意讲而无视了演，也不能只注意演而无视了讲"④。换言之，只有当演讲者充分掌握了"声"与"身"的技术，才能够调动听众的情绪，博得喝彩和掌声，一场精彩的演讲不啻为一次成功的社会动员。

曾经演讲失败的经历并未使郭沫若从此畏惧演讲。在 1937 年发表的《创造十年续编》（四六）中，郭沫若自剖心路，坦言道，因在五卅高潮期又讲演过好几次，竟慢慢地掌握了那其中的"妙窍"："的确的，你总要目中无人才行。尽管有多少群众在你面前，他们都是准备着让你吞的，你只是把他们吞下去就行了。怎样吞法呢？我告诉你，你的声音总要宏大，语句总要简单，道理总要武断。愈武断，愈有效果。最好要办到一句便是一个口号。喊口号的方法你总是知道的吧？那照例是要有宏大的声音的。但一味的宏大也不行，你总得要有抑扬，而且要先抑后扬。一句话的表达要这样，一场

---

① 郭沫若：《创造十年续编（五）》，《大晚报》1937 年 4 月 6 日。
② 朱全国：《模仿论传统中的文学表演性》，《贵州师范大学学报》（社会科学版）2022 年第 6 期。
③ 杨炳乾：《演说学大纲》，商务印书馆 1928 年版，第 1—2 页。
④ 孟起：《怎么演讲》，生活书店 1940 年版，第 5—6 页。

演说的表达也要这样，——再说一次，总要先抑而后扬。在落尾处你把声音放大，在愈武断的地方你愈把声音放大，包管你是要受着热烈的喝彩的。千切不要贪长，千切不要说理，千切不要先扬后抑，这些都是催人睡眠的东西。懂得这些妙窍，尽管有多少群众都不够吞。"①

在郭沫若看来，"演讲"的着力之处在于：一要声量宏大有节奏，二要道理简单似口号，三要先抑后扬守次序。但郭沫若此处所谈的"妙窍"更多是从语音学和修辞术的层面阐发了"讲"的问题，却没有涉及"演"的问题，那么，是否就意味着郭沫若是只"讲"而不"演"呢？

虽然声音随风飘逝，但寿于金石的文字、历久弥新的图像又以留白想象的方式留存了部分逝去的"声音"。报刊上的报道、听众的回忆、演讲者的自述以及现场拍摄的照片，都能够帮助我们"还原"郭沫若战时演讲的历史现场，以弄清上述这一问题。

1939 年春季，郭沫若在返乐山省亲的过程中，在乐山女子初级中学做了一次抗战演讲。当时念一年级的杨铭庆就站在前排，晚年回忆时，郭沫若现场演讲的情景仍历历在目——"由于年纪小，对演讲的内容不能完全领会，但郭老慷慨激昂的态度，尖锐的词语所表达出来的爱国热情和抗战到底的决心，我是理解了并深受感动的。我记得他在演讲中间，曾从口袋里拿出一支小枪，把枪挥动着，大声疾呼要我们热爱祖国，坚持抗战到底。由于演讲形象而生动，同学们非常感兴趣，听讲秩序也很好"②。前文提到的听众罗岚也曾说过，郭先生"讲话的声音很大，也很有节奏，也正像他的诗一样有节奏。一种略带四川音调的语音飞散着，热情而中肯的爱国情绪，扣紧了各人的心弦。有时，当他的右臂用力地举起时，像冲锋的号声杀进一群战士的耳朵似的，立刻使各人的筋肉紧张起来"③。

此外，较之用抽象的文字去想象，视觉图像更能捕捉到瞬间的场景，直观地"再现"演讲者的神情、姿态以及听众的反应。下面是三幅对郭沫若 1939 年现场演讲情景的"图像化"，刊登在《良友》上，图下配有解释性文字。图 1 是郭氏演讲时之神情，并称"郭氏不特

图 1　郭氏演讲时之神情

① 郭沫若：《创造十年续编（四六）》，《大晚报》1937 年 6 月 23 日。
② 杨铭庆：《郭老二三事》，《抗战时期的郭沫若》（论文集），四川省社会科学院出版社 1985 年版，第 337 页。
③ 罗岚：《欢迎会上的郭沫若先生》，《抗战中的郭沫若》，战时出版社 1949 年版，第 42 页。

为国内最著名之小说家，且为一不可多得之演说家"。图2是郭沫若在劳军中对士兵作公开演讲。图3中的郭沫若正在领导着民众高呼救亡口号①。

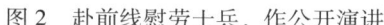

图2　赴前线慰劳士兵，作公开演讲　　　　图3　郭沫若氏领导民众高呼口号

首先，让我们聚焦于图片中的"郭沫若"：手臂举起的身体姿态，自信坚定的神态以及整洁端正的仪表（李又林就在回忆里清晰记得郭沫若演讲时的仪表——"身着浅灰毛料中山装的郭沫若同志出现在主席台正中，他青发满头，带着金边眼镜，神采奕奕"②），一个文学家与革命家之外的"天才演讲家"郭沫若跃然于图上。其次，在空间上，图片中的郭沫若与听众台上台下高低对视，听众以仰望的姿态跟着高呼口号；而"听是超个体主义的"，"在一般情况下，总不会有太多的人有着同样的视觉印象，与此相反，有异常多的人会有着同样的听觉印象"，在演讲的现场，"听觉印象统一地和均匀地传授给一堆人的预定目的——一种绝不是外在的一定量的预定目的，而是深刻与它最内在的本质相结合的目的：把所有听众凝聚到一个密集的统一体和共同的情绪中"③。于是，一种外部仪式感的"光晕"迅即笼罩演讲现场，在理性与非理性的结合中，民众和将士最大限度地被动员起来，演讲中的郭沫若犹如卡西尔所说的，是"既以巫士又以手艺人的身份去行动"④。

而且专就态势语言来看，郭沫若也并非是毫无章法地随演讲的氛围手之舞之足之蹈之，而是有意识地选择时机，在"演讲的中间"举起手臂或挥动着枪，在恰当的时刻把声音有力、有情、生动地传出去，获得演讲的最佳效果。甚至有的"动作"和"言语"配合起来，还可以成为郭沫若有趣的开场白，为其博得现场听众的热烈掌声。

———————————

① 《领导战时宣传工作之郭沫若氏》（图片），《良友》第142期，1939年5月。

② 李又林：《一次激动人心的演说》，《抗战时期的郭沫若》（论文集），四川省社会科学院出版社1985年版，第351页。

③ ［德］齐美尔：《感官社会学》，《社会是如何可能的：齐美尔社会学文选》，林荣远译，广西师范大学出版社2002年版，第330页。

④ ［德］恩斯特·卡西尔：《国家的神话》，范进等译，华夏出版社1990年版，第331页。

由是可知，郭沫若是融"演"与"讲"为一体的，"用优美之言辞以兴感之，用悠扬之声音以激发之，用热烈之姿态以鼓舞之"①。

概言之，声音、动作和情感的配合是郭沫若演讲的三大法门，贯穿其战时演讲的全过程，尤其是在与听众面对面的现场演讲中。其高超的演讲技艺能够使现场的听众"同情共感"，是其演讲动员的关键一环。但一般来说，动员民众的核心在于说服民众。所谓"说服"，也就是使其"信"，即在主观意志上促发民众行动的意愿。"怎么讲"纵使能从情感上打动、利用听众心理产生说服效力，然而要使"抗战必胜，建国必成"的信念成为听众的"思想钢印"，使"声"入人心而"行动"，那么，通过"讲的内容"——演讲的修辞所产生的认知与思维上的说服力同样不可或缺。郭沫若自己归纳的演讲"妙窍"中的"道理要武断"，事实上已经涉及了演讲修辞术的问题。

四、"道义"与"公理"：演讲的修辞术

亚里士多德将"修辞术"定义为"一种能在任何一个问题上找出可能的说服方式的功能。当我们采用适合于某一问题的说服方式来证明事情是真的或似乎是真的时候，说服力是从演说本身产生的"②。郭沫若的演讲修辞术实质上也正是这样一种"说服方式"，但并非是简单地挪用"民族国家"话语就达到了"说服"之目的。

在现代中国的思想谱系里，民族国家观念是"生产集体性的途径"（杰姆逊语），似乎已成不证自明的真理。然而，在具体历史情境中，仅靠民族国家意识形态的话语输出，并不能实现政治/社会动员的目的。事实上，"民族国家"这一伴随中国知识精英阶层世界观与价值体系转型所生发出的现代意识，并非无远弗届，尤其在向下"渗透"方面。如余英时所指出的，"价值意识一方面源于传统，一方面根植于生活的实践。不是少数人可以凭空创造而强加于社会的"③。被动员的民众也在依其本身固有的观念意识改造或是抵制着"民族国家"这种新思想的表述与输出。因此，即使民族主义情绪高涨，但能否使民族国家观念与抗战建国意识嵌入普通民众的认知世界，自洽民众行动的逻辑，依然关系着郭沫若演讲动员的效力。

由是之故，郭沫若的演讲修辞在向民众表述与解释"抗战之必要性"和"建国之必然性"时，就势必要调动民间社会观念中的话语资源为外衣，使抗战建国的合理性

① 杨炳乾：《演说学大纲》，商务印书馆 1928 年版，第 8 页。
② ［古希腊］亚里士多德：《修辞学》，罗念生译，三联书店 1991 年版，第 24 页。
③ 余英时：《中国思想传统及其现代变迁》，《余英时文集》第二卷，广西师范大学出版社 2004 年版，第 70 页。

与紧迫性镶嵌在民间社会的行为规范与道德秩序的话语表述中，成为民众所知所感、切肤的"事理"。在此当中，郭沫若对属于现代世界秩序认同之"公理"，与中国传统道德观念中的"道义"、"良知"进行了创造性的修辞转换，使得"抗战必胜，建国必成"的"思想钢印"无论在"事"的层面还是"理"的维度，都具有正当性与必然性。

1938年1月2日，郭沫若受广东文化界救亡协会的约请，发表了题为《日本的过去、现在和未来》的广播演讲，在修辞策略上将"道义"等同于"公理"，并由此推论出：不讲道义就是违背公理。郭沫若首先从传统文化的价值体系中提取出"道义"这一民间秩序规范与行为准则的核心要素，并以此为视角，铺陈关于日本文化的演进："日本是一个后起的民族，七十年前对于我国不仅是文化上的附庸，而且有一个时期是政治上的附庸"，而"（日本）这成功固然是由于日本民族的肯努力和它物质上的与局势上的便利，但我们中国实在也帮助了它不少。其一，它因为我们的受害而觉醒了。其二，是我们替他作了挡箭牌。其三，我们把物质的资源提供给了它。其四，我们的多量需要促进了它的生产"。所以，日本民族的发展实受惠于中国，甚至是中国的"失"成就了日本的"利"。郭沫若在此处将中国与日本两个民族人格化，并置于儒学文化系统的"忠义观"之下进行比较，由此论证并进一步揭示出"日本人就是因为有这种种的便利得以收到成功，但他们却生出了自负心，把自己看的天高，而把我们藐视的一文不值。他们如果肯发着良心思考一下，过去的日本应该感谢我们固不用说，就是现在的日本也多多少少应该感谢我们。然而日本人不惟不知道感谢，反而对我们加以极残酷、极暴虐的摧毁"。就此而言，日本对中国的侵略行为就被本质化为"失道"与"不义"，所以，"人世间尽管怎样的黑暗，这种忘恩负义的行为，我相信，是绝对要受到惩罚的。这是当然的公理而且也是必然的事实，事理两方面都明白地显示在面前了"。得道者多助，失道者寡助，况且又是"忘恩负义"，自为"理"所不容。"据我所知，日本地农业是快要走到末路了……这是对于忘恩负义者地必然果报。持久抗战必能得最后胜利得理论是诱导自这儿。"[1]

民众所理解的"公理"，或者说理解"公理"的途径，"不是抽象的概念、定义、戒律，而是人们每时每刻所面临的、所需要做出选择或决定的事情"[2]。郭沫若能够将从传统文化思想中抽绎出的"道义"行为规范，与现代意识中的"公理"认同转换叠合，继而将代表世界秩序的"公理"原则收束于儒家伦理范畴的"道义"准则中进行阐释，对于民众动员来说，不啻为成功的创造性转化。孙中山在讲《三民主义》时，

---

① 郭沫若：《日本的过去、现在和未来》，《羽书集》，重庆群益出版社1945年版，第173-177页。
② 汪晖：《现代中国思想的兴起（上卷）》（第一部），三联书店2008年版，第50页。

就曾将"公理"与"强权"二元对立，提出侵略弱小民族的行为就是悖逆"公理"原则，所以"将来白人主张公理的和黄人主张公理的一定是联合起来，白人主张强权的和黄人主张强权的也一定是联合起来。有了这两种联合，便免不了一场大战，这便是世界将来战争之趋势"①。郭沫若在此之上又更进一步地为"公理"覆上了一层伦理学的面纱。最后，他又借民间文化中的因果秩序强化了演讲动员的目的：因为"忘恩负义"的日本最终必然会受到"果报"，所以"抗战必胜，建国必成"。

同样的修辞与论证逻辑，在郭沫若的演讲动员中并非孤例。1940年11月7日，在国民外交第四次"时事讲座"中，郭沫若作了名为《日本外交》的主题演讲。在这次演讲中，郭沫若依然从"道义"的价值角度出发，举日本对于中国之"忘恩负义史"，得出结论："日本根本是一个没讲信谊的国家，没有道义的民族，所以我说它没有外交。"② 而除了以民间道德秩序中的"道义"准则论证"抗战之必要性"外，郭沫若的演讲修辞同时也从"国民精神"、"民族精神"等现代意识中寻求话语资源，冀图说服听众。

但需要注意的是，无论是"国民精神"还是"民族精神"，郭沫若的修辞论证实际上都有内与外的两面性。对外的一面是为阐明中国抗战的合法性与正义性，旨在宣传，所用之修辞援自现代民族国家的主权话语体系。"我们民族在平时能为创造文化而努力，在战时能为保卫我们的文化，保卫世界的正义和平而牺牲：这是我们四千年来一贯的民族精神"③，因此，中国所从事的是"神圣的反侵略战"④，是"为了卫土而战，为了人类幸福，为了世界和平"⑤。而对内的一面，则是将国民精神、民族精神与传统伦理价值糅合（忠义/节义观），为民众的抗战动员缔造出新的道德行动规范，传统规训体系中的"个人的良心"被翻转为现代民族国家治理中的"国民的责任"⑥，若"人人能够剔除尽自己地苟且偷安和自私自利地心理，人人能够保证得自己不为敌伪所利用，那在军事上真是减少了无限得障碍"⑦。质言之，郭沫若借"道义"与"公理"的论证转换，能够从根本上贴切民众的认知结构，在日常生活与"抗战建国"之间开掘出一经验与事理上的关联机制，从而将可见/不可见的听众凝聚为"抗战共同体"。

---

① 孙中山：《孙中山全集》（第9卷），中华书局1986年版，第228页。
② 郭沫若：《日本外交》，《战时中国》第4卷第2期，1940年。
③ 郭沫若：《世界反侵略秩序的设建——纪念一二八》，《羽书集》，重庆群益出版社1945年版，第14页。
④ 郭沫若：《中国战时的文学与艺术》，《新华日报》1942年5月28、29日。
⑤ 郭沫若：《我敌青年的对比》，本渊记，《国民公报》1939年1月25日。
⑥ 《郭厅长沫若昨讲演节约与抗战》，《新华日报》1938年8月5日。
⑦ 《郭厅长播讲春礼劳军与军民合作》，《新华日报》1940年2月5日。

论及至此，一方面，若以"大文学"的视野观之，"演讲"或可说是郭沫若对"文"的另类追求，虽不够"纯粹"，但也是抒情达志的选择；另一方面，"演讲"这一声音实践无疑又是郭沫若在抗战时期最为有效的表达方式之一。他的演讲实践之所以能够发挥社会动员效力，原因有二。首先在于回国后的郭沫若仍能借其"诗人"与"革命家"的身份在公共传播领域引发"名人效应"，保障了演讲的受众群体。其次是他掌握了演讲这一声音实践的"动员"密码：一方面通过"声"与"身"的技艺充分调动听众情绪，使之凝聚在一个密集的统一体和共同的情感中；另一方面则利用修辞术将"抗战建国"的合理性与紧迫性转化为民间日常生活之"事理"秩序的话语表述，进一步说服听众。此即以演讲为手段，行动员之目的。

五、余论：从"有声的演讲"到"无声的文章"

郭沫若战时演讲的"声音"——生理学意义上的——虽因技术所限并未完全留存下来，却以另一形态为社会所记忆，即从"有声的演讲"转化为"无声的文章"。通过对《郭沫若年谱》的考证，抗战时期郭沫若大致有 38 篇完整的演讲稿收录、发表在报纸期刊上。而一篇演讲稿一经发表，往往又会被不同的报刊所转载。这些出现在公共阅读空间的演讲稿，或是郭沫若讲、他人代录，发表时未经/经过郭沫若本人校阅的速记版；或是郭沫若根据当天演讲的记录、之后自拟的整理版；又或是郭沫若在演讲前撰写的手稿版。当"演讲"一旦定格为文字、再由读者传阅时，其中的错讹大都要演讲者来背负、承担。鲁迅就曾对此慎之又慎。他撰《集外集》时在序言里说道："我曾经能讲书，却不善于讲演，这已经是大可不必保存的了。而记录的人，或者为了方音的不同，听不很懂，于是漏落，错误；或者为了意见的不同，取舍因而不确，我以为要紧的，他并不记录，遇到空话，却详详细细记了一大通；有些则简直好像是恶意的捏造，意思和我说的正是相反的。凡这些，我只好当作记录者自己的创作，都将它由我这里删掉。"[1]

郭沫若虽未曾对流散于书报刊中的署"郭沫若/郭厅长"的演讲稿有所表态，却近乎同步地将其挑选、编撰入集。这也代表着，郭沫若实际上是以"编"的方式做着和鲁迅之"删"同样的事：当演讲的"声音"已成"文字"时，对其"再文本化"，至少保证了演讲者的"版权"。而在 20 世纪 50 年代经郭沫若"亲自校阅、修订"[2] 而出版发行的《沫若文集》中，演讲文本的形态事实上已趋于"文章"的体式。

---

① 鲁迅：《〈集外集〉序言》，《鲁迅全集》第 7 卷，人民文学出版社 2005 年版，第 5 页。

② 郭沫若：《出版说明》，《沫若文集》（一），人民文学出版社 1957 年版。

《沫若文集》基本延续的是 20 世纪 40 年代《羽书集》、《蒲剑集》与《沸羹集》的收录体例。其中，《羽书集》在抗战时期刊印过两种版本，分别是 1941 年香港孟夏书店版和 1945 年重庆群益出版社版，《沫若文集》以重庆群益出版社版为底本①。《蒲剑集》单行本刊印于 1942 年，《今昔蒲剑》的合集刊印于 1947 年，由海燕书店出版，《沫若文集》以 1953 年新文艺出版社重印的《今昔蒲剑》第一版为底本②。《沸羹集》则于 1947 年 12 月由上海大孚出版公司初版，《沫若文集》以 1953 年新文艺出版社的重印本为底本③。

当"演讲"成为社会公共空间重要的表达方式时，便开始潜移默化地影响现代文章体式的变革④；然而，当"演讲"被编撰入集时，则又面临着如何"文章"的问题。《沫若文集》中，郭沫若在对每篇演讲文本的措辞进行校对修订时，那些演讲时的口语又被置换为符合文章体式的书面语。而从演讲文本的形态看，就标题而言，初版（尤其是登载于报刊的）中的"演讲稿"、"演讲辞"字样，在收录进文集时大多删去，代之以更符合阅读习惯的"文题"，也并未有注释注明是"演讲稿"。

古之文人编撰文集，一为"上行"，一为"下行"，并"凡平生所慕所感、所得所丧、所经所遇所通，一事一物已上，布在文集中，开卷而尽可知也"⑤。郭沫若选择将这些"声音"留存下来时，也不尽如其后来所说，希望读者权"当作历史材料来看"⑥，或许还有另一旨意，其正是对郭沫若抗战时期"迈向生路"之政治文化实践的佐证。但从"有声的演讲"到"无声的文章"，不仅仅是表达形式的转化，更意味着碎片化、体验性的，同时发挥宣传与动员功能的"声音实践"将以"思想文本"的物质形态获得持存，并以扬·阿斯曼所谓的"文化记忆"（culture memory）参与到民族抗战历史连续性的想象建构中。

（作者单位：西南大学文学院）

① 郭沫若：《第十二卷说明》，《沫若文集》（十二），人民文学出版社 1959 年版。

② 郭沫若：《第十一卷说明》，《沫若文集》（十一），人民文学出版社 1959 年版。

③ 郭沫若：《第十三卷说明》，《沫若文集》（十三），人民文学出版社 1963 年版。

④ 陈平原：《有声的中国——"演说"与近现代中国文章之变革》，《文学评论》2007 年第 3 期。

⑤ 谢思炜：《醉吟先生墓志铭并序》，《白居易文集校注》卷三四，中华书局 2011 年版，第 2031 页。

⑥ 郭沫若：《改编小引》，《沫若文集》（十一），人民文学出版社 1959 年版，第 191 页。

郭沫若致吴一峰书信辨真及题画佚诗

蔡　震

　　适见一篇考订郭沫若书信的文章，是就其一封致吴一峰信函的两件手迹资料辨证真伪①。因为该封信函及其与之相关的一首郭沫若题画诗，作为郭沫若研究的学术资料，基本上不为人知，而该篇考证文章所得结论又与史实相左，遂作此小文。

　　该考证文章据其所知的两件郭沫若同一封书信手迹资料辨证真伪，先设定了"必有一假"，是指其中的"网拍本"。对另一件所谓"馆藏本"，作者称"我倾向于"认定其为"原本"。接下去，文章即是对于所谓"网拍本"的证伪。这一过程中有些考证或者不无道理，但问题在于一开始对于两份资料必是一真一假的设定，就是有漏洞的，在逻辑上也是错乱的，以致用"馆藏本"的所谓真去证"网拍本"之伪。而若以所谓"馆藏本"为真，那首先还是需要辨真的，不能以"我倾向于"，或者以该资料出自某民间藏馆，就想当然地认定其为"原本"。

　　该文在考查史料的过程中，其实从《吴一峰艺术年谱》查找到吴一峰曾为郭沫若治印、郭沫若为其画作题诗之事，本有可能沿着这一线索，深入考证出这一史事的至少部分真实。惜纠缠于两件尚真假未辨的手迹资料所署日期的比对，特别是没有了解郭沫若的相关史料（这从文中一句"从郭沫若的资料中，查不到写此信以及收到吴一峰印章、为吴一峰画作题字的具体日期"，即可知晓），故而走入岔路。

　　事实上，郭沫若的该封信函，并非没有见之于世，只是所见者甚少，大概只有书画界的一些人。2006 年 10 月，文物出版社初版印行了《一峰草堂师友书札》一书，系正式出版物，郭沫若致吴一峰的这封信即收入其中。该书所收吴一峰保存的信札均

---

　　① 朱丛迁：《郭沫若致吴一峰信真迹的辨识与论证》，《现代中国文化与文学》第 43 辑，巴蜀书社 2022 年版。

据手迹印制，包括吴一峰画作《剑门行旅》与郭沫若为该画作的题诗。

根据原信手迹（见随文图片）①，信文是这样的：

　　一峰先生：

　　两次承过访，均失迓，恕罪。大画已题就，奉上乞查收。赠章刻石均妙，多谢多谢。

郭沫若　二、十一、

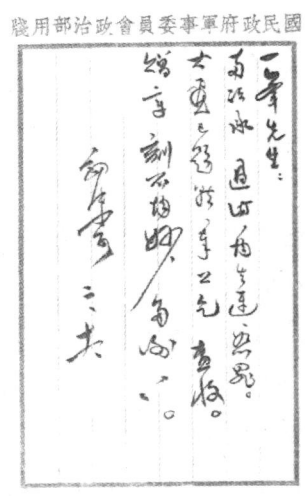 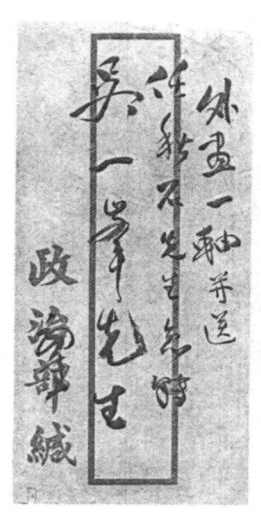

信书写在"国民政府军事委员会政治部用笺"上，另有封套，封套为"政治部"专用。郭沫若在信封上写了"外画一轴并送任秋石先生急转吴一峰先生"一句话（见手迹图片）。信与画应是由人专送至任秋石处，一并由任秋石转至吴一峰。显然，因附有画轴，为安全送达起见，郭沫若特意请人转至，而未付邮寄。

此信函书写日期2月11日的所属年份，应系1942年（见下文所录题画诗落款）。

郭沫若的这封信是专为回复吴一峰索诗题画而写的，复信的同时奉还了题过诗的画。那么，信与题画诗一起，可以给我们提供一份完整的、包含了更多历史信息的文献资料。

吴一峰向郭沫若索诗题画的画作是《剑门行旅》图，这是吴一峰多幅以剑阁为题材的画作之一。郭沫若所作题画诗题写在《剑门行旅》图上，致吴一峰信函之中并未另作书录。该题画诗还是郭沫若未曾发表过的一首诗，也是一首集外佚诗。专门辑录

---

① 刘欣、江功举编，张启政、刘欣校注：《一峰草堂师友书札》，文物出版社2006年版，第96、97页。

郭沫若题画诗的《郭沫若题画诗存》（山西教育出版社 1997 年版）不曾收录，"郭沫若题画作品存目"亦无记载。不妨抄录（据手迹图片释读）如下：

> 绝地通天阁道雄，至今人感武侯功。
> 山灵点点酬知己，云白峰青一望中①。
>
> 一峰先生画此剑阁图嘱题　民纪卅一年春初
>
> 蜀南郭沫若

"民纪卅一年春初"是题诗落款时间。那么，郭沫若致吴一峰书信的撰写时间为"1942 年 2 月 11 日"，据此亦可凿实。仅就这一点而言，所谓"馆藏本"（署"七、十二"）和"网拍本"（署"九、十四"）均有作伪之嫌。

郭沫若为《剑门行旅》题诗前，吴一峰曾为他和任秋石分别治印一方，郭沫若在《剑门行旅》图题诗落款处即钤此印。大概也是因此，他将给吴一峰的信函和题诗后的原画由任秋石转至吴一峰。

郭沫若致吴一峰信的辨真，并不复杂，其基本史实在《郭沫若年谱长编》② 中亦已有记载。写此小文，是为将该信函完整、准确的历史信息记述下来，以为读者特别是研究者查阅、使用。此外，还可以借此多说两句关于郭沫若手迹资料发掘、整理的问题：一是手迹文字的释读，一是手迹真伪的辨别。

郭沫若遗世的手迹文献资料非常多，时有为人发掘、披露于世者，释读文字就成了首当其冲的事。这是整理手迹文献资料最重要的一环。如果不能正确释读文字，一篇手迹资料的文献史料价值则可能大打折扣，手迹资料本身也会呈缺失、不完整的状态。阅读、使用郭沫若手迹资料者，大概率不会再去查阅、辨识原始手迹。如果最初发掘整理时释读错了，就可能会将错就错下去。

即如上文所写到的郭沫若信函"馆藏本"的释文（按所附图片），就有几处错漏："题就"，误作"题罢"；信结尾处"多谢多谢"，将第二个"多谢"识为惊叹号，漏掉了最后的句号。我不久前在一篇梳理考订郭沫若佚诗文著作的文章中，曾考订了郭沫若为《养猪印谱》一书所作诗序。文章给了一家刊物，恰好该刊在之前也收到一篇考订该诗序的文章，遂以内容相似及事有先后，未接受拙文。但我后来看了一下那篇

---

① 刘欣、江功举编，张启政、刘欣校注：《一峰草堂师友书札》，文物出版社 2006 年版，第 98 页。原题诗无标点。

② 林甘泉、蔡震主编：《郭沫若年谱长编》（第 2 卷），中国社会科学出版社 2017 年版，第 911、912 页。

考订文章，320 余字的序，即有 6 处释读错误。且该文只就郭沫若所作诗序的一个文本做了考订，根本不知道该诗序有三个手迹文本、两个印刷文本，它们均有文字修改易动。这样的疏误，对于一篇手迹资料的整理实属硬伤①。

在已经出版的郭沫若集外诗词作品集中，这样的错漏并不鲜见（这是需要专门查考的），很多都出现在最初对于手迹资料的释读整理中。

郭沫若手迹资料中作伪的问题不容忽视，尤其是在题诗、题词、书信等的整理过程中。因上文提到"网拍本"，顺便说一下，所谓"网拍本"多为作假之物，甚至假到不忍一睹。

这一类对于郭沫若手迹资料作伪的动机，大概多为经济利益驱使。所幸其中许多是有原本在的，可以有正确的文本。但如果没有一个原本或正确的文本比对，辨别起来就困难了。这还仅是就文本内容的真伪而言。以手迹来说，一些作伪者可以以假乱真，很难辨识出来。

一幅貌似郭沫若题赠他人的挂轴，题有一首七言诗，且有款识，似应为两首绝句缀合而成（挂轴上一气呵成写下来，但一诗不应两韵）。实际上，前四句是一首题画诗，已经收入集子，可以查到；后四句则为一首集外佚诗，不为人知。字倒是足以乱真，后一首的一句诗文却露了马脚，即"非关逸兴矜高洁，入世渔竿出世戈"句显然应系"非关逸兴矜高洁，出世渔竿入世戈"的误写。这是郭沫若归国抗战初期所作的一首诗，当然应是抒写其抗战情怀的。

曾有人在刊物上撰文回忆郭沫若给其写信之事，说自己将诗寄给郭沫若，请求指点。文章还附录了图片，但看图片却感觉有处行文不甚通畅。仔细察看了郭沫若复信所用中科院抬头的信笺，发现应是从中间剪掉一行（信笺尺寸、行数是有定数的）再拼接而成。这样一来，前后文字自然不搭，遂作假插入一行补写的文字，让前后文可以连接起来，但终是不那么顺畅，留下了破绽。后来辗转得见原件图片，被剪掉的文字是郭沫若对于其诗的一点批评意见。为此作假，也真是费尽心机了。

整理郭沫若手迹资料时遇到的这类问题比较棘手，却又是搞郭沫若研究必须去做的，所以需要格外小心、审慎。遇到一时难以完整释读、难辨真伪的问题，不必急于求成，可以先放一放，等待相关史料的发掘整理。

（作者单位：中国社会科学院郭沫若纪念馆）

---

① 《现代中国文化与文学》第 43 辑（巴蜀书社 2022 年版）已发表了拙文。

郭沫若早期历史剧中的性别书写与国族建构①

逯 艳

《三个叛逆的女性》作为郭沫若早期历史剧的代表，以其叛逆的女性形象和独特的史剧观念备受关注，但相比于郭沫若抗战时期和中华人民共和国成立后的历史剧研究，学界对其早期历史剧的研究相对薄弱。通过梳理已有的研究成果可以发现，前人对《三个叛逆的女性》的讨论大都固定在女性形象、女性台词、女权意识等问题上②，对剧作中女性身份的历史语境及郭沫若史剧观念的嬗变轨迹缺乏进一步探究。本文尝试重返晚清以来民族知识精英关于女性与国族的言论，追溯郭沫若对女性国族身份的

---

① 本文系 2022 年度山东省艺术科学重点课题"全球化语境下中国动画电影'国族身份'认同研究"（L2022Z06170465）、2022 年度山东青年政治学院校级科研课题（思政专项）"高校大思政视域下'Z 世代'圈层文化结构与国族身份认同研究"（SJSZZX202204）、2023 年度四川省教育厅人文社会科学（郭沫若研究）项目"郭沫若早期历史剧中的性别书写研究"（GY2023B05）的研究成果。

② 相关研究有：杨小叶在《试论郭沫若历史剧〈三个叛逆的女性〉中女性主义精神》中认为"三个作品构成了'女性个人自由'、'女性生命尊严'和'女性革命愿望'的三个部分，同时勾勒出中国女性解放意识的发展史"；张珂阳在《中国式"娜拉"女性形象的塑造——以郭沫若〈三个叛逆的女性〉为例》中认为"这三位女性都具有十分叛逆的性格特征，为当时的妇女解放运动产生巨大影响"；李若兰在《点燃"中国女性革命的火炬"——析郭沫若早期历史剧〈三个叛逆的女性〉》中提出"这三个剧本紧密配合了'五四'时期的妇女解放运动，猛烈抨击了封建礼教，热情歌颂了历史上三个叛逆的女性，喊出了妇女的反抗，妇女的觉醒，充分体现了反帝反封建的主题"；谢中征在《妇女解放思想的艺术体现——评郭沫若的历史剧〈三个叛逆的女性〉》中认为郭沫若"通过《三个叛逆的女性》，提出了妇女解放的重要革命课题，吹响了妇女解放的战斗号角，有力地配合了当时无产阶级领导的人民大众反帝反封建的革命"。具体可参见杨小叶：《试论郭沫若历史剧〈三个叛逆的女性〉中女性主义精神》，《二十九届荆楚学术研讨交流会论文集》，2019 年 3 月 26；张珂阳：《中国式"娜拉"女性形象的塑造——以郭沫若〈三个叛逆的女性〉为例》，《今古文创》2020 年第 33 期；李若兰：《点燃"中国女性革命的火炬"——析郭沫若早期历史剧〈三个叛逆的女性〉》，《杭州师院学报》（社会科学版）1987 年第 1 期；谢中征：《妇女解放思想的艺术体现——评郭沫若的历史剧〈三个叛逆的女性〉》，《华南师院学报》（哲学社会科学版）1979 年第 3 期。

历史考察，据此打通《三个叛逆的女性》中性别书写的语境阻隔，廓清郭沫若对女性应对性别斗争、破解身体困境、体认国族身份等问题的思考逻辑，展示郭沫若借助女性主题发挥戏剧教化功效的具体策略。

一

1902 年，梁启超在《新民丛报》第一号上发表了《新民说五》一文，在文中使用"鬼脉阴阴，病质奄奄，女性纤纤，暮色沉沉"① 来形容当时的中国。就在同一期，蔡锷以"奋翮生"为笔名发表了《军国民篇》，在文中将甲午海战交战的中日双方分别比喻成"罹癫病之老女"、"犷悍无前之壮夫"②。巧合的是，郭沫若在《写在〈三个叛逆的女性〉后面》中也指出："我们中国男子不是一天不如一天，我们中国的男子与外来的男子比较，不是几乎可以说全部都是女性了吗?"③ 病态化的"老女"是 19 世纪末、20 世纪初晚清近代知识精英对甲午海战后国家屈辱的焦虑物化，是他们对满目疮痍、积重难返、凋败颓势的国家形象的隐喻。郭沫若所处的历史时代，尤其是他创作《三个叛逆的女性》的时期，"辛亥革命以及中华民国的建立，乃中国作为现代民族国家的初步建立……然而，就其置身并依附于的外部民族国家格局而言，孙中山所谓国族的重构又是妥协和不彻底的"④。这种不彻底和妥协的民族心性与 19 世纪末甲午海战的军事失利，都是民族主义知识分子思考国家、民族身份的内驱力。按照这种性别象征的逻辑路径，郭沫若认为，中国男子和外来男子相比较，几乎可以算作女性。这里的"女性"就和梁启超、蔡锷的"老女"国家形象隐喻不谋而合。所以，"女性"也就超越了性别体征的生理指代，成为一种"阴阴"、"奄奄"、"纤纤"、"沉沉"的病弱衰败的国家性格和民族气质隐喻。

面对这种病态、陈旧、赢弱、老化的国族气质，19 世纪 60 年代的近代改良派代表王韬，根据游历英国、法国、日本等国的见闻写了《漫游随录》、《扶桑游记》、《海底奇镜》、《海外壮游》、《媚梨小传》等体验性小说。在这些小说里，王韬塑造了各种漂亮、健康、机敏和聪慧的异域女郎形象，她们"与男子同，幼而习诵，凡书画、历算、象纬、舆图、山经、海志，靡不切究穷研，得其精理。中土须眉，有愧此裙钗者

---

① 梁启超：《新民说五》，《新民丛刊》1902 年第 1 号。
② 奋翮生：《军国民篇》，《新民丛刊》1902 年第 1 号。
③ 郭沫若：《写在〈三个叛逆的女性〉后面》，《郭沫若全集·文学编》（第 6 卷），人民文学出版社 1986 年版，第 137 页。
④ 邹诗鹏：《现代中国的国族认同与民族自觉》，《天津社会科学》2014 年第 1 期。

多矣"①。有趣的是，这些小说往往会设置这些异域姑娘或风情女郎与具有中国身份的男子相恋的情节。这种"西女中男"的联姻方式是王韬时代的知识精英对女性国族身份的原始构想。这种构想在梁启超的《论中国学术思想变迁之大势》中，被物化成一种文化强国的自救方案："盖大地今日只有两大文明，一泰西文明，欧美也。二泰东文明，中华是也。20世纪则两文明结婚之时代也，吾欲我同胞张灯置酒，三揖三礼，以行亲迎之大典，彼西方每人必能为我家育宁馨儿，以亢我宗。"② 这种"西女中男"的婚配方式，看重的就是"西女"身上独立、健康、自由、优美、活泼的国族气质，这种婚配的目的是借助这种西方文明的刚健强力去涤荡"中男"代表的"有病者而无健者，有暮气而无朝气，甚至有鬼道而无人道"③ 的泰东文明，从而重振"中男"的强劲生命力和旺盛生殖力。

王韬和梁启超设计的"中男西女"的恋爱想象和文明和亲，是19世纪末以来中国文化精英对父权婚配制度中男性作为国族主体的强势性别认同④。在这种性别认同的法则中，中国近代知识群体对东方文明浸润下的"女性特征"就自觉秉持了拒斥姿态，尤其对象征国族主体的男性本身存在的"癫病之老女"气质保持排异立场。郭沫若在《三个叛逆的女性》中塑造大量具有"女子气"和"女性特征"的男性，是对王韬、梁启超时代借助"西女"来恢复"中男"阳刚气质路径的接续，但相比于晚清近代民族主义借"西女"再造"宁馨儿"的朴素想象，郭沫若在《三个叛逆的女性》中并没有设计任何"西女"来救治"中男"，而是塑造了大量具有叛逆性格和刚毅气质的中国本土女性形象。

首先，《三个叛逆的女性》中的"中女"形象同样具有"西女"强健进取的性格气质。不管是卓王孙、毛延寿、汉元帝还是虚构出来的龚宽、周大、秦二，他们作为"女性特征"的文化符号，体现出的是父权制社会自上而下的男性主体氤氲着的"女子气"。这种气质具有普适性，能体现郭沫若对父权婚配体制中男性作为国族主体的认同，但他并没有为"中男"搭配上"西女"，反而清一色配置上了中国本土女性形象。也就是说，郭沫若为"中男"提供的救治方案并不是借西洋女郎"育宁馨儿""以亢我宗"的身外之法，而是靠"中男"自我铲除病弱的内法。然而，相对于直接正面表现男性铲除羸弱荫翳的国族气质，郭沫若借助"拼贴"手法，将这种"男身女相"具象成特定的女性形象，展现女性铲除"弱质化"的过程。

① 王韬：《漫游随录·扶桑游记》，湖南人民出版1982年版，第111页。
② 梁启超：《论中国学术思想变迁之大势》，《饮冰室合集》（之七），中华书局1989年版，第4页。
③ 梁启超：《新民说五》，《新民丛刊》1902年第1号。
④ 王宇：《国族、乡土与性别》，中国社会科学出版社2014年版，第115页。

郭沫若在《三个叛逆的女性》中塑造了大量"想象"出来的女性行为和女性配角①。这些女性身上展现出来的刚进有为和雄健悲壮，是一种近似蔡锷描绘的"犷悍无前之壮士"的男性气质。所以，这些女性是"女身男相"的性别隐喻。这是郭沫若对女性国族身份思考的具象化呈现，即"男身女相"中男性主体涤除"女性特征"后，的确强化了男性作为国族主体的身份。但问题是，被晚清近代民族主义所摒弃或者来不及思考的女性该如何自救？正如他在后记中提出的那个问题——"一切的妇女都和男子一样得以发挥她们的才能，岂不是于人类文明之促进上更加了无限的生命军吗？"② 所以，郭沫若作为现代知识精英，他更大胆向前迈进了一步，即便这一步是借助"想象"出来的女性完成的，即让女性作为"男身女相"中"女相"的具象呈现，凭借"女身男相"的方式铲除民族主体衍生的老化、颓势、病态等"弱质化"。所以，女性具有和男性一起获得自我强化的可能性和必要性。

其次，郭沫若处理女性铲除"弱质化"的过程，实际上也是对女性去"他者化"的身份认同过程。如前文所述，"西女"是泰西文明的性别隐喻，被设定出来的时候就被当成区别于泰东文明的"异质性"国族主体，即在异域女郎与中国男子婚恋的想象中，异域女郎代表的是另外一种血脉系统，与中国男子没有骨血上的本源。《三个叛逆的女性》没有为"中男"搭配"西女"，而是塑造出能自决"弱质化"气质的"中女"，这些"中女"与"中男"具有同样的血脉根源和同质的国族身份，不具备"异质化"的威胁。

郭沫若在《我怎样写〈棠棣之花〉》中使用了大量的白话诗③，这种设计其实是

---

① 郭沫若在《卓文君·后记》中说："本来她嫁给什么人？守寡以后为什么回到卓家。这些在史料上是查不到的。让她嫁给程郑的儿子，还使程郑迷恋着她，都是我假想出来的。"在《王昭君·后记》中，他也说："这篇剧本的构成，大部分是出于我的想象。王昭君的母亲和她的义兄，都是我假想出来的人。毛淑姬和龚宽也是假想出来的……我作这篇剧本的主要动机，也可以说我主要的假想，是王昭君反抗元帝的意旨自愿去下嫁匈奴。"这些假想将女性置于一个没有退路的绝境，并配置上难以调和的性别冲突，最终激发出女性绝地反抗的性别自决。相比于女性主角，《三个叛逆的女性》中的女性配角更显张力，也更具自由度。比如：红萧手刃"叛徒"秦二却因误解秦二而自杀殉情；毛淑姬举报父亲贪污并犯下欺君之罪，在父亲被斩首之后决意跟随王昭君去匈奴；春姑自始至终抗拒母亲逼她从妓的情感引诱，在随聂嫈寻找聂政的尸体后决意自杀。这些女性配角因为是"想象"出来的，所以没有太多史实身份的束缚，因此她们相比于主角更具大胆果决的气质和阳刚勇毅的品质。

② 郭沫若：《写在〈三个叛逆的女性〉后面》，《郭沫若全集·文学编》（第6卷），人民文学出版社1986年版，第135页。

③ 郭沫若在《我怎样写〈棠棣之花〉》中指出："不仅在人物的设置上取得了相当的自由，无中生有地造出了酒家母女、冶游男女、盲叟父女、士长、卫士之群，特别在言语歌咏上取得了更大的自由。我让剧中人说出了和现代不甚出入的口语，让聂嫈唱出了五言诗，游女唱出了白话诗。"参见郭沫若：《我怎样写〈棠棣之花〉》，《郭沫若全集·文学编》（第6卷），人民文学出版社1986年版，第277页。

将古代女性与现代女性进行"接合"后，再借助现代女性使用的现代话语帮古代女性从古代的社会语境中突围，完成与古代社会的"解接合"，进而用"三不从"的行为为现代女性解放和独立提供参照和启示，给现代女性提供叛逆的技术路线并争取自身发展的榜样示范，最终使现代女性在女性权力运动与国家主体身份体认中实现"再接合"。然而，"接合"并不是一个静止的闭环，它是一个动态化的过程①。郭沫若在《三个叛逆的女性》中将中国古代女性设置成"女身男相"，这种设计不仅将古代女性的"叛逆"与现代女性解放进行"接合"，而且还将这种"叛逆"与强劲有为的国族气质进行"接合"——将男性的"女子气"与女性本体"接合"后，消除了近代女性在文化层面被"边缘化"的刻板认知，借助女性"积极的流血手段"铲除"男身女相"中的"女性特征"，最终与"弱质化"的民族气质"解接合"。借助"接合"，古代女性彰显出的性别强力取代了西方女性在"以亢我宗"中的优势地位，女性作为"异质化"的国族身份得以消解，通过中国女性唤醒男性生殖力的性别潜质，以"中男中女"的"再结合"形式完成国族主体性别的双重建构。

通过对晚清以来言论中女性与国族的追问，郭沫若尝试消解近代男性叙事对女性"弱质化"和"他者化"的刻板印象，借助"叛逆"的女性形象来解释"一切的妇女都和男子一样得以发挥她们的才能，岂不是于人类文明之促进上更加了无限的生命军吗"② 这一追问。正如郭沫若所说，"三个叛逆的女性"不是"因为才力过人，所以才成为叛逆"，而是"她们成了叛逆，所以才力才有所发展的呀"③。中国女性凭借"叛逆"行为取代西方女性象征隐喻的过程，验证了中国女性主体具有自我革新的可能性和必要性，也促使郭沫若进一步思考女性国族主体的生成路径及其对国族身份的体认过程。

二

汪辉在自选集中曾说："所谓现代性从根本上说不外是现代民族国家和现代个人主体的双重建构。"④ 在"五四"时代的历史语境下，"中国人的国族建构及其关于'现

---

① 和磊：《伯明翰学派——文化研究的源流与方法》，北京大学出版社 2017 年版，第 256 页。
② 郭沫若：《写在〈三个叛逆的女性〉后面》，《郭沫若全集·文学编》（第 6 卷），人民文学出版社 1986 年版，第 135 页。
③ 郭沫若：《写在〈三个叛逆的女性〉后面》，《郭沫若全集·文学编》（第 6 卷），人民文学出版社 1986 年版，第 136 页。
④ 旷新年：《民族国家想象与中国现代文学》，《文学评论》2003 年第 1 期。

代人'幻想的想象的（imaginary/imaginative）建构"① 不可避免地带有救亡图存和民族启蒙的双重印记。男性享有国族主体的性别强势，自晚清以来就被知识精英自主带进文学话语叙事场域，而女性却并没有分享到同等的言论优势，她们在现代叙事结构中被当成弱质化和他者化的性别隐喻，被看作"五四"启蒙的救赎对象，所以亟待获取性别上的个人主体建构和国族身份认同。

郭沫若在《写在〈三个叛逆的女性〉后面》一文中，曾引用美国议员华尔士关于"女权主义"的观点，即"女性是受着两重的压迫的，她们经历了性的斗争以后，还要来和无产的男性们同上阶级斗争的战线"②。也就是说，中国女性不仅要面对来自男性的性别压迫，还要与男性一起面对来自国家社会的阶级压迫，所以，中国女性承受着性别和阶层的双重压迫，必须先完成来自男性的性别之战，才能和男性一起共同应对阶级之战。这也就明确了女性获取国族主体身份的第一步，即正视并应对来自男性的"性"的斗争。

在《卓文君》、《王昭君》、《聂嫈》中，大量和"性"有关的身体符号充溢其中。卓文君怒斥卓王孙时说："以前你生我的只是一块肉。"③ 王昭君面对汉元帝说："我现在只剩得一块肉，这块肉我愿有炽热的砂子来炙烤，狼犬的爪牙来撕裂。"④ 《聂嫈》中濮水河游船上男女同唱："我把你这张爱嘴，比成着一酒杯。嗑不尽的美酒，时常使我醺醉。我把你这两对乳头，比成着两座坟墓。我们俩睡在墓中，血液换成甘露。"⑤ 除此之外，三个作品中还出现过"战兢兢"、"淫奔妇"、"合欢"、"亲吻"、"嫩手"、"淫风"、"处子"、"渔色"、"赤条条"、"妓女"、"淫荡"、"色鬼"等指向"性"的词。同时，作品中还建立了若干对围绕"性"的对立关系。比如儿媳卓文君怒斥公爹程郑："时常迷恋着我的身子，所以你要把我留在你家中。"⑥ 比如画师毛延寿"双手搭其背，欲接其吻"，被王昭君骂"狗不如的下作"⑦。比如聂嫈自杀后，士

① 汪晖：《汪晖自选集》，广西师范大学出版社1997年版，第3页。
② 郭沫若：《写在〈三个叛逆的女性〉后面》，《郭沫若全集·文学编》（第6卷），人民文学出版社1986年版，第136页。
③ 郭沫若：《卓文君》，《郭沫若全集·文学编》（第6卷），人民文学出版社1986年版，第56页。
④ 郭沫若：《王昭君》，《郭沫若全集·文学编》（第6卷），人民文学出版社1986年版，第87页。
⑤ 郭沫若：《聂嫈》，《郭沫若全集·文学编》（第6卷），人民文学出版社1986年版，第99-100页。
⑥ 郭沫若：《卓文君》，《郭沫若全集·文学编》（第6卷），人民文学出版社1986年版，第56-57页。
⑦ 郭沫若：《王昭君》，《郭沫若全集·文学编》（第6卷），人民文学出版社1986年版，第81页。

兵剥掉了她的衣服，士长认为"这三个奴才轮奸了这位女子，把她逼死了"①。这些描写都是郭沫若站在男性立场，所揭示出的女性所遭受的性别压迫。

从"性"这一层面上看，如果"女性的身体被男性占有，失去了支配自己身体的自主性，因而无法产生与男性一样的国家认同，也无法共享那种男性中心的领土感"②。也就是说，女性只有先完成性别之战，才有机会和男性一样享有国族主体的性别身份，进而对这一国族身份产生认同。郭沫若认为，"女性的彻底解放须得在全人类的彻底解放之后才能办到"③。因为这支"社会主义的别动队"已经"沉沦在男性中心的道德之下几千年，一生一世服从得干干净净"④。她们必须要首先"成为一个人，然后再说人与人的对等的竞争"⑤，而成为一个人的第一步就是华尔士说的"唤醒性的意识而形成性的斗争"⑥。

当卓文君、王昭君、红箫、毛淑姬、聂嫈、春姑等女性完成性别之战以后，她们作为女性主体与男性共享国族身份时，又将面临来自身体层面的性别困境——女性具有独特的"时间系统"，即"女性时间"。朱莉亚·克里斯多娃在《妇女与时间》中说："女性的时间与男性的时间有着本质上的不同。女性的时间是循环时间和永恒时间，女性身体的节奏（如周期、妊娠）与自然界循环相连，因而女性与反复性和永恒性相关。而线性时间以进步和发展为前提，趋向未来，是父系的历史时间……如果把女性主体置身于'男性'价值的建构中，那么，就某一时间概念来说，女性主体就成了问题。"⑦ 这就指明了女性在争取国族身份的过程中需要走出第二步，即需要破解女性特殊的"身体困境"。

《聂嫈》第一幕"濮阳桥畔"中，郭沫若借酒家母劝女从妓的剧情设计，揭示出在传统观念里，即便是在女性本性别阵营里，女性存在着一种对自身性别和身体认知

① 郭沫若：《聂嫈》，《郭沫若全集·文学编》（第6卷），人民文学出版社1986年版，第128页。

② 刘禾：《跨语际实践——文学、民族文化与被译介的现代性（中国：1900—1937）》，生活·读书·新知三联书店2008年版，第289页。

③ 郭沫若：《写在〈三个叛逆的女性〉后面》，《郭沫若全集·文学编》（第6卷），人民文学出版社1986年版，第136页。

④ 郭沫若：《写在〈三个叛逆的女性〉后面》，《郭沫若全集·文学编》（第6卷），人民文学出版社1986年版，第136页。

⑤ 郭沫若：《写在〈三个叛逆的女性〉后面》，《郭沫若全集·文学编》（第6卷），人民文学出版社1986年版，第136页。

⑥ 郭沫若：《写在〈三个叛逆的女性〉后面》，《郭沫若全集·文学编》（第6卷），人民文学出版社1986年版，第136页。

⑦ ［法］朱莉亚·克里斯多娃：《妇女的时间》，张京媛编：《当代女性主义文学批评》，北京大学出版社1992年版，第351页。

的局限，而这种局限在聂嫈一句"随处都是这样"的台词中获得了普世性。也就是说，在当时的历史语境下，中国女性群体面对的除了性别戕害之外，还有一种循环性的"自我牺牲"。倪湛舸在《新文学、国族构建与性别差异》中指出："女儿的自虐表现为自我牺牲，是回应母亲之自我牺牲的新一轮的女性自我牺牲。牺牲了个性自由去做贤妻良母的母亲哺育了女儿，在母爱的压迫下，女儿也被迫进入又一轮贤妻良母的模式，是为了以自我牺牲回应母亲的自我牺牲。"①

《三个叛逆的女性》之所以能完成"叛逆"，是因为郭沫若在剧作中为女性提供了一种脱身策略——"私奔"。"私奔"在郭沫若的作品里有广义和狭义之分。狭义的私奔，顾名思义，是男女为了情爱携手逃离，比如卓文君和司马相如、红萧和秦二。广义的私奔，可以是同性之间因志向相投而选择共同离开，比如卓文君和红萧、王昭君和毛淑姬、聂嫈和春姑；也可以是以"爱"为名的符号化私奔，比如王昭君愿嫁给匈奴首领呼韩邪、春姑愿随聂嫈去找聂政。不管是什么性质的私奔，都会打破女性时间循环性和永恒性的圆环，使这些女性跳出周而复始的时间圈，破解世代因袭的"身体困境"，进入父系社会的历史时间和线性时间，争取国族主体的性别身份。

郭沫若回忆自己"最初从事于戏剧的创作是在民国九年的九月"，而那时中国文艺界自《新青年》"易卜生戏剧专号"后，不管是剧本写作还是文本创作都热衷模仿问题剧《玩偶之家》，塑造诸多不同姓名的"娜拉"。一时间，文艺界涌现出各种不同版本的"佳构剧"，并引发了"娜拉热"。郭沫若原本欲将蔡文姬放在卓文君和王昭君后面，凑齐"三个"叛逆的女性，完成"三不从"的主题，但是后来因为亲历了"五卅"惨案，就改作《聂嫈》二幕剧。虽然《聂嫈》作为"一个血淋淋的纪念品"②，打破了郭沫若对"三个叛逆的女性"角色的预设，使"'三不从'的标本变少了一不从"③，但因"我的蔡文姬完全是一个古代的'娜拉'"④，所以卓文君、王昭君、聂嫈自然具有"娜拉"的特质。"娜拉"最重要的特性就是"出走"，而在《三个叛逆的女性》中，郭沫若将这种"出走"变成了"私奔"。正如前文所述，"私奔"主题破解了女性因性别产生的身体困境，能帮助女性跨越生理的循环定律，汇入代表未来的线性时间河流，但争取到国家主体身份和地位的女性，又将如何走出实现国族身份

---

① 倪湛舸：《新文学、国族构建与性别差异——苏雪林〈二三十年代作家与作品〉研究》，《中国现代文学研究丛刊》2011 年第 6 期。

② 郭沫若：《写在〈三个叛逆的女性〉后面》，《郭沫若全集·文学编》（第 6 卷），人民文学出版社 1986 年版，第 146 页。

③ 郭沫若：《写在〈三个叛逆的女性〉后面》，《郭沫若全集·文学编》（第 6 卷），人民文学出版社 1986 年版，第 143 页。

④ 郭沫若：《写在〈三个叛逆的女性〉后面》，《郭沫若全集·文学编》（第 6 卷），人民文学出版社 1986 年版，第 143 页。

自我认同的第三步？

　　郭沫若在《文艺论集》中指出："要发展个性，大家应得同样地发展个性，要享受自由，大家应得同样地享受自由。但在大众未得全面发展个性、未享受自由之时，少数先觉者倒应该牺牲自己的个性，牺牲自己的自由，以为大众人请命，以争回大众人的个性与自由！所谓'我不入地狱，谁入地狱'便是这个意思。"[1] 他在《复兴文艺的真谛》中提出："复兴民族是要复兴我们中华民族的精神……中国民族的精神是富于创造力、同化力和反侵略性。"[2] 具体到《三个叛逆的女性》中，郭沫若给"娜拉"建议的策略是用生命来反抗，甚至"牺牲"。

　　《三个叛逆的女性》中有多组性别冲突，这些冲突都极端化地指向"死"。刘禾在《跨语际实践——文学、民族文化与被译介的现代性》中说："她们（女子）必须在以某种自戕方式拒绝其女性身份之后，才能成为国家的一员并为民族国家而战。"[3] 春姑套上了聂政的衣服，变成了"先生"，宣称自己已经不是"女子"了。聂嫈在发现弟弟聂政的尸体后说："我们生来就是形影不离的，我就和你的影子一样，但我不是镜子里的影子呀。"[4] 郭沫若在处理春姑和聂嫈的反抗时，已经不再停留在"娜拉"夺门而出的那个格式化的瞬间，而是在"娜拉""要出走"→"已出走"这个链条后，加了"出走后会怎样"一环。所以，聂嫈和春姑在没有实质性的外界压力下，选择以"死"这种自戕的方式来拒绝女性身份，而她们的牺牲最终是在穿上"男装"后发生的，所以，她们是作为一种符号化的男性，成了"国家的一员"，共享了人民拥有的"自死权"[5]。"自我牺牲表现为放弃既有的、女性化的女性形象，去承担那些'悠游寡断，好空想而不喜实行'的男人所无力承担的责任，这一切，正是为了回应母亲的牺牲（哺育之恩）和缺失（国家的不富不强）。"[6] 而这种"牺牲"强烈反映出"中国民众在现代化的历史进程中所表现出来的民族认同愿望，以及渴望民族/自我强悍的时代心理"[7]。由此，这种"牺牲"继"性"的斗争、"私奔"这两步后，最终帮助女

---

[1] 郭沫若：《文艺论集》，《郭沫若全集·文学编》（第15卷），人民文学出版社1990年版，第146页。

[2] 郭沫若：《复兴民族的真谛》，《郭沫若全集·文学编》（第18卷），人民文学出版社1992年版，第280页。

[3] 刘禾：《跨语际实践——文学、民族文化与被译介的现代性（中国：1900—1937）》，生活·读书·新知三联书店2008年版，第289页。

[4] 郭沫若：《聂嫈》，《郭沫若全集·文学编》（第6卷），人民文学出版社1986年版，第108-120页。

[5] 陈鉴昌：《郭沫若历史剧研究》，四川大学出版社2009年版，第13页。

[6] 倪湛舸：《新文学、国族构建与性别差异——苏雪林〈二三十年代作家与作品〉研究》，《中国现代文学研究丛刊》2011年第6期。

[7] 陈晓明：《中国当代文学主潮》，北京大学出版社2013年版，第335页。

性获得了国族主体身份的自我体认。

三

在《三个叛逆的女性》之前，郭沫若在创作诗剧《女神之再生》时指出："这是象征着当时中国的南北战争。共工象征南方，颛顼象征北方，想在这两者之外建设一个第三中国——美的中国。"① 按照中国现代知识分子的文化心性，不难推断郭沫若早期历史剧中的确有"教化"动机和政治意图②。所谓"现代政治"及"国家理论"，包括三个维度，其中一个维度是"教化及其文明，启蒙形成的那些具有普遍意义的价值，如自由、平等、人权，都属于这一维度"③。20 世纪 20 年代，"五四"新文化运动吹来的"启蒙"之风，为社会教化与现代文明创造了可能，"人的自由"和"个性发展"作为建构现代国家的必要质素，为现代知识精英提供了"文化政治"的拼图。正如前文所述，郭沫若对"三个叛逆的女性"的塑造，不是为了在她们身上追求"纯粹的艺术"④，而是为了"解放女性"和"救济中国"，这种"问题意识"⑤ 使郭沫若早期浪漫主义历史剧与 20 世纪二三十年代现实主义戏剧、新浪漫主义戏剧以及"国剧运动"，在剧作理念、剧作呈现、剧作追求上存在不同。如果说郭沫若对女性性别国族

---

① 郭沫若：《沫若自传》（上卷），求真出版社 2010 年版，第 231 页。

② 陈荣阳：《意图与表现的龃龉——郭沫若〈三个叛逆的女性〉新观察》，《郭沫若学刊》2011 年第 4 期。

③ 邹诗鹏：《现代中国的国族认同与民族自觉》，《天津社会科学》2014 年第 1 期。

④ 目前在中国知网上所能搜索到的相关研究文章大约有 15 篇，其中具有代表性的观点有：卜庆华在《关于〈三个叛逆的女性〉评价问题》（《娄底师专学报》1988 年第 3 期）中认为"《三个叛逆的女性》由于是郭沫若早期的著作，它不可避免地存在着思想和艺术不够成熟乃至稚弱的缺点。如章克标、顾仲彝和向培良所指出的人物形象、语言、环境不分今古即是"；倪海燕在《"民国机制"与男性作家的"女权思想"——以郭沫若〈三个叛逆的女性〉为例》（《成都大学学报〈社会科学版〉》2014 年第 3 期）中认为郭沫若有"跟风"嫌疑，"在对所谓'女权主义'的赞成中，他发现了女性在艺术形象上另一种美，亦即叛逆之美，因而塑造出了不同于过去女性的形象，实现了艺术的审美。因而，从本质上来说，郭沫若的'女权主义'应该是对一种新的审美时尚的追求"；程菀铃在《传统与革新——重读郭沫若〈三个叛逆的女性〉》（《戏剧之家》2021 年第 20 期）中认为"郭沫若在戏剧中宣扬女权主义的同时，由于自身与时代的局限性，依然落回到男权主义中，这也是一个男性作家看待女性时很难脱离的桎梏……郭沫若虽然很努力试图探讨女性的内心，解放女性的天性，但是以受过旧学教育的男性作家的身份，让他在创作时不自觉将女性继续依附在男性身上，这是他个人的局限，也是时代的局限"。可参见丁涛：《戏剧三人行：重读曹禺、田汉、郭沫若》，厦门大学出版社 2009 年版，第 519 页。

⑤ 这种问题意识"与我们当下规范的专业领域所强调的'问题意识'不同。后者仅仅是某一专业内自身需要突破的具体问题，前者则是革命需要解决的理论问题，是现实所需要解决的群众动员问题"。参见李斌：《流言与真相：革命视野中的郭沫若》，社会科学文献出版社 2021 年版，第 328 页。

身份的思考仅仅属于戏剧观念和理论范畴，那么如何将这些抽象化的思考落地到具象化的现实中？如何借助戏剧实现"自由、平等、人权"的全民教化，发挥戏剧"救亡"与"启蒙"的功效？如何使国族建构的想象在民众实际生活中获取被检验的机会？

中国观众千百年来积淀的善恶有报的民族审美心理，需要戏剧来呈现善恶、是非、对错的二元对立冲突。"群众要求在历史剧中所看到的，不是历史的叙述，而是对于历史的肯定和否定，对于历史人物的爱憎分明的态度；他们要求在历史人物身上看到善与恶的斗争，看到他们自己的理想，看到他们自己的主张。总之，群众要看到高于历史本身的东西。"① 但中国观众又在儒、释、道的文化熏陶下形成了"中和"的民族心理，讲究凡事以和为贵，所以戏曲往往都是"大团圆"的结局模式。"中国之演剧也，有喜剧，无悲剧。每有男女相慕悦一出，其博人之喝彩多在此，是尤可谓鄙陋恶俗者也。"② 所以，晚清中国戏曲界从欧洲悲剧中洞察到戏剧具有社会教化功能后，曾经以"张扬悲剧"为目标追赶世界戏剧潮流，但他们锁定的多是荆轲、关云长、岳飞、文天祥、史可法等男性英雄，宣扬的还是封建社会臣子、武将、侠客的"忠孝义烈"品质。而继"戏曲改良"后的新剧革命中，虽然春柳社、春阳社、进化团、民鸣社和新民社等大量引进西方的"家庭戏"和"宫廷戏"，但自始至终采用"幕表制"，没有建立起自己的剧本创作体系，所以这种"新瓶装旧酒"的"文明戏"最终在商业妥协中走向没落。即便 1920 年汪仲贤在上海"新舞台"首次将纯正的西方话剧《华伦太太之职业》搬上舞台，但观众反响出人意料地欠佳。宋春舫认为，"《华伦太太之职业》、《终身大事》等社会问题剧演出的不成功，是中国普通观众头脑中少有这些问题和难于理解这些问题而不能产生共鸣，西洋戏剧的艺术结构和手法与中国普通观众欣赏趣味的相悖"③。

《三个叛逆的女性》中的女性与文天祥、关云长、史可法等都是中国观众熟知的历史人物，所以相对于华伦太太、温德米尔夫人、娜拉等西方女性，更容易获得中国观众天然的亲近感。而卓文君、王昭君、聂嫈相比于聂政、荆轲、岳飞等追求民族国家层面的"忠义"行为，更具有个体小我的主动性，她们的反抗和叛逆是自我选择的，并且是"为自己而战"。同时，较那些男性英雄，女性更容易借助生理特征的优势激发观众的怜爱，从而更有唤醒"沉在民众潜意识深处的一种日常性和世俗性的人

① 张章春：《焦菊隐戏剧散论》，中国戏剧出版社 2015 年版，第 96 页。
② 蒋观云：《中国之演剧界》，《新民丛报》1905 年第 17 号。
③ 宋春舫：《中国新剧剧本之商榷》，《宋春舫论剧》（第一集），中华书局 1923 年版，第 25 页。

生态度"① 的优势。与女性主角相搭配的，是郭沫若"想象"出来的人物。这些人物相对于那些具有史料背景的主角，要么是家童、管家、丫鬟，要么是流浪的艺人，要么是不得不出卖色相的酒家女，大都来自民众熟悉的社会阶层，而且行为、性格较主角更具特色——红萧的自杀比卓文君的"骂战"更有感染力、毛淑姬举报父亲并决然跟随王昭君的勇气更具有穿透力、春姑比聂嫈更早拿出匕首准备自杀等。这些被"想象"出来的女性用某种自戕的方式牺牲自我，与女主角共同完成了悲剧的情绪传递，同时也打破了戏曲"王侯将相"、"才子佳人"的人物设置窠臼。《三个叛逆的女性》中的女性的叛逆不是为了"忠君"，不是为了"团圆"，而是符合时代潮流地对"自由"与"发展"主潮的回应，是被纳入文化层面的女权实践。这种符合时代需求的个人主义和个性色彩较古典浪漫主义更具开放的世界意识和全球眼界，同时更容易使中国观众在熟稔的观赏题材中通过"悲剧"获得"净化"，从而有效实现戏剧的社会教化效能。事实是，《三个叛逆的女性》刊出后，就被"千万读者争相传诵"②；绍兴女师因演出《卓文君》而引发文化界的"卓潮"运动；《聂嫈》"颇受观众称誉"③，并在大革命策源地广东"受到热烈欢迎，在各学校相继进行演出"④。这些都暗示了郭沫若早期历史剧中的剧作观念和理论建构具有指导实践的有效性。

折返回当时的文化语境，《三个叛逆的女性》建构的"国族认同"必须借助族群意识中的"原始初级因素"来获取，比如"中华民族"、"国家统一"等标识性族群语言，比如"忠勇"、"侠义"和"寻根"、"返祖"等凝结民族心理特征的活动。"这些因素起着强大的纽带作用，能够缩小各族群间的心理距离，增强各族群的亲和性，有效地强固'中华一体'的观念。"⑤ 郭沫若曾明确过创作家与历史家的职分。他认为，"历史家是受动的照相器，留声机；创作家是借史事的影子来表现他的想象力，满足他的创作欲"⑥。《三个叛逆的女性》选择古代题材，并不仅仅出于剧作家本人对《西厢记》、《桃花扇》、《牡丹亭》等戏曲的个人喜爱，更是郭沫若借助对中国戏剧创作规律的辩证认识来解决戏剧如何发挥教化功能等具体问题的探究：第一，将古代女性与现代女性进行"铰合"，通过对古代女性"三不从"的性别叛逆给现代女性提供个性解

① 刘艳：《经典重释："寻根"与寻找民族文化精神》，《东吴学术》2021 年第 5 期。
② 连士升：《连士升文集》（第二卷），上海大学出版社 2011 年版，第 555 页。
③ 《聂嫈出版》，《申报》1925 年 9 月 14 日。
④ 郑伯奇：《忆创造社及其他》，三联书店 1982 年版，第 83 页。
⑤ 张永红、刘德一：《试论族群认同和国族认同》，《中南民族大学学报（人文社会科学版）》2005 年第 2 期。
⑥ 中国戏剧出版社编辑部编：《郭沫若剧作全集》（第一卷），中国戏剧出版社 1982 年版，第 332 页。

放的参照，将女性还原到社会文化的舞台上，以争取个人"才力的发展"，并在确立性别秩序和规范后，使女权主义自觉汇入 20 世纪 20 年代现代文化"科学"、"民主"、"自由"的主流话语，从而使中国女性取代晚清以来借助"西女"强化民族心智的性别设想，消除女性作为国族主体被当成"弱质化"、"异质化"、"他者化"的刻板印象；第二，借助性别书写，通过塑造"想象"出来的女性行为和女性配角，激发出她们身上同质的"男子气概"，纠正中国男性的"女性的特征"，用这种雄浑悲壮的叛逆精神和"积极的流血手段"① 去涤荡"中国人在文化上"的"妥协和不彻底"，从而"直接召唤出一个可以重新认同并以之实现独特现代化的'文化中国'"②；第三，根据中国观众在传统戏曲中形成的较为稳定的民族审美心理，弱化西洋话剧亚里士多德纯戏剧式结构的"三一律"，借助女性人物冗长的台词传递特定环境中的某种愤懑情绪，通过连续的感叹句使人物"由内而外"的情感得以叠加，逐渐形成一种情绪感应磁场，使史书上记载的符号化女性形象变得鲜活、生动、立体，让她们用生命发出的叛逆谱成绝唱以感化观众，实现戏剧"救亡"与"启蒙"的教化功能。同时，郭沫若尝试发挥戏剧的教化功效，为剧作中的性别秩序和国族想象等理论思考提供了指导实践和在实践中被检验的可能。

综上，《三个叛逆的女性》潜藏着丰富的研究肌理和深厚的学理价值，郭沫若早期历史剧值得与其抗战时期和中华人民共和国成立后的历史剧共享研究势能。借助对女性身份的纵深考察，郭沫若早期历史剧中的性别书写与国族建构得以昭彰，这将有助于打通郭沫若历史剧研究的语境、文化与时代阻隔，有益于对其历史剧中"叛逆"女性形象谱系的整体关照。郭沫若在早期历史剧创作时期，对两性秩序、国族身份、戏剧功能等问题的探究，代表了晚清以来民族知识精英对性别、国族、权力等问题的思考的延展与嬗变，展现了他们对国族命运的深切关注。反向来看，郭沫若对文化政治的自觉介入，对社会集团和性别权力的自主探究，对国家主权和民族利益的终极关怀，又确保了他早期历史剧中人物"由内而外"的情绪抒发具有足够的现实主义向心力，不至于流于一己郁愤的情绪宣泄和高蹈空洞的讲演说教。这是他对西方浪漫主义戏剧艺术的超越，也是中国浪漫主义戏剧对世界浪漫主义戏剧的贡献。

（作者单位：山东青年政治学院文化传播学院）

---

① 郭沫若：《沫若自传》（上卷），求真出版社 2010 年版，第 264 页。
② 杨宸：《"寻根"的"歧路"：论寻根文学对知青经验的转化》，《中国现代文学研究丛刊》2019 年第 11 期。

瘟疫的科学性来源①
——近现代中美科学小说里的人种论述及其想象

［韩］ 徐维辰

当瘟疫被用作科学小说的素材时，会自然地使人生出"厌恶"之情。根据心理学的研究，"厌恶"（disgust）作为一种情绪，是为了保护身体免受感染而出现的生理现象②。而且，从感到厌恶到启动免疫系统，这一连续的过程表明：厌恶并不单纯局限于狭隘意义上的恶心，还包括了"讨厌"（repulsion）或"恐惧"（fear）等情绪③。众所周知，瘟疫与人类结伴相生。尽管随着科学技术的发展，人类在预防和治疗瘟疫方面取得了长足进步，但要从根本上消除它，却依然有待时日。在瘟疫终结之前，科学小说为我们思考疾病和科学之关系，特别是据此理解疾病所带来的厌恶感，提供了重要渠道。中、美两国的近代科学小说揭示了瘟疫、种族、战争等一系列"意象"间的复杂关系，可以成为我们的研究入口。

晚清作家许指严（1875-1923）在《电世界》（1909）里构想了一个用电气技术来驱除瘟疫的未来场景。这一场景与美国作家杰克·伦敦（Jack London，1876-1916）的《举世无双的入侵》（The Unparalleled Invasion，1910）形成呼应。杰克·伦敦在"黄祸论"（The Yellow Peril）甚嚣尘上的时代风潮里，讲述了一个试图用生化武器消灭中国的故事。而第二次世界大战爆发前夜，顾均正（1902-1980）翻译了一篇西方科学小说，并以《伦敦奇疫》（1939）为名刊发，小说里有关瘟疫和化学的讨论，成为中外两位"作者"最关注的部分。由这四篇小说所组成的两对"跨文化"文本，不仅表面

---

① 本文系 2021 年延世大学（Yonsei University）研究基金项目（2021-22-0030）的研究成果。

② 参见 Megan Oaten, Richard J. Stevenson, and Trevor I. Case, "Disgust as a Disease-Avoidance Mechanism," Psychological Bulletin 135. 2 (2009), p. 304.

③ 参见 Oaten et al., "Disgust as a Disease-Avoidance Mechanism", pp. 303, 314.

上存在相似性或联系，在根底上亦提醒我们"瘟疫"与"种族"的牵连。科学技术纵然可以控制瘟疫、普及知识，但也可能引出"厌恶"情绪，推动"人种论"等负面言论。

一、科学技术与瘟疫的关系

东西方的冲突，是近代以来一个全球性的科学想象主题。19 世纪末、20 世纪初，西方世界便兴起了以"黄祸论"为代表的人种论。以美国为例，幻想中国入侵美国的故事，在世纪末可谓风靡一时①。德皇威廉二世（Kaiser Wilhelm II，1888－1918 年在位）创造了"黄祸"一词。该词反映了当时的社会风潮：人们惧怕华裔"苦力"（coolie）会搅乱美国西部的劳动市场，故以"黄祸"视之②；而想到如果这批劳力日后流入欧洲，更会加剧社会混乱，所以各国的皇帝们更是寝食难安③。这种风潮很快成了科学小说的母题，并连带产生了一种人种论。而在同一时期的中国，"亡国灭种"的危机四下蔓延，西欧社会发明的"黄祸论"反而帮助其塑造了对未来世界的乌托邦展望：虽然现实是惨烈的，但在将来的某一天，中国定会在科技的加持下，实现富国强兵的梦，成为新世界里最有潜力的引领者。在这个层面上，科学小说可谓自负地展现了一个现代化进程里的理想空间。

在充满乌托邦展望的科学小说中，许指严的《电世界》④ 颇具代表性。小说描写了在其出版日期百年之后的 2009 年，中国某山村出现了一个电气技术专家——黄震球。他巧用电气技术，击退外敌入侵，并登上电王宝座，建立了"大同国"。电王需

---

① 1880 年至 1907 年之间，美国特别流行"中国将来要入侵"的末日小说。这类小说所设置的背景主要是美国西岸的加利福尼亚，这种叙事也被称为"黄祸文学"（"Yellow Peril" literature）。参见 Stanford M. Lyman, "The 'Yellow Peril' Mystique: Origins and Vicissitudes of a Racist Discourse", *International Journal of Politics, Culture, and Society* 13. 4（Summer 2000），pp. 690-691。

② 参见杨瑞松：《病夫、黄祸与睡狮："西方"视野的中国形象与近代中国国族论述想象》，政大出版社 2016 年版，第 77-80 页。

③ 参见 Sabine Doran, *The Culture of Yellow: Or the Visual Politics of Late Modernity*（New York: Bloomsbury, 2013），p. 125。

④ 笔者参考并引用的《电世界》版本以繁体字发行，并有校点符号，同时收有 17 幅插图。参见许指严（高阳氏不才子）撰，李广益点校：《电世界》，李广益、季剑青点校：《中国科幻文学大系·晚清卷》（创作三集），重庆大学出版社 2020 年版，第 1-117 页。为了了解插图来源和小说发行时的情况，笔者还参考了许指严（高阳氏不才子）：《电世界》，《小说时报》1909 年第 1 号，第 1-58 页。

要解决人类面临的各种问题，建设所谓的"科学技术乌托邦"①。在小说中，电气技术不仅是制造军事武器的资源，也是扩大人类生活空间，解决交通、粮食、卫生等问题的万能手段。尤其值得关注的是，电气科学对解决瘟疫问题也起到了决定性的作用：

> 忽然有一处地方，在上海京城左近，生起传染疫病来，蔓延到上海地面，居民着实恐慌。电王会集了名医研究，这班医生里头，狠有几位电学精深的……说电气有一种气质，狠有气味的，叫什么阿巽气味，发下一令，饬民电局里发出这气，把他传给各户居民的电针上，空气中如有霉菌飞扬，触着那种气味，立刻死灭个罄尽②。

瘟疫猖獗时，人们最常采用的步骤是，先彻底消杀以切断一切与细菌接触的可能，接着便开发疫苗，并开展相关的医疗救治。但据上文可知，单纯的卫生防疫总是有限的，所以，人们还是试图寻找根治之法。电王从电气中提取了名为"阿巽气味"的杀菌剂，用它来彻底隔断瘟疫病源。在这里，关键是如何活用电气技术。电气知识成了抗疫的必需品，而且只有对电气技术有相当了解的医生才能成为其有力的施行者。

《电世界》表现了一种积极乐观的心态——科学技术可以帮助人们战胜一切恐怖的瘟疫。而这恰恰是许指严积极"消费"起源于西方的黄祸论的结果。西欧社会惧怕中国等东亚国家的强盛，认为东亚国家会给他们带来现实威胁，而许指严因势利导，干脆演绎了一出中国繁盛记。但事实上，就当时的情境而言，中国想侵略西欧是绝无可能的，因为西欧在科学技术上占据着绝对优势。在这个意义上，《电世界》等于虚构了一个免受西方侵略，同时亦能征服西方的乌托邦故事。科技上的落后，一度被认为是造成中国落后挨打的决定性因素。由此，小说将战胜西欧的渴望投射在电王身上，把他塑造成了一个充分具备科学技术的"全人"。但吊诡的是，在我们对科技抱有万应丹似的想象时，又会特别注意到它在攻克瘟疫时也力有不逮，乐观展望之下隐隐透出一种现实上的为难情绪③。表面上，瘟疫病毒很快经由科技的帮助被发现、消灭，

---

① "科学强国"所倡导的通过"科学家治国"这一形态颇值得关注。"科学技术乌托邦"，是指在精通科学技术的科学家掌握政治权力的前提下，社会的改革才能真正实现。参见李广益：《中国电王：科学、技术与晚清的世界秩序想象》，《中国比较文学》2015年第3期，第40-42页。

② 许指严撰，李广益点校：《电世界》，《小说时报》1909年第1号，第85-86页。

③ 科学小说中的乐观展望投射着一种浓烈的社会悲观论，反映了近现代中国所处的半殖民状况。鲁迅（1881-1936）的"铁屋子寓言"不仅仅适用于描写"五四"时期，也同样适用于晚清社会。正如吴趼人（1866-1910）在科学小说《新石头记》（1908）中所说，这种乐观背后的悲观，基本上就是当时知识分子进行科学小说创作的整体基调。参见 Nathaniel Isaacson, Celestial Empire: *The Emergence of Chinese Science Fiction* (Middletown, CT: Wesleyan University Press, 2017), pp. 1, 92。

但是，小说的叙述者也不无深意地暗示：无论科学技术如何发达，它都不能从根本上消灭瘟疫；只要时机恰当，它会卷土重来。

1910 年，美国著名作家杰克·伦敦发表了《举世无双的入侵》① 一文，幻想有朝一日黄祸论成为现实，并提出了他的解决方案。在小说里，杰克·伦敦描绘了一段中国从天朝上国的迷梦中惊醒，并借助科学技术成为西方威胁的"未来历史"（future history）。时间到了 1976 年，西欧社会为了摒绝威胁，努力寻找应对方案，最后他们决定用瘟疫作为武器进行攻击。瘟疫通过人和人的接触而呈几何倍数蔓延，成了应对人口众多的中国唯一且有效的手段。这样的情节设置，意外地暴露了杰克·伦敦这个所谓的社会主义者，竟带有种族色彩强烈的社会进化论色彩②。在故事的高潮处，纽约保健局实验室的一位科学家成功地将瘟疫武器化。随后，一个飞行物在北京上空盘旋，并掷下了若干玻璃制成的管子，从此"中国是一个地狱。微生物武器到达了每一个最偏远的藏身地，无处躲避。……整个国家陷入了自相残杀、谋杀和疯狂之中。至此，中国灭亡"③。

在杰克·伦敦的想象中，中国的失败是由于瘟疫的猖獗。换句话说，在科学技术极为发达的"未来叙事"中，瘟疫是带来败局的关键。而这种想象多少有点似曾相识。从约翰启示录到中世纪黑死病的流行，人类社会对疾病所带来的惨状的描绘数不胜数④。这些叙事，一方面可以唤起埋藏在太古人类历史中那令人毛骨悚然的记忆，另一方面也预知了即使在科学技术高度发达的未来世界，这一切依然有卷土重来的可能，和所谓的发达形成相反相成关系。如果说历史上瘟疫的出现是卫生状况、自然灾害，甚或是神的惩罚等因素造成的，那么在未来的世界里，瘟疫是在病理学实验室里培养出来的，它存在的前提正是科技的发达。其破坏力之大，甚至很难不让人联想到世界末日这样恐怖的启示录。

---

① 人们普遍认为，该小说的执笔时间和出版时间存在几年的偏差。执笔时间通常被认为是在 1906 年或 1907 年。1907 年的推断是从杰克·伦敦与友人的书信中获得的。参见 Stephen Hong Sohn, "Introduction：Alien／Asian：Imagining the Racialized Future", Melus 33. 4（Winter 2008）, p. 5; Franklin, H. Bruce, War Stars：*The Superweapon and the American Imagination*（Amherst：University of Massachusetts Press, 2008）, p. 37; John N. Swift, "Jack London's 'The Unparalleled Invasion'：Germ Warfare, Eugenics, and Cultural Hygiene", *American Literary Realism* 35. 1（Fall 2002）, p. 59。

② 杰克·伦敦的意识形态是"激进社会主义"（radical socialism）和"选择性种族主义社会进化论"（selectively racialist social Darwinism）的结合。而法西斯主义正是从这种结合中产生出来的。参见 Lyman, "The 'Yellow Peril' Mystique", p. 691。

③ Jack London, "The Unparalleled Invasion：Excerpt from Walt. Nervin's 'Certain Essays in History' ", *McClure's Magazine* 35. 3（July 1910）, p. 314.

④ 参见 Elana Gomel, "The Plague of Utopias：Pestilence and the Apocalyptic Body", *Twentieth Century Literature* 46. 4（Winter 2000）, p. 407。

二、瘟疫的化学起源

1939 年 6 月，顾均正与友人共同创办了《科学兴趣》杂志。从创刊号开始，连续三期杂志将美国作家弗雷德里·阿诺德·库梅尔（Frederic Arnold Kummer, Jr., 1913-1990）的《看不见的入侵》（*The Invisible Invasion*）翻译成中文，并以《伦敦奇疫》①为题进行连载。这部科学小说在第二次世界大战即将爆发之际被翻译过来。故事的背景是英国伦敦，讲述了一位因度假来英的美国化学家和英国贵族妇女，一起目睹了在伦敦发生的瘟疫的故事。为了探寻真相，两位主人公勇敢地深入疫情中心，并很快查明，原来是一位德国病理学家试图征服世界，使英国屈服，而将带有化学剧毒的细菌组合喷洒到空气之中。该小说随后与另外两部科学翻译小说《和平的梦》和《在北极底下》合并成册出版②。在第二次世界大战即将到来之际，将现实中对立的英美和德国作为人物的身份来塑造，多少带有点因时而作的意味；而与此同时，这一译本又因特别标注"青年读物"的字样，多少表明其翻译目的是要讲解科学原理、普及科学知识、振兴科学教育。

小说以描写瘟疫猖獗的伦敦市区开场，充满紧张感。根据初步的病理学报告，感染病毒会导致皮肤变黄、全身流脓、肺细胞被吞噬，以及眼瞎、烂肉等可怖后果③。主人公美国化学家殷格朗（Steve Ingram），与英国人乔弗楼爵士（Sir Geoffrey）及其女儿梦娜（Mona）一起乘坐汽车时，目睹了车窗外发生的惨状——"无家可归的人们，在铅灰色的天空下面拖着沉重的脚步，简直疑心是在做一个恶梦。……骑着灰色

---

① 英文原作出版时间比中文翻译早 2 个月，刊载在 1939 年 4 月的《惊奇怪谈》（*Amazing Stories*）杂志上。《伦敦奇疫》最初分三次在《科学趣味》杂志上连载，分别是 1939 年 6 月第 1 卷第 1 期第 31-38 页、1939 年 7 月第 1 卷第 2 期第 87-92 页和 1939 年 8 月第 1 卷第 3 期第 119-126 页。据上原香（Uehara Kaori）的研究，顾均正的翻译基本上采用逐字逐句的翻译法，但自己加入了一部分内容，包括补充科学知识、删除人物之间的对话等，因此，呈现出了一定的变化。参见［日］上原香：《顾均正における米国 SF の受容——在〈北极底下〉を中心に》，《现代中国》2015 年第 89 号，第 42-43 页。

② 《和平的梦》和《在北极底下》也是翻译作品，其原作信息分别是：Robert Castle, "The Conqueror's Voice", *Science Fiction* 1.1 (March 1939), pp. 34-45; Ed Earl Repp, "Under the North Pole", *Dynamic Science Stories* 1, 2 (April-May 1939), pp. 80-93。三部作品合刊的单行本于 1940 年 1 月由上海文化生活出版社以《在北极底下》为题出版，同年 9 月出版社又将之改名为《和平的梦》后重新出版。参见［日］上原香：《顾均正における米国 SF の受容——在〈北极底下〉を中心に》，《现代中国》2015 年第 89 号，第 36、38-39 页。

③ 参见顾均正编译：《伦敦奇疫》，《和平的梦》，文化生活出版社 1946 年版，第 48 页。

马的死神，伸出他粗大的手指，向着一切人等横扫过来①！他真不相信，这是可能的事……"②

随着故事的展开，我们不仅看到了仓皇逃离伦敦的难民队伍，还强烈感受到了他们对瘟疫的恐惧。如果说，逃难的场景让我们想到因战争或饥饿而带来的相似情形，那么，对待疾病的恐惧态度，则不得不让人联想到过去人们面对麻风病的心理。对于这些难民，住在郊外的人生怕他们将病毒扩散到自己的住地，因此采取"切断"和"排除"的方式予以应对。

瘟疫给人的感觉，比厌恶要严重得多，已经到达了恐慌的境地。依照柯林·麦金（Colin McGinn）的研究，人类对令人厌恶的对象总有一种忌讳"接触"（contact）的倾向，像麻风病之类的传染病正是诱发厌恶的原因之一③。瘟疫满足了"厌恶"所需的几个条件：首先，它是由生物有机体组成的，通过媒介，不仅可以传播给别人，也可能使自己染病，而一旦染上瘟疫，自己就会成为向他人传播"厌恶之物"的宿主。由此，瘟疫引发的感觉不仅仅是单纯的厌恶，还会引起恐惧。因为找不到原因和治疗方法，所以，这种恐惧感可能会最终走向末日启示录里所预言的毁灭结局。此外，这种恐惧感也可能刺激读者，使他们感同身受，并清楚地认识到：科学小说里的瘟疫叙事不只是文学想象，更有可能在不久的将来成为现实。译者顾均正在小说的序言里说，威尔斯（H. G. Wells, 1866–1946）在《未来世界》（*The Shape of Things to Come*，1934）中描写的中日战争，有力地预言了历史，而此预言之所以成真，关键在于在丰富的想象力之外，还有科学的推论作为依据④。由此观之，《伦敦奇疫》的预言性也就很明晰地突显出来了。

当叙述到病毒来源时，小说展现了一种有趣的转变，即原本不可思议的瘟疫被具体化了，且留下了蛛丝马迹可供人们调查。随着瘟疫的蔓延，主人公开始怀疑这所谓的疫病，并不是由简单的生物病毒引起的，而是有着特别的致病因素："这不是瘟疫，不是疾病！这是破坏！生命，植物，岩石，钢铁的破坏！是一种未知的力，在把这城市化为无生命的荒地！这破坏力，人类没有方法来阻止它！除非有人能亲自跑进这危

---

① 英语原作的叙述更加具体，带着"末日四骑士"（Four Horsemen of the Apocalypse）等很浓的基督教《启示录》（*The Apocalypse*）色彩和类似对"麻风病"（leprous）等瘟疫的描写："…… this grisly horror the third horseman of the Apocalypse, sweeping aside all else with bony, leprous fingers！"参见 Frederic Arnold Kummer, Jr., "The Invisible Invasion", *Amazing Stories* 13. 4（April 1939），p. 42。

② 顾均正编译：《伦敦奇疫》，《和平的梦》，文化生活出版社 1946 年版，第 49 页。

③ 参见 Colin McGinn, *The Meaning of Disgust*（Oxford：Oxford University Press, 2011），p. 41。

④ 参见顾均正：《序》，顾均正编译：《和平的梦》，文化生活出版社 1946 年版，第 I 页。

险区域，去作实地的研究。"① 从发生在伦敦市民身上的惨状来看，这种病毒引发的后果和瘟疫无异，感染者因痛苦而哭喊，焦黄的尸体堆积如山。这些无疑再现了瘟疫出现后的典型惨状。但是，从城市被破坏、生命乃至石头、铁等无生命物被破坏的情景来看，这又不是单纯的瘟疫。同时，主人公发现这种怪病不会通过接触感染，这为找到解决方法提供了头绪——如果不是生物学方面的病毒，那么，它必定是由化学物质引起的，相应地，如果要从根本上消灭它，就要找到对应的科学方法。

事实上，怪病的真正面目是化学剧毒。这一故事情节的设定，显然符合科学小说通过科学思考和科学方法来解决问题、避免灾难的常规设定。尽管从破坏的程度和范围来看，化学剧毒所造成的影响远较生物病毒严重，它损伤了包括无生命体在内的一切物质存在。但是，恰恰因为它和化学相关，这又使得科学方法有了用武之地。换句话说，遭受破坏的城市景观，在某种意义上是为了推动科学调查、侦破事实而准备的叙事设计。经由科学的推测，所谓的病毒并不是由瘟疫引发的。我们的主人翁也顺势摆脱了被感染的恐惧，而勇敢地投身到查明真相的冒险之中。他们之所以如此英勇，关键在于他们自信可以找到科学的应对方法。与生物病毒不同，化学病菌可以经由化学的处理方法，而被安全地控制。可以说，只要我们掌握了基本的科学原理，不仅可以有效地保护自己，更可以顾全他人的安全，进而追根溯源，找到终极的解决方案。

在接近尾声之际，作者破解了斯坦其尔博士（Dr Stengel）用灰色粉末制造奇疫的工作原理，那就是，利用太阳能和空气中的水分来帮助扩散病毒，造成感染。译者顾均正在将此信息翻译成中文的过程中，特别使用了一个化学公式来做强调，并为其配上了中文解说，而这些信息在原作中是没有的。顾均正郑重其事的解说，让我们意识到，小说中所幻想的情节其实有据可依。"中间化合物说"（intermediate compound theory）和"吸附说"（adsorption theory）等相关理论即可以说明太阳能的催化作用是如何发挥功效的。此外，普林斯顿大学教授泰勒（Hugh Scott Taylor, 1890–1974）在1925年发表的"接触表面说"（theory of catalytic surface）也可以证明故事里的奇思妙想并非空穴来风②。科学小说之想象，实在有其充分的科学依据，而非凌空蹈虚的发明。当然，从生物病毒到生化武器，伦敦的灾难所暴露出来的，更是民族国家间的巨大历史冲突。

---

① 顾均正编译：《伦敦奇疫》，《和平的梦》，文化生活出版社1946年版，第60–62页。
② 参见顾均正编译：《伦敦奇疫》，《和平的梦》，文化生活出版社1946年版，第83–84页。

三、瘟疫、科学技术、人种矛盾

疫情和人类相伴而生，科学技术的发达显然激化了瘟疫的政治化。尽管随着科学技术的突飞猛进，人类对疫情的管控和治疗取得了显著成效，但要从根本上消灭它，人类似乎还任重道远。许指严在《电世界》中设想了从电气中提取臭氧消杀病菌的方法，展现了科学技术积极正面的作用，但另一方面，科学技术的发展又有助纣为虐的时候，一如杰克·伦敦在《举世无双的入侵》中描写的生化武器那样，造成了疫情的爆发。而有趣的是，两个故事在讲述科学本身的正、反价值时，亦不断引导我们关注它和政治之间若隐若现的关系。从某种意义上看，瘟疫和科技的相遇，必然会走向一种政治论述。甚至如《伦敦奇疫》的叙事所示，这种政治论述和全人类的命运休戚相关。当瘟疫和科学技术相遇而引发厌恶情绪之际，最令人瞩目的政治论述是人种论。

起源于西欧的黄祸论，反过来成全了许指严在《电世界》中所铺陈的乐观展望。与 20 世纪初的现实不同，小说所构想的 21 世纪中国，由于电气技术发达，"医生科学家"可以在一周内发明控制瘟疫的妙方。但从想象回转到现实，许指严立马批判了西方世界以瘟疫为借口对中国实施侵略并进行差别对待的事实：

> 后来有些老者，曾经过疫气时代的，把那些见闻，著成小说，道什么二十世纪初年，有验疫章程，分有疫口岸、无疫口岸，中国狠受些刁难的，又说什么疫气盛行的地方，死了几千人几万人，又把十九世纪里檀香山地方，因为有了疫病，美国人放火烧去华人房屋那件事儿载上。这时一班后生小子看着，不是吐舌惊奇，便是拍案大怒，足见二十一世纪里长久没有这等事情了①。

在未来世界，中国可以用科学技术轻易战胜瘟疫，而在现实中，中国则备受瘟疫之苦。两相对照，形成鲜明对比。对未来越是乐观，越反衬出现实的悲惨。不过，此时作家所关注的并不是瘟疫所引发的直接痛苦，而是由其导致的西欧社会对中国的加速掠夺，以及由此带来的损失。中国的主权在"租界卫生"的名义下被侵犯，而在美华侨则沦为种族歧视的受害者。因为科技不发达，中国不仅在应对瘟疫方面困难重重，现在再加上种族歧视，由瘟疫造成的损失变得更加严重。如此，从科技征服瘟疫的问题开始，人种论述便进入讨论之中。抛开科学技术能否征服瘟疫的问题不论，现在我们看得更清楚的是，科技的发展水平乃是与民族国家的地位休戚相关的，它决定了一

---

① 许指严撰，李广益点校：《电世界》，《小说时报》1909 年第 1 号，第 86-87 页。

个国家遭受瘟疫危害的程度。

由此，我们越是强调对瘟疫的科学应对方法，越可能激化民族国家之间的矛盾。以中国为例，近代租界里发生的种种即有力证明了这一倾向。所谓"卫生现代化"（hygienic modernity）是指摆脱传统的卫生观念，而以现代方式进行制度化管理的文明开化模式。"卫生现代化"通过科学、西化的方式，打破迷信，减少了不卫生的行为。作为一种启蒙方案，它得到了当时很多知识分子的支持[1]。但防疫从根本上是殖民统治的一个表现，带有强烈的种族歧视色彩，曾引发当时中国人的不满[2]。例如，在1902年天津租界霍乱猖獗时，英、日等国在知悉饮用水被污染的情况下，试图区分本国人和中国人，从而切断他们的接触[3]。而在口岸执行的检疫，更是打着防疫之名粗暴、残忍地区隔中国人[4]。为了预防瘟疫，殖民者所采取的手段，虽然有助于切断疾病传播，但其所谓的"科学"方法，实际上是在变相行使一种殖民权力，以所谓的"人我区分"的方式展开。租界政府划分生活区域，制定相应的卫生政策，并根据人种划分了优先顺序。在此过程中，中国人不单受到了种族歧视的伤害，最终也成了瘟疫的最大受害者。

其实，瘟疫的政治化倾向可以借米歇尔·福柯（Michel Foucault）的理论来做说明。租界当局以规训机制对付瘟疫，目的是为了维持秩序，因此，严苛的管控手段是不可避免的。福柯也意识到瘟疫可能造成民族国家之间及其内部的矛盾，"瘟疫意象代表了一切混乱无序状态，正如被切断一切与人的接触的麻风病人的意象，构成各种排斥方案的基础"[5]。在应对瘟疫的过程中，人类对瘟疫表现出来的否定性感觉——恶心、厌恶、恐慌等，借由"科学"和"现代"的分类，反过来成了人与人之间的关系，破坏了近代民族国家间的和平共存。再加上，科学技术在某种层面上调转而非指认了厌恶的方向，使得被厌恶之物，从瘟疫本身转移到了人类身上，生产同时强化了人种论述。除了《电世界》里的人种矛盾外，在《举世无双的入侵》里，瘟疫作为杀伤力极强的生物武器更是成了人种战争的"最终解决方案"。这样看来，瘟疫的权力作用跟科技的发达同步，甚至到了激化、产生人种矛盾的程度。章太炎（1869-1936）在批判进化论时，曾提出"俱分进化论"的悲观看法。在其看来，"进化以知识的进

---

① 参见 Ruth Rogaski, *Hygienic Modernity: Meanings of Health and Disease in Treaty-Port China*（Berkeley: University of California Press, 2004）, p. 185。

② 参见 Isabella Jackson, *Shaping Modern Shanghai: Colonialism in China's Global City*（Cambridge: Cambridge University Press, 2018）, pp. 176-178。

③ 参见 Rogaski, *Hygienic Modernity*, pp. 180-181。

④ 参见 Rogaski, *Hygienic Modernity*, pp. 188-192。

⑤ ［法］米歇尔·福柯：《规训与惩罚》，刘北成、杨远婴译，生活·读书·新知三联书店2012年版，第223页。

化遮蔽了道德的退化"①。而且章太炎对知识和道德的"排斥",并不止于对传统佛教的指摘。无独有偶,西方学界也一度流行这种悲观论调,他们从第一次世界大战的爆发,隐约预见了第二次世界大战兴起的可能②。不可否认,无论是瘟疫还是化学剧毒,随着近现代科学技术的发达,它们揭露同时也激化了人类社会的矛盾,而不是促使人类携手互助。

可以说,科学技术的发展反而会恶化种族关系。比起控制瘟疫的能力,科技在强化权力和政治方面的作为似乎更加突出。在《伦敦奇疫》里,"奇疫"的真面目不是病菌,而是硝酸在催化作用下产生的化学剧毒。有趣的是,随着化学剧毒这一病原被揭开,有关人种的讨论也随之展开。斯坦其尔博士的邪恶身份暴露了,其背后所潜藏的是德国征服世界的野心③。制造奇疫的斯坦其尔博士、德国国家性及民族野心,接连在小说中出现。但小说试图指出,种族问题的浮现,关键不在瘟疫。因为在奇疫被误认为瘟疫时,关于种族歧视的内容并没有出现;相反,到了化学剧毒被证实是引起奇疫的根源时,德国的种族主义方才出现。可以说,不是瘟疫反而是科学技术引发了种族主义的问题。1939年4月,《伦敦奇疫》的英文原文发表,同年8月中译本翻译完成,而几乎与此同时,第二次世界大战爆发。小说中所描绘的德国因过度膨胀的野心而发动战争的情节,成为现实。众所周知,纳粹德国高扬民族优越性,排斥其他民族,最终演变成了"大屠杀"(The Holocaust)。虽然斯坦其尔博士所散播的硝酸化学物,因为主人公的努力而被中途制止,但其借科技屠杀人类的行为,却清楚地在德国人屠杀犹太人的过程中再现了——纳粹德国正是利用杀虫剂等化学剧毒物屠杀犹太人的。在某种意义上,这是一个现实"模仿"小说的绝佳案例,科学想象比历史事实更早预演了历史。

人类社会进入现代以来,科学技术极速发达,人种讨论也在此过程中同步高涨。中美科学小说里对瘟疫的种种描述,证实了这一风潮。在黄祸论的背景下,许指严的《电世界》畅想了科技强国的乌托邦之梦。在文中,克服瘟疫不过是小菜一碟。与此相似,杰克·伦敦的《举世无双的入侵》也同样对科学技术热烈拥抱,无比坚信。但

① 高力克:《进化的两面性:章太炎的进化论批判》,《华东师范大学学报》(哲学社会科学版)2018年第2期,第92页。

② 正如汤因比(Arnold Joseph Toynbee)所指出的,近代西方世界充满了一种乐观的乌托邦展望,相信"科学技术的进步,会自然地过渡为精神上的进步"。章太炎对此的批判是"进化论之线性发展的进步主义"。包括晚清的《电世界》在内,本文涉及的《举世无双的入侵》和《伦敦奇疫》两篇美国科学小说一定程度上也揭露了科学技术在瘟疫讨论上借用并深化了种族矛盾。参见高力克:《进化的两面性:章太炎的进化论批判》,《华东师范大学学报》(哲学社会科学版)2018年第2期,第91、95页。

③ 顾均正编译:《伦敦奇疫》,《和平的梦》,文化生活出版社1946年版,第70—71页。

不幸的是，科技被用于生产生化武器，并引发了种族主义论述，揭示了科技和民族国家间的紧张关系。

而《伦敦奇疫》的译者顾均正对原作里所描绘的人种论述又做何感想呢？似乎比起人种问题，他更关心的是科学知识的普及问题。他积极肯定科学小说具有激发兴趣的功能，同时还特别强调了科学小说可以成为普及科学知识的重要渠道。在他看来，只要以科学理论为基础，进行科学思考，即使虚构也可以正当化。虚构的前提是严谨的科学根据①。一方面，强调科学技术的重要性，目的是为了探求国家民族发展的源泉，超克中日战争等民族危机；另一方面，包括瘟疫、战争等人类社会的灾难在内，也可能是科学技术发达的结果，有必要深刻反省，不能厚此薄彼！

（作者单位：韩国延世大学中文系）

---

① 参见顾均正：《序》，《和平的梦》，文化生活出版社 1946 年版，第 iii、vi 页。

场域竞争与文化创新：
场域理论视角下的中国科幻文学①

李　佳

　　场域理论是法国社会学家皮埃尔·布尔迪厄（Pirroe Bourdieu）在长期的社会实践研究中提出的一种社会学理论。布尔迪厄认为，场域是各种位置之间存在的客观关系组成的开放性网络，不同的权力或资本处于场域中的不同位置，依其资本的类型和总量，存在着支配和服从之分，这种差异性的位置之间构成了各种竞争关系。布尔迪厄将整个社会世界解释为诸多场域——例如经济场、文化场、宗教场、艺术场、文学场等——的集合，各个子场域都有自己特定的动作逻辑和规则，代表不同力量的行动者为争夺有价值的支配性资源，致使场域无时无刻不处于复杂微妙的斗争状态。场域内行动者的策略取决于他们在场域中的位置，不同位置占据者的行动策略各不相同：场域中处于支配地位的行动者倾向于采取保守性的策略来维护现有的场域中的力量格局；新进入者希望逐步接近支配地位，往往采取继承策略来扩大资本的数量和质量，处于被支配地位的行动者一般采取颠覆性策略来意图改变场域中的力量格局。场域竞争是场域的本质特征，各个子场域在社会、权力与资本的压迫下必然会形成文化的流动变迁，继而产生文化创新，推动整个场域的内外交流活动。以中国科幻文学为例，文学场的竞争与文化创新受到社会资本、经济资本、文化资本和符号资本的多重推动，在这种场域竞争的状态下，中国科幻文学走上了一条独特的文化创新道路。

---

　　①　本文系 2019 年度黑龙江省社会科学规划专项项目"新时代中国科幻文学创新性发展研究"的研究成果。

中国科幻文学生产场与权力场之间的关系

布尔迪厄认为，文化生产者拥有一种特殊的权力，即表现事物并使人相信这些表现的符号权力，这种象征性的权力还表现在文化生产者用一种清晰的、对象化的方式提示了自然世界和社会世界或多或少有些混乱的、模糊的、没有系统阐释的体验，并通过这一表述赋予那些体验以存在的理由。凭借掌握以一整套文化符号系统为表征的文化资本，文化生产者拥有这种公认的权威，并占据了一定的社会资源。文化生产者拥有的这种特权，可以或有能力表现事物并使人接受、相信、认可他们作为表现物的各种产品（各种文本，如文学、新闻、电影、音乐等），就是符号资本。从结构上看，文化场有两极。一极是"为了生产的生产"。创作者们生产的作品只是为了给同行们看，虽然具有较多的文化资本，但曲高和寡，短时间内不会给作者带来较多的经济资本（虽然这些作品有可能成为经典而畅销，从而给作者带来较多的经济收益）。例如，有些科学背景深厚的学者写出的科幻小说，科学意味浓厚，论证十分严谨，甚至会在文中写出公式证明，或在文末列出具体参考文献和数据分析。这种"科研论文式"的文学作品虽然独具一格，但也把普通大众读者拒之门外，使文学传播范围过窄。另一极是"为了受众的生产"。创作者们为了迎合受众的口味而创作，如畅销书、肥皂剧，虽然能迅速获得市场效应，但受众口味易变，不久后会被别的作品取代，所具有的文化资本较少。总的来看，前一极居于支配地位，而后一极居于从属地位，但这两极争夺权力地位的斗争一刻也没停止过。经典作家的作品往往被搬上银幕，争夺更多的受众，攫取更多的经济资本，扩大影响，强化自己已有的文化地位，而那些畅销书和肥皂剧的作家们，不甘心自己的从属地位，会利用手中较多的经济资本，通过电影、电视、广播、报纸、互联网等大众传播媒介活动，向居于统治地位的精英文化发起挑战，施加压力，使文学场屈从于外部的文学标准，也就是想使"通俗作品经典化"。近几年频频上映的由科幻小说改编的科幻电影、好莱坞的科幻大片、纷纷上架的科幻动漫和游戏、带有科幻 IP 元素的周边商品等都是一些典型的例证。但是，流行的不一定就是经典的，在权力场中被认可的文学作品在文学场中很可能是被排斥的。文学场反对文学的世俗化，强调自己的独特规律；从文学自身属性出发，突出文学的美学价值，对功利生活的拒绝成为无上法则。"为艺术而艺术"的文学观显示出它与主流和世俗的距离。

文学场内部不可避免地受权力因素的干预。在文学场内，作品想要得到认同，就要吁请读者，主要是批评家，赋予它特定意义，批评家自己的创造性阐释变成了文学作品的一部分，即文学家与批评家构成一种同盟。布尔迪厄指出，批评家阐释了作品的意义，这种阐释是批评家从自身出发所做出的，批评家和作家之间在意义阐释的过程中相互认同，进而形成了一种共谋关系。另外，文学场内部还有一个特殊规则，即区分的辩证法。它使"划时代"的体制、流派、作品和艺术家注定要跌回到过去并变为经典的或降级的，被抛出历史之外或"进入历史"而成为得到认可的文化的永恒存在。其中，"活着时"最不相容的趋向和流派可以和平共存，因为它们经典化了、学院化了、中性化了。后起的先锋派为了在文学场中占位，就要排挤已经在文学场中完成占位的作家、作品。这种排挤既是边缘化，也是经典化，即让那些作品进入永恒的文学记忆，文学场现在的位置将由新生作品填充。所以，这样的经典化过程是不值得骄傲的，是作品在文学场中退隐的体现，由现在的作家和批评家重新赋予其退隐后的意义。经典就像纪念碑，标识着过去，却不能进入现在。于是，一个悖论也就因此产生了，新兴作家为了在文学场中完成占位，必须高扬自己的美学主张，与传统观念进行殊死搏斗，当他在文学场中站稳脚跟后，也就意味着他的经典化过程达到了目的，以后的命运将是被另一批人取代。经典化既是作家努力的方向，同时也是作家生命耗尽、被打发到过去的标志。

由此可见，经典是被建构出来而不是由其本质所决定的。它是被争夺的符号财产，谁在一定的文学场拥有最多的文学资本，谁就可以占有文学场的支配性位置，就可以获得定义经典的符号权力，也就可以以普遍性的名义将它册封为经典。文学资本的获得既可以求助于官方认同，也可以借助商业操作，当然也可以通过文学场内话语权力的夺取而获得。因此，经典化是一个复杂的话语权力争夺的过程，有一大群人参与其中，包括作家、批评家、普通读者、商人、新闻记者，甚至统治阶级或利益集团。文学场内部的新陈代谢和外部的压力同时存在，各种权力斗争相互交织，经典化伴随着对文化资本和象征符号的争夺，而不是像本质主义所认为的那样，是文学自身规律的体现。

文学的起源可以上溯到远古时期，幻想和想象力一直伴随着人类发展的历程，西方工业革命的开始也拉开了西方科幻文学的帷幕。在文学场和科技场的双重助力下，科幻文学逐渐形成一种具有自身鲜明特点的文学样式，其表现手法、叙事策略和科学架构等特点使其与其他文学类型的边界轮廓越来越清晰，形成了一个具有自主性场域的新类型文学，引领人们跳出传统文学思维的藩篱，从不同的视角审视社会历史、人性善恶与未来愿景。

长久以来，科幻文学因其超现实的科学技术展示、超想象的时空环境描绘和超体验的伦理情感叙事而迥然区别于其他文类，成为一种相对独立的类文学。随着社会环境的演进和文化语境的变迁，高科技、外太空、人工智能等科幻小说桥段慢慢渗入人们的日常生活，渐渐被群众广泛接受和关注。科幻类文学的边界也日趋模糊，科幻元素出现在各种题材和类别的文学作品当中，科幻文学因为其本身的"跨界性"使其最有可能变成综合性的文本①。这表现在：其一，科技成为文学叙事中推动情节发展的关键因素，联结了人物、环境、内容走向等基本要素，使得在现实条件下无法验证的事情在文本的思想实验中得以展现，打破了思维壁垒；其二，科幻元素中贯穿古今、纵横宇宙的多维时空观拓展了文学叙述的疆域，人物与情节不必局限在固定的时空坐标内，使得文学的故事性和吸引力大大增强；其三，在现实主义文学或浪漫主义文学中杂糅科幻元素，不仅为故事情节增添了一抹具有未来感的亮色，也跳出了二元论的狭隘视界，即性别二元论——"他 VS 她"、人机二元论——"人 VS 人工智能"、地外二元论——"地球 VS 外太空"等二元对立思维，通过科幻视角破除了文学叙事的屏障。因此，科幻文学不应是单纯的类型文学，而应是众多类型文学的一个有机组成部分，应是一种"普遍的体裁"，应是文学技巧、文学内蕴和文学精神的一种"升维"途径。

布尔迪厄认为，场域不是被固定边界圈定的领域，也不是独立存在的一个范围，场域是一个客观关系的组织网络，这个网络中的各个部分之间既相互独立又相互联结，场域的独立性表现在它的对外界限，而场域的联结性表现在它的内部分化与外部融合。很多科幻作家在相当长的一段时间里是无法靠稿费或版税生活的，科幻作家们大多有主业，如刘宇昆在波士顿从事律师工作，韩松任职新华社对外新闻编辑部副主任，刘慈欣曾是水利水电高级工程师，郝景芳一直致力于中国发展研究基金会的政策研究工作，陈楸帆是北京诺亦腾科技有限公司副总裁，钱莉芳是中学历史老师……还有许多科幻作家在各行各业中勤勉工作，因为热爱科幻文学而笔耕不辍。在当下的社会环境中，随着科幻文学的创作、出版、传播等渠道越来越宽广，科技与文化的发展使人们对科幻的热情逐渐高涨，科幻小说和科幻电影利用现代化的传媒手段和技术特效吸引了一大批热爱科幻的读者和观众。科幻场域中的力量对抗不断地激发出资本的各种功能，使科幻文学、科幻电影和科幻产业不断扩大，形成了一个更完整、更有竞争力的场域空间。

中国科幻文学在不同历史时期中的文化进程

中国科幻文学是随着晚清民国时期的西学东渐过程逐渐发展起来的。这一时期的

---

① 杨庆祥：《作为历史、现实和方法的科幻文学》，《文艺报》2018 年 5 月 2 日。

科幻作品对未来世界的各种乌托邦畅想大多基于对社会现实的不满和鞭挞，人们对晚清朝廷和民国政府的种种失望情绪和反抗态度衍生出一系列对未来的社会政治制度的改良设想或革命期许。1902 年，在"小说界革命"的催化作用下，"新小说"与"新思想"、"新文化"、"新技术"、"新科学"等紧密相连。与此同时，西学东渐之风和洋务运动大潮带来的西方先进科技重塑了一些开明文人的创作灵感和思考方式，西方科技和文化打开了国人新的想象空间。于是，"小说"因其受众广泛、通俗易懂的特性，"被文化先觉者们视为启蒙利器"①。他们怀着科技兴国、科技救国的热忱投入到科幻文学创作中。1904 年，被认为是中国科幻创作鼻祖的荒江钓叟在《绣像小说》上连载了中国第一部科幻小说《月球殖民地小说》，开启了中国科幻小说创作的先河。它将中国传统章回小说的形制与科幻小说的内核有机结合起来，将当时世界上最先进的飞行器介绍给了中国民众，并将中华民族千百年来对月亮、月宫、嫦娥、玉兔、桂树等意象的遐想变成月球人、月球旅行等具有颠覆性思维的故事情节。在此后漫长的岁月里，科幻作家从未中断对太空的探索与想象，人类从科幻创作中找到灵感的迸发点，逐步从幻想走向现实。之后又出现了几部"寄思深微，结构宏伟"的科幻作品，如梁启超的《新中国未来记》、吴趼人的《新石头记》等，兼顾了科学与哲理。此后，鲁迅、胡适等人的科幻小说创作、译介和批评文章等在科幻文学的本土写作、外来译文和理论建设等方面开拓疆土。国外科幻小说的大量引入，为中国读者打开了一扇文学的新窗口，也为中国社会带来了一股新风气。

"五四"新文化运动提倡的"科学"与"民主"的口号为中国科幻文学的成长提供了有利的文化环境和社会背景，科幻小说和科幻批评并驾齐驱，在国民性、救亡图存和展望未来等方面狂飙突进。与西方科幻的科技恐惧论和外星人入侵论等截然不同，鲁迅先生把科幻小说以科学小说的名义引入中国，希望借科学小说的科学性和变革性来改造国民性精神结构和特质。此后，"经以科学，纬以人情"的科幻创作观成为中国科幻文学的创作指南。科学小说向国人介绍西方先进的科学技术和哲学思想，也使流传了千百年的传统文化革故鼎新。但此时的中国科幻文学还没有摆脱传统文学抒怀发奋、干预时事的特征，开启民智、科技兴邦的道路漫长维艰，科技质素缺失、幻想成分充盈使科幻小说的场域自主性式微。晚清至民国时期，关于科技和幻想的文学并没有确切地归类为科幻小说，它们多被称为政治小说、社会小说、国情小说等。科幻文学因其具有高度的兼容性，故常常与其他文学类型和体裁混为一谈，如老舍的《猫城记》可以归类为政治小说、探险小说，徐念慈的《新法螺先生谭》可以称为冒险小说、历史小说。

---

① 贾立元：《"晚清科幻小说"概念辨析》，《中国现代文学研究丛刊》2017 年第 8 期。

　　我国十七年文学坚持"文艺为社会主义服务、为工农兵服务"的文艺方针，现实主义文学创作取得了丰硕成果。但在很长一段时间里，科幻文学作为儿童文学的分支，主要负责少年儿童的科普教育工作，甚至沦落到"讲故事"、"哄孩子"的尴尬境地。关于科幻文学姓"文"还是姓"科"的论争让很多优秀的科幻作家中止了科幻文学的创作，科幻文学的发展受阻甚至停滞。但是，这种二元论的争论也在客观上推动了科幻文学场内的自我进化及相关领域对科幻文学的关注，思想和观点的碰撞推动了科幻文学的理论建设和批评建设。

　　1960 年至 1970 年，我国"两弹一星"的成功让中国人民扬眉吐气，现代科技的重要性在人民大众的心里扎下了根，这在一定程度上助推了科幻知识的普及和科幻文学的创作热情。20 世纪六七十年代，大陆科幻文学的创作方向和创作基调是"政治挂帅"，而中国港澳台地区的科幻文学创作"不走急性子的实用主义，也不带政治宣传色彩，而是将人类的剧本投影在未来世界，丰满地刻画出现实生活中看不见的某些人性"①。两者生成环境的不同，造成了创作审美精神的迥异。

　　1978 年是中国科幻史上的重要节点。郑文光、叶永烈、童恩正、肖建亨、迟叔昌等科幻大家的科普创作持续推动着中国科幻创作的热潮。叶永烈继《石油蛋白》后的重量级作品《小灵通漫游未来》出版，首印 150 万册，让科幻小说第一次走进畅销书榜单，为广大少年儿童的科学家梦想埋下了希望的种子，也为人们描绘了一幅美好未来的绚丽蓝图。同年，由童恩正创作的《珊瑚岛上的死光》出炉，小说以"反特斗争"为立意中心的创作状态与政治性场域息息相关。这部作品的文学性远高于大部分前作，并被成功改编为影视作品，成为中华人民共和国第一部真正意义上的科幻电影，为科幻文学在文化市场上逐渐成为一个新场域奠基。同一时期，《月光岛》成为伤痕文学与科幻文学的嫁接硕果，《飞向人马座》被称为第一部完整的长篇科幻小说，《波》完全摆脱了单独面向儿童阅读群体的局限，《沙洛姆教授的迷雾》突破了科幻文学的纯科普目的。这些实绩都让科幻文学走出了封闭的圈子。在全国超过 300 篇科幻小说发表的空前热度下，科幻文学终于开始为成人读者而创作。科幻创作前辈们的努力，加之中国社会变革的加速，形成了中国科幻文学的第一个黄金时代。除了大量科幻小说陆续出版，各种科幻评论和科幻普及杂志也随之广泛发行，《科幻海洋》、《科学文艺》、《科学文艺译丛》、《智慧树》等刊物从科幻小说推介、科幻创作理论、科幻评论与批评等方面为中国科幻文学搭建了一个广阔的平台。

　　1990 年，台湾科幻杂志《幻象》主办了"世界华人科幻艺术奖"，一等奖和二等

---

　　① ［日］武田雅哉、林久之：《中国科学幻想文学史》，李重民译，浙江大学出版社 2017 年版，第 198 页。

奖被大陆科幻作家韩松和姜云生夺得。至此，中国大陆和港澳台地区文学创作和批评互通有无、求同存异、相向而行成为共识，科幻文学圈共生融合，比肩进步。2014年，刘慈欣的《三体》入围美国星云奖。2015年和2016年，刘慈欣的《三体》和郝景芳的《北京折叠》相继荣获了雨果奖，为中国科幻文学走向世界奠定了基础。刘慈欣、王晋康、韩松、何夕等科幻作家被陆续"封神"，"80后"科幻作家郝景芳、江波、陈楸帆、宝树、夏笳等在科幻小说创作、科幻理论创新、科幻产业规划与实践等方面也颇具建树。新生代科幻作家们逐渐摆脱了科幻文学"科普化"、"儿童化"的枷锁，其作家和作品越来越关注社会和人生，以科学和幻想的笔触描摹人情百态和世间冷暖。从探索人性到关怀宇宙，从反思历史到展望未来，科幻文学拥抱传统、引领现实，在场域竞争中赢得了主动权，文学话语权逐年攀升，地位也愈加牢固。

2010年世界华人科幻协会创办了全球华语科幻星云奖，致力于表彰、奖励为华语科幻做出杰出贡献的优秀人员，如资深科幻作家王晋康、刘慈欣、韩松、姚海军、杨鹏、何夕等，并鼓励科幻新秀，如郝景芳、赵海虹、宝树、阿缺、江波、夏笳、陈楸帆等。国内银河奖、星空奖的获奖作家和作品愈加受到广大读者的关注，如韩松的《宇宙墓碑》、王晋康的《逃出母宇宙》、江南的《上海堡垒》、飞氘的《一览众山小》等。科幻小说和科幻影视吸引了庞大的受众群体，创造了丰厚的票房收入，由此衍生出的各种科幻周边和科幻游戏拓展了科幻文学场域的空间边际，形成了网络写作、影视改编、电影特效、游戏开发、商业运作、媒介传播等各个场域的自觉互动。科幻文学触角所及，拓展、激发着自身成长和发展的活力。

布尔迪厄重点分析了场域中的逻辑关系，联系科幻文学的文学发展境遇，其历程可描述为文学场内部行动者的自主性与政治思想、经济文化、科学技术等多维主体的互动过程。一方面，科幻文学作为新兴的文学次场域，其勃兴是由于各个时期的新锐作家对读者群体的引领；另一方面，在政治形态、文化氛围与经济发展的大环境下，科幻文学汇聚人气，在崇尚"科技"和"未来"的主流趋势下，不断实现着自身的变革和发展。"互联网+"时代，打车软件、3D打印、基因编辑、国产大飞机、人工智能、载人航天、虚拟现实、探测器登陆月球背面、大数据、无人机、量子通信等，尤其是中国享誉世界的"新四大发明"——高铁、网购、共享单车和移动支付，深深地融入了每个人的生活。引领科技发展潮流的种种因素为科幻文学的创新创作提供了新的历史平台，科幻文学应该站在新时期的高度去眺望人类更遥远的未来，勇担"领航者"重任，在立足现实、瞩望未来的基础上引领人类社会走向和谐、有序和光明。

当代中国科幻文学的场域竞争与文化创新

场域是一个充满冲突和竞争的空间。传统科幻场域与网络科幻场域既存在代际关系，也有竞争妥协的需求。对于新时代的科幻文学而言，各种媒介平台对其文化形态的输出并不单纯，而是一种承载着文化的再现和表征。目前，我国许多大型文学网站都开辟了科幻文学专栏，包含网络科幻文学连载、科幻小说阅读与科幻作家推介等内容。如起点中文网的科幻分类中，作品题材分为古武机甲、未来世界、星际文明、超级科技、时空穿梭、进化变异、末世危机等，读者可以十分便捷地选择自己喜爱的故事类型，创作者，尤其是新写手，也能够从这些分类中快速筛选出自己擅长的创作领域，高效率地投入到创作中去。在起点网上连载的网络科幻小说《深空之下》获得了第 29 届中国科幻银河奖的最佳网络文学奖。获奖者俞豪逸在领奖时坦言，创作伊始，因文笔流畅性、故事逻辑性、情节吸引力等不足，犯了很多写作新手的错误，好在网络文学巨大的包容性和越来越多的读者粉丝们支持其创作，才取得了今天的成绩。可以看出，一部网络科幻作品是否能够取得成绩，很大程度上取决于读者的认可和网络的传播。起点网的原创榜、热销榜、点击榜、收藏榜、更新榜、完结榜、签约作家榜、打赏粉丝榜等细致分类，将科幻文学的网络创作流程涵盖无遗，从创作、发布到点击率、收藏量，到更新速度、完结时间，网络化的科幻创作比传统写作更加透明化和大众化。签约作家与读者粉丝的互动更加频繁、高效，许多作者甚至会根据读者的阅读期待而为粉丝量身定做"科幻故事"，而读者群体也不再以单纯的"阅读者"身份参加文学活动。与当代流行的粉丝文化越来越相似，读者群体对于作者的崇拜和追捧心理促进了文化消费，但也存在盲目跟风或不理智消费的现象。

科幻并不应该局限于未来，局限于冰冷的机械。科幻的人文内核与科技内核应该像一个双星系统一样，相互吸引，彼此环绕，和谐发展。目前，网络时代已经推动了各行各业的信息化发展，大数据、云计算等互联网衍生技术为科幻创作提供了强有力的支撑，科幻文学的核心设定有了进一步的创新。这主要体现在以下三方面：一是科幻作品的灵感创新与现实生活和高新技术巧妙融合，作品内涵对当前社会发展高度关注，如郝景芳的《你在哪里》。二是经典科幻题材仍然是作家取材的热点，时空旅行、人工智能、意识转移、超级技术等占据大部分体量。如第 29 届中国科幻银河奖最佳短篇小说奖的两篇获奖作品——阿缺《云鲸记》中的云鲸利用反重力物质在空中恣意翱翔，王晋康《天图》中构设了框架物理学体系——都具有十分新颖的构思创意。三是随着中国科技和国力的稳步提升，中国科幻所表现出的昂扬姿态出现在越来越多的作品当中。如在《开往月亮的列车》中，刘洋运用精密的计算和细致的描绘呈现了铁路列车以第一宇宙速度、开往月球的壮观画面；在《黄金原野》中，刘慈欣讲述了爱丽丝和"黄金原野号"飞船给人类带来的未来发展前景的可能性，虽然最后爱丽丝和"黄金原野号"未能返回地球，但它们无疑是促进人类技术革新的助推器。

中国科幻产业近年来发展迅猛，国内外各种科幻奖项激励着科幻文学的创作和出版。继入围"星云奖"、捧回"雨果奖"之后，2018 年 11 月，刘慈欣在美国华盛顿特区西德尼哈曼大厅举办的"释放想象力——构建未来"颁奖晚宴上，被授予 2018 年阿瑟·克拉克想象力服务社会奖，以表彰其在科幻小说创作领域做出的贡献。这不仅是对刘慈欣个人的奖励，也是对全体中国科幻作家和中国科幻创作的一种肯定。获得国际性奖项鼓励的中国科幻将会以更好的作品回馈读者和社会。中国科幻界最高奖项——中国科幻银河奖每年评选一次。自 1986 年设立以来，获奖作品和作家逐年攀升，不断诞生科幻新星。获奖群体逐渐年轻化，获奖作品越来越专业化、多样化，奖项设立也开启了多元化时代。科幻开始与各种文化行业对接，各种科幻 IP 经过影视改编占领了网络空间，登上了银幕。如备受热议的科幻网剧《执念师》、《徐无山》、《超密》、《天意》等没有形成现象级的爆款科幻剧，《超少年密码》、《微能力者》、《冒险王卫斯理》等剧甚至引起网友的严重不满。按照市场规律，在需求量高的背景下，好的科幻剧应该应运而生，但是，国内的科幻剧一直没能做出有代表性的作品。不同于其他题材，科幻题材比较特殊。科幻剧只能是个体消费，或者同好之间的小规模群体消费，而且还需要一定的文化修养。很多优质的科幻 IP 只是在同好的群体之间比较火爆，在其他的群体中则渗透较低。作为有知识门槛的消费品，群体中的任何成员都有可能无法理解科幻所表达的内容，或者说大概率会有一部分观众无法理解。尽管国内近几年有不少成熟、优质的科幻小说，但要找到合适的编剧去改编又是一大难题。成熟的科幻作品应该是从经历了科学、科技、工业的大发展以后这个角度出发，表达对科技影响人类生活的一种反思，要求编剧在创作上既要有科学的理论知识又要有深度的哲理思考。但是，中国的编剧行业一向都是偏文科的，合适的编剧便少之又少。在现有市场中表现较好的作品，内容往往和"硬科幻"毫不沾边，大部分都选择了相对容易的"软科幻"入手。说到底，软科幻的影视作品大多还是以生活为主题，很多都是以青春校园、都市、惊悚、悬疑为内核，加上科幻元素的外衣。例如《颤抖吧，阿布》在古装剧的设定中加入科幻元素，主创团队刻意模糊了科幻与奇幻的界限；《端脑》则属于"科幻+悬疑"的模式；《超少年密码》也是"青春+科幻"，都不算纯粹的科幻剧。这样一来，科幻完全不是主线，故事内容也不够精准。想看一部真正地道、给力的硬科幻，还是需要靠谱的核心科幻创意、优秀的剧本编剧和足够的资金技术支持。

文化资本催生出经济资本，经济资本衍生出象征资本，象征资本反过来又为文化资本和经济资本增值。在这种良性的资本循环和积极的市场风气引导下，中国科幻的产业经营将会迈上一个新的台阶，创造更大的文化价值和社会效益。

结　语

在人类社会中，场域空间组织结构互动能够表现出各种细微的社会关系及其动态变化，尤其是在政治、经济、文化、社会、媒介等影响力叠加的状态下，经济资本、文化资本、象征资本成为科幻文学发展的动力源泉，并通过媒介传播、文化产业、品牌打造等实现产业运营和大众创新。我们完全有理由相信中国科幻产业潜力巨大，极有可能形成高新文化产业发展浪潮。科幻文学内部蕴藏着丰富而深刻的人类存在理性和社会发展哲学，科幻文学现实的真实性、物质性、客观性、可知性、具象性与精神的幻想性、哲理性、主体性、不可知性、抽象性等融合互生，每一种状态都是开放包容的，具有无限可能。科幻能够提供一种思想实验，抚慰技术时代的悲悯情怀。人生意义、生命价值、终极关怀等问题正是以超越日常经验为特征的科幻表达的核心话题。王晋康的《活着》系列、何夕的《天年》系列、江波的《银河之心》系列等，都在探寻什么是生命和宇宙的目的。这也是中国科幻作家植根于中华文化所坚守的哲理思考和道德追求，即自觉关注中国如何想象未来、如何看待科技与人类的关系。从某种意义上说，科幻已成为中国未来社会变迁的晴雨表，是传递中国价值、弘扬中国精神、倡导人类命运共同体的一个载体，诠释了我们对未来的忧患意识和历史担当。

（作者单位：四川大学文学与新闻学院、四川大学符号学—传媒学研究所）

论川藏茶马古道与藏地文学的现代新变

赵志军

学界对于西南现代文学的考察，长期以来，大有"西不出成都"之势，以至成都"新文学运动第三中心"地位的构建，多少显得有些"孤立"，仿佛成都往西是一片文学荒漠，无须多谈。然而，若能有意识地调整视域，便可发现成都以西的广袤藏地，亦有值得注意的现代文学实践活动。支持内外联通的茶马古道，曾推动沿线稍微滞后地开展了自身文学的现代变革。打捞那些湮没在民族语言文献以及非专门性刊物中的、长期以来为主流文学研究所不察的文学事实，对于理清川藏茶马古道与藏地现代文学发生间的关系，对于还原中国文学版图上多线并进的现代变革场景，至关重要。

川藏茶马古道，是随着唐代以来中原与藏地贸易、政治、文化交往的日益密切而形成的一条交通道路。它以川西的康定为起点，向西经昌都贯通西藏，延伸至尼泊尔、不丹、印度，成为沟通藏地与南亚的重要通道；从康定东出成都，则与长江水路联通，成为横贯中国的交通动脉。近现代以来，藏地僧俗知识分子经川藏茶马古道日益频繁地向外流动，积极汲取域外的现代性因素，有力推动了藏地本土文学在两个方向上的现代新变。对这一事实的考察，可以着重审视现代以来，西康知识分子东出内地后的文化活动，以及西藏僧人南亚游历后的学术创作。

内地藏事报刊与西康的现代汉语文学

作为政治、经济、文化交流通道，川藏茶马古道沟通汉藏两地、增进汉藏联系的作用，充分体现在西康地区的特殊性上。西康①，西抵昌都，东至康定，是川藏茶马

---

① 本文在比较宽泛的定义上使用"西康"概念，指 1939 年西康建省后管辖的区域。关于"西康"的建制沿革：1911 年，代理川边大臣傅嵩炑于奏折中请建西康省；1939 年，国民政府正式决定西康建省；1955 年，西康省撤销。

古道东段贯穿的地域。其"康"之名为藏语音译，意指藏区边缘；汉语"西"又明示其为汉地之外。这一"双重边地"自古以来就是汉藏贸易中转、人民杂居、文化杂糅之处，是藏区与内地联系最为紧密之地，历代均为中央政府直接管辖，经此进出藏地的官员及僧俗知识分子不绝如缕。

地理与人文上的特殊性，决定了西康在藏地乃至中国现代史上扮演着特殊的角色。在政治上，西康成为中央政府制约西藏分离主义势力的重要抓手。民国政府在首都设置专门机关进行政治引导，开展蒙藏教育，并为藏教高僧提供庇护，吸引了大批西康僧俗知识分子旅居内地。而在文化上，其时内地现代出版业蓬勃发展，兼因旅外西康知识分子多具备汉藏双语能力，政府机构、留学群体及活佛办事处便共同选择了办报出刊的方式，去引起国民对康藏问题的关注，亦力图唤起藏地各阶层对现代国家的积极认同。正是在此背景中，旅外西康知识分子的现代汉语报刊文学，率先在内地而非本土诞生。这是藏地现代汉语文学的重要缘起。考察早期藏事报刊登载的文学作品，便能勾勒出这一时期藏地现代汉语文学的整体面貌。

1913年蒙藏事务局主办的《藏文白话报》（北京）、1926年九世班禅办公处创办的《西藏班禅驻京办公处月刊》（南京）及续刊《西陲宣化使公署月刊》、1929年蒙藏委员会发行的《蒙藏周报》（南京）及续刊《蒙藏旬刊》与《蒙藏半月刊》、1930年西康诺那呼图克图驻京办事处宣传科推出的《新西康月刊》（南京）、1933年旅京康藏青年社团"康藏前锋社"组织的《康藏前锋》（南京），是抗战以前，由西康旅外僧俗知识分子参与或创办的较具影响力的藏事报刊，设有"小说"、"边声"、"文艺"、"调查"等文艺栏目。就创作者而言，《藏文白话报》简短的"小说"栏目，由具备民族身份或知识的刊内人员撰写；《西陲宣化使公署月刊》在西宁、北京、南京等地遍设投稿处，以吸收康藏各阶层的优秀稿件；《康藏前锋》"文艺"栏目的作者，则兼有旅京、学毕返康以及未离本土的知识青年。这个已有一定规模的作者群，多以无民族特征的汉语笔名示人，籍贯与民族身份已难细考，但根据刊物的组织、征稿以及作品内容，可以大致断定多数来自西康，汉藏兼有。而从创作主旨上看，这些刊物或"以对蒙、藏、回开通风气，交换智识，联络感情，借以巩固民国基础，促进共和幸福为宗旨"①，或"志在阐扬中藏间之历史关系，促进藏人认识三民主义"②，或"深信康藏与整个中华民族有生死存亡之关系……冀对康藏之开发上有所贡献"③，所刊作品多

---

① 《蒙藏回白话报简章》，《民国〈政府公报〉蒙古资料辑录（1912.5–1914.5）1》，内蒙古人民出版社2016年版，第249页。
② 《本刊启事二》，《西藏班禅驻京办公室月刊》1929年创刊号。
③ 编者：《卷头语》，《康藏前锋》1933年创刊号，第1页。

漫溢着救国图存、反帝主义等极鲜明的现代国族意识。然而，因刊物创办时间跨度较大，兼之主要功能、编辑思想不同，这些刊物在文学方面的表现差异甚大。

创刊最早的汉藏双语报刊《藏文白话报》，主要面向藏区政教高层宣传国民政府相关政令，其"小说"栏目之名，并不具备现代意义。文章通常为短小的历史民间故事，如隐喻汉藏团结的说理故事《合群思想》、《合力原理》，呈明汉藏同源同命的散文《汉族之崇拜喇嘛》、《五旗源流考》，以及号召藏地人民行善进取的《猛回头》、《以德报德》、《遇险记》、《手足》等，语言多未摆脱文言窠臼，但短小精悍的报刊形式、直面的时代问题、传达的民族关系思想却是现代性的。以"传布政令，沟通消息"为主要任务的《蒙藏周报》，现存资料的"边声"一栏中，与藏地相关者仅刘家驹与天硕翻译的藏地情歌两组。作为旅居域外的九世班禅争夺藏地影响力的重要手段，《西陲宣化使公署月刊》具备文艺性的"调查"栏目主要刊登随行学者、涉藏官员及行署人员藏区调研的写实性记录，具代表性的有庄学本的《青海考察志》、徐瀛的《西藏风俗志》以及罗桑益西的《西藏的四月节》等。这些兼顾学术性与艺术性的纪行文章，是现代较早的一批藏地记游文学。

相较而言，《新西康月刊》所刊作品的质量较为上乘。这是现代中国第一份以西康命名的刊物，目前能看到的两册登有醒康的《边关吟》、少祥的《一个少年的呼声》与《血钟之音》、冰洪的《喜马高峰之钟》、胡杰人的《我们的仇敌》共 5 首有相当水准的新旧体汉语诗歌，均是对康藏边地落后现实的自省，以及对英帝国主义侵略野心的剖露。试看少祥的诗作。"烟雾弥漫了山前/山前的顶上，有个热烈，澎腾，勇敢的少年/他是住于崎岖险峻的喜马拉雅山下/他是生于交通闭塞，文化落后的川边/可是他的有作为的毅勇的意志/已为新思潮所激励，甚至感觉苦闷而悲怒的一个少年/便大声疾呼于这山头。"[1] 寥寥数语，勾勒出喜马拉雅山巅之上一个富有活力而且不满的川边少年。他的疾声呐喊，正向陈旧与封闭的西康土地发出"求变"的声音。再如："嘡！嘡！嘡！在响了！许多年沉寂的血钟！震破了侵略者的奸诈，野蛮，虚伪的心情！惊断了被帝国主义所支配的迷梦/唤醒了金银山下被压迫的痛苦民众……我们要有坚毅纯白的意志/打破一切假面具的蜜语骗哄！我们要拿着我们的铁锥，锄斧/向捆绑我们的恶魔进攻！……不要以为我们原是落后的蛮子/我们也是天下文明的主人。"[2] 诗歌中，英帝国主义入侵带来的存亡危机，被凝练为一个高度艺术化的象征——"血钟响了"。它如咒语般召唤着西康民众"强健野蛮"精神的复归，催促着人民奋起反抗，并就此走向现代新生。《新西康月刊》所刊作品，显示出西康知识分子的现代汉语创作已有

---

① 少祥：《一个少年的呼声》，《新西康月刊》1931 年第 6/7 期，第 91 页。

② 少祥：《血钟之音》，《新西康月刊》1931 年第 8 期，第 47-48 页。

长足的进步。

发行稳定、"文艺"栏目持续性好的《康藏前锋》，推出了更具规模的散文、诗歌、小说作品，视域也明显扩大，超越"康藏"地方而具备了明确的"国族性"。到抗战爆发后迁四川巴县为止，除介绍康藏风情的散文《燃灯节》、《西康风俗杂谈》、《打野的追忆》，号召知识青年建设西康的赋体诗《到边疆去》，泸定县长张永锡攻击过境红军的《泸定县长劝告民众白话歌》及译自藏地情歌的《西康情歌》等有限几篇全然聚焦康藏地方的作品以外，多数作品已经认识到，康藏问题的解决须以整个国家反帝革命的成功为前提，因此，普遍转向对国内各地帝国主义侵略情形的书写，以号召全国各族的联合。小说《特别人儿的相会》，以中央政治学校康藏学员与华侨学员围绕"特别"一词的误会与和解，引出康藏学生对强调其民族身份却无视其无差异的国家公民身份的不满，进而又巧妙地认同了一种"特殊"革命性，即"我们蒙藏与华侨都是直接受到帝国主义侵略压迫之痛苦的，所以我们蒙藏与华侨的革命要求都比任何在内地的人来得急切"[1]，号召基于国族身份的广泛联合，呼吁有"特别"身份者在国家救亡中发挥更关键的作用；新诗《秋叶》以东北的沦陷警示各方边地的青年，必须团结起来，到抵抗帝国主义的国家事业中去，方能争取自己的将来；小说《塞兵》、《惨痛的回忆》、《就这样的死么》将视野投向黄河北岸与沿海城市中，描写与日寇殊死搏斗的边防将士、爱国师生与游击队员；新诗《青年的病象》则警告沉溺于"忧郁病"的萎靡青年，必须"认清了时代，不容消沉和哀伤/认清了人生，不容在歧途，歧途之上彷徨"[2]，必须振作起来才能争得希望。可见，康藏知识分子的汉语文学创作，已从康藏地方跃升到对整个中国现实处境的忧虑，题材的拓展与探索的深化所反映的正是对中华民族及其现代命运的主动拥抱与融入。

当然，上述创作在非文学类报刊内，毫无疑问地居于附属地位，且比之同时期的东部新文学颇显稚嫩，不仅数量少，整体成就也有限。如何客观地评估其价值成为重要问题。首先，藏事报刊只是依循内地刊物的普遍做法设置了文艺栏目，与之相应的是选文的目的性极为明确，要求以较为轻松、感性的文字，为严肃宏观的地方性政论文章提供个人层面的经验佐证与艺术形式的软性调剂。这导致作品的依附性强，政治色彩鲜明，文学主体性不彰。然而，依凭刊物的发行，这些作品在东部及其关涉的康藏地方，确实有过事实上的传播。如作为"在内地创办的对西藏影响最大的一种报

---

① 沙也毛：《特别人儿的相会》，《康藏前锋》1933 年创刊号，第 63 页。
② 春融：《青年的病象》，《康藏前锋》1933 年第 4 期，第 83 页。

纸"①，《藏文白话报》"经寄由川边转发各喇嘛寺及头人等藏文报多份，经邓柯、春科等，大喇嘛咦香色辈，奉（捧）读之下，视如神奇世宝，日与大众讲说，且供奉殿中，渐次影响、传播民间，而林葱各土司群诣办事长官行署，多方要求电达中央，添赏数份，以备观览"②；《康藏前锋》"第一二两期每于印刷出版以后，而有供不应求之感，致使直接向本社索购爱护本刊之读者不能应其要求"③。虽然作为刊物边缘的文艺作品究竟影响几何，未见可考的直接资料，但诸刊物在"边陲各界大受欢迎……益坚边氓内向之心……其文字收功，远轶于武力"④ 的效果，理应有文学的一份功劳在内。其次，从数量不多的刊出作品上判断，包括少祥、丹珍、春融、王玲、孤遗等作者的写作已非偶一为之的孤立举动，而是进入了相对持续的发表状态。虽无资料表明他们最终成长到何种程度，但可大胆推测，康藏地方确已催生出一批具备基本能力的文学创作者。质言之，围绕域外藏事报刊展开的文学活动，尽管独立性与艺术性较为有限，但其在相当范围内流播，并鼓励了一批康藏知识分子进行文学创作的事实，对藏地现代汉语文学而言，有至关重要的奠基之功。

后来的西康藏族作家阿来曾言，"汉族皇帝在早晨的太阳下面，达赖喇嘛在下午的太阳下面。我们是在中午的太阳下面还在靠东一点的地方。这个位置是有决定意义的。它决定了我们和东边的汉族皇帝发生更多的联系，而不是和我们自己的宗教领袖达赖喇嘛。地理因素决定了我们的政治关系"⑤。川藏茶马古道东端的西康是藏地向东开放的门户，作为汉藏互通的枢纽，其民族融合、文化荟萃状态，为僧俗知识分子借长江水路，向东进入内地的文化语境提供了方便。这些知识分子对内地现代性因素的汲取，自然地推动了藏地现代汉语文学的域外发生。上述报刊及其所刊作品，集中地呈现了这一历史性新变的完整过程，并从一开始就将康藏的危机与整个中国的现代命运紧紧勾连。一言蔽之，藏地现代汉语文学，是在对国族现代命运的主动融入中，实现了萌生与成熟。

南亚游历与西藏的现代僧人文学

川藏茶马古道的西段则是联通中国西藏与印度、尼泊尔等南亚国家的跨国通道。

---

① 周德仓：《西藏近现代新闻传播事业考评》，《西藏大学学报（汉文版）》2003 年第 2 期，第 47 页。

② 《报纸评论本报》，《藏文白话报》1913 年第 9 号，第 1 页。

③ 《编者言》，《康藏前锋》1933 年第 3 期，第 62 页。

④ 徐敬熙：《蒙藏回白话报周年纪念祝词》，《藏文白话报》1913 年第 13 号，第 2 页。

⑤ 阿来：《尘埃落定》，人民文学出版社 2012 年版，第 17-18 页。

在历史上，线路上的佛教流播曾在藏地与南亚间建立了较深的文化联系，但南亚佛教衰落后，藏印交往主要为商业贸易。英国殖民南亚诸国并借印藏通道入侵西藏之后，南下英印考察甚至经此远赴欧美的西藏僧俗知识分子增多，使得连接印藏的茶马古道西段，成为西藏知识分子获取现代经验的重要路径，部分作家正是由此实现了创作的现代转折。众所周知，由于特殊的政教合一体制、藏教修行中独特的文法训练，僧人文学一直在西藏文学中占有极大比重。因此，考察佛教系统内部僧人文学的变革，对于把握藏语文学的现代转折有着重要意义。对西藏文化转型期具有标志性意义的僧人学者兼文学家——更敦群培（1903－1951）的个案研究，以点带面地探讨了经由茶马古道西段获得的南亚经验如何推动藏教僧人文学于域外发生的现代新变。

更敦群培的南下，以川藏茶马古道西段之印藏文化交流的再度繁荣为背景。1934年，受经此线路入藏搜集梵文经典的印度现代学者罗睺罗邀请，更敦群培放弃考取藏传佛教最高学位——格西的机会，离藏入印。到1945年返藏，更敦群培游历南亚12年。这一经历对他学术、宗教、政治思想的转变有着质的影响。其间，更敦群培凭自身的藏学优势，与罗睺罗、俄国藏学家罗列赫、法国敦煌学家巴考等展开学术合作，从中习得人类学、语言学、史料学等现代学术方法，并逐步具备了英、波斯、印地等语言的阅读甚至写作能力。在此基础上，他写就的《智游列国漫记》、《欲经》、《白史》等论著，分别作为西藏"首次明锐地把现代意义的人类学田野工作纳入藏学研究领域"[1] 的民族志专著、西藏第一部面向大众且具平等思想的性学论述、第一部驱逐神话色彩并采用准确纪年的西藏史，在西藏文化史上有着重要的开创之功。就宗教而言，加入摩诃菩提会后与以民族文化自觉和宗教现代化为目的的泛佛教运动产生联系，广泛涉猎基督教、犹太教、伊斯兰教、印度教等世界主要宗教的历史，加之与西方现代科学与工业文明的直接接触，使更敦群培明确了藏传佛教必须进行现代化改造的思想。而在政治方面，南亚的殖民地体验，使更敦群培认识到西方殖民主义的虚伪和危害，进而对西藏的现代命运感到担忧。受罗睺罗与罗列赫影响，他开始关注苏俄革命并接受了马列主义，逐渐靠拢由有志于改革的西藏流亡者所组织的，作为中国国民党旅印藏人支部[2]却有着明确共产主义倾向的西藏革命党，并参与了实际工作。总之，凭借域外获得的现代学术方法与现代思想资源，依靠《镜报》、《摩诃菩提》等现代刊物及南亚各国的出版机构，更敦群培在域外完成了思想重塑与绝大多数论著的写作、发表，并与泰戈尔这样的世界文坛巨擘建立了联系。

---

① 阿贵、玉珍：《根敦群培大师与早期西藏人类学研究——论〈智游佛国漫记〉的民族志特色》，《四川民族学院学报》2011年第6期，第14页。

② 陈谦平：《西藏革命党与中国国民党关系考》，《历史研究》2002年第3期，第91页。

就文学而言，由于藏传佛教独特的文法训练，《智游列国漫记》、《欲经》等学术著作，本身就是富有艺术魅力的文学作品，穿插其中的众多诗偈是考察作家诗文艺术成就的重要资料。这些凝结着域外经验的诗作，首先呈现为更敦群培对藏教传统治学方法的反思。在《智游列国漫记》卷首，更敦群培就对川藏茶马古道上印藏佛教交流长期式微之后，藏教学者依然好用印度地名、事物虚饰文采以显示学问，却无意以实地考察勘其真伪的做法表示不满——"使愚人惊愕的浮夸之词/向显贵谄媚的奴颜媚骨/让信徒呻吟的神话故事/统统远抛走我正直之路"①、"未曾耳闻目睹之事物/居家卧思岂能知究竟"②。他呼吁抛弃对历史文献的肤浅因循，真正走向现场获取真知灼见，以驱除笼罩着藏地学界的虚浮之气。这是因为，只有真实的知识才能对人民有所助益，对彼岸世界的尽情虚构只会加深底层人民的现世艰辛——"那碧波荡漾的阳焰湖/身陷干涸沙海方认清/谎言成为公认的真理/此乃轮回苦难的部分"③。更敦群培明言，作为精神引领者的僧人，应该走进百姓的世界，看到他们真正的需求，应该主动以学术造福人民，而非一味地借信仰敛集财富——"智者周游列国所收集的/撒在地上的穷人的珍宝/那些以低声耳语传播的/富人的'金卷'岂能相比"④。

更敦群培以身作则地实践着自己的学术主张。他不仅以实地考察指出，在藏人视为"圣地"的印度，佛教及佛祖圣迹已几乎湮灭殆尽，还以科学的方式论证佛教传说由虚构产生——"虽然雪山狮子无处可寻/格萨尔王亦未必另有一个/但是虚构之形显于心中/作为诗词内容亦无不可"⑤，来催促沉浸在宗教里的藏地僧民，早日转向这个必须面对的现实世界。此类"异端"论述，当然有招致卫道僧人与盲目信众攻击的风险，但作为学者的良知与向读者敞开真理的启蒙责任，让更敦群培置之不顾——"望而生畏裸露无遗的真理/决不使用自欺外衣作掩饰/此乃学者至高坚贞的誓言/豁出性命亦将奋力信守之"⑥。更可贵的是，作为"启蒙者"的更敦群培，并不持唯我独醒的傲慢与疏离群众的姿态，相反，他热切地期待着理解与响应——"被贪瞋血液迷醉的顽虎/在密林发出恐怖的啸声/这形只影单正直的孺子/望诸位智者赐予他悲悯"⑦，盼望西藏人民接纳并保护这新的声音。更敦群培对藏教学术走出空想与因循的呼吁，对

---

① 更敦群培：《智游列国漫记》，《更敦群培文集精要》，中国藏学出版社1996年版，第3页。
② 更敦群培：《智游列国漫记》，《更敦群培文集精要》，中国藏学出版社1996年版，第2页。
③ 更敦群培：《智游列国漫记》，《更敦群培文集精要》，中国藏学出版社1996年版，第19页。
④ 更敦群培：《智游列国漫记》，《更敦群培文集精要》，中国藏学出版社1996年版，第50页。原书注："'穷人的珍宝'比喻珍费的民间材料；'富人的金卷'比喻传统的书面材料，指出实际调查得来的材料比传统书本记载更宝贵"。
⑤ 更敦群培：《论喜马拉雅山》，《更敦群培文集精要》，中国藏学出版社1996年版，第94页。
⑥ 更敦群培：《智游列国漫记》，《更敦群培文集精要》，中国藏学出版社1996年版，第83页。
⑦ 更敦群培：《智游列国漫记》，《更敦群培文集精要》，中国藏学出版社1996年版，第63页。

藏教僧人提供真理与造福现世的责任的强调，显示了他基于人民立场进行宗教学术改革的思想。

出乎意料的是，更敦群培还曾放弃僧人身份，凭自身世俗体验并参考南亚相关论著，写了一部通俗却具有强烈启蒙色彩的《欲经》，借情爱问题探讨了佛教与世俗生活的边界问题，展现出明确的世俗化倾向。为反对藏教中损害自然人性的禁欲主义，更敦群培竭力为男女情爱正名，认为这是人类传承的必需，是人间幸福的一种，是没有贫富贵贱之分的最为平等的人类生活——"降生在灵欲之界的众生/无论男女都彼此充满渴望/欲望的喜乐是喜乐之最/芸芸众生在喜乐来临时并无等级之分"①。他尖锐地指出，僧人的禁欲戒律不应不加区别地拓展到普通大众中去，因为"就算是因佛法而起的生活所依凭的八瑕十满之身，也都是由两性结合而产生的……没有了性爱，这个世界将会变为蛮荒之地……和尚和佛法又是从何而来呢"②，将正常的世俗欲望非道德化，只会造成对人生、人性的无法挽回的损害——"那些用一种自以为是的方式去苦修的愚人将自己束缚在了思想的炼狱中，而这一切与压抑、宗教、誓戒及其他正确的方式无关，他们就这样平淡无味地度过了一生"③。可见，对藏传佛教缺乏边界的统摄性影响及其负面效应，更敦群培已有警觉，强调需要明晰宗教与世俗的界限，并鼓励人们重视现世的生存与幸福。

更进一步地，更敦群培从性爱的合法性，指向两性间应有的平等地位，以批判现实中不公平的性别伦理，由此通向了妇女解放这一现代命题。他指出，"我们不能仅仅听由男子这一种声音所发出来的叫嚣来支配这个世界。哪怕只有一次，为了见证真理的本质，也应该鼓励人们说出诚实而公正的话语"④——"男女之间在通奸一事上并无性别差异。如果我们仔细考察一下人类的历史，会发现男子在这方面的所作所为要更糟糕一些"⑤。这些发言与鲁迅《贞操论》等东部新文学的经典论述完全一致，其现代光芒已经相当夺目。更敦群培预料到《欲经》将面对难免的诘难和可能的曲解，故在书尾明确声明，"遭到和尚们的嘲笑未尝不可/为密绩修行者所颂扬也没什么大不了/这本书并不是为那苍老的鲁格崩所做/而是为了献给年轻的苏南达"，其目的只是为了人的合理的解放，即"愿一切卑微众生/在这广阔无垠的星球中/能够找到真正的自由/并免受那严酷法令所带来的诬枉之灾/愿你们都能够自发地、恰当地/分享来自天国

---

① 更敦群培：《西藏欲经》，陕西师范大学出版社 2006 年版，第 56 页。
② 更敦群培：《西藏欲经》，陕西师范大学出版社 2006 年版，第 56 页。
③ 更敦群培：《西藏欲经》，陕西师范大学出版社 2006 年版，第 175 页。
④ 更敦群培：《西藏欲经》，陕西师范大学出版社 2006 年版，第 68 页。
⑤ 更敦群培：《西藏欲经》，陕西师范大学出版社 2006 年版，第 64 页。

的小小欢愉"①。通过这些"离经叛道"的论述，更敦群培的论著观照到普通信众的世俗生活。这既是对藏教学术进行世俗化改造的激进实践，也是一种推动藏地世俗化的努力。

经川藏茶马古道在南亚获得现代性经验的更敦群培，其与藏教"正统"间的距离，可在与拉萨哲蚌寺期间的授业之师——西藏近现代文化史上另一位举足轻重的僧人学者兼诗人喜饶嘉措（1883-1968）——的决裂中，窥见一斑。喜饶嘉措与更敦群培是拉萨哲蚌寺果芒扎仓一对著名的师生，有着极为相似的人生履历：都在青海藏区出生，幼年于家乡出家，少年时代便已展露异于寻常僧人的佛学造诣和诗文天赋，都曾转入甘南拉卜楞寺学经，而后西行拉萨入驻哲蚌寺，并在政教界取得相当名气，仅在时间上有先后之别。尽管在拉萨期间，二人的佛学观点已有不同，且对师生关系造成了损害，但说到底，喜饶嘉措"正统"的格鲁派立场与更敦群培兼收宁玛派的"异端"言论，均是藏教系统内部允许的学术争论。真正让两人分道扬镳的，应是更敦群培南下游历之后形成的、以现代精神为内质的藏教改革思想，与喜饶嘉措坚定的传统立场之间无法调和的冲突。1937 年，喜饶嘉措因西藏亲英分裂势力攻击，接受国民政府邀请，经印度赴中国内地任教，在噶伦堡停留时曾与更敦群培相见。但二人就地球形状的问题发生了激烈的争执。更敦群培以现代天文学知识，竭力劝老师接受"地球是圆的"这一科学结论，不愿让步的喜饶嘉措却愤而反驳道："我可以将它压平。"对此，更敦群培作了相当决绝的回击——"假如你那样的话，不要说是一个人，即使是一条狗也不会去中国内地去看你"②，且不再承认是喜饶嘉措的弟子③。传统与现代、卫道与改革之间的尖锐对立，使喜饶嘉措与更敦群培这对传奇师生走向决裂。这是藏传佛教学术体系及附属其中的宗教文学之现代转折中，一个具有象征性的事件。

绝大多数著述发表或出版于南亚异域的更敦群培，被迫害致死前，已在藏地具备了一定影响。1945 年，更敦群培重返西藏曾引起轰动，拜师求教的开明喇嘛与贵族为数众多。但他游说政教高层推动政治改革的积极活动，很快引起英印政府驻拉萨的反动官员黎吉生的注意，后者向噶厦政府发出警报，说更敦群培"总是要求与噶伦会晤，并且把西藏佛教污蔑为腐败堕落的宗教，赞美'新知识'，发表赞成纳粹主义（按：

---

①　更敦群培：《西藏欲经》，陕西师范大学出版社 2006 年版，第 254-255 页。

②　[法] 海德·斯多达：《安多的托钵僧》，杜永彬译，中国藏学研究中心 2006 年版，第 192-194 页。

③　杜永彬：《试论更敦群培与喜饶嘉措的关系》，《青海民族学院学报（社会科学版）》1999 年第 1 期，第 26 页。

此为殖民者对共产主义的污称）的言论，言谈举止总是很偏执古怪"①。不久，更敦群培便因"西藏革命党"案被构陷入狱而备受摧残，虽在解放军即将入藏之际被匆匆释放，却仍很快离世，成为西藏夭折的现代化尝试中最可惜的殉葬者之一。更敦群培的价值，正被今天的藏学界重新发现与阐释。他被推崇为"西藏最伟大的现代诗人"②，被视为"本世纪藏族学术界和思想界的奇人和伟人"③。其作为西藏文化转折期标志性学者的地位，也逐渐确立起来——"更敦群培从佛教神学史观转向人文史观，其以神为中心转向以人为中心的启蒙思想，具有划时代的意义；更敦群培在藏族学术史和思想启蒙史上的地位和影响相当于国学大师王国维和法国的启蒙思想家伏尔泰"④。

出自藏教系统却发展出现代改革思想的更敦群培及其写作，是一个时代的塑造品，是川藏茶马古道西段被西方殖民扩张强行打通后，西藏与现代南亚进行文化交流而必然催生的现代新变。经由茶马古道实现的空间移动，使能够更新认知的新的知识体系与思想资源，以及重新观看"西藏"的客观位置与主观需要都成为可能，于是，成就了出入于不同文化系统、游刃于不同身份之间的，汇聚着攻击与推崇的划时代的更敦群培。"一个善良的家族，僧人的世系，一个俗人之路/一个富足的时代，一个贫穷的时代/僧人的最佳，俗人的最坏"⑤，更敦群培生前对自己一生的总结，便是对这种张力的绝佳表达。自然，更敦群培并非孤例，在曲吉扎巴（1898-1972）等有过类似经历的僧人身上，都能看到经由川藏茶马古道向南汲取现代性资源，如何促成了藏教内部僧人文学的现代新变。

更新文学史视野中的藏地文学论述

西康现代汉语文学在内地的发生与西藏现代僧人文学在南亚的新变，共同证明了我们有必要宏观地审视川藏茶马古道之于藏地文学现代转折的深层作用。在此基础上，客观地检视这一转折之于藏地文学、中国文学的实际分量与象征价值，并考察贯穿其中的作为历史大势的民族交融，对于更新文学史视野中的藏地文学乃至中国现代文学

---

① 英国外交部档案，371/53615，1946 年 7 月 11 日锡金政治专员向西隆"中央情报局"官员提交的备忘录，第 7（8）-P/46 号。转引自梅·戈尔斯坦：《喇嘛王国的覆灭》，杜永彬译，中国藏学出版社 2005 年版，第 383 页。
② ［美］唐纳德·小佩洛兹：《根敦群培诗词研究》，《中国藏学》2012 年第 S2 期，第 46 页。
③ 王尧：《序言二》，《二十世纪西藏奇僧：人文主义先驱更敦群培大师评传》，中国藏学出版社 1999 年版，第 7 页。
④ 多杰才旦：《序言一》，《二十世纪西藏奇僧：人文主义先驱更敦群培大师评传》，中国藏学出版社 1999 年版，第 1 页。
⑤ ［美］唐纳德·小佩洛兹：《根敦群培诗词研究》，《中国藏学》2012 年第 S2 期，第 52 页。

论述，有着重要意义。

川藏茶马古道作为横向贯穿藏地的交通要道，其东、西两段分别将藏地与内地、南亚联系起来，形成了藏地独特的地理、文化位置。民间有"上部印度，下部中原"①的说法，《五部遗教》中也有"东方昴宿星升起的地方，有圣典汉王；南方房宿星升起的地方，有宗教印度王"②的论述。这意味着，藏地在两个主要的方向上获取丰富与更新自身所需的外部资源。故此，藏地政治、经济、文化的发展水平，实际上与茶马古道的通行状况，以及同期内地及南亚的社会发展程度密切相关。近现代以来，随着内地在辛亥革命后告别封建制度、国民政府加紧对西康的控制，以及南亚殖民地的畸形现代化、英国殖民活动的向北扩张等，茶马古道东、西两段都进入了西藏地方政府与中央国民政府无法完全控制的半开放状态。在这一形势下，社会、文化发展较之内地与南亚空前落后的藏地，因国民政府和英印殖民政府的主动经营，其政教高层及知识分子经古道东出内地和南下南亚，成为向外汲取现代资源的主要方式。文学作为最易感知时变，且能加以表现和记录的艺术形式，正是在这种空间流动中，于域外实现了现代性的获得。一言蔽之，川藏茶马古道确是藏地文学现代新变得以发生的深层机制之一。

但必须承认，僧俗知识分子于域外实现的藏地文学的现代新变，未能对本土文学产生更大的引导作用，亦是为古道全线复杂的地理、政治与文化因素所限制。首先，茶马古道由自然地理环境导致的有限的交通条件，无力将旅外知识分子于域外获得的现代性新质及时、广泛地铺展于藏地。以牛马驮运维持的物资流通，成本高昂且缓慢、分散，使非经济性纸质刊物的向藏输送代价甚大，且极易在路途中产生较大的时间滞后和实物损耗，故经费有限的现代报刊进入藏地后，其流通沿茶马古道呈迅速减弱之势。内地的《藏文白话报》、《康藏前锋》等具影响力的藏事报纸，主要传播于西康藏区，进入西藏腹地者相对较少。印度噶伦堡的藏文报纸《镜报》入藏"不到一百份"③。这就意味着域外产生的现代文学，在广袤本土缺少相应的传播载体。其次，既得利益的政教高层固守政教制度，严防变革因素，要求对经茶马古道入藏之人、物进行管控，国家立场鲜明或意欲冲击政教传统的现代著述难以真正自由、公开地传播。东部藏事报刊均与西藏政教高层的意志存在不同程度的抵牾，返藏后的更敦群培甚至被作为"危险分子"投入牢狱，生前仅有少数译作在西藏出版，《欲经》更是只能以

---

① 德吉草：《更敦群培旅行文本再解读》，《民族学刊》2000 年第 6 期，第 133 页。

② 多吉杰博：《五部遗教（藏文版）》，民族出版社 1990 年版，第 132 页。转引自德吉草：《更敦群培旅行文本再解读》，《民族学刊》2000 年第 6 期，第 133 页。

③ 徐丽华编著：《藏学报刊汇志》，中国藏学出版社 2003 年版，第 55 页。

手抄本方式隐秘流传。更重要的是，笃信佛教的文化土壤与使用藏语的语言环境，使悖离佛教传统或以汉语创作的现代文学难以扎根生长，故更敦群培虽有盛名却招致争议与诽谤，东部汉语藏事报刊的实际阅读者为数更少。总之，返回历史现场，经茶马古道在域外实现的藏地文学现代新变，对于同时期本土文学的实际影响确实有限。

尽管如此，作为不可否认的文学事实，藏地僧俗知识分子在域外的现代文学实践，对于重审藏地文学与中国现代文学有着重要的象征意义，存在修正文学史成见的巨大潜力。

对于藏地文学而言，两个方向上现代新变的事实发生首先意味着，在强调中华人民共和国培育了藏地现代作家文学这一基本史实的基础上，还应看到藏地先此就已展开的获取现代性的早期文学实践。而且，两个域外活动场域的共在，使这一尝试呈现出极明显的双重性特征。这体现在，以内地藏事报刊为平台的世俗汉语文学与吸收南亚资源的僧人藏语文学，共时双线发展；就时间系统而言，东部报刊文学从聚焦己身的康藏叙事扩大到对中国命运的书写，融入了现代中国的时间系统，更敦群培则在从西藏僧人到现代学者的身份转变中，成功地与世界时间接轨；就作者身份而言，藏地现代文学一开始就由藏民族与非藏族知识分子共同参与。这意味着，至少在20世纪30年代前后，以佛教僧人文学、世俗知识分子文学、民间文学为三条主脉，以世界时间、中国时间、藏地时间为多元时间系统，多语且多民族知识分子共同参与的藏地现代文学的基本格局，就已经形成。这一事实被忽略，应归咎于当前边缘文学研究的盲区。即是说，对于各族、各地的当代作家文学、古代文学、民间文学，学界已有不少著述，但就某族、某地之文学逐步获得现代性的完整历史，仍缺少深入考察，相关文学史中普遍存在空白与断裂现象。事实证明，只有在史料与民族语言（包括已翻译的）文献中寻绎钩沉，方能真正弥合这些裂隙。就藏地文学而言，内地藏事报刊上的文学实践与更敦群培的南亚转折，有"沟通藏、汉、外文化；串联古、近、外思想"的打通"关节"的作用①，凭之打捞起的藏地文学主动寻求现代性之最初努力，对于还原藏地文学现代转折的完整现场、完善藏地文学史论述，至关重要。

对于中国现代文学而言，藏地文学两个方向上的现代新变，则意味着已有的文学史论述与学术研究存在不应无视的偏狭之处。首先，早期的现代文学实践，并非当前学术研究呈现的"西不过成都"的状态。这种盲视既显明了将中国现代文学等同于内地新文学的狭隘认知，也与将藏地视为一个完全自在的文化场域的过时观念有关。清代曾有诗文讽刺西康地区不参加科举的"野蛮状态"——"世代承恩厚，顶戴儿孙

---

① 杜永彬：《二十世纪西藏奇僧：人文主义先驱更敦群培大师评传》，中国藏学出版社1999年版，第32页。

有。凌烟表勋猷，荣华已够，何必登科再向文场走。因此上把金榜题名一笔勾"①，但现代以来的情形却是，藏地僧俗知识分子借茶马古道进行的现代文学探索早已超出藏地范围，与全国乃至世界产生了联系。其次，川藏茶马古道再次证明，边远地区现代性的获得并非完全由东部沿海向西次第波及，亦可经跨国道路从不同方向上就近获取，中国现代文学也非完全是由东部新文学波状扩散至边缘地区，进而生成地方性支流的单源的血缘谱系，也包括由不同地方以自身逻辑催生的多种现代文学系统，它们共同组成了中国现代文学多线并进的历史现场。就藏地文学而言，在南亚实现的藏教僧人文学的现代新变，自非中国新文学"大传统"的地方映射；在内地实现的现代报刊汉语文学，亦不能简单归到东部新文学系统之内。在相当程度上，藏地文学是以非文学类的藏事报刊为平台，以藏地问题为关切，以自身节奏从半文言故事逐步成长起来的、一个远远滞后于新文学主潮的系统。它的存在提醒我们，中国现代文学中曾有一个不容置疑的组成部分，就东部新文学鲜有表现的康藏问题，提供了一批富有现场气息的书写，在事实层面扩大了中国现代文学的审美与表现疆域，尽管其存在与作用长期以来鲜为人知。

必须强调的是，西藏僧俗知识分子经由川藏茶马古道在南亚与内地两个方向上汲取现代经验的事实，并不意味着存在两种方向的力，在不可调和地制造着分裂，恰恰相反，正是在域外获得的现代认知与殖民体验，推动着他们向中华民族这一核心认同上汇聚。西康僧俗知识分子就藏地与中国的共同命运的严肃发言，对于国家危亡之际争取国内民族团结的贡献是不言而喻的。旅居南亚的更敦群培，亦在认清帝国主义的伪善及噶厦政府的腐朽后，极有远见地对内地的无产阶级革命寄予厚望，将藏地的长远命运系于中国现代革命的彻底成功。返藏以后，他不仅发表"佛教只是一种哲学……佛是一种境界，不存在一个超然在上的佛可施福于人……谁能造福就是佛"② 等具有朴素唯物主义倾向的论说，计划"在农牧区开展一场民众运动"③，还热切地打听"有关战争和毛泽东的进军的消息"④。被捕后面对刑讯，更敦群培依然无所畏惧地宣扬，"毛泽东是中国革命的伟大领袖"，"没有什么力量能够阻挡共产主义进入西

———

① 爱新觉罗·允礼：《七笔勾词》，转引自冯有志：《西康史拾遗》，巴蜀书社 2015 年版，第 3 页。
② 李有义：《藏族历史学家根敦群培传略》，《中国藏学》2012 年第 S2 期，第 25 页。
③ 杜永彬：《二十世纪西藏奇僧：人文主义先驱更敦群培大师评传》，中国藏学出版社 1999 年版，第 95 页。
④ Heather Stoddard, Le mendiant de l'Amdo, Société d'ethnographie, Paris, 1985, pp. 285. 转引自杜永彬：《二十世纪西藏奇僧：人文主义先驱更敦群培大师评传》，中国藏学出版社 1999 年版，第 358 页。

藏"①。更敦群培的被迫害，正是即将胜利的中国革命已经波及却尚未实际解放藏地时，短视的分裂势力的负隅顽抗之举。他们看不到更敦群培对于西藏的真正意义——"现在正是更敦群培真正发挥作用的时候。过几个月共产党就将到达拉萨。更敦群培的作品和他的声音已被证明在复兴他的故土中是多么宝贵啊!"② 无论方向与具体方式有何差异，经茶马古道实现的藏地文学的现代新变，本质上都是僧俗知识分子融入中国现代历史的附带产物。透过这些创作，我们可以看见中华民族共同体的逐步凝聚，看见具体可感的"历史大势"。

结　语

沟通内外的道路，是向外界流动或自外汲取资源的通道，借之进行的物质与文化交流，则是外源性变革的重要动力机制之一。近现代以来，藏地僧俗知识分子经川藏茶马古道东出与南下，开启了藏地现代转型的进程，文化与文学的变革仅是这一历史转折中关联极广的一个方面。以茶马古道为烛，可以清晰地照亮域外产生的藏事报刊与藏语著述，打捞起来自历史现场的珍贵史料，所揭示的藏地早期的现代文学实践可以更新当前的藏地文学及中国现代文学论述。贯穿其中的藏地僧俗知识分子的思想转型，更是考察现代以来藏地人民如何汇入中国现代革命的重要资料，是再现中华民族共同体凝聚与形成过程的实证。

（作者单位：兰州大学文学院）

---

① 李有义：《藏族历史学家根敦群培传略》，《中国藏学》2012 年第 S2 期，第 25 页。
② Luc Schaedler, *Angry monk*: *Reflections on Tibet*: *Literary*, *Historical*, *and Oral Sources for a Documentary Film*, University of Zurach, Faculty of Arts, 2007, pp. 466-470. 转引自杜永彬：《更敦群培与印度学者罗睺罗的关系》，《中国藏学》2018 年第 S0 期。

"学术性解读"的另一种方式

——以贾植芳小说对鲁迅的仿写与改写为中心

汪静波

1999 年末，贾植芳在追忆文学起点时，自认是于 20 世纪 30 年代"在鲁迅先生开创的左翼战斗文学旗帜下，走上生活和文学道路的"①。以鲁迅为祖师的贾植芳，在早期创作中有颇多仿写痕迹。何满子点明，《剩余价值论》等小说"使人不禁要想到鲁迅的《在酒楼上》和《孤独者》给予作者的影响"②。钱理群亦发掘出其创作中诸多"鲁迅式的意象"，揭示出贾植芳与鲁迅在意象运用、表达方式、内在的文学追求等各方面联系紧密，并认为前者作品较诸鲁迅具有另一种别样亮色③。另有不少研究均提及其创作有"鲁迅文学传统的闪光"④，继承了"鲁迅等作家开创的'启蒙与救亡'为主题的新文化传统"、"鲁迅'改造国民性'的启蒙文化传统"⑤ 等。

前人尽管不约而同地注意到贾植芳的小说所承袭的"鲁迅传统"，却似未将其作品中那些本就属于鲁迅，及直接回应鲁迅的人物细节乃至抒情段落做仔细剖析——事实上，贾植芳的《我乡》等创作中，有不少片段径直从鲁迅的《伤逝》、《故乡》中移植而来，将类似人物摆置在类似境地，并进行了别具匠心的"翻版"处理，又或在抒情句式上与鲁迅原作保持一致，而将内容转写为对鲁迅辽远追问的恳切回答。研读贾

---

① 贾植芳：《两个倔强的灵魂——为秋石新作〈萧红与萧军〉写序》，陈思和主编：《贾植芳全集·理论卷》，北岳文艺出版社 2020 年版，第 334 页。

② 何满子：《小引》，贾植芳：《贾植芳小说选》，江苏人民出版社 1983 年版，第 1 页。

③ 钱理群：《"人类史前时期的风俗画"——读〈贾植芳小说选〉》，《复旦学报》（社会科学版）2005 年第 3 期。

④ 孙乃修：《贾植芳小说杂文散论》，《复旦学报》（社会科学版）2005 年第 3 期。

⑤ 王锐：《艺术直面"人"的问题——七月派作家贾植芳小说简论》，《三峡大学学报》（人文社会科学版）2016 年第 4 期。

植芳在"挪移"之后进行改写的"鲁迅片段"，似可得见其创作具备的另一层学术意义——虽因受到时代的诸多限制，贾植芳未有关于鲁迅的专著问世，但相关仿写与改写，却可视为内蕴三个层次的"读解鲁迅"之学术性表达：贾植芳对鲁迅小说在形式——可落实到具体抒情句式——上的致敬；对子君、闰土等类型人物，在抗战年代将会有的崭新表现之展演；对《呐喊》、《彷徨》小说集中所包蕴的鲁迅之问——中国这些新式女性的出路在何方？故乡究竟有怎样的意义？如何能令国民通往新的生活，走上新的道路？……——在深入思考及亲身实践之后，所交出的一份诚恳答卷。

一、新式知识分子的"战斗"方向：
以《剩余价值论》等为中心

贾植芳笔下那些绕了一圈又回到原点，"躬行先前所憎恶，所反对的一切"① 的知识分子，如《人生赋》中的张大夫，"很容易让人想起鲁迅笔下《孤独者》中的魏连殳、《在酒楼上》的吕纬甫"②；又或《剩余价值论》中的子固，"与鲁迅的《在酒楼上》、《孤独者》，也许还有《过客》之间，是存在着一种联系的"③。这些男性知识分子，因其与鲁迅笔下"母体"形容及文本的整体氛围甚是类似，颇易使研究者将其摆置在"鲁迅谱系"之内进行考察。不过在相似之外，贾植芳为他们所预置的"行动"之新生指向，相较鲁迅更加强烈。

魏连殳以逝去告终，不再有何行动可能。吕纬甫只叹息"我现在就是这样了，敷敷衍衍，模模胡胡。……然而我现在就是这样"④。他对旧友谈说当下处境，慨叹"我现在什么也不知道，连明天怎样也不知道，连后一分……"⑤ 也许他心中甚是明白，自知陷于颓唐而朝气渐被摧毁至无，但至少其对现今"堕落"的清晰认知，及对往日斗志的怀恋与渴慕"重振"，从未明确落实到他的言谈上，语中只有"现在什么也不知道"。

《剩余价值论》中的余子固却非如是，贾植芳为他安排了大段独白。这位原为知识青年，却终在军队中当了参议的子固，对部队队长感慨：

① 鲁迅：《孤独者》，《鲁迅全集》（第二卷），人民文学出版社 2005 年版，第 103 页。
② 文贵良：《监狱叙事与人学话语——论贾植芳的文学创作》，《南方文坛》2016 年第 6 期。
③ 钱理群：《"人类史前时期的风俗画"——读〈贾植芳小说选〉》，《复旦学报》（社会科学版）2005 年第 3 期。
④ 鲁迅：《在酒楼上》，《鲁迅全集》（第二卷），人民文学出版社 2005 年版，第 29 页。
⑤ 鲁迅：《在酒楼上》，《鲁迅全集》（第二卷），人民文学出版社 2005 年版，第 34 页。

我愿意一个人远离人群坐在荒原里，山头或水边……我在这些地方，好像常听到一种呼唤的声音，这声音像在热情地有力地召唤着我，像是一种复活的诱惑，听着这声音我就惶惑战栗起来，不知所措，就像转回到前些年，……——我早忘了想起就使我痛苦的那些。但这结果呢？这更多的痛苦加添在我的心上，我没有法子。我疲倦了。自己把自己毁了。……这回战事真是一种了不得的力量①！

表面看来，子固除体认到当下已然"自毁"，并在独处时常感到渴盼"复活"的呼唤外，并无指向即将重振的"行动"表述。但贾植芳借助子固的旧友"我"听闻子固的话后想起的《野性的呼唤》，指出了这份存在的明确可能：家狗巴克听见"呼唤的声音"，"重回到山野的月光下，过它的狼的不羁的生活了"②，对子固来说，"这在残余的人性中发现的呼声是不是比狗的强烈，真能引起行动呢？这需要生物学家的答复了"③。虽言"需要答复"，紧随其后的却是"我"在新生婴儿的陪伴下，震撼于所见一小队纵马奔驰的骑兵，以他们为"真正的人间勇士"，并致以感激和祝福④。

从行文逻辑来看，尚居参议之职的子固正如初刊集名，仍"在光明以外"⑤，但贾植芳通过后文为之埋伏下一种"预设"的可能，即认清当下"自毁"并深感痛苦的子固，在听到呼唤后重拾知识青年的意气，如家狗巴克般重回"狼的不羁的生活"，投身于真正与日军作战的骑兵中。这正是贾植芳认定的知识青年由"光明以外"重返光明的希望，如此"狼"性呼吁，又通过创作对鲁迅笔下的魏连殳进行了呼应，并指向连殳无从得获的新生。连殳不再以自我麻痹为涂饰，终于"发见己心"的外在表现，是"像一匹受伤的狼，当深夜在旷野中嗥叫，惨伤里夹杂着愤怒和悲哀"⑥，此中方见其表面"迁就"举止下真正跃动的精魂。贾植芳笔下的余子固却颇有可能将此"精魂"落实，在现实层面重返"狼的不羁的生活"，一转连殳孤勇的呼喊为行动上的战斗。

除对鲁迅笔下男性知识分子的新排布外，贾植芳也为新式女性指明了新的道路。其《家——呈婵娥君之亡灵》中对杨英、武梦、金淑娟等知识女青年的塑就，多见对鲁迅《伤逝》的体认与回答。

这部剧本既表现出对杨英和金淑媛与日军狭路相逢而结局悲惨的悼惜，但更多却

① 贾植芳：《剩余价值论》，《希望》1946 年第 1 卷第 2 期。
② 贾植芳：《剩余价值论》，《希望》1946 年第 1 卷第 2 期。
③ 贾植芳：《剩余价值论》，《希望》1946 年第 1 卷第 2 期。
④ 贾植芳：《剩余价值论》，《希望》1946 年第 1 卷第 2 期。
⑤ 贾植芳：《剩余价值论》，《希望》1946 年第 1 卷第 2 期。"在光明以外"是《希望》登载数篇小说的集名，其中有贾植芳的这部作品《剩余价值论》。
⑥ 鲁迅：《孤独者》，《鲁迅全集》（第二卷），人民文学出版社 2005 年版，第 110 页。

是指明由武梦、金淑娟二女所踏上的"新生"之战斗指向。武梦与杨英都是受过相当教育的知识女性。武梦劝解杨英的一番话，仿佛是一个已经懂得了生活的真正道理，再不只沉溺于情爱的"新式"子君，在劝解杨英这位一心温习往日之爱，因爱着丈夫而"没有一秒钟完全想到自己"的"复刻"子君。武梦以习得的"道理"向杨英劝说：

> 我的先生们给我当时说过：只有刻刻地保持着自己，向前迈进，生活才会幸福，因为幸福是活的，需要时时更新它，才能实行新陈代谢，所以需要时时有新的生活，就是创造新的不断的生命。若把生命停滞于一点，幸福立刻会在你跟前泯灭，幸福的残骸就是痛苦。……可是我们现在，要求得幸福，先要求得生存，人只有活着的时候，才能做，才能想①。

这番言谈似直接挪用《伤逝》的"爱情必须时时更新，生长，创造"，以及"人的生活的第一着是求生"，"人必生活着，爱才有所附丽"②。若说作为《涓生手记》的《伤逝》在表现涓生的思考之时，未能免其于"说教"之下的一份自我开脱之意，武梦对杨英的这番忠告，则纯是女性间的心理扶助，《伤逝》中作为男女"情爱"的两极，源于爱情、性别、不同个体而产生的种种纠葛与张力，在《家》中已荡然无存，毋宁说是武梦这个已明确知晓新的道路在何方的新"子君"，正在将自己的姐妹——或说是暂且落后了的"分身"——用言语拉向光明的彼岸。

子君没有新的路可走，失去了涓生的爱，只有回到家中而至于死灭。贾植芳在《家》中却已言明这些新式女性的新路，那就是借金淑娟之口所说的"我与武姊商量了，要是日本兵来了，我们一齐去当兵"③。这恰与"旧子君"杨英的选择所造成的结局形成鲜明对比——没有一秒钟不想到丈夫的杨英，在日军即将到来之际在家中苦守，言明"要尝尝死"。苦劝无效的武梦，对此的评价为"这样的人，她不是活，她是混"。日军终于侵入，杨英在拼命挣扎之际，终于"完全想到了自己"④，然而为时已晚。这些受过良好教育又或正在受着教育的年轻女子，无论是美丽痴情的杨英，还是活泼的金淑媛，终于不能挣脱悲惨的命运。唯有决心"一齐去当兵"的武梦与金淑娟，才有可能踏上一条新的生路。这部剧作的撰写显然也是贾植芳对《伤逝》的回答：与子君相似的年青知识女性，如何能够不至于"逝"？将生命的意义寄托在情爱

---

① 贾植芳：《家——呈婵娥君之亡灵》，《七月》1938 年第 6 期。
② 鲁迅：《伤逝——涓生的手记》，《鲁迅全集》（第二卷），人民文学出版社 2005 年版，第 118、126、124 页。
③ 贾植芳：《家——呈婵娥君之亡灵》，《七月》1938 年第 6 期。
④ 贾植芳：《家——呈婵娥君之亡灵》，《七月》1938 年第 6 期。

的抒发与追忆之中，这条路已通过杨英表现了"此路不通"。唯有如武梦般投身军队与日本兵奋力搏斗，方有可能走向新生。女子的觉醒已无须男性来担纲启蒙者的角色。武梦本身就是教师，学生金淑娟受其教诲，二人携手走上了"战斗"这条可能存活的道路。贾植芳这样的"命运"之布置，是对鲁迅所提出的女子问题的一份回应。总的说来，无论是男性知识分子如余子固，还是女性知识分子如武梦等，唯"战"方能通向光明。这条路能够释放青年原本的朝气，挽救女性的命运，而女子无须男性启蒙，早有清醒的认知与行动的果决——武梦拿了包袱，带上金淑嫒去投奔抗日队伍。新的"子君"们通过战斗，已无须面对严威与冷眼，而是凭借自己的双手开辟出一条新路。

二、故乡及乡民的"团结"式战斗：以《我乡》为个案

除知识分子外，贾植芳亦以笔下的山西家乡与乡民，对鲁迅的《故乡》进行了仿写与改写。孙乃修指出，《我乡》"使我们依稀想到鲁迅的《故乡》，特别是他笔下的'二小'，令人想到闰土，但《我乡》的基调于沉郁、悲哀中更多一层《故乡》所没有的温暖、明朗和积极的人生态度"[1]。

二小这一人物，几乎纯然是闰土的翻版。作为家中帮工的他与闰土一样"老实沉默"，"眼里布满迷惑于生活的哀光"，却极擅于捉兔捕雀，是"我的一个真实朋友"[2]。然而比起闰土，贾植芳笔下二小的"捕鸟"，却已以其间血色，将原本《故乡》中的童真诗意涤荡殆尽。

闰土的捉捕鸟雀，是"远远地将缚在棒上的绳子只一拉，那鸟雀就罩在竹匾下了。什么都有：稻鸡，角鸡，鹁鸪，蓝背……"[3] 情景遥遥铺设，与其说是"我"当真要"捕捉到鸟"，毋宁说是想要得获一场原本遥不可及的、辽阔雪地中的童真嬉戏。日本的评论家龟井胜一郎曾称《故乡》为"东洋所产生的最美的抒情诗"，胡风盛赞此论为"独具只眼"[4]，除氤氲于全文的杳茫情绪之外，当有部分缘故，便在于这幅随着闰土之言徐徐展开的"童年画卷"，实在颇具某种梦幻之美，令读者为之心醉。而贾植芳所塑造的二小，其"捕雀"行为却已将此童真之美全然打碎：

> 他捕到两只灰色的鸽子，他先砍掉一只的脑袋，把明晃晃染着血迹的厨刀递
> 给我笑着说，"杀一个试试看。"我打了一个冷噤，在他的鼓励杀伐的情绪下下手

---

① 孙乃修：《贾植芳小说杂文散论》，《复旦学报》（社会科学版）2005 年第 3 期。
② 贾植芳：《我乡》，《希望》1945 年第 1 卷第 1 期。
③ 鲁迅：《故乡》，《鲁迅全集》（第 1 卷），人民文学出版社 2005 年版，第 503 页。
④ 胡风：《回忆录》，《胡风全集》（第 7 卷），湖北人民出版社 1999 年版，第 345 页。

了。他赞成着我的勇敢，所以他也是我的一个师傅①。

在《故乡》中，通过闰土的"捕鸟"而授受于"我"的，是一份"但恨殊世，渺不可追"的难得童趣，而到了《我乡》，则一变而为二小鼓励"我"将捕到的鸽子亲手杀却。"我"并未瞠目于二小的残忍，在其鼓励下动手并被"赞成着……勇敢"。在此"下手"的行为背后，似也隐约传达着作者对此种行径的认知：《故乡》中的捕捉、嬉戏与和谐之美再不可得，现在所要求着"我乡"的，是令少年从童真状态中挣脱出来——毋宁说是由"我"所表征的广大青年，亲自动手将"童真"自戕而从无邪状态中超克——借由这一行为来达成心理层面"勇敢"的塑就与现实层面"杀戮"的完成，从而更好地投入抗日战争。正义的自卫战毕竟也充斥着残酷，"我乡"已通过"弑鸽"的勇烈，亲手将童真与和平撕得粉碎，其仿写段落也就失却了《故乡》的那份纯美。

同样所失却的，还有原本"闰土"品格的"无缺"。尽管闰土所呈现出的认知水平相当有限，境遇甚是难堪，但总难掩其品格的美善。唯一所憾便是"闰土埋碗"一案。此事聚讼纷纭，有的研究者认为这是"杨二嫂的作为与编排"，是杨二嫂"自编自导自演了一出戏"，借此自己很以为功，"拿起能拿的东西就跑"②。而即便持"闰土埋碗"意见者，亦多认为"推断是闰土偷藏了碗碟，并不会破坏闰土形象及其道德品质与情节结构的完整性"③。闰土品格"无缺"的意见，主要是从鲁迅写就闰土的整体情感倾向上来看待。无论碗碟是否闰土所埋，就叙事笔调而言，以作家之寓目，其在品格上未呈明显缺憾。

与"闰土埋碗"相类，贾植芳亦设计了一出"二小盗衣"，但细品《我乡》的叙事语调，二小的品格瑕疵却赫然显豁："闰土埋碗"尚还存疑，"二小盗衣"却是确凿无误。即便碗真是闰土所埋，鲁迅对此不加措意，于闰土亦"无损其形象、道德品质、情节结构的完整性"的话，贾植芳在《我乡》中却以鲁迅写杨二嫂般的口吻，对盗衣的二小在尾端"刺了一下"：

> 家中为预防万一，衣服什物都交由二小经手隐藏，他居然没有逃难地死守着家园，事后两个衣包不见了，问二小，他红着脸否认经手过这两件，不久他却穿

---

① 贾植芳：《我乡》，《希望》1945 年第 1 卷第 1 期。在收入文集时较所引初版在字句上略有改动。

② 管冠生：《谈〈故乡〉的三个问题》，《鲁迅研究月刊》2021 年第 3 期。

③ 张丽军：《鲁迅〈故乡〉"藏碗碟"悬案新解》，《中文自学指导》2005 年第 5 期。

了衣包内的衣服，可并不胆怯。

此种声口婉而多讽，颇似鲁迅写拿了狗气杀的杨二嫂，最后"飞也似的跑了，亏伊装着这么高低的小脚，竟跑得这样快"①。若说"闰土埋碗"难损鲁迅对闰土品格抑扬的"扬"之完整，那在贾植芳笔下的"二小盗衣"，便已集聚了"抑扬二端"。二小既凝缩了闰土的沉默老实、擅于捕雀与"我"以为师的敬重；亦凝缩了杨二嫂的脸皮甚厚、贪图小利与"我"对此的讽嘲。无论在品格特质抑或价值情感的判断上，此处均有鲁迅写闰土及杨二嫂的双重聚合。

《我乡》这份以一身而兼及善恶的写法，或许已较《故乡》向更纵深处推进，在此背后亦潜藏着贾植芳要在 20 世纪 40 年代将救亡与启蒙相调和的深层意图。如欲集结中华民族全力而抵御外敌，无疑应依靠以"闰土"为代表的乡土大善——他们老实能干，在日常生活中也很有些机智本事，只须倚其辛苦而去其麻木，"杨二嫂"则似无可取之处。不过贾植芳的"二小"却指明，真正在"我乡"中那些即将被动员投身战斗的人，其质素多兼具"闰土"与"杨二嫂"二端，浑然一体且难于剥离。与其欲对一方（闰土）挽救团结而对另一方（杨二嫂）诉诸批判，不如承认在同一个体身上优劣并存的现实，甚至其中看似负面的图利品格也未必不是作战的可倚靠处。二小为隐藏"我"家中的衣服什物，竟会"没有逃难地死守着家园"。这"盗"中甚至有某种古怪的盗亦有道，即在一切衣服什物中间只挑这两个衣包，并不贪多务得。或许他早已想好，这点东西便是自己为冒着生命危险守住家园所该得的报偿，是以在穿包中衣服时有种理直气壮的"并不胆怯"。无论如何，这既老实沉默又机智老练，且盗去了两个衣包的二小，是"我"的勇敢的师傅——不管其"勇"背后的驱动力量，究竟是衣包所表征的"个人私利"还是旁的什么。原本以杨二嫂为代表的"贪小"负面质素，亦是乡土难以剥离的一份真实面目。它与"闰土"在二小的身上一齐共存并生，与其批判并力求将之抛却，不如通过某种化力，使其为正义的目的——抗战——所用。从中可见贾植芳对"战"的圆熟思考——斗争不能只纯粹强行剥除一切"我方"的负面因素，更要讲求策略性的复杂、韧性与最大程度的团结，从而使根植人性而难除的某些负面因子，反在对敌作战时发挥正面效用。

《我乡》最后三个抒情段落，亦是对《故乡》的直接挪用与回复。《故乡》中的"我"，不愿年轻人如前人般辛苦辗转、麻木、恣睢地生活，"他们应该有新的生活，为我们所未经生活过的"，又说"我所谓希望，不也是我自己手制的偶像么"，只是"我的

---

① 鲁迅：《故乡》，《鲁迅全集》（第一卷），人民文学出版社 2005 年版，第 503 页。

愿望茫远罢了"①。这份尚言茫远的希望，被贾植芳在《我乡》尾声处直接回应道：

> 对于生命的设想，是不应该茫然和忧郁的。应该挺身高歌，呼喊生命的愉快和伟大；更不是纯然动物式的生活，而应该努力增润生命，发扬生命的真价。
>
> 生命吗？就是生命。斗争，创造，征服。
>
> 故乡，战乱的故乡是赋予我们以人生和战斗之勇气的。它是这样的一个新的人生之港湾②。

贾植芳以"斗争、创造、征服"三个简捷明快的字词，回答了在他看来，鲁迅那句"地上本没有路，走的人多了，也便成了路"的实际所在。"我乡"已难再有那份童真幻美，虽亲手斩绝《故乡》抒情诗般的悠扬节奏，却使其末尾所指出的民众之"路"更为明晰，即贾植芳对胡风所说的——"加入他们热爱的队伍，打日本，报仇雪恨"③。在对乡土人物的种种优劣品性更具包容与弹性的"糅合式"二小叙写中，多见对鲁迅之问的恳切回答——路就在于斗争、创造、征服；并将鲁迅之思向纵深处推进——要走上这"走的人多了也便成了路"的路，不仅要倚赖辛苦且不再麻木的"闰土"，亦要令贪图蝇头小利的"二嫂"站到广大的可团结的队伍中，令其因私心而"没有逃难地死守"，将故乡人物的品格之正与反汇聚联合，达成既是更高层次，也是更为现实的抗战之"正"。正因其"二小"式人物兼具正反的平凡，方能使所期待焕发的不凡战斗真正得到落实。

三、"植芳式"鲁迅仿写的独特
——真问题的"改编式"回答与践行

贾植芳的小说中除上述《我乡》等作品之外，对鲁迅作品的随手引入亦随处可见。如《人的悲哀》中写取笑"打闲者"的小伙计，"在他算一种娱乐，借此可以笑几声？"此句显然取自鲁迅的《孔乙己》。而麻袋店里众人对青年爱国与革命的议论与讽嘲，又明显模仿自《药》。做父亲的金绍轩在谈及狱中政治犯的儿子时，那句"我从前以为是人家冤枉了他。他太老实"④，极似夏瑜之母的叹息——"瑜儿，他们都冤

---

① 鲁迅：《故乡》，《鲁迅全集》（第一卷），人民文学出版社 2005 年版，第 510 页。
② 贾植芳：《我乡》，《希望》1945 年第 1 卷第 1 期。
③ 贾植芳：《19390816 致胡风》，陈思和主编：《贾植芳全集·书信卷》，北岳文艺出版社 2020 年版，第 11 页。
④ 贾植芳：《家——呈婵娥君之亡灵》，《七月》1938 年第 6 期。

枉了你……可怜他们坑了你"①。其小说内种种来自鲁迅的"有机植入",在20世纪三四十年代已基本完成。晚年修订作品之时,他只略微修改了部分表述②,而将"鲁迅风味"全部予以保留。

这些挪用之处虽源自鲁迅,又极贴合贾植芳的创作本身。从《人的悲哀》开始,贾植芳的仿写便迥异于初习作文般的盲从拼贴,而是一种"读鲁迅"后的确有领会并注入心神,即"把它化为自己的血肉,使它获得人格的印证",令前人文本成为一种真正"生产的资本"③。于其创作而言,鲁迅精神资源的真正承继与"再生产"有时并非以"仿"来显明,而是以认真的"改"来令鲁迅的精神内核得到显现——如子固般连孑式知识分子,将不再沉湎于"沉沦"而可能如狼般战斗;娜拉、子君离家出走后,在20世纪40年代能够携手并赴新生之路;"故乡"的童趣于今须由"我乡"的血色与勇气自我超克,"我乡"的新生也不仅倚仗老实的"闰土"而是对杨二嫂进行批判,认清其优劣并存,并令其负面品格亦发挥正面效用。贾植芳对鲁迅在句式上的多处仿拟,是已将其读得极为熟惯的缘故,然而大关节处决不照搬,只紧盯鲁迅提出的重要问题,进行长期思索,并依据新时代中的实践、所见、所闻,不断修正自己给出的答复。贾植芳的小说在形式上的诸多"仿写",向读者无言自证地指明"鲁迅"是其重要的精神资源乃至思考契机,而其种种"改写",则真正完成了对鲁迅在内核上的承继——紧贴时代风云而摆荡,使思想永久活跃并应对当下中国问题,决不照搬鲁迅的言说而使之成为修辞的装饰或僵化的教条。

贾植芳不仅对鲁迅的作品进行"二创"并注入自家理解,亦甚是关注旁人对鲁迅的改编。1981年9月19日晚,贾植芳在日记中对陈白尘担纲编剧的《阿Q正传》颇为赞赏,认为"加上的阿Q在热衷革命时的梦境一场和结幕时的鲁迅语,觉得编剧者是真正懂了鲁迅了"④。1999年5月30日,他与胡守钧对谈鲁迅时亦提及这部改编的剧本。剧中,阿Q当上皇帝后做了两件事,一是镇压反革命,二是选美,鲁迅最后写道:阿Q并没有死。贾植芳认为这个意义很深⑤。而现在再读《阿Q正传》的意义,

---

① 鲁迅:《故乡》,《鲁迅全集》(第一卷),人民文学出版社2005年版,第471页。
② 如将二小的身份从"一次黄灾后逃出来的鲁赣难民"改为"一次黄河决口时逃到我们这里来的山东难民",将二小杀鸽从"先砍掉一只的脑袋"改为"先砍掉一只的头"等,更贴合当下时代,并更为口语化。
③ 王元化:《王元化集·卷五·思辨录》,湖北教育出版社2007年版,第465-466页。
④ 贾植芳:《贾植芳全集·日记卷(上)》,陈思和主编,北岳文艺出版社2020年版,第179页。
⑤ 贾植芳:《贾植芳、胡守钧谈鲁迅》,陈思和主编:《贾植芳全集·回忆录和访谈录卷》,北岳文艺出版社2020年版,第354-355页。

便在于阿Q这种人现在还有①。可见，贾植芳判断一个人是否"懂得鲁迅"，并不在于此人写出多少有关鲁迅的高头讲章——尽管他曾为好几部关于鲁迅的研究著作写序——而在于此人能否在精神内核上与鲁迅相通，思考鲁迅提出的疑问并在其所置身的现实中"读通读活"，挖掘出鲁迅笔下人物在所处时代的"复现"，并依据新的情势进行有针对性的新的针砭。由此，"读懂鲁迅"的表现形态不仅限于"论文"、"专著"等惯常学术形式，却可经由如陈白尘的"改写"、"改编"而得到发见。

贾植芳自身的改写及所赞赏的陈白尘改编剧本，或许指出了另一种对鲁迅"学术性解读"的隐秘方式——作家在创作中内含了对鲁迅"前作"的严肃思考与阐释。鲁迅作为公共的精神资源，其解读并不仅被"论文"等常规学术形态所垄断，而是能够散见于各类仿写与改写的"再创作"中。这样一来，或许"鲁迅研究"的整体视野也能够得到相当程度的扩展——即纳入这些作家认真的"再创作"中所内蕴的"鲁迅阐释"。尽管并非一切有关鲁迅的"再创作"都有学术性，毋宁说大部分有关鲁迅的"再创作"中学术性或许极其稀薄——它对创作主体有别样要求，如作家虹影亦在其小说《归来的女人》内，融入了自己对鲁迅与萧红之间关系暧昧、含混的看法，然而那是一种个人化的解释，可以从中见出作家的私人意见，却并非精研鲁迅后的学术性表达与对鲁迅之问的严肃回答。

不过，贾植芳式的"再创"却具备"研究鲁迅"的学术性与严肃性：作家尊重鲁迅，研读鲁迅，并以自己作品的既成体系极明确地回应"鲁迅问题"。他对那些名义上虽为鲁迅的研究者，却并无"鲁迅骨头"的人甚是鄙夷，称他们为"吃鲁迅饭的"，认为"其中有卖假药的，有江湖郎中，也有走街串巷的知识贩子；有些人还糟蹋鲁迅，他们是钻在文化躯体里的一种寄生虫"②。贾植芳的创作自始便内置了"研究鲁迅之问"的严肃动力，曾表示自己这一代知识分子都是"吃鲁迅的奶长大"③，之所以想当作家，就是因为在初中时读了《呐喊》、《彷徨》等新文学作品④；其现存最早的小说（发表于1934年的《相片》）亦因"当时读鲁迅先生批评梁实秋的文章，梁说出身下层的人们，只要安分守己，努力往上爬，也可以出人头地。这是一种反对青年参

① 贾植芳：《贾植芳、胡守钧谈鲁迅》，陈思和主编：《贾植芳全集·回忆录和访谈录卷》，北岳文艺出版社2020年版，第356页。
② 贾植芳：《世纪老人的话：贾植芳卷》，陈思和主编：《贾植芳全集·回忆录和访谈录卷》，北岳文艺出版社2020年版，第344页。
③ 贾植芳：《认识鲁迅》，陈思和主编：《贾植芳全集·理论卷》，北岳文艺出版社2020年版，第205页。
④ 贾植芳：《我的读书记》，《语文学习》1990第5期。

加革命和社会活动的反动说教。我为了批判这种理论，写了这篇小说"①。在贾植芳看来，"作家的创作史就是他的生命史、心灵史、人格史的不同历史时期的综合性的艺术表现形态"②，在诸种阅读资源中，鲁迅堪称最大限度地化入了贾植芳心灵史与人格史的塑就，并终其一生导引其生命实践史的前行。贾植芳因仰慕鲁迅而投稿，与胡风结缘，与日后一齐被打为"胡风分子"的许多友人，自50年代便"每逢鲁迅的生日都会聚在一起"，80年代平反后"首先就恢复了这样一个近似仪式的传统习惯"③。除为文外，贾植芳亦将被判为"胡风分子"等人世间的诸般历练，展明为借此不断真正"读懂"鲁迅的漫长过程。他在为闵抗生《鲁迅的创作与尼采的箴言》作序时说"正是这场空前历史浩劫的磨难，由于'事实的教训'，反而使他④开始懂得了《野草》中的那些篇章的深刻的内涵与意境"⑤，又说自己对"听其言而观其行"这一儒家观点的解读，是"经过五十年代以迄七十年代中期，才真正做到'理论联系实际'，读懂弄通了，但其代价是我的生命力的超负荷支出"⑥。像贾植芳这样的知识分子，其生命中的诸种践行亦可说是一种帮助真正"读懂弄通"书籍上的"圣人之言"的方式，而鲁迅则是"圣人之言"中最重要的组成部分。由此来看，贾植芳的创作史既是个人生活体验与感受的凝结，也可说是多历艰辛之后，以其人格印证鲁迅所言，并在创作中表述自己对鲁迅的解读方式。当然，这些作品都是贾植芳严肃思考后的结晶，带有作家的人格烙印，决非对鲁迅简单的亦步亦趋——如《我乡》的善恶浑存与整体之"褒"，似已更多注入某种更圆熟、包容的战斗方针，这与贾植芳本人那份西北式的豪爽大气，与三教九流皆能往来交接，即便曾为"仇雠"亦能不萦于怀地予以谅解颇有干系。身为胡风分子的贾植芳，后与舒芜、周扬间亦未截然划清界限，仍能与舒芜共席，或为20世纪80年代支持周扬的"致敬信"签名⑦，尽管中有或"公"或"私"的事出有因，但贾植芳的胸怀从此类事迹中也可见一斑。若与鲁迅的"我一个也不宽恕"相较，某种意义而言，或许贾植芳有着更为豁达的胸襟。此类"人格特质"，似也折射入以《我乡》的"包容型战斗"为典型的作品之中。然而，正因其作品在回答

① 贾植芳：《我的第一篇小说》，《山西文学》1984第11期。
② 贾植芳：《历史的悲剧　悲剧的历史——为刘挺生的〈分裂的美人——路翎传〉而序》，陈思和主编：《贾植芳全集·理论卷》，北岳文艺出版社2020年版，第306页。
③ 张新颖：《沧溟何辽阔，龙性岂易驯——琐记贾植芳先生》，《上海文学》2004年第10期。
④ 此指闵抗生。
⑤ 贾植芳：《〈鲁迅的创作与尼采的箴言〉序》，陈思和主编：《贾植芳全集·理论卷》，北岳文艺出版社2020年版，第140页。
⑥ 贾植芳：《在历史的背面——关于自选集的自序·附记·雕虫杂语》，陈思和主编：《贾植芳全集·理论卷》，北岳文艺出版社2020年版，第280-281页。
⑦ 陈思和：《我心中的贾植芳先生》，陈思和主编：《贾植芳先生纪念集》，复旦大学出版社2011年版，第462页。

"鲁迅问题"时有这份独属于"贾植芳"的自我坚持，似更可见出其对待鲁迅之问的认真严肃，也在更深的意义上——坚持不懈地寻找中国道路，探索战斗模式，肩住黑暗的闸门，放后人到光明的地方去——真正承继鲁迅精神，并在其作品中对鲁迅的《故乡》、《伤逝》等小说做出了具有创造性的学术性解读。在"植芳之作"内，存有多处将其表现形式呈现为"鲁迅"的回响，而内容则呈现为对鲁迅的答复，最终浑成的一部部篇章整体，某种角度成了一份不具学术之形而内蕴学术实质的对鲁迅的"创作式"读解，自有其特殊意义。

结　语

就现存《贾植芳全集》来看，贾植芳并无关于鲁迅的专著问世，专写鲁迅的文章亦仅寥寥几篇。尽管贾植芳对鲁迅的推崇人所共知，在课上亦当曾有颇多精当意见发露。如曾华鹏回忆 20 世纪 50 年代贾植芳的课堂——"先生在上'现代文学作品'这门课时，曾经以鲁迅的短篇小说《明天》为个案，讲授了好几个星期"[1]；孙桂森亦谈及 1983 年在复旦进修，感到"特别对鲁迅的作品，先生分析得入木三分，他对鲁作的内容、技巧、语言有独到的见解，令人折服"[2]。但这些毕竟并未落实为论文、专著等白纸黑字，令人似难餍足。不过，通过析读贾植芳的文学作品，可以见出内蕴颇多研读鲁迅后的"学术性之表达"，此种间杂于创作内的"学术性解读"，又多并非以"仿作"，而是以"改写"来严肃回应鲁迅之问，并真正承继鲁迅精神。以贾植芳《家》、《我乡》等为个案进行仔细剖析，似可见出贾植芳此类融"鲁迅解读"与"人生体验"于一炉，并在作品中进行恳切讲述的具体模式，由此亦可打开"鲁迅研究"的视野。如果说创作是活生生的生命之表达，那研究亦是活生生的生命间的共鸣。贾植芳的创作中内蕴不少对鲁迅的"再创作"，并以其对鲁迅从人到文的整体尊崇、认真而充分的研读，及严肃的思考与回应，使其再创作亦成了一种"学术性解读"的隐晦表达。若将此类"再创"中的研究，亦摆置于鲁迅研究的整体广阔视野下，似也可为鲁迅研究乃至整体的现代作家研究打开更加广阔的空间——将广大的相关文学作品纳入视域，提炼那些"再创"中的研究质素，并由此启迪进一步的思索。

（作者单位：华东师范大学中文系）

---

[1]　曾华鹏：《怀念贾植芳师》，陈思和主编：《贾植芳先生纪念集》，复旦大学出版社 2011 年版，第 420—421 页。

[2]　孙桂森：《先生，您走好》，陈思和主编：《贾植芳先生纪念集》，复旦大学出版社 2011 年版，第 625 页。

《孽海花》"梦魇"与解构"佳话"

——论张爱玲的自传性小说对祖辈事迹原型的改写①

陆 洋

张爱玲在沦陷期的文坛名噪一时,不仅因其反映乱世景观、"奇花异卉"② 般的作品,更因媒体对其传奇家世不乏夸张的报道和宣传。在上海小报的描绘中,她煊赫的家世及"贵族血液"③ 满足了礼崩乐坏的时代里人们的怀旧心理和对血统、文化传承的企盼。然而,除1945 年以祖母的妹妹为原型试写的小说《创世纪》(未完结)外,这一时期的张爱玲在创作中未曾涉及张家祖辈事迹。1955 年移居美国之后,张爱玲创作了自传性小说《易经》和《小团圆》,较为详细地叙述了祖辈的轶事。该题材作品的写作策略及表达内容的重点、范畴选择与张爱玲后期家族观念的变化趋势形成了呼应。

张爱玲获取祖辈信息的最初渠道是小说《孽海花》。《孽海花》由金松岑始作前六回,曾朴修改并续写至三十五回。该书的初集(一至十回)、二集(十一至二十回)于1905 年首次出版,由上海小说林社发行。修改后的初集、二集于1928 年,三集(二十一至三十回)于1931 年由上海真美善书店发行,真美善书店重版时又将一至三集合为一册④。张爱玲回忆接触到《孽海花》的契机是"有一次我放假回来,我弟弟

---

① 本文系江苏省高校哲学社会科学研究一般项目"张爱玲对传统性别形象的跨媒介改写研究"(2022SJYB0177)的阶段性成果。

② 迅雨:《论张爱玲的小说》,《万象》1944 年第3 卷第11 期。

③ 如上官燕《贵族血液的大胆女作家,张爱玲重述连环套》(《上海滩》1946 年第16 期)、柳黛《张爱玲这个人》(《沪报》1946 年10 月8 日4 版)、眉忤《释张爱玲贵族血统》(《小日报》1947 年5 月28 日3 版)都提及张爱玲受到时人瞩目的家世。

④ 魏绍昌:《孽海花资料》,中华书局1962 年版,第138 页。

给我看新出的历史小说《孽海花》"①。张爱玲于 1931 年秋入寄宿制学校圣玛利亚女中就读，她记忆中的《孽海花》是"厚厚的一大本"②，由这两点可推测她最初阅读的版本或为真美善书店重版③。

《易经》、《小团圆》都记述了女主人公以《孽海花》的情节为线索探寻祖辈生平的经过。《孽海花》给张爱玲留下深刻印象的部分是以她祖父母张佩纶、李经璹为原型的庄仑樵与威毅伯之女因诗结缘一节。这则"佳话"在两部自传性小说中均以不同角度和重点得以再现。反复的诠释和改写标志着《孽海花》已成为张爱玲的某种"梦魇"——令其"疯狂"④ 的文学素材之一。

前人对张爱玲家世书写的研究中多提及其自传性小说与《孽海花》的互文指涉关系。例如，朱旭晨指出《小团圆》在虚实中游弋的写法和《孽海花》具有相似性，突出体现在人物都是用化名影射实际历史人物⑤；张小虹推测《小团圆》为《孽海花》易名是为了凸显张佩纶的历史评价⑥；陈子善将《小团圆》定义为"影射小说"，称其是"高度'孽海花'化的"⑦；王德威认为张爱玲的自我书写实际上是一种自我虚构，既然她从《孽海花》这样的虚构作品中了解自己的家世，自然也可以用虚构来展现自己真实的经历⑧；李欧梵也注意到《孽海花》在张爱玲的自传性文学中起到了调和历史书写与小说创作两种手法的作用⑨；高全之着重探讨张佩纶的人物形象塑造，总结出张爱玲描写祖父形象的方式既出于祖护祖父名誉的亲情考量，又折射出其反英雄的创作观⑩。以上研究发现了从《孽海花》到张爱玲自传性小说的文学影响路径，却多拘囿于影响的继承而非转化的方面，未能从文本表征的比较入手，挖掘张爱玲的改写与文学传统、文类规范之间的关系。本文将从创作动因、美学表达及文学伦理等角度，具体分析张爱玲的自传式作品对《孽海花》的摹写与超越。

---

① 张爱玲：《对照记》，《重访边城》，十月文艺出版社 2012 年版，第 203 页。

② 张爱玲：《对照记》，《重访边城》，十月文艺出版社 2012 年版，第 203 页。

③ 张爱玲在《对照记》中记述庄仑樵（张佩纶）头顶铜脸盆逃离战场一事。据赵景深考证，该片段只见于《孽海花》初稿，通行的真美善书店发行版未载此段，并由此推测张爱玲阅读过的《孽海花》可能不限于一个版本。见赵景深：《中国小说丛考》，齐鲁书社 1980 年版，第 539 页。

④ 张爱玲在《红楼梦魇》里承认，自己对《红楼梦》的考据热情达到了"一种疯狂"的程度。见张爱玲：《红楼梦魇》，上海古籍出版社 1996 年版，第 2 页。

⑤ 朱旭晨：《也谈小团圆》，《荆楚理工学院学报》2010 年第 1 期。

⑥ 张小虹：《文本张爱玲》，时报文化出版公司 2020 年版，第 394 页。

⑦ 陈子善：《沉香谭屑》，上海书店出版社 2012 年版，第 134 页。

⑧ David Der-wei Wang, "Madame White, The Book of Change, and Eileen Chang", Kam Louie, ed., *Eileen Chang: Romancing Languages, Cultures and Genres*, Hong Kong University Press, 2012, p. 239.

⑨ 李欧梵：《看张爱玲的〈对照记〉》，《江苏大学学报》（社会科学版）2006 年第 4 期。

⑩ 高全之：《张爱玲与爷爷》，《现代中文学刊》2012 年第 4 期。

胡兰成记述，他曾与张爱玲谈起坊间流传张家祖辈婚恋佳话一事，称张爱玲否认传言属实，故得出 "她这样破坏佳话，所以写得好小说"① 的结论。本文以 "破坏佳话" 这一文本现象为切入点，聚焦张爱玲自传性小说中表现夫妻关系和祖母形象的内容，追索从颠覆原型到形象重塑之间的文本生成路径，并探讨张爱玲的书写方式与《孽海花》中的叙事原型之间存在的反差以及 "破坏佳话" 现象中蕴含的阅读—再创作心理机制。

一、《孽海花》 中 "佳话" 的生成机制与张爱玲的接受状况

曾朴描述《孽海花》是 "从中心一层一层的推展出各种形色来，互相连结，开出一朵球一般的大花" 的 "伞形花序"②，其中一条分支即是庄仑樵的官场沉浮记，他与威毅伯（原型为李鸿章）之女以诗交心的佳话又是这条支线的核心部分。庄仑樵的转运是在第十四回众人围绕 "惧内" 话题的讨论中加入的插叙，由文士庄小燕在钱唐卿开设的宴席上讲述。这段叙述中，庄仑樵的婚姻无论是起因、经过还是双方条件都符合才子佳人的叙事模型。威毅伯的女儿貌美多才，是其父的掌上明珠。庄仑樵仰慕已久，一日在威府上房中撞见，二人一见倾心。之后，庄仑樵瞥见小姐以马江兵败为题写的两首七律，更引对方为知音。威毅伯赏识庄仑樵才华，说服夫人将女儿许配给庄仑樵，从此蹀躞情深，成就一段佳话。

这段叙述中首先需要注意的是佳话的言说方式和舆论所发生的话题共有空间。小说铺设了一幕典型的文人雅集场景，让作者所擅长的捕捉文人情态、摹写官场群像的手法得到充分发挥③。宴席上名士们谈笑风生的晤谈既是中国传统知识阶层中文学生产的固定场域，又类似于哈贝马斯提出的近代 "文学公共领域" 的概念，即通过参与文学讨论将私人性经验引入公共政治领域，行使公共批评的职能④。另一方面，觥筹交错间探讨的话题又带有极强的主观性和想象性，产生了不辨真伪、不负责任的流言效应。在庄小燕叙述事件的过程中，听众不时迸发的反应类似于注释功能，起到对事

① 胡兰成：《今生今世》，中国社会科学出版社 2003 年版，第 146 页。
② 曾朴：《孽海花：注释本》，崇文书局 2018 年版，第 10 页。该版本是在真美善书店三十回本的基础上，加入《真美善》杂志发表的第三十一至三十五回，修订而成。
③ 阿英就曾评论《孽海花》在人物塑造方面 "刻划作态的名士，极是生动"。见阿英：《晚清小说史》，东方出版社 1996 年版，第 28 页。
④ 哈贝马斯提出了文学公共领域的概念，指出该领域参与者主要为资产阶级知识分子，与王公贵族社会有联系，通过内部的公开批判倡导私人对公共事务的参与。哈贝马斯认为文学公共领域虽有别于政治公共领域，却是 "具有政治功能的公共领域的前身"。见［德］哈贝马斯：《公共领域的结构转型》，曹卫东、王晓珏、刘北城、宋伟杰译，学林出版社 1999 年版，第 34、40-41 页。

件抒发感触或予以点评的作用。借助不断的"打岔"，听众在讲述过程中随时进行反馈并提出要求，间接引导了叙述的走向，也使关于"佳话"的言说变成了聚合文人普遍意识的集体性创作。《孽海花》写庄仑樵结亲事由，通过对叙述场景和过程中动态活动的具体描写，既将生产"佳话"的舆论环境，即崇尚才子佳人文化的名士话语圈前景化，又暗示了叙述对事件的加工，即话语的流言性质——众口铄金之下真实与虚构已无法辨别。

值得注意的第二点是，在这段有关两性情感、理念交涉的叙事中，无论是庄仑樵和威小姐，抑或是威毅伯夫妇，私人关系中占主导地位的都是女方。威小姐借诗表达忧国之思，诗作又流传到公众领域中，已触犯"范思不逾阃外"① 的家内道德规诫；在父母为是否答应庄仑樵求亲争执不下时，她劝说考虑到年龄悬殊不愿应允的威夫人让步，表现出在婚事上自我选择、自我决定的主动性。威夫人面对身为朝廷大员的丈夫"戟手指骂"，不留情面，而威毅伯只得"赔笑"，"没办法"②。从小说整体的情节构造上看，庄仑樵结缘经过的叙述紧接上文米筱亭惧内的风闻，两段叙述在主题和论调上具有内在联系，同样表现出男女权力的倒转，且小说中的名士们皆对此状况不以为忤，反以为趣。这样的安排与整部小说在性别问题上的非传统立场是有连贯性的。

《孽海花》的一大特色，是以宽容而带有叛逆色彩的眼光审视男女情事。威小姐与庄仑樵邂逅一段可与清帝和宝妃、龚定庵和太清、甚至傅彩云和瓦德西的情爱叙事并置观察。正如王德威所言，《孽海花》塑造了如傅彩云这样"体现晚清开放精神"③的女性形象。兼具自我表达意愿及能动性的威小姐正属于这类女性形象的行列，她们破坏了封建社会所制定的女性行为法则，体现出新旧交替时期的性别意识变动。此外，在男女情事的书写方式上，《孽海花》的笔调既似才子佳人小说风格，又似小报写法，共同点是不做道德判断、不标榜伦理观念的正统性来评判行为是非。叙述者对于事件及人物不直接发出评价声音，从侧面显露出曾朴面对既无法被社会性别规范定义、也无法被纳入性别审美传统的近代女性自我时"无所适从的矛盾心态"④。这种淡化道德评价的叙述口吻虽被张爱玲部分采纳，但也由于自传性小说中叙述者和人物紧密的情感关联发生了实质性的转化。

在《孽海花》中，结缘"佳话"既是庄仑樵生涯叙事的高潮，也是这条支线的终点。对幸福婚姻的描述遵循了才子佳人小说中以洞房花烛夜结尾的套路，主角后半生

① 章学诚：《文史通义》，上海古籍出版社 2008 年版，第 172 页。
② 曾朴：《孽海花·注释本》，崇文书局 2018 年版，第 109 页。
③ 王德威：《想象中国的方法：历史·小说·叙事》，百花文艺出版社 2016 年版，第 39 页。
④ 杨飞：《从〈孽海花〉中傅彩云形象看晚清知识分子的文化反思》，《明清小说研究》2014年第 4 期。

的圆满补偿了前半生的坎坷。但小说又借钱唐卿之口点出庄仑樵已是"英雄末路"①，暗示了"佳话"所含的破绽，即受到双方年龄差距悬殊的掣肘。威毅伯之女短暂的出场虽有其在情节架设和人物形象方面的独立性，但更多的是提示接下来见证历史发展的关键人物从庄仑樵转移到威毅伯，在夫系—父系叙事结构中起到了衔接作用。下文我们将会讨论，张爱玲不仅关注"佳话"里涉及的内容，更关注"佳话"闭合结局以外的内容：人物的婚后生活、他们和子女的关系、女性的内心情感及自我意识等。

张爱玲出生时其祖父母已不在人世，她对祖辈的印象来源于混杂想象的间接认识。据其回忆，"家里从来不提祖父"②，"我姑姑我母亲更是绝口不提上一代"③。1931年张爱玲初读《孽海花》之际正是她就读圣玛利亚女校之时，前一年其父母正式离婚。彼时她刚经历家庭变动，家族观念受到冲击；又第一次进入父亲的权威所不能及的领域，接触到社会上的新生事物。在这样的时机下，与《孽海花》的邂逅对张爱玲的成长具有重大意义。

张爱玲对《孽海花》的关注也与其偏好社会小说、历史小说的读书趣味相通。张爱玲自述从小看"社会小说"居多。她所定义的社会小说指的是从《儒林外史》到《官场现形记》这一系列的作品，包含清末公案小说和狎邪小说，可推想《孽海花》也在其中。这类作品吸引张爱玲的要素在于"保留旧小说的体裁，传统的形式感到亲切，而内容比神怪武侠有兴趣，仿佛就是大门外的世界"④，可以理解为既投合张爱玲从旧小说的阅读经验中培养出的传统审美趣味，又投映现实情境，富有生活气息。对社会小说的喜爱在张爱玲赴美后产生了新的变体，即钟情于偏重事实的历史小说。因为"里面偶尔有点生活细节是历史传记里没有的，使人神往，触摸到另一个时代的质地"⑤。在张爱玲看来，社会小说、历史小说这样的文类介于传记和虚构之间，既体现了创作中人为构局的因果法则，又充斥着事件本身出乎意料的"意外性"和"真实感"⑥。

张爱玲也曾一度热衷于想象祖辈的"佳话"。虽然姑姑否认了祖父母两情相悦，但少年时代的张爱玲执迷于故事的浪漫性，听不进姑姑的话。张爱玲对祖辈"佳话"的爱好与她对穿插于"佳话"中的诗歌所肩负的承载、传递情感这一文体功能的重视

---

① 曾朴：《孽海花：注释本》，崇文书局 2018 年版，第 109 页。

② 张爱玲：《忆胡适之》，《张爱玲散文全编》，浙江文艺出版社 1992 年版，第 310 页。

③ 张爱玲：《对照记》，《重访边城》，十月文艺出版社 2012 年版，第 205 页。

④ 张爱玲：《谈看书》，《张爱玲散文全编》，浙江文艺出版社 1992 年版，第 366 页。

⑤ 张爱玲：《谈看书》，《张爱玲散文全编》，浙江文艺出版社 1992 年版，第 371–372 页。

⑥ 张爱玲：《谈看书》，《张爱玲散文全编》，浙江文艺出版社 1992 年版，第 371 页。

有着密切的关联。威小姐的诗作在《孽海花》中引起众文士"齐声叫好"①，主要是因为诗作替众人抒发了忧国之思。小说借名士闻韵高之口指出诗歌这一媒介在"佳话"叙事中的感化及佐证效力——"从来文字姻缘，感召最深；磁电相交，虽死不悔"②。正由于《孽海花》中祖父母因诗结缘，使年少的张爱玲笃信诗文的感召力，所以即便三番五次被告知故事的虚构性，她也依然坚信文字对真实的担保作用。

对张爱玲而言，《孽海花》最大的意义在于填补了祖父母回忆的空白，从而为其打开了了解二者生平的窗口。《孽海花》中庄仑樵出场的事件按照其"中举—上奏弹劾—兵败马江—娶威毅伯女"的顺序展开。张爱玲在《对照记》、《易经》中转述了以上情节，并借用《孽海花》的故事发展脉络。她的改动主要体现在叙事结构的变化上。

二、《易经》中的个人化改编与扩写

张爱玲创作后期对祖辈题材的喜好程度在自传性小说《易经》和《小团圆》中可见一斑。两部作品都是张爱玲赴美后所作。就创作动机而言，作者当时的生活环境已与家族等宗法制文化共同体彻底脱节，人际关系造成的约束大为减弱，写作范围因而更加宽广。同时，正如覃才钊指出的那样，祖辈记忆成为"流散作家"张爱玲的精神寄托，帮助其重新建构文化身份③。在阅读审美趋向上，这一时期的张爱玲偏好取材于真实事件的纪录体文学，提倡混合"人生味"、"意外性"和"真实感"来展现事物内部复杂多变的因果逻辑，对虚构和现实的区别、彼此间相互作用和融合效果的认识愈发明确、完整和体系化。

1957-1964 年间创作的英文自传性小说《易经》叙述了主人公沈琵琶追溯祖辈往事的经过。寻根活动的起因是母亲向琵琶抱怨对于沈家亲眷的不满，琵琶由此回想起少年时通过"一本新历史小说"④了解祖辈的经历。比对《易经》和《孽海花》，可知罗侯爷和威毅伯、沈玉枋和庄仑樵来自同一历史人物原型。琵琶通过询问家人获知

① 曾朴：《孽海花：注释本》，崇文书局 2018 年版，第 108 页。
② 曾朴：《孽海花：注释本》，崇文书局 2018 年版，第 109 页。
③ 覃才钊：《流散作家张爱玲的家园怀恋——浅析〈雷峰塔〉〈易经〉的记忆书写》，《兰州教育学院学报》2019 年第 2 期。
④ 张爱玲：《易经》，赵丕慧译，十月文艺出版社 2011 年版，第 11 页。本文引用的《易经》文本以北京十月文艺出版社 2011 年版为基础，参照香港大学出版社 2012 年出版的英语原作 *The Book of Change*（Eileen Chang, Hong Kong: Hong Kong University Press, 2012）。标注的引用页码为中文版页码。

祖辈的情况，询问的顺序为父亲—老女佣—姑姑。以沉浸于过去的父亲作为寻根叙事的开头，以姑姑对主人公的建议"往前看"① 为终结，凸显出《易经》家世叙事的主旨，即对"新"和"旧"的辩证反思。

琵琶从小受到新、旧两种文化的熏陶。新文化的影响来自母亲和姑姑，表现为个人主义和打破封建性别规范的思想；旧文化的影响来自父亲的家族，表现为强烈的宗族意识和怀旧的思维习惯，可归结为一种遗老心态。姜向东、李爱民认为，张爱玲作品中的家世书写反映出其对遗老群体的矛盾心理和对"所出生阶级不可避免的悲剧命运"② 的自觉性。《易经》中，以父亲为代表的罗家男人在清朝灭亡后拒不入仕，琵琶一方面将尽忠清室视为"冠冕堂皇的借口"，批判父亲的"游手好闲"③，看到祖父歌颂清廷的诗文感到难为情；另一方面，她将遗老的价值观进行了内化和重新解读，为伯夷、叔齐不食周粟的典故感动恸哭。琵琶的感动是因为领悟到"凡是不愿意随波逐流的人都要忍得住寂寞"④。她对道德训诫故事进行了个人化的阐释和引申，将原本体现忠君思想的典故放在现实语境下，解释为普遍性的立身法则。琵琶从伯夷、叔齐的后人开创道教的传说联想到道教是乱世的学问，提倡以弱胜强；并领会到代表"弱"的女性，其实拥有潜在的能量。小说由此重写了遗老精神的内核——不再是男性逃避现实的借口，而是女性渡过现实危机的生存动力。小说通过在遗老精神和女性主体意识间搭建联系，对看似矛盾的两种理念加以调和。

《易经》对《孽海花》的转述中有改编，不仅隐去作品名和书中人物的姓名，而且对原作的情节做了添加及删改。《易经》叙述沈玉枋轶事，既不乏戏谑，又表达了试图理解其苦衷的愿望。例如，《易经》参照《孽海花》初稿，记叙沈玉枋战败后头顶铜脸盆潜逃，目的不在于营造讽刺画（caricature）的效果，而在于引出琵琶对祖父行为的个性化评论。琵琶认为，用脸盆代替盔甲是出于避雨这一实际需求，继而联想到自己曾见过北方苦力避雨时的情形，总结出"祖父也是北方的农家子弟"⑤。琵琶通过将祖父身份还原、"降格"为下层人民，对其寄予同情和理解。

在叙事形式上，《易经》对《孽海花》的改编表现为扩写人物间的对话。小说模拟了沈玉枋及其政敌、太后、罗侯爷等人的话语，在人物周围创造相互作用又相互碰撞的时代意见氛围，从中可看出张爱玲作品多方位刻画人际关系交流的叙事重点，以

---

① 张爱玲：《易经》，赵丕慧译，十月文艺出版社 2011 年版，第 23 页。
② 姜向东、李爱民：《论家世对张爱玲小说创作的影响》，《大连大学学报》1999 年第 3 期。
③ 张爱玲：《易经》，赵丕慧译，十月文艺出版社 2011 年版，第 11 页。
④ 张爱玲：《易经》，赵丕慧译，十月文艺出版社 2011 年版，第 25 页。
⑤ 张爱玲：《易经》，赵丕慧译，十月文艺出版社 2011 年版，第 19 页。

及她对旧小说"深入浅出"、"只看见表面言行"① 技法的借用。与增加对话趋势相对的是《易经》对诗文意义的贬斥。祖父的诗文虽"近在眼前"却"高不可攀"，"无法从著作中了解他深一点"②。在《孽海花》的婚配佳话中充当题眼的七律诗《基隆》，在《易经》里只被引了开头的"鸡笼南望泪潸潸，闻道元戎匹马还"两句。宇文所安指出，律诗的读者往往将注意力投向中间对句③。《孽海花》中听众的喝彩声就是在庄小燕念完《基隆》后四句时发出的。《易经》舍弃了诗中以史家口吻评论战事的中间部分，只留下以个人立场阐发对失败者的同情部分，似乎说明了《易经》叙述历史的角度是以创作者个人的切身感受为出发点。对诗文的忽视也暗示了以古典文体为载体进行传播的"佳话"在张爱玲小说中的失势。

《易经》触及了祖辈话题中常被视为禁忌的区域——祖辈的情感生活。这也是琵琶阅读《孽海花》时的关注点。当她在书中一干人物中寻找祖辈时，首先锁定的是"引诱了船家女的大官还是与年青戏子同性恋爱的文士"④；对于书中这两段叙述的留意反映出琵琶对传奇叙事中所包含的非正统、反常态的情欲要素的好奇。吸引琵琶的是《孽海花》中体现文化消费性和大众导向性的"秘史"，或者说，是面向市民读者的、代表通俗性的"低级趣味"⑤。

《易经》续写了《孽海花》未交代的人物后事。例如，介绍了罗侯爷与沈玉坊之间的翁婿之谊，叙述二人接踵而至的死亡，强调二人在时事见解、阶层利益以及政治生命等方面休戚与共的纽带关系。琵琶认为，两人存在着"真正的爱与了解"⑥，类似于赛吉维克（Sedgwick）所总结的男性同性社会性欲望（male homosocial desire）。张小虹在父权宗法制文化语境下将这一概念解释为"男系世系群之间透过异性恋族外婚所进行的'交换女人'"⑦。赛吉维克认为，男性同性社会性欲望的产生条件是基于异性恋的婚姻联系和女性的受压迫处境⑧。小说对应的具体情境是祖母短暂婚姻后的惨淡孀居。《易经》提到孀居的祖母节省草纸，给儿女交换衣服穿，还透露了祖母与表舅爷间的感情纠葛。小说还以曲笔写祖母对表舅爷的依恋，借姑姑之口透露了二人间的交情。桑梓兰（Tze-lan Sang）发现张爱玲的家世书写受到自我审查意识（self-

---

① 张爱玲：《谈看书》，《张爱玲散文全编》，浙江文艺出版社 1992 年版，第 377 页。
② 张爱玲：《易经》，赵丕慧译，十月文艺出版社 2011 年版，第 19 页。
③ ［美］宇文所安：《诗的引诱》，贾晋华等译，译林出版社 2019 年版，第 18 页。
④ 张爱玲：《易经》，赵丕慧译，十月文艺出版社 2011 年版，第 13 页。
⑤ 张爱玲：《论写作》，《杂志》1944 年第 13 卷第 1 期。
⑥ 张爱玲：《易经》，赵丕慧译，十月文艺出版社 2011 年版，第 22 页。
⑦ 张小虹：《文本张爱玲》，时报文化出版公司 2020 年版，第 394 页。
⑧ Eve Kosofsky Sedgwick, *Between Men*：*English Literature and Male Homosocial Desire*, New York：Columbia University Press, 1992, pp. 1-2.

censorship）的限制，这意味着她不仅要恪守有关政治和性的禁律，而且还要遵循从《春秋》延续下来的传记书写传统——"为亲者讳"①。《易经》却同时挑战了上述禁令，不讳写祖母与表舅爷、姑姑与明哥哥这样近亲之间带有乱伦性质的感情，以此传达家族内部关系"一团乱麻"②式的印象，揭示无法实现和表达的压抑情欲对女性产生的毁灭性影响。祖母孀居后移情表舅爷的叙述，使人联想到《孽海花》中傅彩云孀居经历的描写。但与《孽海花》沿袭旧小说的香艳文风不同，《易经》对祖母的感情成因进行了深层次的剖析，表达出对其惨淡身世的理解与痛惜：

> 她有权冀望更美好的人生，而不是委身于官场败将，屈就寥寥可数的相处时光，然后是遗世独立的庭园，愁闷怨苦，中年就香消玉殒。也难怪她会偏爱迷人的外甥，他这辈子见过几个男人③?

《易经》挖掘出这段看似背离伦常的感情，着眼点不在绯闻性，而在于接近女性的真实精神状态。正如刘禾所言，写作不仅充当了女性间的情感纽带，更是对有关欲望和性活动的男性叙事中所包含的道德权威的抵制④。叙述者琵琶站在同为女性的立场上设想祖母的处境，推测祖母的内心活动，承认其满足情欲需求的合理性，一方面为祖母的"反常"感情正名，另一方面向限制女性婚恋自主选择的社会现实发出诘问，从而将"禁忌"题材与人性表达结合起来。

《易经》中与琵琶寻根活动相关的叙述，无论是少年时期打听祖辈事迹的行为，还是离开父亲、和母亲同住时对这一行为的回忆，都是在家庭关系陷入危机的时间点发生的。少年琵琶在家中孤立无援，故求助于已不在人世的祖辈，而要和祖辈建立精神上的联系，首先就要了解祖辈身上所发生的故事，才能领会故事中包含的隐喻性。同时，祖辈代表了东方逝去的灿烂文明，与留洋的母亲所代表的西方现代文明形成对立。母亲的角色在女儿成长中的缺失抹去了西方文明的实质影响，而对祖辈事迹的重新挖掘使得东方文明的形象变得真切鲜活，与琵琶个人切身相关，"静静躺在她的血液中"⑤，以血统的名义被内在化和实体化。而多年后，当琵琶回忆起寻觅家史的往事

---

① Tze-lan Sang, "Romancing Rhetoricity and Historicity: The Representational Politics and Poetics of Little Reunion", Kam Louie（eds.）, *Eileen Chang: Romancing Languages, Cultures and Genres*, Hong Kong: Hong Kong University Press, 2012, p. 198-200.

② 张爱玲：《易经》，赵丕慧译，十月文艺出版社 2011 年版，第 23 页。

③ 张爱玲：《易经》，赵丕慧译，十月文艺出版社 2011 年版，第 23 页。

④ Lydia H. Liu, *Translingual Practice: Literature, National Culture, and Translated Modernity-China, 1900-1937*, California: Stanford University Press, 1995, p. 178.

⑤ 张爱玲：《易经》，赵丕慧译，十月文艺出版社 2011 年版，第 24 页。

时，她和母亲的关系正在恶化，对母亲的崇拜逐渐幻灭。父亲和母亲因不同的理由讳谈祖辈，琵琶寻迹、追忆祖辈的活动表现出对父母的双重叛逆姿态。少年时的家世探索可以看作琵琶绕开父亲的权威，在自身意志的主导下寻找文化身份的一种尝试；而与双亲发生争执时对祖辈的回想，则是她在经历家庭情感危机时的自我救赎。

三、《小团圆》中祖孙身世的互文映照

《小团圆》从 1975 年开始撰写，直到 1993 年仍在修缮中①，漫长的时间跨度寓示了维持这部作品"创作进行时"的状态对张爱玲的重要性。《小团圆》写作的直接契机来自夏志清的提案，对方建议张爱玲写祖父母与母亲②，即其作品中从未从正面得到充分描写的人物。因此可知，《小团圆》的创作目的之一是以小说的题材记叙祖辈和母亲的事迹。

张爱玲 1972 年定居洛杉矶后开始了隐居生活，仅和少数挚友书信往来。1983 年起的十余年间，她因为闹虫灾不断搬家，又为感冒、皮肤病、牙病等疾患所困扰，自称"做一件事要歇半天"③，人际交往几乎完全断绝，有时收到信甚至只拆看账单④。与现实人情世故的疏离使她将创作重点转向对旧事的整理。1992 年 5 月 28 日，庄信正给张爱玲寄了《李鸿章传》的若干影印页。即便已经很少看信、回信，同年 7 月 6 日，张爱玲还是回复"李鸿章这一部分史料对于我非常可贵"⑤。可见家世题材成了其晚年阅读及创作的关注焦点。

《小团圆》承袭了《孽海花》用化名影射真实历史人物的手法，《孽海花》在书中更名为《清夜录》。《小团圆》对《儿女英雄传》、《撒克逊劫后英雄传》、《莎乐美》及 D. H. 劳伦斯的《上流美妇人》都有互文指涉，不仅显示出主人公盛九莉融会中西的文学素养，也揭示了她对世界的认知体系是由源于现实生活的直接经验和通过阅读获得的间接经验共同组成的。小说保留了以上作品的实名，唯独更名《孽海花》，原因可能有以下三点：一是《小团圆》对《孽海花》的引用形成了元小说（meta fiction）的结构，二者在形式上具有对称性，即被引用作品的文本特征也体现在引用的方式中；二是因为《孽海花》中提及主人公的祖辈，《小团圆》又是自传色彩浓厚的小说，作者考虑到传记书写惯例中为尊长避讳的传统，因此不直言书名（和《易经》

---

① 宋以朗：《前言》，《小团圆》，十月文艺出版社 2014 年版，第 2-13 页。
② 宋以朗：《前言》，《小团圆》，十月文艺出版社 2014 年版，第 6 页。
③ 夏志清编注：《张爱玲给我的信件》，长江文艺出版社 2014 年版，第 340 页。
④ 张爱玲、庄信正：《张爱玲庄信正通信集》，新星出版社 2015 年版，第 315 页。
⑤ 张爱玲、庄信正：《张爱玲庄信正通信集》，新星出版社 2015 年版，第 296 页。

一样）；三是《小团圆》为《孽海花》的翻案式改写，倘若指明原作，则会强化读者对原作人物所持的固有印象，进而强化阅读导向的规范性。事实上，《小团圆》在继承《易经》内容的基础上进一步做出了改动：大幅酌减了祖父生平的部分；保留并压缩了祖母的事迹，使之与母亲方面的家世叙事产生呼应，并加入寻根活动中继母的反应。

主人公追寻父系祖辈经历的过程里，两位母亲的身影隐现其中。《小团圆》先叙述了继母耿翠华之母好婆的身世，紧接着引出九莉祖辈的话题。好婆做过公使夫人，与《孽海花》中的傅彩云有相似的经历。从好婆对自身见闻的零碎讲述中可以窥见继母家世的一角。与此形成对比的是，父亲把《清夜录》当作社交谈资，却无意回应女儿了解祖辈生平的愿望；对父权家庭的逆反心理以及被剥夺了家族历史知情权的处境，促使九莉依靠自己的力量去寻找答案。

《小团圆》中，张爱玲第一次提到继母的家世，也第一次将母亲置于叙述者的位置讲述母系家世。由《对照记》可知，张爱玲年幼时通过遥想逝去的祖父母跌宕幻丽的身世来弥补现实中父母未能提供的精神陪伴，这种心理类似于弗洛伊德所提出的、幼儿青春期之前出现的家庭罗曼史（family romance）情结。家庭罗曼史情结第一阶段的表现形式是幼儿对父母家世抱有同样的幻想，到了第二阶段则"满足于擢升父亲的地位"，对母系一方不再感兴趣①。这与《对照记》聚焦于父系家史，外祖母的身世却被简略带过的笔法相符。而《小团圆》正是通过对父母双方家世同样翔实的叙述，体现出对家庭罗曼史情结的超越。

母亲叙述家世的中心事件是舅舅被抱养的始末。《易经》把这一事件穿插在母亲和琵琶的对话中，而《小团圆》更加绘声绘色地交代了事件发生时母亲的家庭在当时堪称特例的性别构造。由于九莉的外公早死，家中成员清一色为女性，因此遭到宗族内男性势力的迫害。后依靠女佣凌嫂子的机智和胆识，瞒过门卫换来男婴，一家人才幸免于难。这段叙述对于暴力、恐慌气氛的渲染突出了女系家族孤立于外部男权社会的危机状况，富于戏剧性和紧张感。与《易经》相比，《小团圆》不仅塑造了母系亲属的群像，还通过九莉的回忆加深了凌嫂子长于生存技能的人物形象刻画。谭桂林指出，张爱玲在描写封建大家庭时往往将女性置于家庭权力结构的中心，将男性移到边缘位置②。这段母系亲属经历的叙事中可见相似的"重女轻男"特征，体现出张爱玲

---

① ［奥］ジークモンド・フロイト（西格蒙德·弗洛伊德）：《神経症者の家族小説》，《エロス論集》，中山元译，筑摩书房 1997 年版，第 230 页。

② 谭桂林：《写出人性深处的原始悲怆——谈张爱玲家庭题材小说〈金锁记〉和〈创世纪〉》，《中国现代文学研究丛刊》1997 年第 4 期。

处理家世题材时惯常选取的角度和着重表达的主题：父亲的缺席、女性之间的连带关系、女性对自身性别特质的自觉利用以及对划分性别、阶级优劣标准的颠覆。这些被正统传记所排斥的叙事元素使得母系家世的叙述更像是"狸猫换太子"①一类的虚构传奇。

作为叙述者的母亲也是第一次在主人公探索家史的活动中起到推动作用。《易经》中，拒绝追忆夫家历史的母亲对家族叙事的生成和传播仅产生妨碍效果。这也使得她的声音无法被整合到互为呼应又彼此牵制的家族话语体系里，显得独立又模糊。而在《小团圆》中，母亲也按照家族女性口述历史的惯例，讲述了娘家祖辈的往事。母亲的家世不像张家一样在正史中留名、经过文艺改编而享有极高知名度，因此，长时间被舆论、甚至张爱玲本人所忽视。同为战时女作家的潘柳黛却独树一帜地认为，张爱玲被世人称道的"超人的聪明和智慧"并非来自所谓的"贵族血液"，而应归功于其母的言传身教②。潘柳黛的评语中流露出女作家对母亲影响的重视。将母亲的家世写入《小团圆》，或许是作者对被夫家的声名所断送、埋没的母亲的体恤，也是对母亲给予其成长的种种影响的正面接受以及对母系亲族的身份认同。母系家世叙事中出现的生育题材、地缘性描写、家族内部暴力的揭发以及对女性行动力的重视正是父系家世叙事中所缺乏的，这些要素在小说后半部也被运用在九莉/作者自身经历的叙述里。

《小团圆》开篇对祖辈生涯的怀想和之后九莉自身经历的叙述之间存在着相互映照的关系。这不仅是因为小说中自传性的内容涵盖了家世叙事的要素，还因为九莉的婚恋经过和祖母的婚姻状况之间蕴含同构性。九莉和邵之雍的婚恋可以看作对祖辈婚姻的复刻，同样是男方年长女方很多，同样是双方在男方落魄时相识，女方施以援手。此外，邵之雍和祖父同为知识阶层出身的官僚，也都经历过战败和狼狈的逃亡。然而，与其说祖孙婚恋状况的重复是一种巧合，不如说是九莉因对祖辈的生活方式抱有憧憬而有意模仿的必然结果。张爱玲年少时不信姑姑的辟谣，可知对祖辈罗曼史的信仰在她心中扎根之深。即便在成长中辨明真相并进行了翻案改写，"佳话"的影响仍然保留下来，演化为她在考察两性交往时的参照标准和审美范式。1944年与苏青关于婚姻的对谈中，张爱玲提出适合结婚的是"男人比女人大，最好大女人十岁左右"③的情况，其祖父母就符合这一年龄搭配。

在嵌入作者自身婚恋体验的《小团圆》中，九莉虽不再执着于"佳话"，承认

---

① 张爱玲：《小团圆》，十月文艺出版社2014年版，第34页。
② 柳黛：《张爱玲这个人》，《沪报》1946年10月8日4版。
③ 《苏青张爱玲对谈记：关于妇女·家庭·婚姻诸问题》，《杂志》1945年第14卷第6期。

"奶奶嫁给爷爷大概是很委屈"①，却依然设想二人婚姻美满。在九莉的想象中，祖父母相伴的岁月即使不过几十年，却过着"伊甸园的生活"②。对祖辈婚姻的童话式描述投射了九莉心目中婚恋的理想形态，一是不为外界看法左右、只注重彼此间一夫一妻式的关系，二是比起长相厮守更在乎当下幸福感的"现时"意识。李欧梵将张爱玲作品中的"现时感"定义为一种存在状态的不稳定感和支离破碎的时间观念③，在九莉的身上表现为对预计无法长久的当下生活状态的珍视态度。热恋期间，九莉感觉活在"永生"中，"这一段时间与生命里无论什么别的事都不一样，因此与任何别的事都不相干"④。对祖父母婚姻的修饰所导致的自我认同误导了九莉对自身状况的把握，使她无法认清个人感情的现实，即之雍和祖父的相似点只是浮于表面，而自己和之雍的关系不可能复制祖父母的"佳话"。克默德认为，《尤利西斯》这样的现代主义作品是对神话的解构，因为它"发展了范式与现实之间的紧张关系，表现了事实对虚构的抵抗，以及人类的自由和不可预测性对于情节的抵抗"⑤。《小团圆》的解构正是从揭示神话影响的后果开始。当人物陷入对虚构范式的审美盲信并试图将其再现于自身的处境时，建立在多样性和可变性基础之上的现实认识便容易遭受干扰，因而难以对行动进行有益的指导。

四、结语

《孽海花》最吸引张爱玲的部分是祖父母因诗结缘的"佳话"。借诗传情作为中国文学传统中结合恋爱与创作的主体活动，对女性读者具有强大的感召力。《孽海花》的"佳话"叙述场景还原了崇尚才子佳人言说的名士圈这一文学公共领域，通过私人关系中女方的主导地位显示了小说在对待性别问题方面的近代性立场，也将历史中真实存在的女性声音、行迹湮没于男性主导的众声评论和以婚姻为终点的闭合结局中。

《孽海花》为少时的张爱玲提供了了解从未谋面的祖父母生平的档案资料。随着文学视野的拓展及女性经验的积累，张爱玲逐渐意识到"佳话"是以隐匿婚姻的真实状况以及忽略祖母的个人意愿为代价而实现的。于是，她在自传性小说《易经》、《小团圆》中以《孽海花》为对照改写了祖辈事迹。《易经》对《孽海花》"佳话"的改

① 张爱玲：《小团圆》，十月文艺出版社2014年版，第106页。
② 张爱玲：《小团圆》，十月文艺出版社2014年版，第106页。
③ 李欧梵：《苍凉与世故》，人民文学出版社2010年版，第16—27页。
④ 张爱玲：《小团圆》，十月文艺出版社2014年版，第150页。
⑤ ［英］弗兰克·克默德：《结尾的意义：虚构理论研究》，刘建华译，辽宁教育出版社2000年版，第107页。

写策略主要落实在祖辈事迹的个人化改编和祖母孀居生活的扩写这两点上，由此体现出对"新"、"旧"意识的辩证反思，并在投射女性情感认同的同时，向家史书写规范发起了挑战。《小团圆》在《易经》的基础上增加了母系家世支线的叙述体量和多样化的叙述手法，包括串联主人公的寻根愿望与继母家世的回忆、将母亲置于主要叙述者的位置上以及突出母系家史叙事中的性别冲突要素。此外，《小团圆》的主人公对祖辈婚恋模式的态度混杂着批判和认同，这种矛盾的认识与其对自身婚恋状况的把握形成了互相映照的关系。

半世纪间，《孽海花》"梦魇"始终萦绕在张爱玲对于家世的挖掘与写作中。她的自传性小说依旧借鉴了《孽海花》的叙事要素，从情节的安排、人物的命名、历史背景的还原都可窥见端倪。主人公的恋爱体验以及她对感情的认识也与《孽海花》中"佳话"的特征相重合。相似的文本结构对应着祖孙代际间相似的人生境况和关键选择。这种相似性暗示了阅读不仅对创作，也对其他现实性的认识与行为产生干预作用，可以称之为作品的"梦魇"效应。问题在于，读者在遇到与文本情境相似的现实情境时，有可能将对虚构对象的审美认同代入到对现实对象的认识和判断中，从而遮蔽了现实本身的复杂性和变化性。《小团圆》的解答方式是承认阅读的负面影响并展示"梦魇"的后果。《孽海花》带给了张爱玲有关"佳话"的启示，而她取法《孽海花》的自传性小说也给予了读者关于文本及文化范式的启示。

（作者单位：南京信息工程大学文学院）

周作人 1943 年南行史料补遗①

曾祥金

周作人先后于 1942 年和 1943 年两次南行，前往南京、苏州等地游览。这于他个人而言，自是值得纪念的事；而对于当时略显沉寂的南京文坛来说，其意义更是非同小可。周作人的两次南行都成了当时重要的文化事件，南京城甚至在短时间内出现了所谓的"周作人热"。其中，1942 年周氏的南京之行，笔者在之前已做了较为详尽的考释②。1943 年 4 月的这次南京、苏州行在《周作人年谱》（张菊香、张铁荣编著，天津人民出版社 2000 年版）和周作人的各种传记里有不同程度的介绍。笔者在这里侧重通过对原始报刊以及相关文献的梳理做一个史料补遗工作，以期较为全面地还原周氏的此次南行活动。

一

周作人于 1943 年 4 月 5 日乘火车离开北平，周丰一、王万松、苏瑞成等人随行；4 月 6 日上午至徐州，下午抵达南京。周作人此行是应汪精卫之邀南下讲学，这也是汪精卫对周作人从伪教育总署督办下台的一种抚慰手段。《中报》报道了周作人抵京当日的活动："华北政委会委员周作人氏于六日下午一时五十分乘车抵达浦口，关系方面均派员赴站欢迎，旋渡江来京，下榻于中华留日同学会。稍事休息后，即由宣传部林部长陪同周氏前往主席官邸，恭谒汪主席致敬，退出后，周氏复往访褚外长。当晚宣传部林部长欢宴周氏，席间谈笑风生，备极款洽。"③ 由《周作人年谱》可知，到

---

① 本文系第 70 批中国博士后基金面上项目（2021M702635）的研究成果。
② 参见曾祥金：《周作人 1942 年南京之行考》，《新文学史料》2018 年第 4 期。
③ 《周作人昨抵京 谒主席致敬 当晚林部长设宴欢迎》，《中报》1943 年 4 月 7 日。

浦口火车站接周作人的有杨洪烈夫妇、张次溪等人①。周作人到南京后即前往汪精卫府邸拜谒，说明两人此时关系已相当密切。伪宣传部部长林柏生和伪外交部部长褚民谊与周氏在此前也已相识。有意思的是，1942 年周作人前往南京就留宿于中华留日同学会，这一次仍是住在那里。

4 月 7 日，周作人游了夫子庙。此时的周氏已经卸下伪教育总署督办的职务，更多回归文人身份，想必对这旧游之地也更有体悟。8 日下午，周作人前往伪中央大学演讲②。当时的报纸对这次演讲有较为具体的记载："中央大学于八日下午二时特请来京之华北政委会委员周作人氏，在该校大礼堂演讲，到该校全体师生千余人。首由樊校长致介绍词后，周氏即登台演讲，讲题为《学问之用》。周氏对学问之用，引今证古，阐述至为详尽，末并盼各学生于年轻时多读点书，在乱世的时候多负点责任。语重意长，至为恳切，历一小时始毕。樊校长复将周氏之演词详细分析，并盼全体学生努力学业，应如商人囤积货物样囤积学问，至四时余始毕。"③ 当晚，周作人往汪精卫宅赴汪的宴会。

4 月 9 日早晨，周作人在中华留日同学会会见了前来拜访的纪果庵、雷迅等人，相谈甚欢。周氏颇有兴致地说起他年轻时就读的江南水师学堂："记得仪凤门一进来就是很大的坡度，疾驰而下，直抵水师学堂门前。在学堂日，早点必市'侉饼'，蘸辣椒油佐萝卜干食之，其味至佳，所费不过铜元三文。"④ 接着，周氏又谈起"宣传"来，说广告的作用限于不急之务、不实之语，如米粮店、油盐店、煤店向来不登广告的，因为这是家家必需，用不到说。广告最多的是药品，所以打开报纸，不是治淋，便是消毒。总因为这些东西不是日用品，才要强聒而不舍，强聒的效用，不一定是你信了它，就是你讨厌了它，至少你对它已有了印象，则广告之能事尽矣，不必要的宣传，也是这样的道理。最后，周氏还谈了北京胡同改名字和韩愈等话题。下午，周作人前往伪中日文化协会出席座谈会，《中报》以《周作人昨应邀参加京文化界名流座谈会》为题做了如下报道："宣传部与中日文化协会当局为表示欢迎南来讲学之华北政务委员会委员周作人氏，特于九日下午三时，柬邀周氏暨本京文化界名流举行座谈会，计到有周作人、沈启无、樊仲云、许锡庆、张资平、陈柱、龚持平、杨洪烈，并友邦方面文学家林房雄、草野心平等廿余人，林宣传部部长亦以文化人姿态莅临参加。

---

① 张菊香、张铁荣：《周作人年谱》，天津人民出版社 2000 年版，第 656 页。
② 关于 1943 年周作人在南京和苏州的演讲，刘涛《周作人 1943 年在南京伪中央大学的一次讲演》和程天舒《周作人 1943 年在南京的演讲》已做了较为详细的钩沉，故本文涉及演讲部分从略。
③ 《周作人昨在中大演讲〈学问之用〉》，《中报》1943 年 4 月 9 日。
④ 纪果庵：《知堂老人南游纪事诗》，《古今》1943 年第 23 期。

座谈开始后，各出席文化人多依次发表宏论，于我国之文化思想问题，多赤诚披沥、阐述详尽，而于未来思想之趋向，暨如何使思想纳入正轨，尤有精辟之见解。一时议论横生，空气异常热烈。迄六时许，座谈始告完毕。"① 报道中还说到，因为周作人久慕江南姑苏风景，又恰好是春暖气和、草长莺飞的季节，所以预备于 10 日早晨乘车前往姑苏游览，在苏州勾留两日再回南京。

<h2 style="text-align:center">二</h2>

周作人果然于 4 月 10 日上午乘火车赴苏州，《江苏日报》对周作人一行的到站情形做了报道："国民政府委员周作人氏，偕北京大学教授沈启无、周丰一、苏瑞成、王古鲁，中央大学教授龙沐勋，宣传部事业司司长杨鸿烈等氏，于昨（十日）中午十二时五十分，由京乘天马车莅苏。江苏省教育厅袁厅长，宣传处明处长、刘科长，本报冯社长，中央社苏分社高主任，教育学院汪副院长及中华日报陶亢德、柳雨生，省立教育学院青少年团等，均往车站迎接。周氏衶黑色中装大衣，神采奕奕，下车后，与欢迎者一一握手为礼。"② 记者郭梦鸥在《知堂老人来苏州记》中对此有更为详细的描写："终于周先生走下车来了，大家也就一拥而前，虽然不像围明星一般围得铁桶一般紧，却围得那么亲热、愉快，在交换名片之下，得以一瞻风采了。就这样在旱桥上停留了好几分钟，才由陶亢德先生提醒了一下，提议合拍一张照片，以留纪念。于是陶先生与周先生并排立着，接着沈启无龙沐勋柳雨生杨鸿烈汪正禾诸先生都站上去，一刹那间，留下了永久的纪念了。当周先生走过教院学生队前时，拍的一声，整齐的行列，向周先生一行人行了注目礼。我们一阵十来人跟在左右背后，实在有些威风凛凛的感觉，俨然若军官在行检阅礼，很有些幽默的意味。不知周先生以为如何也。"③ 另外，同样身处其中的陶亢德在《知堂小记》中也有记载："车子进站了，到底雨生眼快，已瞧到了苦雨斋与闲步庵，奔上前去。我和闲步庵已经在沪见过一次，于苦雨斋则我认得他（从照片上）而他不认得我，乃由雨生介绍。'嘎嘎，亢德亢德'，在人声嘈杂的车站上，我似乎听得那浓密花白胡子掩映下的口中有这么一句。在站上照了两三张相，就相偕出站而去。在月台正中列着一队欢迎知堂的江苏教育学院男女学生，……但听得一声'立正'，欢迎的学生个个挺起脊梁向知堂致敬了。知堂答礼的样子

---

① 《周作人昨应邀参加京文化界名流座谈会》，《中报》1943 年 4 月 10 日。
② 《国府委员周作人氏莅苏拜吊章太炎墓　昨偕随行人员游览灵岩名胜》，《江苏日报》1943 年 4 月 11 日。
③ 郭梦鸥：《知堂老人来苏州记》，《风雨谈》1943 年第 3 期。

后来雨生形容得甚妙：'好像老农闲步田间时的偶一俯视新苗。'这句话的意思我却把来着重在老农与新苗四字上。"① 陶亢德与柳雨生专程从上海赶到苏州，只为与周作人一见。其中柳雨生是周作人的学生，陶亢德此前与周氏却未有一面之缘。在车站接到周作人以后，他们就一起乘汽车前往木渎饭店。"我们已经有了预定的计划，形同绑票的一拥而跳上汽车，不管三七二十一的直驰木渎。幸而周先生却十分壮健，虽经过了几百里火车劳顿，又接着来了三四十里长途汽车的颠簸，到了木渎镇上，还是阔步而趋，毫无疲惫之态，使孱弱的我辈十分汗颜。"② 关于周作人的"壮健"，陶亢德的文章中有更为细致的记录："知堂今年已是五十有九的高年，但一无老态可见。……在乐乡饭店夜谈时我谈起这点，知堂说老年身体壮健，与少年时吃过点苦仿佛不无关系。于是讲出了一个他少年时寓居杭州偷吃冷饭的故事来：'我跟祖父住在杭州。祖父的姨太太总把吃剩的冷饭盛在饭篮中悬空排起，以免鼠窃。哪知好多次拿下来时总是少了几块，觉得非常奇怪。原来是我在肚子发饿没有点心吃时偷吃去的。'"③ 原来周作人还有这样一段年少时"偷吃冷饭"的往事。

中午，大家就在木渎石家饭店吃午饭。石家饭店是木渎镇上有名的饭店，苏州城里的人也经常跑到木渎镇上去饱餐一顿，或者派人到店里定菜送到城里去吃。江苏日报社长冯子元特意在这里设宴招待周作人，目的就是"要知堂老人一尝味道较佳较别致的南味"④。这顿饭周作人吃得很满意。"我们在这山光明媚的酒楼上，尝到了鲜美的佳味，席间觥筹交错，谈笑尽欢。其间尤以虾仁红烧豆腐一味，既香且嫩，不禁异口同声的赞美起来。这时石老板不知从哪儿打听来的消息，硬派周先生为中国有名的小说家，忙着磨墨洗笔，赶购宣纸，预备请先生大笔一挥，以便挂在客堂上，作为吸引客人的宣传品。老板一听到大家赞美豆腐羹，马上高声吩咐伙计再来两盘，而且特地拉得更高的嗓子喊：'这两盘是不算钱的，不要记账。'我们也就不客气的说：'那么，我们吃石老板的豆腐了。'于是大家又是哄然而笑，周先生亦微颔其首。"⑤ 周作人后来果然为饭店老板即席题诗，还为木渎警署署长孙业和陈君各题一诗。饭后游灵岩山，"及车抵灵岩山下，一尘不染，山翠欲滴，而太湖洞庭，则沉浸在迷濛雨雾中，尤具画意，精神为之一爽"⑥。周作人在灵岩寺前的地摊上买了木制小玩具磨子、烛台、酒杯各三件，准备带回北京分给小辈。这一天刚好是印光大师的无锡弟子来寺举

① 杨之华编：《文坛史料》，中华日报社 1944 年版，第 103 页。
② 郭梦鸥：《知堂老人来苏州记》，《风雨谈》1943 年第 3 期。
③ 杨之华编：《文坛史料》，中华日报社 1944 年版，第 105 页。
④ 郭梦鸥：《知堂老人来苏州记》，《风雨谈》1943 年第 3 期。
⑤ 郭梦鸥：《知堂老人来苏州记》，《风雨谈》1943 年第 3 期。
⑥ 郭梦鸥：《知堂老人来苏州记》，《风雨谈》1943 年第 3 期。

行法会，周作人得以瞻仰净宗尊宿印光大师遗像和舍利子。"参观时须脱鞋入室，以示清洁尊严，大家也都肃然致敬，彼此寂静无言，周先生尤为虔敬。"① 周作人的"虔敬"是不足为奇的，他在五十自寿诗中就写道"前世出家今在家"，意思是他上辈子是和尚。接着，大家到东阁前远眺，观赏了一回苏州城中的虎丘狮子山和城外的太湖美景。晚赴伪江苏省府宣传处在松鹤楼设的招待宴。夜宿乐乡饭店，周作人在睡前和陶亢德等人聊了很多文坛故实："谈到鼎堂，问起茅盾，说到语堂，他说语堂的天分极高，为语丝撰文时只觉得一篇比一篇进步，说到许地山的一病不起，他深深叹息中国人少了个有数的人才。据知堂言，许之去港，为的燕京大学不肯重用，因为燕京有个坏习惯，不重视本校毕业的人，无论这个人后来留英留美，学问超群。"② 这段谈话信息量不小，涉及周作人对林语堂和许地山的评价，还向人们披露了燕京大学这个新文学重镇的"坏习惯"，不应该被忽视。

第二天一早，有一群初中生来向周作人请教，谈到了他们读过的《故乡的野菜》和《乌篷船》③。晨八时，周作人偕随行诸人，由省立图书馆长徐征作陪，赴吴苑深处爱竹居品茗。周氏对这个地方印象颇深，在后来写的《苏州的回忆》一文中特意写道："这里我特别感觉有趣味的，乃是吴苑茶社所见的情形。茶食精洁，布置简易，没有洋派气息，固已很好，而吃茶的人那么多，有的像是祖母老太太，带领家人妇子，围着方桌，悠悠的享用，看了很有意思。"④ 这也符合周氏一直以来的审美，他对于生活之艺术的追求是一以贯之的。接着，周作人前往锦帆路四十号章太炎墓拜吊。《知堂老人来苏州记》对此时的章太炎墓有这样的描写："这里破屋连毗，菜畦离离，差不多像贫民窟一般的地方，又略带些乡间的野趣，太炎先生的墓想不到就在这儿，更想不到章先生的墓简陋到仅一抔土堆，使人慨然欲涕矣。四周杂植桑桃等树，疏落约六七株，墓之四周为一畦菜圃，旁有矮层三两间，颇具田家风味。墓为长方形，约二丈长，四围为破砖所砌，高不及三尺，中则松土堆积。墓中植一长方木头，正面书'章太炎先生之墓'七字。背面写着'民国二十八年十一月辻部队建立吴济时书'等十八字。"⑤ 周作人在墓前鞠躬行礼，黯然良久，并在墓前留影以作纪念。临走前，周作人还给了守墓的人一百块钱，嘱咐他好好看守墓地。周氏的行程颇为忙碌，从章太炎墓出来后，一行人先是到宣传处明处长公馆稍事休息，然后到省长官邸会晤伪江苏省李

① 郭梦鸥：《知堂老人来苏州记》，《风雨谈》1943 年第 3 期。
② 杨之华编：《文坛史料》，中华日报社 1944 年版，第 105-106 页。
③ 详见张香还：《周作人印象》，孙郁、黄乔生主编：《回望周作人 知堂先生》，河南大学出版社 2004 年版，第 120 页。
④ 周作人：《苏州的回忆》，《艺文杂志》1944 年第 2 卷第 5 期。
⑤ 郭梦鸥：《知堂老人来苏州记》，《风雨谈》1943 年第 3 期。

省长，接着到沧浪亭访古，又到护龙街各旧书肆参观。这天上午，周作人还去马医科巷瞻仰了俞曲园的春在堂。我们同样可以从记者郭梦鸥的文章中见到彼时春在堂的模样："当我们走进马医科俞宅，前面是两棚成衣架，已不像是读书之处了。可是抬头一看，李鸿章所题'德清俞太史著书之处'横额，赫然犹悬在那，一走进去，许多藏置木板的木架子，黑黝黝的排满了已刻好的木板。当日曲园老人著书之勤，犹可想见。木架上贴有许多书目，殆为坊间不易见者。""曲园在屋之第三进，地如曲尺故名，叠石凿池，杂载花木，内有回峰阁等胜。"① 周作人在那里徘徊许久，觉得见到的过廊、侧门、天井种种，都恍惚是曾经见过似的。他还对同行的友人说，俞平伯有这么好的老屋在这里，回去一定要劝他南归，不要滞留北方。当然，这也只是他一时兴起的念头罢了，在当时的环境下俞平伯是不太可能"南归"的。

11 日中午，周作人应省教育厅欢宴，下午赴江苏教育学院演讲，讲题为《知识的活用》。当时还是初中生的张香还在四十多年后回忆了当时的情形："他站在讲台前，演讲姿态，看去一如早间和我们谈话时一样。声音是轻微的，缓慢的。他很有兴趣的提到了俞理初、袁中郎、李卓吾。他的兴趣似乎又并没有引起大家的兴趣。我们身边的大学生正在嘁嘁喳喳地发出声音。周作人只是一直讲着。"② 这段描述也符合我们对周作人演讲的认知，周氏的口才确实不能说好。离开前，周作人为江苏教育学院题写了"言忠信行笃敬"几个字。后来，周氏又去狮子林和虎丘游览，晚赴伪中日文化协会苏州分会在老义昌福的招宴暨座谈会。《江苏日报》对这次座谈会有详细的报道：

文协会邀请周氏举行文化座谈会　省垣中日名流莅临作陪

（本报讯）国府委员周作人氏偕随员莅苏后，中日文化协会江苏省分会表示为联络文化界感情起见，特于昨晚七时，假老义昌福酒楼邀请中日文化名流举行盛大之文化座谈会，到周作人、杨鸿烈、王古鲁、沈启无、周丰一、苏瑞成、龙沐勋、戴德清、史训迁、江璨琳、唐剑勋、汪正禾、高征安、徐征、蒋钟麟、王予及友邦中山联络部长、大竹诚等数十人，济济一堂。首由史训迁氏代表中日文化协会向周作人氏致欢迎词，略谓："周作人先生是我国文坛先进，此次看到先生的风采，吾人感到万分荣幸。先生不论在文学上，在道德上，都是非常崇高。苏州的文化仍很幼稚，希望先生多多指教。清乡工作是要军事、政治、文化一元化的，但因文坛的空虚，吾人所作的文化工作显然是不够，更希望先生有所指示，吾人有所遵循。"继由周氏致答词，略谓"鄙人来苏观光，江南是我生长之地，

① 郭梦鸥：《知堂老人来苏州记》，《风雨谈》1943 年第 3 期。
② 张香还：《周作人印象》，孙郁、黄乔生主编：《回望周作人　知堂先生》，河南大学出版社2004 年版，第 121 页。

此次自北南来，看到故乡各种政治文化之建设，并不因战争而有所逊色，衷心快慰非凡。复承中日文化协会招待，与江南文化同志相聚一堂，深感荣幸。希望此后互相研究，以谋文化之复兴"云云。席间觥筹交错，餐毕，复举行签名式，周氏又为老义昌福题"努力加餐"四字，至九时许始返乐乡饭店休息云①。

周氏在答词中说到的"故乡各种政治文化之建设，并不因战争而有所逊色"，显然是罔顾事实的言辞，也再一次暴露了周作人的"文化汉奸"身份。周作人在返回饭店休息前还听了女弹词家范雪君演唱弹词，并作诗一首。

12 日上午八时半，周作人一行应江苏日报社邀请，在新亚酒楼喝茶。周作人在酒楼上谈得非常欢畅，而且吃了不少点心，一客鸡球包，一客叉烧包，此外又来了一客春卷、一客蛋糕，胃口实在很不错。席间周作人谈到了自己的性情，说是人家以为他冲淡闲适，实则脾气是很躁急的。接着，周作人又说到如果他还是个军人，也许是个最会杀人的军人；不过这些年来的修养，使自己能够用理智控制住情感而已，然而他知道，他的脾气还是坏的②。从这段谈话中我们可以了解到另外一个周作人，一个有可能"最会杀人的军人"，这是颇有意思的。吃完早餐，周作人分别为伪中央社苏州分社和江苏日报题字。前者的题字是"前途当几许，未知止泊处。古人惜寸阴，念此使人惧"。后者的题字是"道狭草木长，夕露沾我衣。衣沾不足惜，但使愿无违"。后面这几句诗，周作人 1942 年南行时也为南京农场主人陈醉云题写过，可见他对这几句诗的喜爱。但是，彼时周作人一再渴望"无违"的到底是什么"愿"呢？抑或这只是周氏的一种自我辩解和自我宽慰？周作人于十时二十分乘天马车离苏返京，离开前发表了一通莅苏感想："鄙人蒙国民政府任命委员，此次进京述职，晋谒主席，并在中大稍作演讲。嗣得知太炎先生故后，即葬在宅内，故临时决定赴苏一行，参拜遗坟，并观国学讲习会旧址，在苏只停留一日，即须回京，并已参观灵岩山、玄妙观。就木渎及城内所见而言，人民生活优裕，极可欣慰。至于江南风味，鄙人生长浙东，素所熟悉，因居住北方，暌违已久，时致怀念，今得重见，尤可快欣。"③

三

回到南京后，周作人参观了青年时代就读的江南水师学堂，下午又往访伪国民政

---

① 《文协会邀请周氏举行文化座谈会　省垣中日名流莅临作陪》，《江苏日报》1943 年 4 月 12 日。

② 郭梦鸥：《知堂老人来苏州记》，《风雨谈》1943 年第 3 期。

③ 《周作人今日返京　并发表游苏感想》，《民国日报》1942 年 4 月 12 日。

府，并接受了记者的访问。这次访谈涉及周作人对当时教育状态以及中日文化沟通的看法，未见其他研究者提及，故照录如下：

周作人接见记者　谈中日文化沟通意见

南来讲学之周作人氏，于十二日下午自苏垣返京，记者特于当晚往中华留日同学会趋访。（周作人氏）予以接见，并对记者所提各问题，详为答复，兹逐一录后：

（问）周先生此次南来，有何感想？

（答）自事变后，曾于去年五月随汪主席来京。此为第二次来京，目睹各地已逐渐繁荣，人民生活亦极安定，觉得非常欣慰。

（问）周先生对于现在教育状况，有何意见？

（答）就现在教育状况言，可谓正在逐步进展与恢复中，但尚未达到理想地步。本人认为要教育普及发达，其基本关键仍在一般人民生活的安定、政治获得进展、经济繁荣各点上，所以现在想谋教育复兴，必先谋全面恢复和平。全面和平达到后，教育自可有极大进展。

（问）就现在环境言，周先生对于中日文化之沟通工作有何意见？

（答）中日文化沟通问题，确属十分重要。余以为中日两国，无论如何努力于实践，但必须有一个共同概念。此概念即是互相了解，盖每一个民族均有其独特性，此不相同的民族独特性，正是此民族的特征。吾人既要努力于沟通文化，则应先努力使彼此间谅解其特征。以往文化沟通工作仅着重于精神文化方面，今后不但应致力于精神文化的沟通，且须注重于物质文化的沟通，才能算彻底的做到。

（问）周先生对于发扬东亚文化有何意见？

（答）东亚自古就有很优良的文化，在世界上自成一系。我们即不提出中日是同文同种等等理由，任何人自会明了东亚文化的系统与西洋文化是有显著差别的。我们要发扬东亚文化，必须将以前所吸收来的西方文化先加以彻底的消化而吸收之，俾与我东亚固有的文化配合，绝不能盲目的崇拜西洋文化。所以现在要发扬东洋文化，必须要整顿以往的文化，并发扬我东亚固有的文化精神①。

这次访谈中值得注意的是，周作人在回答中日文化沟通中提到每一个民族都具有独特性，要达到文化沟通的目的，必须先尊重对方的这个独特性。这与他此前一再强

---

① 《周作人接见记者　谈中日文化沟通意见》，《中报》1943年4月14日。

调的中日文化的同种同源有一定的差异，也可以看作他对自身民族地位的一个"争取"。

4月13日上午，周作人再次前往伪中央大学演讲，讲题为《人的文学之根源》①。《中报》对周作人的这次演讲做了报道："中央大学于昨（十三）日上午九时三十分延请周作人氏举行演讲，题为《人的文学之根源》。先由该校文学院长陈柱尊氏致介绍词，继即由周氏演讲，详述中国固有之两种文学思想，中间互为消长，并列举黄梨洲孟子等学说、离骚杜诗等例为证，简明深刻，历一小时半始毕。"② 14日上午，周作人游玄武湖，并赋诗一首："一住金陵逾十日，笑谈哺啜破工夫；疲车羸马招摇过，为吃干丝到后湖。"③ 一同游湖的还有沈启无、龙榆生诸人，龙榆生也写了一首《癸未暮春，与启无陪知堂老人泛舟玄武湖作》，可作为周作人诗的补充："山影低昂水拍堤，长堤一带草萋萋。骋怀未悔婴尘网，狎惯风波是鹏鹩。依然湖面水拖蓝，浅绿嫣红一镜涵。最是令人忘不得，那回清唱此清潭。（往岁与吴霜厓翁泛舟湖上，翁令门人吹笛，自歌所为杂剧，望之飘飘然，有出尘之想。）"④ 这次玄武湖之游似乎给周作人留下了深刻印象，在4月16日离开南京北归的火车上他又写了一首与玄武湖有关的诗。14日下午，周作人到伪模范女子中学演讲，讲题为《女子教育和一般中学教育的意见》。《中报》做了相关报道："国府委员周作人氏，自昨日往中大讲学后，十四日下午三时，复应国立模范女中之邀请，往该校讲学，讲题为《女子教育方针》，听众有该校师生共二百余人。周氏于当前女子教育之重要与现在我国女子教育状况，阐述极详，而于女子教育之方针，尤有极恳切之指示。全体听众咸感兴奋异常，迄至五时许始讲毕而散。"⑤ 周氏后又至伪南方大学演讲，讲题为《整个的中国文学》，由校长江亢虎主持，"到听众凡五六百人，颇极一时之盛"⑥。

4月15日，周作人往访汪精卫，向汪辞行，汪精卫给了他六千元作为旅费。周氏又到林柏生、李圣五宅辞行。16日下午，周作人乘车离开南京，《中报》以《周作人北返》为题做了报道："国府委员周作人氏自本月六日抵京后，往各学府讲学。兹悉周氏以在京任务完毕，业于十六日下午搭车北返。"⑦

---

① 《周作人年谱》将此次演讲题目误记为《中国文学上的两种思想》。《中国文学上的两种思想》是该演讲稿后来在《艺文杂志》上发表时改的名字。

② 《（周作人）昨在中大演讲〈人的文学之根源〉》，《中报》1943年4月14日。

③ 转引自钱理群：《周作人传》，北京十月文艺出版社2005年版，第389页。

④ 龙榆生：《癸未暮春，与启无陪知堂老人泛舟玄武湖作》，《同声月刊》1943年第3卷第2期。

⑤ 《周作人昨在模女中讲女子教育方针》，《中报》1943年4月15日。

⑥ 《整个的中国文学　周作人在南方大学演讲》，《中报》1943年4月17日。

⑦ 《周作人北返》，《中报》1943年4月17日。

　　最后值得一提的是周作人此次南行去不去上海的话题。周黎庵在事后回忆说，周作人在南京、苏州期间，"我去信问他何时到上海来，以便招待一番。不料回信说得斩钉截铁，说他绝不足履上海一步。上海和苏州那么近，他对上海却那么厌恶，我实在难以索解"①。其实，周作人对于上海并没有那么"厌恶"。陶亢德在苏州车站刚见到周作人时就向他发出了去上海的邀请，周作人的回答是："恐怕时间来不及，只好不去了。"②后来吃晚饭的时候，陶亢德又说道："这一次既然到了苏州而不去上海，未免使上海文化人方面有点那个，周先生从前写过一篇批评上海气的话，此番不去，人家或以为迄今仍厌闻上海气，未免太使上海人难堪了。至于时间，苏州少耽搁半天，南京迟回去半天，也就成了。"这回周作人对于不去上海的原因比较切实地对陶亢德说了一些，"看样子颇有未尝不可一行之意，但决定则总于迄席散而未有"③。不管怎样，最后周作人还是没有到上海去。

　　周作人的这次南行比1942年的南京之行显得更加从容，去了年少时就读的江南水师学堂，还专门去苏州拜吊了老师章太炎的墓地；此外，卸下"教育总署督办"的头衔以后，他的演讲、谈话中的官气越来越少，私人意味越来越浓。比如"大东亚战争"、"共存共荣"等口号几乎绝口不提，而是谈了一些希望人民生活安定的话，鼓吹"为人民而天下"的文学，还抒发了一些看破"浮名"的牢骚。这也为此后的"反动老作家"事件埋下了一点伏笔。

（作者单位：西安交通大学人文社会科学学院）

---

　　①　周黎庵：《周作人与〈秋镫琐记〉》，孙郁、黄乔生主编：《回望周作人　知堂先生》，河南大学出版社2004年版，第110页。
　　②　杨之华编：《文坛史料》，中华日报社1944年版，第103页。
　　③　杨之华编：《文坛史料》，中华日报社1944年版，第104页。

小报缘何写新诗①

——《晶报》文人的新诗接受机制与另类建构

王威龙

"五四"时期，上海小报文人常常以"新文学"反对者的姿态发声，并在启蒙的强势话语下备受批判。但实际上，上海小报文人对新文学，尤其是新诗有着特殊的接受机制和建构方式。那么，新诗基于什么被小报文人接受、利用和改造，如何参与了小报文化的建构，又暴露了小报文人自我调适的何种困境？所谓"接受"应当是一个过程，而非既定事实，应当是特定场域中各种力量的角逐，而非单向度的决定论和简单的由"旧"入"新"。由此，我们既要走入上海商业文化场域，探寻小报文人如何在文化身份与职业身份、精英意识与大众意识、传统意识与现代生活的合力下接受、利用新诗；又要走出"新文学中心主义"和"精英（雅）文学中心主义"，通过另类建构，还原新诗发生期的多元格局。在以新文学、旧体文学、通俗文学、翻译文学实现新文学史"生态、逻辑、价值地位的历史重构"② 的学科背景下，通过"走入"和"走出"更能够充分打开新文学异质群体的内面，将重写文学史落实到具体肌理之上。由此，以《晶报》文人的新诗探索为个案，或有深入的空间。

一、商业运作与《晶报》新诗讨论

科举制度的废除、现代都市的建立、现代出版业的发展，造就了一批流落上海卖

---

① 本文系国家社科基金重大项目"中国新诗传播接受文献集成、研究及数据库建设（1917—1949）"（16ZDA186）的研究成果。

② 吴俊：《近思录（一）——旧体文学、通俗文学、翻译文学"重构"新文学史刍议》，《粤港澳大湾区文学评论》2022 年第 2 期。

文为生的洋场名士才子——作为报人，他们是煊赫一时的小报文人；作为作家，他们是毁誉参半的"鸳鸯蝴蝶派"文人。《晶报》作为上海"小报之王"，正是"洋场才子"的重要阵地，并以主编余大雄，主笔袁克文、张丹斧为中心，聚拢了当时沪上最为著名的鸳鸯蝴蝶派作家①。也正是因其娱乐、消闲、游戏的追求，被"新文化派"谩骂为上海的一班"鹦鹉派文人"、"文丐"和"文娼"②。1919 年末，《晶报》文人与胡适围绕新诗展开论争。关于《晶报》文人对新诗的态度，学界则形成了截然对立的观点：一则认为他们与朱经农、任鸿隽一样反对新诗③，反之则认为其实际赞成新诗④。究其原因，正是因为忽略了《晶报》文人对新诗的认识是随着各种力量的角力不断变化的。因此，梳理论争并辨析其动机，极为必要。

小报与大报不同，大报靠广告盈利，小报之命脉则在于销量。《晶报》作为上海小报的销量之最，自然深谙此道。而借助新文化人的影响力，将新文学作为商业运作的一种形式，进而达到提高报纸影响力和销量的目的，成为其利用新诗的起点。

《晶报》创刊于 1919 年 3 月 3 日。同月，胡怀琛在《晶报》发表打油诗，讽刺新诗是鸟语⑤。次月，《晶报》刊发胡适的新诗《一颗星儿》，并配有胡适给《晶报》的题词"亮晶晶地"。沪上小报原被"新文化派"所不齿，胡适之所以为其供稿、题字，缘于与《晶报》主笔张丹斧（笔名丹翁）之友情。胡适在上海中国公学求学期间，因与张丹斧共同编辑《竞业旬报》，遂而相识，友情颇笃。

三天后，《晶报》刊发鸳鸯蝴蝶派作家张枕绿的新诗，表达了对胡适文学革新的支持⑥。此间，张丹斧虽未表示明确态度，却对胡适的"新生活"、"新体诗"等主张明讥暗讽。但碍于友情，他又强调这是"和胡君闹着玩的"⑦。直至 1919 年 10 月胡适发表《谈新诗：八年来一件大事》，赞扬新诗，抨击旧诗，局面才出现了转折。同月，《晶报》开设专用于笔战的"毛瑟架"专栏，而批判新诗成了"毛瑟架"第一个重要的笔战事件。张丹斧首先发表《为什么新诗都做得不好》，挑起战端，继而参与论战

---

① 给《晶报》撰稿的有张丹斧、袁寒云、孙癯蝯、李涵秋、包天笑、毕倚虹、冯叔鸾、冯小隐、宣古愚、徐卓呆、周瘦鹃、姚民哀、姚鹓雏、严独鹤、范君博、胡寄尘等。参见郑逸梅：《书报话旧》，学林出版社 1983 年版，第 252 页。

② 钱玄同：《今之所谓"评剧家"》，《新青年》1918 年第 5 卷第 2 期。

③ 李楠：《晚清、民国时期上海小报研究：一种综合的文化、文学考察》，人民文学出版社 2005 年版，第 309 页。

④ 李国平：《文学革命初期新诗论争的余波——重评 1919 年〈晶报〉与胡适关于白话诗的论争》，《殷都学刊》2008 年第 4 期。

⑤ 胡寄尘：《拟新体诗》，《晶报》1919 年 3 月 24 日。

⑥ 张枕绿：《怀胡适之先生》，《晶报》1919 年 5 月 12 日。

⑦ 丹翁：《为什么》，《晶报》1919 年 9 月 6 日。

的有张恨水、胡怀琛、姚鹓雏、李涵秋、寄桑、孙瘤蝯等人。然而，仅仅 4 个月之后，随着《尝试集》的出版，《晶报》文人对新诗的态度为之一变。张丹斧自发为《尝试集》作跋，赞颂胡适"为中国诗人开一新纪元，弃旧诗界之学人，一跃而为新诗界之教祖"①。见不得新诗这样"天真烂漫"②的李涵秋，也开始"戏为小诗，效法新体"③。曾把新诗比作"鸟语"的胡怀琛，转而探索起"新派诗"。因其转变之迅速，尤使得论争之动机耐人寻味。

一方面，出于对新诗艺术性的不满，张丹斧、张恨水等人从审美追求、形式规范，以及新诗的大众接受、民间资源出发，对"纯粹新诗"提出了颇具价值的批评。张丹斧借杜诗反驳胡适，认为在表情达意方面，旧诗比新诗更为细腻，同时反对新诗的西式口吻和表达方式④。张恨水从韵律、审美、章法三个层面，更加强硬地批评"纯粹新诗"，认为"咽在嘴里硬帮帮的，干燥燥的，不能引起读的人一种趣味"⑤。

但另一方面，也是更为重要的，这场论争也是一次恰逢其时的商业运作。张丹斧作为小报界巨擘，本就惯于商业运作，"爱挑拨个反面惹动干戈，他却壁上观战。也同妓女激发嫖客的醋劲，自己坐收渔翁之利一般。但阅报者诸君，倒大可瞧一个热闹呢"⑥。针对张丹斧的批评，胡适撰文责怪其冤枉新诗，并希望他破除成见，承认新诗人大胆尝试的权利⑦。同时，为避免被小报利用，胡适托言"忙得狠"，便不再与其纠缠。张丹斧自言，读罢此文，在新诗、旧诗之间不知何去何从，并告诉读者"他虽在百忙的里头，想上去，一定总要破功夫，另想出他的正当理由来驳斥的"，"欲问后事如何，且听下回分解"⑧。言语之间，企图借此引起胡适进一步回应，吸引读者目光，扩大报纸影响力的商业目的，昭然若揭。寄桑直言："丹翁说'为什么新诗都作得不好'。我认为丹翁话出无心，一半儿是闹个笑话，一半儿是挑战好凑凑他毛瑟架的篇幅。"⑨ 而在胡适的缺席之下，这场"论争"遂转为《晶报》文人的内部讨论，很快偃旗息鼓。

与此同时，《晶报》上发表的新诗，也是其在新文化、新文学面前趋新、趋时的体现，并以此争夺现代出版、传媒、大众市场。小报文人有着自觉的商业化意识："我

---

① 丹翁：《跋胡适之先生尝试集》，《晶报》1920 年 4 月 30 日。
② 涵秋：《新体诗之商榷》，《晶报》1920 年 5 月 6 日。
③ 涵秋：《蝗》，《晶报》1920 年 7 月 3 日，第 2 版。
④ 丹翁：《为什么新诗都做得不好》，《晶报》1919 年 11 月 9 日。
⑤ 恨水：《纯粹新诗决做不好》，《晶报》1919 年 11 月 21 日。
⑥ 瘦菊：《欢迎老斧》，《新世界》1921 年 10 月 3 日。
⑦ 胡适：《与丹翁说话》，《晶报》1919 年 11 月 18 日。
⑧ 丹翁：《纯粹新诗决做不好·附记》，《晶报》1919 年 11 月 21 日。
⑨ 寄桑：《我的新诗之意见》，《晶报》1919 年 11 月 30 日。

们的办报，是营业性质的，惟其是营业性质，所以不得不于本身求进步，以博得读者之欢迎。"① 所谓的"进步"，便是趋时、趋新、趋利。朱自清曾言，在当时的报刊上大约总有新诗，"以资点缀，大有饭店里的'应时小吃'之概"②。因此，论战的同时，《晶报》常常刊发带有趣味性游戏笔墨的"新体诗"，趋新讨巧，借此吸引大众。如《麻子》："麻子麻，上天扒，／扒上天，做神仙。／神仙放个屁，麻子冲下地，／地下一把灰，／麻子变乌龟。"③

针对新文学阵营抨击此类游戏笔墨，张丹斧回应道："他们说我们专讲俏皮话引人发笑，这个其实就是我们自食其力的本行"，"我是既做不了胡适之的门徒，我又不能不吃饭，我只好理理我的旧营生"④。综上，小报文人写作"新体诗"，并不是基于文学观念的扭转，而更多的是把新诗当作时代的流行元素，借此迎合市场。这也是小报文人为争夺生存空间、取悦市民大众，不得已之法。因此，在审美与趋时上的无奈之感常常流露笔端："外国白话诗体，和中国虽然格格不入，照大同的思想，只有从多数。好比西洋的大礼服，穿在身上，实在没有中国衣服舒徐，但是既要趋时，又要好看，不穿如何能够呢？"⑤

若仅止于此，研究者会把这场论争视为"一场游戏而已，不能当真"⑥。事实上，商业运作只是这场论争的起点，而非小报文人接受新诗的终点。如果把 1920 至 1923 年《晶报》文人对新诗的笺注、创作、评论都纳入进来，会较为完整地呈现小报文人接受和建构新诗的过程。

二、作为市民大众文学的新诗

市民大众文学通常指鸳鸯蝴蝶派的通俗小说，其实新诗亦应是题中应有之义。"新文化派"的新诗虽具有平民意识，但传播仍局限于知识精英群体。而身处上海商业文化语境中，小报文人则在市民大众文学的维度上改造、利用新诗，这也是其对发生期新诗多元建构的最大贡献。

首先，小报文字具有鲜明的读者意识，面向社会中下阶层的市民大众，力求"以

---

① 灵犀：《告注意本报者》，《社会日报》1932 年 6 月 22 日。
② 朱自清：《新诗》，《朱自清全集》（第 4 卷），江苏教育出版社 1990 年版，第 208–209 页。
③ 丹翁笺：《社会新体诗·麻子》，《晶报》1919 年 12 月 6 日。
④ 丹翁：《复大雄——并示时事新报记者》，《晶报》1922 年 5 月 30 日。
⑤ 丹翁：《骼上大总统请召集白话诗人与会书》，《晶报》1920 年 3 月 18 日。
⑥ 李楠：《晚清、民国时期上海小报研究：一种综合的文化、文学考察》，人民文学出版社 2005 年版，第 308 页。

明白晓畅之文字出之，务求适合社会之心理焉"①。第一，为对垒欧化的新诗，《晶报》文人的新诗写作主动汲取民间谣曲、世俗生活的资源，表现出明显的民间化、世俗化、世情化特征。小报文人多来自商业发达、市民文化兴盛的江浙地区，成长于民间世俗文化与士人精英文化双重语境之中②。包天笑忆及童年娱乐时，对苏州的戏剧（京戏、昆曲）、说书（平话、弹词）、歌唱（曲局、清唱）、杂耍以及其他"低级之娱乐"印象深刻③。此类民间文艺也为文人大众、男女老少所雅俗共赏。故此，寄桑提出"反古的新诗"（"反"同"返"），用"一东通二冬，三江通七阳"，仿古歌古曲用韵④。张丹斧在《晶报》笺选的"新体诗"，皆带有浓重的歌谣小调特征，如《舅母》："歪歪菜，绿阴阴。/我是外公的亲外孙。/外公看我亲外孙，/外婆看我命肝心。/舅舅看我不做声，/舅母看我奴眼睛。/我失手打碎了舅舅家的葵花碗，/一世不上你舅母家的门。"⑤除此之外，志君的《雨后》、《夏夜》，胡怀琛部分取法于民歌、乐歌的"新派诗"，皆与此类同。而套用民谣小调，在迎合大众审美趣味的同时，又能做到"句俗而雅，意浅而深，曼声缓唱，亦颇入趣"⑥。类似的新诗虽在刘半农、刘大白笔下也间或出现，但相比新文化派欧化新诗，可谓只鳞片羽。且刘半农本就出身于通俗文人阵营，受民元以来上海白话报、小报的拟歌谣影响极深，无疑是将通俗文学经验带入了其新诗写作。

其次，《晶报》文人还从听觉和口语两个方面对新诗进行大众化改造。张丹斧等人明确反对新诗的西式口吻和无韵律，并一再强调新诗要"好听"。对小报而言，韵律不仅是一个审美的问题，更是身体技术的问题，不仅要召唤"读者"，还要作用于"听众"。为此，《晶报》等小报频繁刊登以"听觉"为表征的文本，如大鼓词、民间小调，摇板唱腔等⑦。因此，当胡适赞扬《应该》一诗意义的曲折，张丹斧却推崇南京调《满江红》："恨不能变个玉琵琶，常在妹妹的怀中抱。恨不能变个紫竹箫，常在妹妹的唇边靠，舌尖儿把情挑。恨不能变个梨花猫，常在妹妹的裙边绕。"⑧南京调是

①　大雄：《编辑纪略》，《晶报》1922年3月6日。

②　洪煜《近代上海小报与市民文化研究（1897-1937）》一书所列104位小报文人中，按地域分类，江苏、浙江籍89人，占总人数的85%以上。参见洪煜：《近代上海小报与市民文化研究（1897-1937）》，上海书店出版社2007年版，第186-186页。

③　包天笑：《钏影楼回忆录》，上海三联书店2014年版，第45-47页。

④　寄桑：《我的新诗之意见》，《晶报》1919年11月30日。

⑤　丹翁：《舅母》，《晶报》1919年12月3日。

⑥　老白：《小山歌》，《新世界》1917年12月2日。

⑦　例如：老倭瓜：《劝赈捐》，《晶报》1920年10月10日；丹翁：《火烧南京饭店五更调》，《晶报》1919年12月12日；济公：《向卓呆道歉》，《金刚钻》1924年9月27日。

⑧　丹翁：《为什么新诗都做得不好》，《晶报》1919年11月9日。

苏白小调，内容以情歌为主。在张丹斧看来，相比《应该》，小调不仅唱出来好听，情感上也入情至深，不仅幽默风趣、生动真切，而且读起来朗朗上口。由此观之，小报文人坚持以韵律提升新诗的艺术水准，并不是纠缠于平仄、格律的形式因素，而是旨在以听觉特征吸引和争夺大众读者。

再次，新诗也是《晶报》的一种实用工具，借以发挥舆论监督、时事惩劝、大众教化的社会功用。第一，新闻性、评论性是《晶报》新诗的典型特征。借诗词讽喻市政、娼妓等社会问题，《晶报》文人先后尝试过调寄词牌名、新竹枝词、近体诗、打油诗等形式。以调寄词牌名为例，《还想见·调寄菩萨蛮·调代表也》写道："新仇旧恨商最偏，轻嗔薄怒还想见。相见各陈词，回心总待伊。生憎春好处，杜宇催归去。归去越凄凉，妆楼剩夕阳。"①但余大雄发现此类"小词以寄讽"，"嗜其隽雅，目为文人慧业者，故不乏人"，普通大众"则往往瞠目结舌，致憾于索解之无从"②。而小报文字则应"以清醒明快为主。文言俗话，更迭为之。务求适合乎人人之心理，而不徒以雕章琢句为能事"③。在此，新诗则缓解了"隽雅"与"索解"的矛盾，契合了小报文人的需要。张丹斧在《晶报》笺注"新体诗"之初，便冠以"社会"、"讽谏"、"感事"、"记事"之名，以凸显其新闻评论的功能。1919 年 12 月，范君博作《感事的新体诗》抨击安武军围奸安庆蚕桑女校，张丹斧评论道："此新体诗直赋其事，仍不失诗人忠厚之旨。墙有茨，不可道也。君博始可与言诗也矣。"④所谓"墙有茨，不可道"，指军人围奸丑闻，不能直说。范君博之诗以猫狗豺狼指代军人，铺染讽刺，既做到了直赋其事，又不失忠厚，还为新诗注入了趣味性的游戏笔墨，适应了市民大众的消闲需要。无独有偶，此前对新诗颇有非议的李涵秋，也因江北蝗灾创作新体诗《蝗》，抨击军阀混战、弱肉强食的虚假民主⑤。

第二，趣味讽刺不仅仅是一种游戏笔墨，而且带有浓厚的教化功能。《晶报》文人反对贩夫走卒所歌所唱皆为新诗，却赞扬贩夫走卒都能够读懂新诗。因此，"浅俗"虽使新诗缺乏雅致，但作为教化大众的工具，未尝不可。《尝试集》出版后，张丹斧急忙购回读之，旋即被《尝试集》"入人之易，而为道之广"所惊诧。在其看来，从袁枚的"性灵说"到龚自珍创造抝体，是诗不断深入大众的过程。《尝试集》正是在此意义上开辟了新的纪元。如果市井之民、行伍之兵都开始作新诗，则"赌博之风

---

① 老孙：《还想见·调寄菩萨蛮　调代表也》，《晶报》1919 年 3 月 27 日。
② 记者：《小月旦之过去与未来》，《晶报》1919 年 6 月 3 日。
③ 记者：《小月旦之过去与未来》，《晶报》1919 年 6 月 3 日。
④ 丹翁：《感事新体诗·附记》，《晶报》1919 年 12 月 15 日。
⑤ 涵秋：《蝗》，《晶报》1920 年 7 月 3 日。

熄"，"盗贼之势衰"①。故此，《晶报》的新诗也重在引导和教化大众，如《麻子》警示大众不要好高骛远；君博的《奴要嫁》反对封建婚姻制度，倡导女性解放；眡儿《自由花新体诗》批判"自由"造成的道德人伦乱象②。在此，《晶报》文人与新文化启蒙者、社会革命者所建构的"现代诗教"不谋而合③。但"现代诗教"以启蒙主义为内核，而小报文人的"诗教"在反对封建专制礼教的同时，也力求维护基本的道德准则。

李国平认为，《晶报》之所以刊登新诗，"本来希望借此来提高其文学品位"④。但实际上，彼时新诗尚且幼稚、浅俗，相比《晶报》的旧体诗词，根本谈不上提高文学品味。倒是新诗与大众传播相结合，构筑了大众化、商业化的市民大众文学，带动了相当一部分小报文人的创作热情。从市民大众文学的角度出发，新诗有机会成为向社会中下层市民大众开放的文体。这并非新诗的媚俗，而是适俗，也并非单纯迷恋旧形式，而是面向市民大众写作的必要手段。

三、名士遗习与洋场才子的雅俗调适

《晶报》文人对新诗的接受并非如此平滑而顺畅。在文化转型的时代，文化主体内部的矛盾与调和，才是文化身份、思想意识转型中的常态。《晶报》诸人在接纳和建构新诗的过程中，暴露出来的名士遗习与洋场才子的雅俗调适，恰恰体现了转变背后的困顿与妥协。

从晚清到"五四"，沪上名士文人的娱乐空间经历了从青楼、酒楼、茶楼到公共性的私家园林，再到租界大型游戏场、旅社的转移。空间转移的背后是名士文人聚集方式、身份认同、文化心理的变迁，并制约着他们参与建构新文学的姿态。"三楼"是传统文人雅趣的余续。同时，伴随着公共性私家园林的兴起，群聚于此饮酒聚会，诗文唱和，成了南社诗人名士风雅的重要体现。及至 20 世纪 10 年代后期，沪上游戏场、百货公司附设的旅社已经成为小报文人对外交往的重要空间。而沪上洋场才子多从南社分化而来，张丹斧、包天笑、胡怀琛、周瘦鹃、姚鹓雏、姚民哀、陈蝶仙、徐枕亚等小报文人皆是南社成员。名士趣味、文人雅趣早已成为其精神气质的一部分。

---

① 丹翁：《跋胡适之先生尝试集》，《晶报》1920 年 4 月 30 日。
② 丹翁：《社会旧新体诗》，《晶报》1919 年 12 月 6 日。君博：《奴要嫁》，《晶报》1919 年 12 月 18 日。眡儿：《自由花新体诗》，《晶报》1920 年 7 月 9 日。
③ 方长安：《中国诗教传统的现代转化及其当代传承》，《中国社会科学》2019 年第 6 期。
④ 李国平：《文学革命初期新诗论争的余波——重评 1919 年〈晶报〉与胡适关于白话诗的论争》，《殷都学刊》2008 年第 4 期。

因此，《晶报》等小报一边刊载市民通俗文艺，一边大量刊发名士文人之间的诗词唱和，也就不足为奇了。而狎妓冶游，选色征歌，品评花榜，混迹于红粉一条街的四马路，更是他们办报创作之余名士风流的体现。由此可见，小报文人一方面被士林正统所抛弃，能够坦然地作为职业撰稿人卖文为生，并不断地向世俗大众靠拢；另一方面，传统积习、文人雅趣、审美观念并不能随着职业身份的转变而消泯。这是他们面向新文学做"全新调适"的起点。

"调适"的背后并非新旧之争，而是雅俗之辨。所谓"雅"，并非指代"艺术"和"美"，而是名士风雅与传统诗学观念。小报文人在使用新诗和认识新诗上的分裂，即源于名士雅趣与世俗职业身份的冲突。面向大众读者和职业身份，他们把新诗当作市民通俗写作的工具；而面向自身，诗是他们维系身份认同、彰显名士风雅的精神自留地，"及至家食余闲，要拿着书卷来消遣，可还是那些古色古香的文字，对点味儿"①。这种雅俗两难的困境，在语言的运用上最为明显。姚民哀谈及小报的语言时曾言："做花史最难，措辞过雅丽，不足合中下社会之眼光。过于率直，又不免识者哂笑。故当另具通俗眼光，判评花文字之优劣。"② 因此，新诗也必然会在精英意识与大众意识、名士才情与职业身份的调适中被进一步改造和接受。而能否调适，如何调适，调适到什么程度，对不同的人来说差异很大。

首先，胡怀琛的"新派诗"、冯叔鸾的"归化翻译"原旨在调和新诗雅俗，却进一步暴露出旧体形式的局限。1921 年 3 月，胡怀琛《模范的白话诗：大江集》的出版标志着小报文人对新诗的认识从工具层面深入到艺术探索层面。胡怀琛从"文艺"的高度表现出强烈的自觉性和使命感："吾人所斤斤于是非者，岂私人之事，实国家之事业。吾既幸获为文人，安敢草率命笔，以贻国家之羞。"③ 这也掀起了《晶报》文人新诗创作的热潮。胡适也注意到，"从前日报的附张往往记载戏子妓女的新闻，现在多改登白话的论文译著小说新诗了"④。而曾在《时事新报》大骂胡适的冯叔鸾，感叹"胡适之先生的魔力真惩的大"⑤，转而做起新诗和《新诗话》。

胡怀琛既反对"村俗鄙俚之长短语"的俗化新诗⑥，又不满于缺乏规范的"纯粹新诗"，因此要以旧格式，运新精神，创立"新派诗"。许多研究者已经揭示了"新派

---

① 瞿蜕：《文体平议》，《晶报》1920 年 8 月 18 日。

② 《花萼楼谈屑》，《新世界》1917 年 8 月 15 日。

③ 寄尘：《寄寒云书》，《晶报》1921 年 5 月 3 日。

④ 胡适：《五十年来中国之文学》，《胡适文集》（第 3 卷），北京大学出版社 1998 年版，第 260 页。

⑤ 马二先生：《晶话》，《晶报》1922 年 12 月 15 日。

⑥ 寒云：《〈大江集〉书后》，《晶报》1921 年 3 月 27 日。

诗"模仿通俗化的古风，将新诗雅化的努力①。但实际上，此类雅俗调适的消解效果大于创格意义。1923 年，冯叔鸾对《美》的翻译，即为一例②：

▇美 Beauty. Zelma O'Riley 原作 Beauty hurts me. It leaves me, After opening my eyes. Like love—that breaks the heart. And yet with my blind eyes— I see beauty, And with my broken heart— I feel love.	▇译一▇ 美伤我， 它离开了我， 在睁开我底眼睛们以后。 正像爱——就是破裂这个心。 并且至今用我底瞎的眼睛们，—— 我看见美。 并且用我底破裂的心—— 我觉着爱。	▇译二▇ 自我睁眼后， 美已弃我去。 正如彼爱情， 使我心酸楚。 以我变盲目， 美乃入我视。 以我既伤心， 乃觉爱情始。

译一以直译方式复刻了外国诗歌的标点、建行、倒装，不仅造成了阅读和理解的障碍，也阻碍了诗意的生成。译二则以"新派诗"的形式进行归化翻译，以旧体诗歌形式和情感模式出之，意义反而更加明晰。但与原作相比，译二的意义明显发生了变化。原诗中对爱与美的执着，被"以"字凭空赋予了一种因果关系，变成了中国传统哲学中于无中见有、于绝望处见希望的境界。此类归化翻译，在《大江集》中并不鲜见。

现代自由体新诗的生成，应当基于现代生活和现代感受的兴发，进而引起诗歌内容和形式的变化。但归化翻译却相悖而行，旧形式的"雅质"不仅规范了诗形，同时以古典诗词的语言体系、意象系统、表情方式、审美情趣、哲学观念消解了外国诗歌的现代性内质。正如 20 世纪 30 年代林庚所言，"在传统的诗中似无专在追求一个情调 Mood，和一个感觉 Feeling 这类的事，它多是用已有的这些，来述说描写着许许多多的人事"③。但新诗之"新"不只是白话文、自由体的形式，更是现代的审美方式和价值体系。这也是"新派诗"最终在"五四"的革新语境中偃旗息鼓的重要原因。

这也暴露了小报文人在新文化、新文学面前的困顿。张丹斧曾言："社会有一事，即可酿做一种风气。初染之，继安之，久改而从他，皆不期然而然也"，"若云转移，则予岂敢，若云趋时，予又奚屑，至于背驰，予又安肯哉？噫！"④ 传统名士雅趣和审美惯性的烙印，使其无法全盘接受新文学之"革命"，但又不甘于被新潮流所抛弃，最终只能基于自己固有的知识结构、审美趣味、商业诉求，以一种另类的方式参与到"新文学"中来。这使其一方面以边缘身份主动参与新文学建构，另一方面又因其

---

① 周兴陆：《胡怀琛的"新派诗"理论》，《汉语言文学研究》2013 年第 2 期。
② 马二先生：《译诗》，《晶报》1923 年 4 月 27 日。
③ 林庚：《诗与自由诗》，《现代》1934 年第 6 卷第 1 期。
④ 丹翁：《风气》，《晶报》1920 年 5 月 12 日。

"保守"，被划归成"新文化派"的另一面。而在"五四"的文化语境中，这种介乎新旧、雅俗之间的另类新诗既不被"新文化派"接纳，又不被传统文学认同。1923年《大江集》再版，胡怀琛不仅将书名中"模范的白话诗"去掉，面对两年间各种新诗集也不禁感叹："我承认各有各的特色；但是我也希望他人不要说我的诗全无是处。"① 言语中的无奈，与早年的昂扬自信，已不可同日而语。

其次，当名士风雅与世俗文化不能调适时，则要么转向创作新诗，要么坚守名士雅趣。这在不同的小报文人身上表现出不同的趋向。生活在十里洋场的现代都市，小报文人逛剧院、捧戏子，出入游戏场、百货公司，其对旧体诗、"新派诗"表现现代经验的困境，自是肺腑之言。1922年，冯叔鸾曾言："我想写我的意境，用旧诗写出来，很感困难，不如用新诗写出来，较为便利。"② 在现代经验的熏染下，《晶报》1921年至1923年的新诗逐渐由工具化向抒情化偏移。而用新诗来抒发现代情感，书写现代经验，也成了小报文人的必然选择。如冯叔鸾的《剧场》一诗："台上的人们，只是挥汗。/台下的人们，只是消遣。/一秒一分留不住的时光，钟鸣十二点。/一霎时，锣鼓齐停，人随车散。"③ 电光、剧场、现代女性都是典型的现代都市意象，在光怪陆离的都市享乐主义背后，是现代人无法把握时间和自我的孤独感。除此之外，《灯下》、《群众》、《寂寞》等诗，不仅反映了现代社会中传统文人的个人体验，也较早地反映了现代都市人的精神困境。与此同时，新诗本身也不断进步，在韵律、审美、内涵、表意上已经不似早期白话诗那般浅俗。这也是小报文人能够接纳新诗的重要原因。

但并不是所有小报文人都能完成这种转变，个中因由，从《晶报》文人身上亦可窥探一二。首先，小报文人的身份地位影响其对新诗的接受。袁克文生活优渥，地位优越，为《晶报》撰文纯粹是兴趣使然，并非借此谋生。因而，其自始至终坚守自己的名士身份和文人雅趣。而对于张丹斧等靠卖文为生的小报文人，则必须要在文人雅趣、社会新潮、大众文化之间寻求平衡。其次，现代经验、现代情感、现代知识的多寡也影响其对新诗的接受。相较于十里洋场的小报文人，置身北京的张恨水则明显缺乏丰富的现代体验，自始至终是"旧诗旗帜下的一个信徒，所以我最不爱新诗"④。但即便如此，其传统意识已经慢慢松动，开始疏离近体诗，趋向古体诗，讲究"言必己出，而以我之意化腐为新，不应就古人诗"⑤。可见，1919年《晶报》新诗讨论是小报文人与新诗对话的起点，并且从此再也无法完全走回旧体诗学。

① 胡怀琛：《大江集再版自序》，《大江集》1923年版，第2页。
② 马二先生：《新诗话》，《晶报》1922年11月21日。
③ 马二先生：《剧场》，《晶报》1922年11月6日。
④ 恨水：《偶然得到的一个特刊》，《世界日报·明珠》1926年5月6日。
⑤ 恨水：《锦绣囊》，《世界日报·明珠》1926年6月5日。

四、实用保守主义的文化立场

小报文人对新诗的"接受"既迟滞，又迅速。迟滞在于他们是以反对者出现在新诗的对立面的，迅速在于从反对到"接受"不过短短 4 个月。那么，他们接受新诗的动力、立场究竟是什么?

由于《晶报》文人亦新亦旧的姿态，常常被研究者归入文化保守主义阵营①。但介于新、旧之间便被贴上文化保守主义的标签，难免失之笼统。许纪霖认为"老新党"与"新青年"的差别，不是知识的匮乏，而是主张新旧调和②。这在小报文人身上似乎也不完全适用。在洪煜整理的 104 名主要的小报文人中，相当一部分出身于官宦家庭、书香门第，甚至有着科举功名③。其中具有留学经历的仅有向恺然、徐卓呆、余大雄，而彼时留日，多未收获真才实学，甚至"不曾进学校，就这么逛了两三年"④。而这一代旧式文人即便受过新式教育，也多是速成教育，西学颇为薄弱。姚鹓雏坦言:"荷马莎士比亚，还有无数的西方诗家。他对于诗之一物，看作什么方体，下个什么注解，我可不知道。"⑤ 因此，小报文人的现代经验和现代情感并非来自现代知识和异域体验，而是来自十里洋场的现代物质生活。小报文人的"新"是生活的、物质的、经验的，而不是精神的、思想的、超越的。这也导致"新文化派"对小报文人的整体印象是"知识太浅"或"脑筋组织不甚复杂"⑥。而如果没有一个"世界文学"的宏观视野，也就谈不上反躬自省的超越，谈不上文化保守主义的立场。杜亚泉、梁漱溟、吴宓等真正的文化保守主义者，其调和的目的在于推动文化革新，而小报文人的调和并不是知其然并知其所以然之后对"然"的再反思，而是因为难以逾越既有的知识结构，也无法放下名士才子的身份认同。就此而言，小报文人及上海的通俗作家

---

① 李国平:《保守主义:吴地现代报人的文化选择——以 1920 年代的〈晶报〉文人群体为中心》,《苏州教育学院学报》2015 年第 1 期。
② 许纪霖:《五四新文化运动中"旧派中的新派"》,《华东师范大学学报》(哲学社会科学版)2019 年第 1 期。
③ 洪煜:《近代上海小报与市民文化研究(1897-1937)》,上海书店出版社 2007 年版,第 182-186 页。
④ 包天笑曾回忆道:"余大雄是日本老留学生，日本话说得很为流利。他在日本进的什么学校，我似未有详细问过他，不过他说和黄远庸同学过的。那时候，去日本的留学生，实在太多了，有的到日本去，不曾进学校，就这么逛了两三年，对于日本的社会状态，却是很为熟悉，像平江不肖生的向恺然，便是这样。"参见包天笑:《钏影楼回忆录》,上海三联书店 2014 年版,第 403 页。
⑤ 鹓雏:《说诗》,《晶报》1919 年 12 月 6 日。
⑥ 钱玄同:《钱玄同致胡适》,《胡适遗稿及秘藏书信选》(第 40 卷),黄山书社 1994 年版,第 280 页。钱玄同:《今之所谓"评剧家"》,《新青年》1918 年第 5 卷第 2 期。

并非文化保守主义者。

其次，在上海的现代商业语境中，小报文人将实用主义与保守主义相结合，所形成的实用保守主义立场，才是其想象和建构另类新文学的基点，也是其文化接受与文化创造的基本立场。一方面，在商业语境中，实用主义吸引着小报文人从商业化、大众化的角度利用、改造新诗。卫道传统、启蒙大众并非小报文人挑起这场新诗论争的目的，即便是对"传统"和"民间"的固守，也更多出于文化惯性，以此迎合大众与市场。这并非是目光短浅，或单纯地站在新文学的对立面，而是在具体运用新文学的过程中更实际，更理智，更具多样性和实质性。恰如范伯群所言，"他们的对策是不争中心、不争主流，更不争文坛的领导权，他们只争读者"①。另一方面，在艺术层面上，小报文人不满早期新诗遗弃传统诗学规范而流于浅俗，而西学的薄弱又使其只能向传统和民间寻觅资源。因此，他们只能执着于传统诗学的曲调、韵律、句式、炼字等形式因素，而非在白话自由体的新诗内部进行审美探索。这又显现出保守主义的倾向。由此，在实用主义和保守主义的共同作用下，小报文人的新诗探索不仅与新文化派大相径庭，与学衡派的反拨也不可相提并论。

但我们并不能以媚俗、守旧、顽固的标签否定小报文人对新诗的另类想象，而应将其视作"现代文学"发生在上海场域的一种独特的现代形式。如果寓居上海的新文学作家通过新诗抒发现代都市情感，建构现代文学，那么，这些为了迎合大众审美趣味、创造出另类新诗的小报文人，才是主流都市市民文化的表征。精英的新诗与通俗的新诗的并存，并非新旧交织下的僵局，而是在共生共存中服务于不同的读者群体，共同组成了新诗发生期的多元想象，共同建构了现代文学的多元格局。然而，市民大众文学的新诗，在"五四"革新的语境中并没有引起重视，在文学史的叙述中也被新文学中心主义格局所淹没。

通过《晶报》新诗讨论的个案可以发现，上海小报文人对新文化、新文学、新诗的接受，既有趋时趋势的形势因素，也是他们的主动选择和建构。这是十里洋场社会文化语境中的特殊产物，是精英意识与大众意识、名士才情与职业身份、传统精神与现代生活冲突、角力、妥协的结果。细致的缕析"另类"立场背后各种力量的交织，承认多元探索的价值，抱以同情的理解，"重构文学史"才能够落实为具体的肌理。而更多类似于上海小报文人这样的新文学"异类"，则有待于被进一步发现和阐释。

（作者单位：武汉大学文学院）

---

① 范伯群：《开拓启蒙·改良生存·中兴融会——中国现代通俗文学历史发展三段论》，《文艺争鸣》2017 年第 11 期。

《一个青年的梦》：
基于世界"文明标准"的东亚对话①

田　野

《一个青年的梦》是日本白桦派作家小路实笃于 1916 年创作的反战剧本，该作连载于《白桦》杂志第七卷三月号至十一月号，1918 年经由周作人的《读武者小路君所作〈一个青年的梦〉》（《新青年》第四卷第五号）介绍至中国。1919 年 8 月 2 日，鲁迅开始翻译《一个青年的梦》，于 1919 年 8-10 月陆续在《国民公报》上发表，后因《国民公报》停刊，在《新青年》（1920 第 7 卷 2-5 号）上重新连载，陈独秀、蔡元培等人为其写了附记。1922 年 7 月该译作出版单行本，由上海商务印书馆印了四版（1922 年 7 月、1923 年 10 月、1924 年 10 月、1926 年 3 月），1927 年改由上海北新书局印了三版（1927 年 9 月、1929 年 3 月、1938 年 6 月）。1931 年日本侵华，孙俍工愤而续原剧本作《续一个青年的梦》。此外，它还作为语法例句进入《中国语法讲义》，自序及作者通信也被编选进中学语文读本。

《一个青年的梦》具有跨国、跨时空、跨文本②的对话性特质。文本内对日俄战争

---

　　① 本文系重庆市社会科学规划项目"中国现代文学中的亚洲形象研究"（2021BS018）、国家社会科学基金项目"半殖民与解殖民的中国现代文学研究"（20BZW138）研究成果。
　　② 热奈特基于克里斯蒂娃的互文性术语提出"跨文本性"，用来系统阐释文本与包围文本的广阔文化语境之间存在着连续性和历时性的关系，并将跨文本性分为五类：互文性、副文本性、元文本性、承文本性与广义文本性。（参见王瑾：《互文性》，广西师范大学出版社 2005 年版。）《一个青年的梦》创作于 1916 年，1918 年由鲁迅译至中国，并在 1931 年被孙俍工改编，周作人、陈独秀、蔡元培、鲁迅均为此小说作序或附记。不仅如此，文中还隐含着 1904-1905 年的日俄战争。这些均显示出该文本的"跨文本性"特质。

的呼应、译介后的持续影响使它在时间向度上跨越了三次世界大战①，围绕着该文本的历史、文学事件也形成了"同意与反驳、肯定和否定、保留和发挥、判定和补充、问和答"②的对话关系。显然，对话内容与世界、战争和文明相连。在三次世界大战中，交战双方都以文明来区分敌我，动员战争。现代文明观念是西方国家"自我意识"的体现，"包括了西方社会自认为在最近两三百年内所取得的一切成就"③。它规定了个人层面的礼仪行为、思想观念，国家层面的制度特征、发展状态，并指导欧洲国家在世界范围内建立起"文明标准"④，用以区分非欧洲国家，确立欧洲国家的社会优先选择权、殖民行为的合法性及世界霸权地位。视觉秩序的种族和社会达尔文主义是文明标准的科学支撑，国际法也成为文明标准的法律依据。根据马兹利什对文明话语的分类，文明标准也可分为科学社会知识层面与意识形态层面，一面是殖民意识，另一面是平等、自由等观念及社会科学等知识。不仅如此，文明标准也在持续发展，从单一的某一国、种族、权力范围体系所规定，到多国参与、逐渐多元。现代文明标准冲击了东亚以中国文化为核心的传统文明标准，近代东亚也由此在对"文明标准"的回应中展开对话。对话内容围绕着竞争、互助、种族、普世价值等文明标准的关键词，过程则充满了抗争、协调、折冲妥协与反思批判。《一个青年的梦》无疑为透视其中曲折的绝佳案例。

一、对话日俄战争：东亚"兴亡梦"

《一个青年的梦》中隐含着一个潜在的历史事件，周作人、陈独秀、蔡元培的附记里也牵连出与该事件相关的文本，而作为译者的鲁迅亦深受这一事件的影响。这个

① 本文将"日俄战争"看作"第零次世界大战"，该称谓援引自约翰·斯坦因伯格编著的 *The Russo-Japanese War in Global Perspective*（《全球视野下的日俄战争》）。

② 董小英：《再登巴比伦塔：巴赫金与对话理论》，生活·读书·新知三联书店 1994 年版，第 3 页。

③ ［德］诺贝特·埃利亚斯：《文明的进程：文明的社会起源和心理起源的研究》（第一卷），王佩莉译，生活·读书·新知三联书店 1998 年版，第 61 页。

④ "文明标准"最早由 Georg Schwarzenberger 提出，他将文明标准看作使帝国主义规则法律化和将非欧洲国家从国际社会排除出去的法律学说。（The Standard of Civilization in International Law, *Current Legal Problems*, Vol. 8, No. 1）Gerrit W. Gong 认为，文明标准用于区分某一特定社会和不属于某一社会的人，适用于个别国家也适用于国际国家社会。 （*The Standard of Civilization in International Society*, New York：Oxford University Press, 1984.）赵涛在研究中指出，各民族的价值观、实践与体制，以文明标准的形式确定下来，成为多元化世界和谐共处的基础共识和共同进步的方向，并且指出最高层次的文明一定不是不成不变的，而是动态发展的。（《文明的标准与文明的悖论》，《国际论坛》2014 年第 1 期。）

历史事件便是发生于 1904-1905 年的日俄战争。日俄战争前后，东亚基于世界文明标准而产生了共同的"兴亡梦"，"为欧亚竞争之权兴"、"为黄种存亡之枢纽"① 使得复兴渴望与灭亡恐惧这看似对立的两面成为一体。打破种族优劣、振兴黄种、成为文明国进入世界的合力构成了此时东亚对世界文明标准的趋附与回应。

日俄战争首先出现在《一个青年的梦》的文本内容里。小路实笃在剧作的一、四幕中，通过"鬼魂的自白"与"戏中戏的演绎"对话日俄战争。鬼魂的战后独白是对宣扬文明的日本兵的反诘，也是对战争时期普遍存在的非人道行径的斥责。戏中戏的演绎借助恶魔与众国家的对话，拟人化地还原了日俄战争的起因及背后龃龉。简单的对白中既展现出一幅非正义竞争的世界图景，也可察见作者对时下文明观念的体悟。恶魔以"东洋第一国"与"世界第一国"来鼓动日本与德国筹划战争，将国家作为生存竞争的最高单位，欲颠覆传统的东亚秩序与英国主导的世界秩序。世界文明标准作为一个整体冲击着传统的东亚秩序，打破了东亚内部以中国文明为标准的稳定结构。但它的内部却布满裂隙，就如此时的德大，蠢蠢欲动地想打破欧洲均势的维也纳体系。恶魔把握住了日大想"挨近第一等强国的对伙"之心理，而日大把握住了国民不愿成为亡国奴的心理。以此，"富强"和"亡国"成了号召战争的口号。在此号召下，日本人生发出"战到本国人一个不留的气势"② 的尚武精神。

不论是小路实笃，还是鲁迅、周作人、陈独秀，他们的剧作或评议中都存在一个反省的批判装置。小路实笃在剧作中借日大和恶魔的对话提到了文明标准的另一面，即恶魔口中的"因为一吹着文明的风，人们便要舍不得性命了"。日大也附和说，国人近来对欣然为国牺牲有所察觉是"因为染了西洋气"③。西洋气和文明风指向了文明标准里具有普世性的部分，如平等、博爱、自由、人道等共识性价值。周作人介绍《一个青年的梦》时，谈到了另一本与之观念相反的赞美战争的小说《肉弹》，"日本从来也称好战的国。樱井忠温的《肉弹》，是世界闻名的一部赞美战争的小说。但我们想这也只是以前的暂时的现象，不能当作将来的永远的代表"④。描写日俄战争的《肉弹》同它的时代一起成为周作人批判、反思的对象。陈独秀在《一个青年的梦》的附记中提到了一封托尔斯泰写给中国人的信，并附言"当时中国人不曾理会他的金石良言"⑤。这封信是托尔斯泰回复辜鸿铭的。1906 年 3 月，辜鸿铭通过俄国驻上海总领事勃罗江斯基把《尊王篇》与《如今的陛下们，请三思！论日俄战争道义上的原

① 《新编日俄战纪广告词》，《东方杂志》1904 年第 1 卷第 1 期。
② ［日］武者小路实笃：《一个青年的梦》，鲁迅译，《新青年》1920 年第 7 卷第 5 号。
③ ［日］武者小路实笃：《一个青年的梦》，鲁迅译，《新青年》1920 年第 7 卷第 5 号。
④ 周作人：《读武者小路君所作〈一个青年的梦〉》，《新青年》1918 年第 4 卷第 5 号。
⑤ 陈独秀：《〈与支那未知的友人〉附记》，《新青年》1920 年第 7 卷第 3 号。

因》的文章送给托尔斯泰。后文也曾发表在 1904 年横滨的《日本邮报》上。《尊王篇》的副标题是"为真正的文明所作的辩护"。辜鸿铭认为日俄战争的根源在于欧洲对远东文明的忽视，以种族、肤色建立起了不平等的文明标准。托尔斯泰同年 10 月写长信回复①，信中谴责了欧洲民族的暴行，希望中国人放下觉醒的好战思想，并且说如果中国人还"不曾完全被欧洲腐烂的文明的罗网捕住——他们的职责是要把自由的新路径指示给世界"②。这个路径就是中国文明中的"道"。虽然托尔斯泰所倡议的基督教与道的解决办法虚幻而又不切实际，但也是可贵的、批判等级文明标准的声音。并且，他一直致力于思考解决冲突的办法。早在战争开始时，托尔斯泰就写下反战文章《你们改悔吧》③。这些反省的批判装置显露出当时存在的对文明标准持谨慎、反对态度的声音。这些声音已隐约照见东亚在应对文明的冲击后走上的三条道路——不武力抵抗的和平主张、好战的帝国主义路径与不妥协的反压迫革命道路。

然而，这些批判与反思都是后置性的，日俄战争时的东亚思潮观念却正如其所批判的那样。周作人多年后回忆起在日本的生活，说日俄战争时的日本留学生"抱着兴亚的意气"④，祈望日本在日俄战争中获胜。此种热烈景象，周作人回忆起来不免感觉奇异。可在 20 世纪初的日本却又确实如此。梁启超目睹日本人拉着"祈战死"的条幅欢送士兵入伍，写下随感《祈战死》，呼唤《中国魂安在乎？》，又作学理性文章《中国之武士道》梳理中国春秋战国时期的武德历史。日俄战争时期在日本留学的鲁迅，应拒俄事件而作《斯巴达之魂》，鼓舞中国民族的尚武精神。蔡元培 1902 年在爱国学社组织拒俄义勇队，进行军事训练。陈独秀在附记中反思中国国民未听托尔斯泰的劝告，但实际上，日俄战争时期的陈独秀也是武力主义的声援者。他辑录了《东海兵魂录》，收入日俄战争时期日本军人的英勇故事。与此同时，他还辑有《中国兵魂录》。前者表现日本军人尚武轻文、轻死好战，后者集纳中国古时武士骁勇善战、英勇可泣的事迹，一同宣扬东亚尚武、侠义、忠勇的精神品格。而周作人所批评的《肉弹》，它被译介至中国的目的也是为了介绍为国献身的忠勇人格，只是这一面的合理性一直由于意识形态对该书的官方形塑而被遮蔽⑤。在物竞天择、适者生存的社会达尔文主义宣扬下，惟有尚武能使国家得以立于竞争剧烈的世界舞台，且"盖强权之世，

---

① 这封信发表于《新自由报》（德文）与《欧罗巴邮报》（法文），后转载于《世界周刊》（英文）、日本《天义报》第 17—19 期；1911 年译载于《东方杂志》第 8 卷第 1 期《俄国大文豪托尔斯泰伯爵与中国某君书》；1928 年译载于《东方杂志》第 25 卷第 19 期《托尔斯泰的两封信》（味荔译）。

② 味荔：《托尔斯泰的两封信》，《东方杂志》1928 年第 25 卷第 19 期。

③ ［俄］托尔斯泰：《你们改悔吧》，张建威、王正良译注，《大连大学学报》2018 年第 2 期。

④ 周作人：《留学的回忆》，《药堂杂文》，止庵校订，河北教育出版社 2001 年版，第 100 页。

⑤ 董炳月：《"肉弹"伦理学》，《读书》2004 年第 4 期。

惟能战者乃能和"①。忠勇、尚武的品格与东亚兴亡相连，构成了东亚兴亡梦的核心精神。东亚国家各有侧重地期待着以尚武的精神加入竞争的行列，以忠勇的品格保护处于竞争劣势的祖国，以尚武的精神进入文明世界。

与俄一战和成为文明国是东亚兴亡梦的主体内容。中、日两国共同宣扬对俄开战有着各自的政治意义。俄军驻兵东三省、意在吞并的行为，引发了中国的拒俄运动，而日本是为了与俄国争夺殖民地权益。不论政治目的如何，日俄战争都被赋予了打破种族优劣、振兴黄种的种族意义。为小路实笃作品写附记的蔡元培，此时就一直致力于拒俄动员，组织对俄同志会，创办《俄事警闻》。日俄开战后，蔡元培作《新年梦》，在小说里幻想了多国觊觎中国土地，共同向中国开战而中国反击的故事。陈独秀所办《安徽俗话报》也刊载了反映日俄战争的小说《痴人说梦》。小说中，俄国自和日本交战以来屡战屡败，因而恼羞成怒地向中国泄愤，数次侵犯中立条约，违反国际法，中国据此在各国公使、大使的支持下对俄宣战。

成为文明国家是东亚兴亡梦的另一内容。东亚国家不满于世界文明标准以种族将国家划分为文明国、半开化国与野蛮国家，也不满于文明国在其他非文明国家的种种特权，但对文明标准里物质性与知识性的部分是认同的。《新年梦》里的"中国一民"通晓英、法、德三国文字，游历各国学习先进文明，学美国的自由、平等，学德国的专门学问，又自己研究中国的哲学。蔡元培的小说里此时已经显露出精神文明与物质文明的区别。他认为外国人缺乏道德性的文明标准，并将其体现在交战的情节里。"他们外国，不论什么文明，总还是在生计竞争的圈子里"②，中国就不一样了，外国人花钱无法从中国这里买到奸细，中国却买通了几个国外的高等奸细，立马知晓了外国进军和调度的计划，开战后没有击不退的敌人。中国花钱买外国奸细的情节在日本小说《肉弹》里恰好相反。《肉弹》中的日本兵指责中国人总是为俄兵做间谍，是"为金钱故而生命亦可献上之支那人"③，而对于俄国兵，日本人常常赞扬他们的英勇，还赞扬了俄军俘虏在伤重被俘的艰难情境里也不喝生水的文明行为。这种种心理都体现出对文明标准的趋附。日俄战争后，当一个国家或古老的文明打败西方国家，即表明其已达到文明的标准④，日本也如愿加入了文明国的行列。

---

① 梁启超：《新民说》，商务印书馆 2006 年版，第 192 页。
② 蔡元培：《新年梦》，《蔡元培全集》（第一卷），浙江教育出版社 1997 年版，第 433 页。
③ ［日］樱井忠温：《旅顺实战记》，黄郛译，中华书局 1909 年版，第 81 页。
④ Gerrit W. Gong, *The Standard of Civilization in International Society*, New York：Oxford University Press, 1984, pp. 184-187.

二、对话理想新世界："反战大同梦"

1918 年 5 月，周作人在《新青年》第四卷第五号发表《读武者小路实笃君所作〈一个青年的梦〉》。同期，《新青年》刊载了鲁迅的现代诗《梦》，诗中表露了外来思想进入中国的纷杂情景。诗中的第一句是"很多的梦，趁黄昏起哄"。"黄昏"一词既是对黑暗中国的影射，也是对西方文明衰落、世界秩序混乱的形容。维也纳体系濒临坍塌，而威尔逊十四点原则的提出已可窥见新世界的秩序即将到来。可鲁迅对新世界充满怀疑，"去的在的仿佛都说'看我真好颜色'"，但"颜色许好，暗里不知"①。鲁迅在欧战结束、巴黎和会结束、新世界秩序看似尘埃落定后的 1919 年将《一个青年的梦》译至中国，因为它"思想很透彻，信心很强固，声音也很真"②，也因为它希望从对人类命运的忧虑中生出"新的这世界的秩序"③。它的声音、信心和思想源于对文明标准的重新估价。《一个青年的梦》是在欧战的刺激下发出的反战声音，声音里是对国家竞争的文明标准的批判；信心也是强固的，是对民众觉醒、人与人都是人类的相待、长久和平总会到来的坚信；而它的思想是"建立在人类主义、世界主义的基础之上的"④，是对普世性文明标准的探寻。剧作中交织、混杂着世界各国的普世观念，有基督教的宽恕博爱精神、克鲁泡特金的文明互助论、托尔斯泰的和平主义。而种种与世界主义相关的思考，均与此时中国的思想氛围相合，也代表着中国对如何建构世界、世界普遍价值的思索。也因此，陈独秀、蔡元培、周作人等新文化运动的领军人物能同时就《一个青年的梦》发表评议。

在《一个青年的梦》第一幕中，不识者带青年去往鬼魂和平大会，大会聚集了丧生于欧战的亡灵，以个体视角讲述着欧战感悟。鬼魂的自白带来了对战争的诘问：我们为何要战？我们为谁牺牲？剧作中接二连三的反问句里浸透着参战者强烈的不满，战争的无意义、虚无、破坏性、暴力血腥也就此展露无遗。旁白里有对鬼魂的形象刻画——衣服破烂、脸上有四个弹痕，更加直观地呈现了战争对个体生命的损毁。青年就鬼魂对为什么有战争的发问做出回应，将战争的原因归结于国家之间的竞争。剧作第四幕也呼应了青年的答案，在国家与恶魔的对话间展开了各国策划战争时的利害图谋。小路实笃在同时期创作了许多反战小说，如《没有能力的朋友》（1914）、《他的

---

① 唐俟：《梦》，《新青年》1918 年第 4 卷第 5 号。
② 鲁迅：《〈一个青年的梦〉译者序》，《新青年》1920 年第 7 卷第 2 号。
③ ［日］武者小路实笃：《〈一个青年的梦〉自序》，鲁迅译，《新青年》1920 年第 7 卷第 5 号。
④ 王向远：《中日现代文学比较论》，湖南教育出版社 1998 年版，第 125 页。

妹妹》（1915）、《奇怪原稿》（1919）等，均在追问战争中个体生命的遭遇和价值。质问战争的声音也存在于同时期的 "五四" 小说里。如冰心《一个军官的笔记》中写道: "为谁牺牲，为谁奋勇，都说不明白！"① 孙俍工《一个逃兵》中，逃兵吴德胜反思道: "我只是依了长官底命令向前杀敌，谁知道公理、正义、人道底敌人却在自己本身。"② 关注个体生命和自我价值也是对战争的深层追问，众多个人的追问形成了解构战争的张力，作家们也在对战争的解构中幻想着和平的新世界。

鲁迅在译者序中说，《一个青年的梦》的每一幕都各有首尾，"分开看合看，都无所不可的"③。小路实笃《一个青年的梦》中的人物独白具有演讲的特质，所讲内容短则百字，长则千字，演讲内容也与多种文明观念相连，如人道主义、互助论等。对彼时流行于东亚的这些文明观念，蔡元培、陈独秀、周作人等有着不同程度的认同。蔡元培在附记里写道，小路实笃 "有真心爱我们门内的兄弟"，来敲我们的门，而我们有机会，也应学武者先生，去敲他们的门，唤醒他们门里 "许多不曾觉醒的兄弟"④。蔡元培没有停留在作案头之语，而是即刻付诸了行动。在小路实笃致信支那友人后，蔡元培也在日本大正《日日新闻》发表《对中日问题的感想》（1920 年 1 月 4 日），呼吁能多一些新人，也希望两国的新人能提携合作，打破旧思想，接受平民主义、人道主义这些新世界的旗帜。蔡元培不仅意在叫醒日本，而且要直到全世界没有一个人不觉醒。这些都体现出蔡元培深受克鲁泡特金互助论的影响，这与《一个青年的梦》中 "青年" 的观念是一致的。对《一个青年的梦》中浮现的托尔斯泰主义，蔡元培是有异议的。异议不是针对托尔斯泰无抵抗主义本身，而是因为我国的国家发展程度还未能达到 "全体信仰精神世界的程度"⑤。对《一个青年的梦》中浮现的佛教、基督教精神，蔡元培也不大认同。他认为，随着时代的发展，宗教已不能承载其在远古时期的功用，即对人的知识、意志、情感产生三合一的作用，科技发展与社会进步使现代宗教只具有情感功用。而从历史上来看，"无论何种宗教，无不有扩张己教、攻击异教之条件"⑥。

与蔡元培因情感而弃宗教不同，陈独秀恰看中了宗教的情感特质，批判吸收了基督教，将基督教中包括创世说在内的灵异学说抛弃，吸纳了基督教的根本精神——崇

---

① 冰心: 《一个军官的笔记》，卓如编: 《冰心全集》（第一卷），海峡文艺出版社 1994 年版，第 110 页。

① 冰心: 《一个军官的笔记》，卓如编: 《冰心全集》（第一卷），海峡文艺出版社 1994 年版，第 110 页。

② 俍工: 《一个逃兵》，《小说月报》1924 年第 15 卷第 8 期。

③ 鲁迅: 《〈一个青年的梦〉译者序二》，《新青年》1920 年第 7 卷第 2 号。

④ 蔡元培: 《〈与支那未知的友人〉附记》，《新青年》1920 年第 7 卷第 3 号。

⑤ 蔡元培: 《欧战与哲学》，《新青年》1918 年第 5 卷第 5 号。

⑥ 蔡元培: 《以美育代宗教说》，《蔡元培全集》（第三卷），浙江教育出版社 1997 年版，第 60 页。

高的牺牲精神、伟大的宽恕精神、平等的博爱精神。宽恕精神在《一个青年的梦》中尤其明显。鬼魂四的故事便是俄国大学生兵在杀害他的日本兵的真心忏悔下原谅了他。值得一提的是，陈独秀在 1918 年年底《欧战后东洋民族之觉悟及要求》中说东洋民族战后对外的觉悟和要求"是人类平等主义，是要欧美人抛弃从来歧视颜色人种的偏见"①。他倡议东洋各国参与和平会议的委员提出人类平等、一概不得歧视的意见。陈独秀认为种族优劣是不平等待遇之根本，消除种族界限后欧美各国对亚洲的不平等待遇会自然消失。日本在巴黎和会上提交了人种差别撤废提案，却未被通过。不仅如此，《国际联盟盟约》第 22 条中的殖民地及领地规定，"其居民尚不克于今世特别困难状况下实行自治，则应适用下列原则：即将此等人民之福利及发展视作文明之神圣任务"②。与 19 世纪"文明开化"异曲同工的"文明之神圣任务"为第二次世界大战埋下了伏笔。

"我们看见日本思想言论界上，人道主义的倾向，日渐加多，觉得是一件可贺的事情。"③ 周作人在初次介绍剧作时便表明了他与《一个青年的梦》的最大共鸣在于人道主义。与此同时，他写下《人的文学》、《平民的文学》、《新文学的要求》，希望从文学上开始提倡人道主义思想。周作人还提倡人道主义从文学进入社会实践，人们集体劳动，平均分配，在生活本能得到满足后全面、健康而自由地发展人性的生活。周作人也一直共鸣于小路实笃的"新村理想"，曾实地到访小路实笃在日本宫城县建设的"新村"。小路实笃在 20 世纪 20 年代也创作了许多新村小说，较有代表性的是田汉译介至中国的《桃花源》。

《一个青年的梦》中蕴藏着多种具有普世性的文明标准。正如有学者评价的，小路实笃并不满足于"批判战争的恐怖"，在他心里有一个"理想的、超国家的世界构想"④。同时期的周作人、蔡元培、陈独秀也在众多普世性主义里构想着理想的新世界。只有鲁迅担忧、害怕着"中国人要从'世界人'中挤出"⑤。他一方面怕中国再次走回帝国之路，正如他每每听到"'朝鲜本我藩属'这一类话，只要听这口气，也足够教人害怕了"⑥；另一方面，他又看到了种种观念的空幻、不切实际和与现实中国间的差距。这种空幻很快便显现了，"欧战才了的时候，中国抱着许多希望，因此现在

① 只眼：《欧战后东洋民族之觉悟及要求》，《每周评论》1918 年第 2 号。
② 《国际联盟盟约》，王斯德主编：《世界现代史参考资料》（上册），高等教育出版社 1988 年版，第 72 页。
③ 周作人：《读武者小路君的〈一个青年的梦〉》，《新青年》1918 年第 4 卷第 5 号。
④ 杨位俭：《战争、新村与启蒙的界限——基于〈一个青年的梦〉的译介关系的考察》，《中国比较文学》2016 年第 3 期。
⑤ 唐俟：《随感录》（三六），《新青年》1918 年第 5 卷第 5 号。
⑥ 鲁迅：《〈一个青年的梦〉译者序》，《新青年》1920 年第 7 卷第 2 号。

也发出许多悲观绝望的声音，说'世界上没有人道'"①。欧战胜利给了中国人极大的希望，但这希望却是短暂的，战后的和平会议证明了文明标准对强弱之国依然有别。鲁迅想呼吁的不是空幻的概念、遥远的梦，而是据现实处境能预见的、在可见的期待里能达成的人道。也因此，鲁迅在众人梦想理想新世界时，认为"万不可做将来的梦"，不如探寻现实可能的和平的方法，比如利用亲权来解放自己的子女，"这虽然也是颇远的梦，可是比黄金世界的梦近得不少了"②。鲁迅是理想主义者，他和《一个青年的梦》中小路实笃所相信的一样，人与人都以真诚的人类爱相待，长久的和平会到来，但这理想世界要从人的觉醒、去除国民劣根性开始。他将理想映照进现实世界，使理想不流于空妄。诚如他的新诗《人与时》，"一人说，将来胜过现在。/一人说，现在远不及从前。/一人说，什么？/时道，你们都侮辱我的现在。/从前好的，自己回去。/将来好的，跟我前去。/这说什么的，/我不和你说什么"③。这是对理想与现实、未来与现在之关系的诠释，也是对普遍理想观念纷杂时期的回应。

三、恶梦陡生：何以文明世界？

1931 年，孙俍工在日本听闻"九·一八"事变的消息，多年来深受"实笃精神"影响的孙俍工心中的理想世界轰然倒塌。"一个青年的梦，终竟成为一个梦么？世界人类真没有一个人认识和平女神底美的么？连产生这作品的日本民族也轻视这作品底价值么？"④ 孙俍工在反问中与小路实笃展开跨时空的对话，展开了对《一个青年的梦》的续写。《续一个青年的梦》为六幕剧，采用了原作的叙事结构，并通过反写原作话语、保留原作主人公及部分角色、对话小路实笃的理想，与原作达成呼应。第一幕从原作的平和会变为自卫会，田鸡鬼、乌龟精、黄瓜精打着自卫会的名义图谋侵略事业。第二幕中，友人与青年展开对话。第三幕中，原作第一幕里的鬼魂五人及美底女人的魂上场，不断反问青年是否传达了曾经对他说过的观念，为何还有更可怕的战争。前三幕的人物对话偏思辨性质，青年研究非战的文学和哲学，研究人类的命运，却无法阻止战争，也无法解释无理的压迫和野蛮。对于友人和鬼魂们的疑问，青年反复地重复着"这个吗？我正在研究哩"、"我正在读书研究"。对话也显示出，在孙俍工看来，日本虽有一些文人有着和平的理想，但他们"自己没有力量"，"出力是很想出力"，

---

① 鲁迅：《不满》（随感录六十一），《鲁迅全集1》，人民文学出版社 2005 年版，第 375 页。
② 鲁迅：《娜拉走后怎样》，《鲁迅全集1》，人民文学出版社 2005 年版，第 167–168 页。
③ 鲁迅：《人与时》，《鲁迅全集7》，人民文学出版社 2005 年版，第 35 页。
④ 孙俍工：《〈续一个青年底梦〉自序》，中华书局 1933 年版，第 2–3 页。

却"无可奈何"①。在第四、五幕里，不识者带青年完成了一场东亚游。在中国，青年看到带着自卫的假面的兵士残忍地屠杀百姓。在朝鲜，青年看到日本人一面施行驱鲜杀华的政策，一面引导舆论造谣，挑起中国人与朝鲜人的冲突。第六幕中，日本公然宣扬侵略中国，国联无力调停，最后国联会议室倒塌，变为新坟三座——"公理之墓"、"人道之墓"、"和平之墓"，下边题"二十世纪大日本帝国立"②。国联成为废墟，象征着文明标准的坍塌，公理、和平、人道之墓象征着战时文明普世观念的灭亡。

在《续一个青年底梦》里，孙俍工让青年自悟到日本以强权侵略他国是耻辱。青年说，"我要一样地诅咒它反抗它"③，"我要用一颗人类公平而纯洁的心""洗尽日本人底污点"④。孙俍工对青年的期待也是对小路实笃的期待。他曾在1933年将续作寄给小路实笃，"然而武者小路却在罪恶之前沉默了"⑤。1935年，有传言小路实笃准备为军阀、政客张目。巴金在《给日本友人》的信里感慨道："连武者小路氏也变到这样的地步，无怪乎自由主义者会成为军阀的爪牙，而高唱'非迅速战胜中国不可了'。"⑥ 可见，小路实笃在中国人的印象中是和平的代表。直到1939年，郁达夫还能从小路实笃《牟礼随笔》中一段对中国人并非友好的文字里看出他的厌战。1942年，小路实笃发表了《大东亚战争私感》。其中，"日本的使命"、"日本人为什么强大"、"大东亚共荣圈"、"日本人的慈祥"、"大东亚战争及以后的事情"⑦ 等标题，无不显露着他已陷入脱胎于19世纪文明标准的"文明开化"、"文明教化使命"等侵略措辞。

在孙俍工续十多年前的日本旧梦时，《东方杂志》主编胡愈之发出400多封征稿信，组织社会各界人士做"新年的梦想"，征集梦想的中国、梦想的个人生活这两个问题的答案。截至1932年12月5日，《东方杂志》共收到160余封"梦"，筛选后刊载于《东方杂志》1933年的《新年特大号》（第30卷第1期），其中有20多个文学家的梦。与各界人士梦想着自由平等、无压迫、无国界与种界的世界大同相反，文学家大多不做理想的梦了。

老舍：我对中国将来的希望不大，在梦里也不常见着玫瑰色的国家……拟个

① 孙俍工：《续一个青年底梦》，中华书局1933年版，第39页。
② 孙俍工：《续一个青年底梦》，中华书局1933年版，第173页。
③ 孙俍工：《续一个青年底梦》，中华书局1933年版，第66页。
④ 孙俍工：《续一个青年底梦》，中华书局1933年版，第95页。
⑤ 巴金：《给日本友人》，《巴金全集》（第十二卷），人民文学出版社1989年版，第575页。
⑥ 巴金：《给日本友人》，《巴金全集》（第十二卷），人民文学出版社1989年版，第575页。
⑦ 王向远：《"笔部队"和侵华战争——对日本侵华文学的研究与批判》，昆仑出版社2005年版，第22页。

五年或十年计划，是谓有条有理，与中国逻辑根本不合，定会招爱国与卖国志士笑掉门牙。

　　茅盾：对于中国的将来，我从来不做梦想，我只是努力认识现实。梦想是危险的。在这年头儿，存着如何如何梦想的人，若非是冷静到没有气，便难免要自杀。

　　巴金：在现在的这种环境中，我连做梦也没有好的梦做，而且我也不能够拿梦来欺骗自己①。

　　在国际、国内充满着不平等、阶级压迫等种种问题时，左翼文学家们大都无法去畅想未来的文明世界。沉浸在不合时宜的梦中的人有周作人、柳亚子、盛成等。曾与小路实笃一起做新村美梦的周作人，依然梦想着宗教、主义、个人的生活。时任中央监察委员的柳亚子没有在其位谋其责地去做针砭时弊的梦，而是畅想着未来的大同世界。盛成的梦就更"可怕"了。他环游东方列国，认为印度、土耳其等都无法立足于新世界，只有"中国，是世界上唯一的国家；中国人，是世界上唯一的民族"②。这种自满自大的心态和守着封建陋习的中国人一致，和以自己文明为优、侵略其他文明的帝国主义逻辑也一致。鲁迅在收到《东方杂志》新年特大号后，写下了《听说梦》。鲁迅对这次征文本抱有期待，是因为理解作者的苦心——言论不自由的时代只能通过梦的途径说说真话。鲁迅"高兴的翻了一下，知道记者先生却大大的失败了"③。鲁迅在征梦里看见了看似载道的空头梦、言志的个人梦，却少见"阶级斗争，白色恐怖，轰炸，虐杀"等，"倘不梦见这些，好社会是不会来的"④。这些恐怖的场景持续存在于第二次世界大战时期的中国，日俄战争时期的"肉弹"也再次现身于中国，成为日军无人性的攻击手段，也成为中国人英勇反击的方式。文学家们不再做着理想的梦了，至少大多数左翼文学家是如此。第二次世界大战开始后，"正义，人道，公理之类的话，又要满天飞舞了"⑤，可中国人不会再受骗。这些民主主义、个人自由、国际协调等文明标准是列强国家侵略别国的谎言，他们的民主公道是对内而非对外，他们通过榨取、压迫、掠夺其他国家来实现本国贵族阶级自由平等的发展。此外，中国当时还没有适合此类理念生长的土壤，这些标准理念与中国现实存在着巨大的实现差距。

　　小路实笃曾在《与支那未知的友人》中写道："我相信，在世界有战争的期限内，

---

①　《新年的梦想》，《东方杂志》1933 年第 30 卷第 1 期。

②　《新年的梦想》，《东方杂志》1933 年第 30 卷第 1 期。

③　鲁迅：《听说梦》，《鲁迅全集 4》，人民文学出版社 2005 年版，第 481 页。

④　鲁迅：《听说梦》，《鲁迅全集 4》，人民文学出版社 2005 年版，第 482 页。

⑤　鲁迅：《我们不再受骗了》，《鲁迅全集 4》，人民文学出版社 2005 年版，第 440 页。

总当有人想起《一个青年的梦》。"① 1936 年 5 月 5 日，鲁迅在内山书店见到小路实笃，说现在中国依然有人在读《一个青年的梦》。可小路实笃说："在日本，人们已经忘记我曾经写过那样的书。"小路实笃曾与中国真诚对话，也曾说中国是现今世界中最难解的国。难解的中国、谜一样的中国是现代日本人对中国的普遍认知。鲁迅将这归于日本人对中国人的生活没有细致体会和长久观察，存了关于中国的谣言和偏颇的了解。鲁迅指出，"我们的'友邦'好友顶喜欢宣传中国的古怪事情"，也喜欢从局部为中国做结论，看见大官书斋里有许多贵的砚石，就说中国是文明的国度，但倘若到穷文人的家里却发现没有这些，先前的结论不通用了，便说"支那是难懂的、支那是'谜的国度'"②。东亚在近代共同接受了西方文明标准所判定的先进与落后、文明与野蛮，并以此标准彼此观照。日本成为中国了解西方的中介，而进入文明国行列的日本也始终对中国怀有异样心思，或是主动接受帝国主义，或是被动陷入文明教化的陷阱。鲁迅在两国关系极为紧张之时，应日本改造社社长山本实彦的约稿，写下《我要骗人》。他写道："彼此看见和了解真实的心，倘能用了笔，舌，或者如宗教家之所谓眼泪洗明了眼睛那样的便当的方法，那固然是非常之好的。然而这样便宜的事，恐怕世界上也很少有。"③ 东亚两国共同看向了世界，却缺少对彼此之间文明的认真体察，而中、日两国国家的强弱差距，也使两国中少有人能真诚、真心地对话。及至第二次世界大战，"文明世界"的又一次战争成为全世界人的噩梦，真诚对话在民族冲突激烈的年代更成为无法实现的梦。

（作者单位：西南大学历史文化学院）

---

① 鲁迅：《再来一条"顺"的翻译》，《鲁迅全集 4》，人民文学出版社 2005 年版，第 359 页。

② 鲁迅：《内山完造作〈活中国的姿态〉序》，《鲁迅全集 6》，人民文学出版社 2005 年版，第 275 页。

③ 鲁迅：《我要骗人》，《鲁迅全集 6》，人民文学出版社 2005 年版，第 506-507 页。

被遮蔽的冲突：《学衡》前史中的梅光迪与吴宓①

黄彦伟

在"学衡派"的研究中，学术界一贯强调的是学衡群体的内在趋同性，而忽略了他们学术理念歧异的一面。这尤其表现在"学衡派"核心人物梅光迪、吴宓之间。《学衡》创刊于 1922 年 1 月，至 1923 年初，梅、吴之间的间隙便已显现出来。据《吴宓自编年谱》，"在《学衡》初出版之数期中，刘伯明及梅光迪两君，每期皆撰文一篇登入。以后，则否。自第二年初之第十三期起，梅君则不再投登一字之稿，反而对人漫说，《学衡》内容愈来愈坏。我与此杂志早无关系矣！"②《学衡》杂志为梅光迪一手促成，时至今日学界仍以梅光迪为"学衡派"代表人物，然梅之疏离《学衡》的原因何在？除了表面的权力人事冲突之外，笔者以为更应该从《学衡》前史中发掘，这也构成了本文撰写的缘起。

一

1918 年 8 月，梅光迪、吴宓在哈佛大学的聚首，是现代文化史上的重要事件。作为《学衡》早期的核心人物，梅、吴思想的共同性表现在：一是二人均激烈地反对以胡适为中心的白话文和"新文化运动"；二是二人均师承于美国新人文主义大师白璧德并形成开放的人文视野；三是二人同具现代学者的任道精神并致力于传统儒学的生新与创造。这三个方面构成了梅、吴 1921 年筹创《学衡》的思想根基。而在 1923 年初，梅光迪的不满，则意味着"学衡派"核心的分裂。在梅光迪看来，"《学衡》内容

① 本文系河南省哲社规划项目"《大公报·文学副刊》（1928–1933）中吴宓佚文考证与研究"（2020BWX004）的阶段性成果。

② 吴宓：《吴宓自编年谱》，三联书店 1995 年版，第 235 页。

愈来愈坏，我与此杂志早无关系矣"，是否真如吴宓所认为的，是"漫说"呢？

先看梅光迪的个人情绪。《学衡》创办之初，梅光迪认为杂志"应脱尽俗氛，不立社长、总编辑、撰述员等名目，以免有争夺职位之事"。后来，吴宓为了收稿与编辑的方便，从第 3 期开始在《学衡杂志简章》后增加"本杂志总编辑兼干事吴宓"的文字，而遭梅光迪、胡先骕讥讽①，此后《学衡》杂志社再未举行过会议。近日翻检文献，更得一佐证。据"学衡派"成员马宗霍回忆，"《学衡》杂志创办之始，并无正式组织，也无正式名份，不意吴宓却在某次记者招待会上自称总编辑，吴与梅、胡等人遂不快而散伙。这反而使吴宓成为《学衡》的唯一主持人，成全了吴自称总编辑的说法"②。两则材料合观，吴宓"自上尊号"引起梅光迪情绪的抵触，从而有"我与此杂志早无关系"的声明，也就不意外了。

至于梅光迪说《学衡》内容越来越坏，那么，在刊物创办的一年中，《学衡》稿件的取向有哪些变化？笔者以为主要原因是《学衡》与具有遗民倾向的《亚洲学术杂志》结缘。按，《亚洲学术杂志》创刊于 1921 年，主编为孙德谦，成员包括沈曾植、王国维、罗振玉、张尔田、曹元弼等。1921-1922 年间共出版 4 期，其遗民倾向表现在："一是对伦理道德的肯认，并由此上升到对中国文化精神的维护；二是对西方文明的批判，由此导引出对东方文明的称颂；三是对社会主义新思潮的不满和对新文化的批判。"③由于《学衡》创刊半年后，原有社员的撰稿热情降温，大多数社员对杂志不闻不问，又因《学衡》发文向无稿酬，所以稿源始终是一大难题。面对这一困境，吴宓在日记中说："《学衡》稿件缺乏，固须竭力筹备。惟国学一部，尤形欠缺，直无办法。日昨函上孙德谦先生，请其以《亚洲学术》杂志停办后所留遗之稿见赐，并恳其全力扶助。顷得复书，全行允诺，甚为热心，且允撰《评今之治国学者》一文。"④《学衡》第 23-39 期，先后刊发了孙德谦、张尔田的 20 余篇文章，即是《亚洲学术杂志》遗留的稿件。再看《学衡》第 11 期转录《亚洲学术杂志》中孙德谦《中国学术要略》一文，吴宓在文前有按语："亚洲学术杂志系上海亚洲学术研究会所编撰发行，该会宗旨以六条为体，八项为用。六条之目曰：主忠信以修身、尊周孔以明教、敦睦亲以保种、讲经训以善世、崇忠孝以靖乱、明礼让以弭兵。该杂志秉笔者皆国学湛深，文辞渊雅之士。……此篇述中国学术浑括包举，简赅精当，故亟录之。"⑤文中所引六条目保种明教、维护伦常的鲜明态度，显然是晚清国粹派的余绪。无论如何，它与

---

① 吴宓：《吴宓自编年谱》，三联书店 1995 年版，第 229-230 页。
② 天岸：《马宗霍传略》，《论衡校识笺释》，中华书局 2010 年版，第 401-402 页。
③ 罗惠缙：《从〈亚洲学术杂志〉看民初遗民的文化倾向》，《武汉大学学报》2008 年第 2 期。
④ 吴宓：《吴宓日记》（1917-1924），三联书店 1998 年版，第 248 页。
⑤ 吴宓：《〈中国学术要略〉"按语"》，《学衡》1921 年第 11 期。

《学衡》"昌明国粹，融化新知"的学术旨趣、稳健开放的人文立场，都存在着明显的差距。事实上，梅光迪反对晚清国粹派的态度是异常激烈的："近日言国粹者，曾不脱汉宋儒者之范围，登几篇宋明遗民著作及几句说经说史之语，即谓之《国粹学报》，以保存国粹自命矣。须知我辈保存国粹，口说固不可少，然尤在实行；而口说亦当洗净汉宋学说。今之言国粹者，毋怪其无效，可笑亦可怜也。"① 他直斥国粹派为不出国门、妄自尊大、不识孔子真精神的腐儒②。据此，梅光迪称《学衡》内容越来越坏，自然不是无凭的"漫说"了。

二

《学衡》前史中梅光迪、吴宓的思想歧异，若要进一步深究，势必须重返语境，聚焦于两人的求学生涯，在梳理其思想轨迹的基础上考察两者的差异化取向。因笔者曾对吴宓早年的知识构成和学术宗主有所讨论，故本节以关注梅光迪为主。然此亦颇为不易，一则梅光迪早期文献阙如，二则其学问尚处于求索阶段，论学也多有变化。今按，1904 年，梅光迪 15 岁，入读安徽高等学堂，颇受时任校长严复开明思想的影响；1908 年毕业后入读复旦公学；1911 年 8 月通过第三届庚子赔款考试赴美留学，其间辗转就读于美国的西北大学、哈佛大学；1919 年在哈佛获得硕士学位后回国，时年30 岁。这 15 年间，梅光迪的思想趋向可概括为：

（一）推倒汉宋儒，复兴真孔教

梅光迪早年曾在其父梅藻先生的教导下，读过一些程朱理学的著作③。然在 1911 -1919 年游美期间，梅光迪突出地表现出"推倒汉宋，复兴孔教"的思想取向，相关议论完整地保存在他与胡适的论学书简中。如："迪自来此邦（美国），益信孔教之有用，前与足下已屡言之；欲得真孔教，非推倒秦汉以来诸儒之腐说不可，此意又足下所素表同情者"④；"回国后当开一经学研究会，取汉以来至本朝说经之书荟萃一堂，择其可采者录之，其谬误者尽付之一炬。而诸经尤以己意参之，使群经皆可用"⑤。其时梅光迪 22 岁，对汉儒传经能否得其正解是一问题，但你会在其狂肆的议论中感受到他攻讦汉儒的愤然。至于梅光迪对宋儒的态度，尤为激烈。"迪以为晦庵说经之谬误与

① 梅杰：《梅光迪文存》，华中师范大学出版社 2011 年版，第 520 页。
② 梅杰：《梅光迪文存》，华中师范大学出版社 2011 年版，第 515 页。
③ 眉睫：《梅光迪年谱初稿》，海豚出版社 2017 年版，第 28 页。
④ 梅杰：《梅光迪文存》，华中师范大学出版社 2011 年版，第 514 页。
⑤ 梅杰：《梅光迪文存》，华中师范大学出版社 2011 年版，第 518-519 页。

汉儒兄弟耳"，"吾今敢大声疾呼，晦庵实为千古叛圣第一罪魁，其《纲目》尤刺谬不可思议，其知人论世尤荒谬绝伦……"①，是故"不推倒汉宋学说，则孔孟真学说不出，而国必亡"②。在他看来，程朱"袖手谈心性"的儒学修身论，终将人导向空虚无用之学，从此"天下无肯为公共社会办事者矣"③。梅光迪经世致用的现实导向显豁鲜明。

然在另一方面，留学新大陆的经历，使梅光迪对现代文明的负面有了近距离的省思，这使他在复兴孔教的阐述上，颇有比较文化史的视野。他说"我辈决不能满意于所谓 modernization civilization，必求远胜于此者，以增世界人类之福。故我辈急欲复兴孔教，使东西两文明融化，而后世界和平可期，人道始有进化之望"④，又言"吾人复兴孔教，有三大要事，即 new interpretation，leadership and organization 是也。耶教有此三者，所以能发挥光大，吾人在此邦宜于此三者留意"⑤。是故，他有"发起一孔教研究会与同志者讨论，将来发行书报，中英文并刊。迪思此事为莫大之业，且刻不容缓……"⑥ 的设想，而这未始不是他后来创办《学衡》的潜在动机。

梅光迪的"复兴孔教"，事实上涉及两方面的问题。一是，孔教是宗教吗？他并未明确回答。但从他的若干议论看，孔教应该并非一般意义上的宗教，而是基于儒家原教旨主义，能够适用于现代社会的一套政治制度、伦理结构和价值观念。事实上，他的新阐释已涉及儒家传统现代性转化的时代论题，所以，他说"孔教误会与流弊至今极矣，复兴孔教须得善读善解之人"，"故我辈急欲复兴孔教，使东西两文明融合，而后世界和平可期，人道始有进化之望"⑦。只是这一论题太过宏大，尚在学问求索期的梅光迪并未找到突破的具体路径。二是，梅光迪大谈复兴孔教的时间是 1913 年，而直到 1915 年秋，他才在美国西北大学接触到白璧德的新人文主义。他惊喜地发现，他所思索的问题，乃至于他的长期困惑，白璧德均给予了方向上的指明。可以说，梅光迪的这一特殊际遇，同时又是一代学人必然的域外探寻，开启了 20 世纪 20 年代新人文主义在中国传播的契机。这也是中西人文传统与中国现代性转型接榫的一种思想取径。

（二）兼蓄百家思想，注重经世实效

在晚清以降"六经皆史"、"降经为子"的学术潮流中，在国家民族命悬一线的现

---

① 梅杰：《梅光迪文存》，华中师范大学出版社 2011 年版，第 499 页。
② 梅杰：《梅光迪文存》，华中师范大学出版社 2011 年版，第 519 页。
③ 梅杰：《梅光迪文存》，华中师范大学出版社 2011 年版，第 500 页。
④ 眉睫：《梅光迪年谱初稿》，海豚出版社 2017 年版，第 59 页。
⑤ 眉睫：《梅光迪年谱初稿》，海豚出版社 2017 年版，第 57 页。
⑥ 眉睫：《梅光迪年谱初稿》，海豚出版社 2017 年版，第 42 页。
⑦ 梅杰：《梅光迪文存》，华中师范大学出版社 2011 年版，第 507、525 页。

实刺激下，诸子学普遍受到重视。这一趋势也在梅光迪早期的思想中有所透露。他说："先秦诸子之学极有研究价值。吾辈归去后，当设会研究，刊行书报，此吾国学术上之大题目而无人提及。希腊罗马人之书，闻者惊佩，谈者乐道，而自己家中更有高于此者，乃将使之湮没不彰，冤矣。"① 另一方面，对经世之学的强调，也是梅光迪思想的一个特色。突出的例子是他对清初"颜李学派"的推重。围绕"尊程朱"与"推颜李"，梅光迪、胡适在 1911—1915 年间反复辩难。故有论者以为胡适 20 世纪 30 年代提倡"颜李学派"与梅光迪早年的推重有着内在的关联②。梅光迪给出的理由是颜元、李塨能够承续周孔"六艺之学"（礼、乐、射、御、书、数）的真精神。"迪观二先生真能直接孔孟，高出程朱万倍……幸有颜、李二先生者，推翻伪学以复古为学。今欲以古学救国，舍二先生之学其谁学耶？"③ 梅光迪又说："迪以为平天下不徒在政治，如工人制器利民，商贾通有无，农人植五谷，皆平天下之道也"，"颜李学说独得先圣精髓而与西人合，其所常称道者，如视思明、听思聪等语，今日西人之所以强盛者，岂有外乎此哉？"④ 由此可见，梅光迪早年对"颜李学派"的推重，实有其西学视域的参照衡鉴。

正因对经世的强调，梅光迪在思考现代中国的走向时，就特别显示出其任道的精神。"我们这一代最为紧迫的任务，是探寻并解决国家民族危机前所未有的出路……在铲除旧政权中罪恶和弊端的同时，由于西方文化新鲜能量和血液的贯注，我们一向所珍视的传统思想和理念，将重新焕发出新的生机活力。故此，对于西方文化传统，我们需要的是理性和协调，而非与之紧张抗衡的文化心态。"⑤ 这正是梅光迪在接受新人文主义之后经世的、理性的和稳健的文化立场。

（三）以文学改造社会职志的确立

至迟在 1913 年 6 月，梅光迪即有以文学改造社会的职志。他说："吾愿为能言能行、文以载道之文学家，不愿为吟风弄月、修辞辍句之文学家。仿之古今文人，吾愿为王介甫、曾涤生，不愿为归熙甫、方望溪；吾愿为 Tolstoy, George Bernard Shaw, 不愿为 Dickens, Stevenson。若王、曾与 Tolstoy, G. B. Shaw 则真能以文字改造社会者也。"⑥ 这显然是激于世变，欲借用文学启蒙、开启民智的斩截态度。然在梅光迪受教

---

① 梅杰：《梅光迪文存》，华中师范大学出版社 2011 年版，第 512 页。
② 叶金辉：《梅光迪对胡适学术思想的影响》，《江汉大学学报》2012 年第 5 期。
③ 梅杰：《梅光迪文存》，华中师范大学出版社 2011 年版，第 500 页。
④ 眉睫：《梅光迪年谱初稿》，海豚出版社 2017 年版，第 22—23 页。
⑤ 梅光迪："The Task of Our Generation"，《梅光迪文存》，华中师范大学出版社 2011 年版，第 18—19 页。
⑥ 眉睫：《梅光迪年谱初稿》，海豚出版社 2017 年版，第 63 页。

于白璧德门下后，他便有了"向来所好只是人生哲学兼及文章，盖欲借文章以发布人生哲学为改造社会之用耳。故近益趋重宗教、伦理、历史等方面，而不以纯粹文学家自期矣"① 的议论，主张从文学—文化批评的路径来改造社会。

事实上，1915 年夏，胡适、梅光迪、任鸿隽等五人在康奈尔大学附近的绮色佳度假，已开始讨论文学革命问题。详细过程可参看胡、梅之间的书函往复，以及胡适《逼上梁山：文学革命的开始》的事后追述②。其中梅光迪的持论，一是文学革命势在必行，且当从"民间文学"（folklore，popular poetry，spoken language，etc）入手。这一点与胡适持论相同。二是小说词曲可用白话，诗文则必不可用白话。而胡适则主张一切文体均当用白话，此点最能见出两人的歧异。三是在态度与改革方法上，梅光迪主张从长计议，全面研究，谨慎进行；胡适则本着实验主义的态度，主张在尝试中不断改进，而不必万事俱备后再进行。在胡、梅关于文学革命争论的不断升级中，胡适关于文学革命的思考愈加深入系统③，并不断在实践中总结经验，最终于 1917 年在国内掀起了一场革命性的白话文运动。

以上仅为梅光迪早年思想倾向中的三个维度，事实上须注意者还有二：一是梅长于为文，短于作诗。"迪治古文虽稍窥其大意，然尤未能专精一家以为根底，诗学尤无门径。"④ 二是对现实政治的密切关注。他在 1916、1917 年发表的《民权主义之流弊论》、《我们对于国家事务应有的态度》，以及对袁世凯倒行逆施的尖锐激烈批评，都可证实其民主政治的立场和态度。而他在抗战中所发表的《非常时期与历史教训》、《英美合作的必然性》等议政时文，以及作为国民参政会参政员的若干提案，则是其关切现实政治的脉络延续。

三

比较而言，《学衡》前史中吴宓思想的取向有四个基本维度：一是吴宓早年对诗文、说部的浓厚兴趣；二是吴宓与现代报业的渊源及早年的办报实践；三是承续晚近"新关学"的道德自律；四是清华读书七年（1910-1916）中对西学的倾向性接受。上

---

① 眉睫：《梅光迪年谱初稿》，海豚出版社 2017 年版，第 81 页。

② 见梅杰：《梅光迪文存》，华中师范大学出版社 2011 年版，第 535-553 页；胡适：《胡适四十自述》，华文出版社 2013 年版，第 121-163 页。

③ 胡适从尝试白话诗歌，到提出"八不主义"文学革命纲领、文字—文学革命（对应于"活的文学"、"人的文学"）、白话文学史观、文学的国语和国语的文学等。见胡适：《中国新文学运动小史》，《胡适文集》卷一，北京大学出版社 1998 年版，第 117 页。

④ 梅杰：《梅光迪文存》，华中师范大学出版社 2011 年版，第 545 页。

述维度构成了吴宓早期的知识框架，也奠定了吴宓1918年接受白璧德新人文主义的"种子因"①。因此，《学衡》前史中梅、吴学术思想的歧异，便显朗起来。

（一）异同之辨：昌明国粹的思考与取径

《学衡》"昌明国粹，融化新知"的学术旨趣，是吴宓根据"学衡派"成员的发言凝练而成，也必然获得梅光迪的肯定。梅、吴二人传播新人文主义，以理性的、开放的文化视野，一方面继承并超越14-16世纪的文艺复兴和17世纪新古典主义的思潮和主张，重续古希腊人文主义思想和精神；另一方面，主张在世界文明的范围中将基督教传统、印度佛教、中国的儒家和道家等纳入人文主义的统绪，借以推动现代中国思想文化的生新与创造。在"融化新知"的层面上，两人的主张是毫无二致的，但在对国粹的理解和认识上，却不免产生了分歧。

如前所述，梅光迪以目空一切的态度，主张一并推倒汉学、宋学，重新探求孔孟儒教的真精神。他欲通过对原始儒家的新阐释、领导与组织，尝试将之宗教化，进而建构出一套适应现代社会的政治制度、伦理结构和价值观念。在这一过程中，有致用导向的周秦诸子受到梅光迪的重视。清初讲求实学的"颜李学派"，因其实践周孔"六艺"之教和强调"实文、实行、实体、实用"，也备受梅光迪的推重。也因为此，历史上一些身体力行，在事功方面有大成就的学问家或政治家，如管子、晏子、韩愈、王安石、辛弃疾、陈亮、顾炎武、曾国藩等，也同样受到梅光迪的礼敬。

与梅光迪不同，（1）吴宓作为关学流裔，其传统方面的学问根柢于宋学。（2）吴宓并不看重百家诸子的内在价值。通观七百万字吴宓日记及相关著述，他对老庄纵情主义、功利主义的现实危害多有批判，对其他诸子也罕有论及。（3）吴宓对晚清国粹派是同情和尊重的。与梅光迪指斥国粹者为腐儒不同，吴宓1923年拜访孙德谦、张尔田之后，便有"二先生确系学术湛深，议论通达，品志高卓，气味醇雅。其讲学大旨，在不事考据，不问今古文及汉宋门户之争，而注重义理。欲源本经史，合览古今，而求其一贯之精神哲理，以得吾中国文明之真际"的价值判断。同时，对于《国粹学报》的创办者黄节，吴宓终身以师侍之。吴宓对其尽心力于民族革命的志业、保存传统礼教道德的志节、以诗学代替宗教的诗教观念，可谓推崇备至。（4）如何理解国学，梅光迪并未明确论述。对于吴宓的国学观，笔者曾有所概括："在以儒学为根本的人文主义视野下，在传统向现代转换的历史进程中，因循中国学术系统的本然结构，撷取孔孟往圣之人文精粹，复参照于古希腊以降的道德哲理，综合贯通以求取中国文化之真精神，并进而建构起一套具有普适价值的道德、人生和社会的新秩序。此秩序、

---

① 黄彦伟：《吴宓游美之前的知识结构考论》，《南昌大学学报》2018年第4期。

此精神因有宗教般的热诚灌注于其中，遂凝成中国文化的真信仰。"① 当然，吴宓国学观的真正形成，已是 20 世纪 30 年代中期了。

此外，还必须注意到梅光迪的后见之明。1931 年任教于哈佛大学的梅光迪，在《人文主义与现代中国》一文中谈到，在中国围绕《学衡》所展开的人文主义运动，一开始"就没能提出明确的议题"，"《学衡》的原则和观点给普通读者留下的印象是，它只模糊而狭隘地局限在一些仅供学术界闲时谈论的文哲问题上，正如楼先生（按：楼光来）已指出的，它缺少必要的标语和战斗口号；他们必须更加明确清晰地提出问题，并为之提供更加具体的内容和解释性材料……"② 事实上，在《学衡》前史和创刊初期，关于"昌明国粹"的明确路径和具体议题，无论是梅光迪，还是吴宓，均缺乏深度的思考。这也是两人共有的局限。

（二）立场与态度：白话文与诗歌理论及实践

在对待白话文的态度上，由于 1915 年前后胡适、梅光迪的一段公案，彼此在辩难中观点渐趋偏激。若平心而论，胡适从文学进化的观念和平民主义的立场，认为一切文体均可用白话文；梅光迪、吴宓以西方近世语言与文学的嬗变为参照，认为文学革命要谨慎缓行。如梅光迪所言，"科学与社会上实用智识（如 Politics、Economics）皆可进化。至于美术、文艺、道德则否，若以为 Imagist Poetry 及各种美术上'新潮流'，以其新出必能胜过古人或与之敌，则稍治美术文字者闻之必哑然失笑也"③。但梅、吴二人在态度上亦有差异。梅光迪以为小说词曲皆可用白话，诗文则必不可用白话，但其私人信函如中文家书等，却常以明白晓畅的白话文出之。相比而言，吴宓的态度要激烈得多，终其一生几乎不作白话文。

在旧体诗革新的理论与实践上，梅光迪明显缺少创作经验。他曾坦言"诗学尤无门径"，"以为学诗当通音学，故甚畏其难"④。但在理论上，梅光迪却有一得之见。他说："诗者，为人类最高最美之思想感情之所发宣，故其文字亦须最高最美，择而又择，选而又选，加以种种格律音调以限制之，而后始见奇才焉，故非白话所能为力者。"⑤ 所以，他认为"白话诗"亦只可为诗之一种，非诗歌的正轨。更进一步，他认为白话文运动实为中国消极的浪漫主义运动，其打破了文体、文学的固有标准，将使学者趋易避难，不仅会使学者在文学规律上缺乏训练，甚至会引发道德上的危机。

① 黄彦伟：《循名考实：吴宓国学观的义涵发微》，《孔子研究》2021 年第 2 期。
② 梅杰：《梅光迪文存》，华中师范大学出版社 2011 年版，第 195 页。
③ 梅杰：《梅光迪文存》，华中师范大学出版社 2011 年版，第 541 页。
④ 梅杰：《梅光迪文存》，华中师范大学出版社 2011 年版，第 521 页。
⑤ 梅杰：《梅光迪文存》，华中师范大学出版社 2011 年版，第 543 页。

"如自由诗（Free verse）之徒，乃因其不能受旧诗之格律，怕吃艰苦，乃择其最易者而行之（此亦道德上之问题也）。"① 所以，他关于文学革命的四点主张——摒弃陈言腐语、复活古字、添入新名词、提炼白话文中有美术价值的语言，均是从更新语汇的角度着眼，而毫无格律方面的改弦更张。

与梅光迪不同，诗在吴宓的生命史上占有极端重要的地位，其关于诗歌的创作实践、理论表述均丰富、系统得多。吴宓在 1917 年游美之前，其诗歌创作和诗论表述，已颇能自立。"新材料旧格律"的诗论主张、"情本体"诗学的构建、"以诗代宗教"的诗学观念、由摹仿进于创造的诗学路径，以及诗歌的"三境"（实境、幻境、真境）说等，均是他早年诗论的深化与拓展。吴宓之所以固执旧格律，是建立在他对汉语特性认知的基础上。他坚信，在希腊拉丁文的长短律、英文诗的轻重律、中文诗的平仄律三种类型中，中国诗歌最适合于"节奏之整饬而有规则"的平仄韵律。这是汉语诗歌的特质，也是古人在长期诗歌创作中所凝成的典范形式。比较而言，梅光迪因不擅作诗，在旧体诗革新理论上则悬空议论为多。吴宓的诗歌创作、诗学理论彼此印证，足成一家之言，在晚清以降旧体诗生新的进程中具有特殊的价值和意义。

（三）志同而性乖：梅、吴两人性情的迥异

为贤者讳是中国文化传统的一种原则。笔者原不当妄议前贤，然一旦聚焦《学衡》内部的矛盾，梅、吴两人的性情冲突便无可避免地突显出来，不妨简要做一梳理。

先看梅光迪。1946 年梅去世后，与之共事十年之久的郭斌龢曾撰文纪念："治学喜综大体，为哲学式之参悟，及艺术式之欣赏"，"冲夷简旷，善于清言。稠人广坐，论学术艺文，人生世态，谈言微中，隽妙渊永，使人如望白云，把挹清波，倏然忘其鄙吝。平日接物和易，而遇事则辨是非，持正义，发论侃侃，激浊扬清，能言人所不能言"②。其综括梅之性情，推挹极高。胡适对梅之性情也有过多侧面的观察——"觐庄学庄重，莞尔神自奕。糠秕视名流，颇富匡时策"，"种花喜种梅，初不以其傲。欲其蕴积久，晚发绝众妙"③。然友朋间的赠诗，万不可全信。同一年的 1916 年，胡适在日记中记述道："觐庄大攻击我'活文学'之说。细析其议论，乃全无真知灼见，似仍是前此少年使气之梅觐庄耳。"④ 又，胡先骕曾转述胡适之言并评价说："胡适之尝言觐庄之病在懒，懒人不足畏，不幸乃系事实。"⑤ 少年使气，病之在懒，应是胡适

① 梅杰：《梅光迪文存》，华中师范大学出版社 2011 年版，第 546 页。
② 张凯等：《郭斌龢学案》，浙江大学出版社 2019 年版，第 184 页。
③ 眉睫：《梅光迪年谱初稿》，海豚出版社 2017 年版，第 78 页。
④ 曹伯言：《胡适日记全编》（1915–1917），安徽教育出版社 2001 年版，第 428 页。
⑤ 眉睫：《梅光迪年谱初稿》，海豚出版社 2017 年版，第 211 页。

对梅光迪评价的另一面。与梅光迪共事过的吴宓，对梅之性情行事也多有酷评："梅君好为高论，而完全缺乏实际工作之能力与习惯，其一生之著作极少，殊可惜"，"盖一极端个人主义与享乐主义者耳"①。鉴于《学衡》初期两人合作的不洽，吴之于梅，真可谓期望也高，失望也切。至于梅早年的自评，亦有"迪性僻隘，不能容物"、"迪一生大病，全在气盛"② 的自省。

总体看来，梅光迪早年语多矜夸而殊少学问的沉潜，体素羸弱而恒乏坚定的意志，性近狂狷而略具六朝风度，眼光高妙而迟于下笔为文。就其一生的著述而言，讲义类文稿、随笔性文章居多，罕有精思妙构的用心之作。就《学衡》杂志的创办而言，他缺少整体的规划和运作的具体步骤，也因此导致了吴宓的强烈不满。

笔者研究吴宓数年，以为吴之一生或可用"三善"来形容：一是深具服善之心；二是能择善而从；三是笃信好学，守死善道。事实上，细读吴宓 1920 年之前的日记，这一倾向已然具备。此外，吴宓性情中还有几个不可忽略的侧面：诚挚坚忍、慷慨好义、热诚浪漫、好德自律；有时行事却不免失之于拘谨、刻板、躁急；自律也严的同时难免求人也备。值得特别注意的是，吴宓早年在清华就读时，就初步培养了事上磨炼的工夫，这为他嗣后编辑《学衡》、处理琐碎细务做好了准备。胡先骕曾有论："吴先生与梅先生虽为同门，而性格殊异，梅先生温文潇洒，乃真名士；吴先生有关中朴学家之风气……勇于负责，督责学生甚严，勤学之士咸感之。"③ 即使是梅光迪，在时过境迁的追述中，亦能肯定吴宓对于《学衡》事业的坚守——"《学衡》的主编是清华大学的吴宓先生，他是中国人文主义运动最热忱而忠诚的捍卫者。前两年（按：1928 年），他又接管了被公认中国最好的日报——天津《大公报·文学副刊》的编辑工作，从而佐证了他那过人的精力"④。顾炎武曾言秦人素有"慕经学、重处士、持清议"的传统。我以为，这在关学流裔的吴宓身上，也是有所体现的。

（作者单位：河南大学艺术理论研究院）

---

① 吴宓：《吴宓自编年谱》，三联书店 1995 年版，第 230、235 页。
② 眉睫：《梅光迪年谱初稿》，海豚出版社 2017 年版，第 23、60、34 页。
③ 胡先骕：《梅庵忆语》，《子曰丛刊》1948 年第 4 期。
④ 梅杰：《梅光迪文存》，华中师范大学出版社 2011 年版，第 192 页。

中国左翼文学典型理论的发现与传播①

——以胡风、周扬的典型论争及其双重矛盾现象为中心

张　锋

典型是现实主义的核心范畴之一。左翼文学围绕典型问题产生过几次重要的理论论争。1935–1936 年胡风、周扬的典型论争便是其中之一，是典型在中国传播的一次重要契机。由于当时胡风与鲁迅的密切关系，周扬"左联"领导人的特殊地位，二人关于典型的交锋就不只是一个独立的文学问题，而是左翼文学的一个重要文学事件，须将其纳入左翼文学发展的脉络当中去考察。目前，学界对胡风、周扬的典型思想有过多方面的探索，但大多围绕二人论争的异同展开评述，对其典型思想的双重矛盾现象则几无关注。本文试图探讨这一现象并分析其原因。

一、左翼文学对典型的发现

典型作为来自西方的一个文学批评术语，在 20 世纪 20 年代被引入中国。鲁迅、成仿吾、茅盾等人在这一时期都曾论及典型。但他们的讨论是从个人的创作经验去概括典型，理论化程度有限，典型还没有形成相对稳定的内涵，"其含义并不明确和确定"②。直到 20 世纪 30 年代，以瞿秋白为代表的左翼文艺理论家积极吸收马克思主义典型理论，典型概念才在中国逐渐完善、明确，并迅速进入左翼文学的视野。之所以如此，与左翼文学当时面临的创作问题与现实需求有关。

---

① 本文系国家社会科学基金重大项目"中国特色文学理论建构的历史经验研究"（18ZDA278）、湖南省研究生科研创新项目"周立波文学思想研究"（CX20230494）的研究成果。
② 旷新年：《中国现代文学理论批评概念》，清华大学出版社 2014 年版，第 67 页。

其一，克服左翼文学创作概念化、图式化问题。20 世纪 30 年代的左翼文学是 20 世纪 20 年代革命文学运动的历史性发展，文艺运动与政治运动结合、文学与政治结合是当时左翼文学的普遍认识。这种结合客观上培养了一批无产阶级文学家、理论家，但也因政治的斗争性，造成了文学上的排他性。左翼文学为保持自身的纯洁性，采取否定资产阶级文化和艺术观念的姿态。这种否定包含了一种主观的选择，即坚持无产阶级的政治文化理念高于艺术的规律。换言之，左翼文学宁愿在一定程度上牺牲对艺术规律的把握，也要坚持文艺的阶级性乃至工具性。用周扬的话来说，"无产阶级文化不单是资产阶级文化的对立者，而是继承包含着资产阶级文化的过去一切文化的遗产，并根本消灭阶级文化这个东西的文化。无阶级的文化，只有通过资产阶级文化之无产阶级的否定，即，无产阶级的阶级的文化之建立，才能长成。这是文化发展的辩证法"①。然而，因追求政治工具理性而忽略艺术规律，也造成了左翼文学的封闭性。这样的结果造成左翼文学不可避免地把"革命"概念化、图式化，产生了脱离革命实践去理解和运用现实主义创作方法的问题。茅盾在 1930 年就曾批评小说《地泉》存在"拗曲现实"的问题，并指出这一问题在 1928 年以来的革命文学作品中普遍存在，造成了创作的脸谱化和程式化——"缺乏社会现象全部的非片面的认识，缺乏感情地去影响读者的艺术手腕……而只是'脸谱主义'地去描写人物，而只是'方程式'地去布置故事"②。问题的根源在于创作实践和革命实践的错位，"使社会中真实的恶霸、地主、军阀、官僚在作品中被模式化、抽象化，这些人物形象缺少艺术的经典性"③，也就是缺乏典型性。此外，左翼理论家因为"唯物辩证法的创作方法"本身的机械性，也存在用"革命"观念图解作品的问题。瞿秋白批评《地泉》中的农民雇主九叔因为雇工张老七老实勤快，时常想找些赚钱的活计给他干以笼络他的情节，不符合雇主对雇工剥削的现实，认为"这种浪漫主义是新兴文学的障碍，必须肃清这种障碍，然后新兴文学方才能够走上正确的路线"，也就是"唯物辩证法的现实主义的路线"④。应当说，瞿秋白的批评有用"唯物辩证法的创作方法"图解小说的概念化、图式化倾向。《地泉》对九叔的描写虽然不一定符合普遍的现实，但这种描写正显示了作者试图塑造一个"非图示"的典型人物，以此打破概念化、图式化的努力。正是在这个意义上，典型作为一种创作方法，对于解决 20 世纪 20 到 30 年代的创作概念

---

① 周扬：《文学的真实性》，《周扬文集》（第 1 卷），人民文学出版社 1984 年版，第 64 页。
② 茅盾：《〈地泉〉读后感》，《茅盾全集》（第 19 卷），人民文学出版社 1991 年版，第 332-335 页。
③ 陈红旗：《中国左翼文学的发生（1923-1933）》，暨南大学出版社 2010 年版，第 206 页。
④ 瞿秋白：《革命的浪漫蒂克》，《瞿秋白文集·文学编》（第 1 卷），人民文学出版社 1985 年版，第 459-460 页。

化、图式化问题是有价值的。

其二，调和社会主义现实主义的内在矛盾。中国左翼文学在 20 世纪 30 年代初开始接受苏联社会主义现实主义的创作方法。社会主义现实主义"要求艺术家从现实的革命发展中真实地、历史具体地去描写现实。同时艺术描写的真实性和历史具体性必须与用社会主义精神从思想上改造和教育劳动人民的任务结合起来"①。韦勒克认为，这一定义既要求作家应当按照现实本来的样子去描写社会生活，但又必须把现实描写成应该是或将要是的样子，这在逻辑上是有矛盾的。他认为典型可以调和这一矛盾，"因为'典型'构成了联系现在和未来、真实与社会理想之间的桥梁"②。"本来的样子"是客观世界，"应该是或将要是的样子"则是包含主观虚构成分的主观世界。也就是说，社会主义现实主义主观上要求作家反映客观现实的现实主义，客观上又要求作家表现主观意识的浪漫主义。但从创作方法的角度来看，"现实主义强调描写客观世界，浪漫主义强调表现主观世界，二者实际上是无法调和的"③。这就构成了社会主义现实主义无法调和的逻辑矛盾。而典型作为"桥梁"，指的是它作为客观世界与主观世界交融的场所，既能反映出指向现在和真实的客观现实，还能表现出指向未来与理想社会的主观倾向，也即实现共性与个性的统一。

就社会主义现实主义来说，就是要塑造革命浪漫主义的英雄典型。1932 年 10 月，在全苏作家同盟组织委员会大会上，组织委员格隆斯基提出社会主义现实主义既要"描写真实"的现实主义，又要"明示未来"的革命浪漫主义，具体而言，就是要理想化"英雄斗争的人们"④。所谓"英雄斗争的人们"，按照日丹诺夫在 1934 年 8 月举行的苏联第一次作家代表大会上的说法，"他们是工人、集体农庄庄员、党员、经济工作者、工程师、共青团员和少先队员。这就是我们苏联文学中的主要典型和主人公"。原因在于，"党的全部生活、工人阶级的全部生活及其斗争，就在于把最严肃的、最清醒的实际工作同最伟大的英勇精神和宏伟的生活远景结合起来"⑤。这些建设者是实际生活的建设者，描写他们就是描写生活，塑造建设者的典型就是描写客观真实的生活，这就指向了现在。同时，正是因为建设者的工作，才可能实现社会主义的理想，塑造

---

① 《苏联作家协会章程》，《苏联作家第一次代表大会文献辑要》，刘逢祺译，首都师范大学出版社 2003 年版，第 346 页。

② [美] 韦勒克：《批评的诸种概念》，罗钢、王馨钵、杨德友译，上海人民出版社 2015 年版，第 228 页。

③ 赵炎秋：《现实主义：中国文学理论的独特底色》，《中国文学批评》2022 年第 3 期。

④ [日] 上田进：《苏联文学底近况》，华蒂译，《国际每日文选》第 31 期，1933 年 8 月 31 日。

⑤ [苏] 日丹诺夫：《联共（布）中央委员会书记日丹诺夫讲话》，《苏联作家第一次代表大会文献辑要》，刘逢祺译，首都师范大学出版社 2003 年版，第 2—3 页。

建设者的典型，就具有指向未来社会理想的意义。从这个意义上来说，社会主义的英雄典型是苏联社会生活与理想未来的集中体现，是当下客观世界与未来主观世界的结合。高尔基具体阐释了英雄典型。他将创造英雄典型分为"抽象化"和"具体化"两个步骤，即"把许多英雄人物的有代表性的功绩'抽象化'——分离出来，然后再把这些特点'具体化'——概括在一个英雄人物的身上"①。所谓抽象化，就是从诸多的社会材料中抽出多种代表性的特征；具体化就是将这些特征概括到一个具体的英雄人物身上，获得典型的普遍意义。从抽象化到具体化，依赖的是想象这一主观活动。因为在高尔基看来，作家在抽象化过程中，对客观世界的观察和所获得的经验不可能是全面的，而想象"可以补充事实的链条中不足的和还没有发现的环节"②，从而完善客观现实，丰富典型特征，使人看到可能的未来。换言之，作家需要借助想象来全面、真实地概括客观世界。从这个角度来看，创造英雄典型的过程，既集中反映出社会现实、人物性格，又集中表现了作家的主观倾向。这就实现了客观世界与主观世界的联结，起到了调和社会主义现实主义内在矛盾的作用。

对于中国左翼文学而言，社会主义现实主义典型人物的现实性与理想性的结合，有利于克服"唯物辩证法的创作方法"对现实主义和浪漫主义的割裂处理，破除20世纪30年代普遍存在的反映现实与表现人生之间的机械对立。正在寻求克服普罗文学先天性不足的左翼文学，在接受社会主义现实主义的同时，也接受了这一新的理论工具。左翼文学对其进行理论阐释也就是自然而然的事了，胡风、周扬关于典型的论争就这样历史性地发生了。

二、胡风、周扬的典型论争的路径矛盾

胡风、周扬在1935-1936年围绕典型问题发生的论争，反映了左翼文学阐释典型的两种不同路径。二人的这次理论交锋可以简单归纳为"一点两翼"。"一点"指他们的论争有一个明确的中心点，即个性问题。"两翼"指典型与典型化。概言之，就是围绕个性问题，从典型与典型化两个方面展开理论交锋。

第一，个性为论争的中心。1935年，胡风写了一篇答文学社的文章《什么是"典型"和"类型"》。他在文中写道："所谓普遍的，是对于那人物所属的社会群里的各

---

① ［苏］高尔基：《谈谈我怎样学习写作》，《论文学》，孟昌、曹葆华、戈宝权译，人民文学出版社1978年版，第162页。

② ［苏］高尔基：《谈谈我怎样学习写作》，《论文学》，孟昌、曹葆华、戈宝权译，人民文学出版社1978年版，第158-159页。

个个体而说的；所谓特殊的，是对于别的社会群或别的社会群里的各个个体而说的。就辛亥前后以及现在的少数落后地方的农村无产者说，阿 Q 这个人物的性格是普遍的；对于商人群地主群工人群或各个商人各个地主各个工人以及现在的在不同的社会关系里的农民而说，那他的性格就是特殊的了。"① 胡风对特殊性的解释遭到了周扬的质疑。1936 年 1 月，周扬在《现实主义试论》一文中质疑说："阿 Q 的性格就辛亥前后以及现在落后的农民而言是普遍的，但是他的特殊却并不在对于他所代表的农民以外的人群而言，而是就在他所代表的农民中，他也是一个特殊的存在，他有他自己独特的经历，独特的生活样式，自己特殊的心理的容貌，习惯，姿势，语调等，一句话，阿 Q 真是一个阿 Q，即所谓 'This one' 了。"② 周扬在这里"修正"了胡风的观点，强调典型具有独有的个性。这一修正引出了二人论争的中心——个性问题。2 月，胡风发表《现实主义的一"修正"》，强调典型化是群体的个性化，认为周扬所说的"独特的个性"、"独有的性格"是去除了共性的个性，因此和"典型"概念是不相容的。这会否定典型的普遍性，从而否定典型本身。4 月，周扬发表《典型与个性》一文回应。他在文中引用"人的多样性"这一论据，再次强调典型的个性一面，并指责胡风抹杀典型多样的个性，有把"个性消解在原则里面"的危险。胡风很快于 4 月 15 日在《典型论的混乱》一文中一一批驳周扬的论点，重申自己的观点，并指责周扬"陷进了更深的混乱里面"。二人围绕典型的个性问题，在典型与典型化两方面来回拉锯。他们都试图立足马克思主义思想，引用恩格斯、高尔基等人的典型理论，从理论上驳倒对方，但都出现了某些表述前后矛盾、理解片面的情况。加之当时周扬与鲁迅失和，二人的理论论争中多少夹杂着宗派主义的意气之争，这就使二人的论争始终各执一词，没有论争出清晰的结果。

第二，就典型而言，是强调共性还是强调个性的交锋。胡风是从共性来理解个性，突出典型的共性一面。他认为"典型的性格只是通过了个人的物事（感象的形式）的社会的物事，群体的普遍的物事，因而它必然地代表了那群体里的各个个体，对于那些个体绝对不是'独有的性格'。个人的物事所能有的独创的性格的特征只是附着在社会的物事上面"③。这一论述是胡风对典型的集中理解。他立足于典型的共性，认为典型的个性是普遍的个性，是综合特定社会群各个个体特征的结果。这就意味着，典型人物从形式上是一个具体的人，但是本质的内容仍然是群体共性，也就是他所说的

① 胡风：《什么是"典型"和"类型"》，《胡风全集》（第 2 卷），湖北人民出版社 1991 年版，第 105 页。
② 周扬：《现实主义试论》，《周扬文集》（第 1 卷），人民文学出版社 1984 年版，第 161 页。
③ 胡风：《典型论的混乱》，《胡风全集》（第 2 卷），湖北人民出版社 1991 年版，第 389 页。

"一个典型，是一个具体的活生生的人物，然而却又是本质上具有某一群体的特征，代表了那个群体的"①。这就是说，个性始终属于共性的一部分，它永远不可能超出共性的范畴获得独立的意义，它需要依靠共性才得以显现。胡风从共性来理解个性，有遮蔽个性之于典型的独立价值的危险。

周扬则强调典型的个性，从个性理解共性。周扬对典型的理解立足于具体的人。他说："在'人的本质是社会关系的总和'的这个意义之下，人总是群体的人，各个人具有群体的共同性，但是在同一个群体的界限里面，各个人对于现实的各方面有各种各样的接近和体验，因此虽同是群体的利害的表现者，但是各个人的性格却是沿着不同的独特的方向而发展的。"② 周扬肯定典型的共性一面，但认为共性中的人是具体的、生活的人，由于他们对现实生活的体验不同，便形成属于自己的独特个性。因此，他强调"典型具有某一特定的时代，某一特定的社会群所共有的特性，同时又具有异于他所代表的社会群的个别的风貌"③。按照周扬的理解，典型原本就是从多样性的个性里概括而来，不仅代表了许多个体的个性，也代表了社会的共性，所以它比个体的个性更加鲜明、集中地反映了社会的本质。在胡风那里，被共性裹挟的个性，成为周扬理解典型的法门，也更加接近艺术的规律。

第三，就典型化而言，是从共性到个性还是从个性到共性的交锋。歌德曾提出两种艺术表现的途径，一种是"为一般而找特殊"，一种是"在特殊中显出一般"。朱光潜解释道："所谓'为一般而找特殊'就是从一般概念出发，诗人心里先有一种待表现的普遍性的概念，然后找个别具体形象来作为它的例证和说明；至于'在特殊中显出一般'则是从特殊事例出发，诗人先抓住现实中生动的个别具体形象，由于表现真实而完整，其中必然要显出一般或普遍的真理。"④ 从这个角度来看，从共性到个性接近于"为一般而找特殊"，从个性到共性则接近于"在特殊中显出一般"。胡风的典型化与他对典型的认识一致，认为典型化是从共性到个性，具体来说，就是共性的个性化。他说："作者为了写出一个特征的人物，得先从那人物所属的社会的群体里面取出各样人物的个别的特点——本质的阶层的特征，习惯，趣味，体态，信仰，行动，言语等，把这些特点抽象出来，再具体化在一个人物里面，这就成为一个典型了。"⑤ 胡

① 胡风：《什么是"典型"和"类型"》，《胡风全集》（第2卷），湖北人民出版社1991年版，第105页。
② 周扬：《典型与个性》，《周扬文集》（第1卷），人民文学出版社1984年版，第163-164页。
③ 周扬：《现实主义试论》，《周扬文集》（第1卷），人民文学出版社1984年版，第160页。
④ 朱光潜：《西方美学史》，人民文学出版社2003年版，第407页。
⑤ 胡风：《什么是"典型"和"类型"》，《胡风全集》（第2卷），湖北人民出版社1991年版，第105页。

风典型化的关键在于，从本阶级中取出抽象的、共同的特征，再具体化到一个人身上。也就是说，个体的特征只是从本阶级中取出的抽象的、共同的特征的具体显现。胡风的典型化就是"为一般找特殊"的过程，"特殊"的个性降为显现共性这个"一般"的工具。

周扬强调典型的个性一面，也认为典型化应从个性到共性。他认为"典型的创造是由某一社会群里面抽出最性格的特征，习惯，趣味，欲望，行动，语言等，将这些抽出来的体现在一个人物身上，使这个人物并不丧失自己独有的性格"①。周扬的典型化的思路是从众多具体的个人中概括出抽象的、共同的特征，再灌注到一个人身上，也就是从具体到抽象的过程。为了达到这一目标，周扬认为作家应当从自己身边具体的、熟悉的人着手。"艺术家对自己或自己最接近的人的个性观察和认识得最深刻，因此，他们就能够把那个性表现得最生动和具体，而在那具体生动的个性上体现出时代的社会群的意义来，这时，他们所表现出来的已经不是单单个人的肖像画，而是普遍化的典型，概括的典型了。"② 这就是说，作家刻画身边具体的、熟悉的人，能够保证其尽可能真实、全面地表现出这个人的个性，从而表现出社会生活的本质。这就意味着，社会的共性要通过具体、全面、真实的个性显现出来，这其实就是"在特殊中显出一般"。

纵观二人关于典型的论争，周扬较之胡风的理解更接近典型创作的规律，但他的阐释更多是一种对他人创作经验的"转述"，在理论深度上有所不足；胡风的理解虽存在用哲学逻辑规定文学规律的倾向，但胜在阐释的深度和体系性。

三、胡风、周扬典型思想与他们文艺思想的主次矛盾

我们一般认为，胡风的文艺思想强调主体性③，而周扬则强调文艺的共性。温儒敏就将胡风的文艺理论体系概括为"体验现实主义"④，认为他的文艺思想的独特之处是"突出作家在创造中的主观能动作用"⑤，并认为周扬是党的文艺政策的阐释者和宣传者，"其'文'多是政策性的产物，'其人'也往往以党的文艺政策的制定者与解释

---

① 周扬：《现实主义试论》，《周扬文集》（第1卷），人民文学出版社1984年版，第160页。
② 周扬：《典型与个性》，《周扬文集》（第1卷），人民文学出版社1984年版，第167页。
③ 应当指出的是，胡风强调"主客观化合"，不过更加重视主观对客观的"战斗"、"突进"、"拥合"、"燃烧"作用。
④ 这一提法最先是严家炎用于概括七月派小说的现实主义特征，也指胡风文艺思想的特征。温儒敏沿用了这一说法。见严家炎：《中国现代小说流派史》，人民文学出版社1989年版，第254页。
⑤ 温儒敏：《中国文学批评史》，北京大学出版社1993年版，第158页。

者的身份出现，他自觉不自觉总是要调整或隐退自己的理论个性，去适应、服从政策性与党性，也就是通常所说的'个人服从组织'"①，因而个体在周扬整体的文艺思想中基本处于遮蔽的状态。而在此次的典型论争中，双方对典型的理解则表现出与各自文艺思想相矛盾的现象：重视主体性的胡风偏重典型的共性，强调政治性的周扬则突出典型的个性。究其原因，这是他们的文艺思想与典型理论接受上的错位造成的。

就胡风来说，这是其继承的鲁迅文艺思想与片面吸收的马克思主义典型思想所造成的错位。在近代以来的中国文学变革中，有一条从章太炎到鲁迅，再到胡风等人的"师承关系线索"②。严家炎称胡风是"鲁迅事业的接班人"③，其文艺思想受鲁迅现实主义文艺思想影响很深。胡风对鲁迅的接受奠定了其文艺思想的基石。胡风曾回忆说："事实上，我在二十年代初进中学时就受到了新文艺的影响，而且是以鲁迅的影响为主。"④ 这种影响使得胡风主动继承了鲁迅所开创的现实主义传统。鲁迅在加入"左联"后的1933年，曾提到自己创作小说的内因，说："自然，做起小说来，总不免自己有些主见的。例如说到'为什么'做小说罢，我仍抱着十多年前的'启蒙主义'，以为必须是'为人生'，而且要改良这人生。"⑤ 鲁迅认为自己创作的动因始终是"五四"所形成的启蒙主义精神。胡风也是从这个角度来理解、接受鲁迅文艺思想的。他说："所谓'主见'，所谓'为人生'，所谓'要改良这人生'，不就是说明了作者的主观的欲求，主观的理想么?"⑥ 胡风将鲁迅的"主见"理解为作者主体性的显现。他认为作家必须对生活充满感情、欲求和理想的"实感"，才能持有饱满、热情的态度以"突进"生活，获得对于现实人生的真切认识。这种主体性的认识是胡风文艺思想的基本底色。

胡风的典型思想片面地吸收了马克思主义典型理论。20世纪30年代初，苏联陆续发布马克思、恩格斯的5封文艺通信，其中，恩格斯提出的"典型环境中的典型人物"思想对中国的典型理论影响深远。恩格斯在给哈克奈斯的信中如此说道："在我看来，现实主义的意思是，除了细节的真实外，还要真实地再现典型环境中的典型人

---

① 温儒敏：《中国文学批评史》，北京大学出版社1993年版，第138页。

② 刘克敌：《文人门派传承与中国近现代文学变革》，《中国社会科学》2011年第5期。

③ 严家炎：《胡风在二十世纪四十年代至五十年代文学转型中的地位和作用》，陈思和、张业松主编：《思想的尊严》，宁夏人民出版社2008年版，第27页。

④ 胡风：《〈胡风评论集〉后记》，《胡风全集》（第3卷），湖北人民出版社1991年版，第584页。

⑤ 鲁迅：《我怎么做起小说来》，《鲁迅全集》（第4卷），人民文学出版社2005年版，第526页。

⑥ 胡风：《文艺站在比生活更高的地方》，《胡风全集》（第2卷），湖北人民出版社1991年版，第319页。

物。您的人物，就他们本身而言，是够典型的；但是环绕着这些人物并促使他们行动的环境，也许就不是那样典型了。"① 作为国际工人运动的领袖，恩格斯和马克思一样，并不是孤立地看待文学，而是强调文学要反映一定的社会本质，同时又重视典型人物的性格特征，强调环境要典型，人物也要典型，二者相互作用构成典型。关于典型人物的共性与个性，恩格斯在致考茨基的信中说："每个人都是典型，但同时又是一定的单个人，正如老黑格尔所说的，是一个'这个'，而且应当是如此。"② "每个人都是典型"是指典型的概括性，即典型的共性。"又是一定的单个人"是指典型人物有自己的特殊性，即典型的个性。因而，"这个"是指典型的共性与个性的统一。胡风接受了恩格斯的观点，但他的理解有所偏差。他认为恩格斯所说的"这个"不外乎就是指"典型的形成须得群体的特征经过了个性化以后；只有群体的特征不能成为艺术，不包含群体的特征的个性不是典型"③。基于这一理解，他更强调典型环境的主导地位，把能否表现出群体共性作为人物是否典型的标准。胡风认为"我们不能从几个经济发展不同的地方取出特征来概括成一个环境，也不能把五四时代的学潮和现在的学潮概括成一个事件，因为它们在本质上（不是在偶然的现象上）是各不相同的。……作家能够做的是从在大同小异的社会环境下面的三十四十以至一百两百个同一社会群的个人里面抽出本质的特点来概括成一个特定的典型"④。胡风要求同时兼顾"大同小异的环境"和"同一社会群"，就是强调"典型环境"产生特定的典型，也就是强调要从"典型环境"中把握典型的本质。这是他片面理解恩格斯典型理论的结果。就这样，胡风一面继承鲁迅的启蒙主义精神而凸显文艺的个性，一面又片面吸收马克思主义典型理论而强调典型的共性，导致了其典型思想与文艺思想的矛盾。

对周扬来说，所接受的苏联文艺政策与吸收的高尔基典型思想的错位是其矛盾产生的原因。周扬深受苏联官方文艺政策的影响，基本上持全盘接受的态度。这是由客观的政治形势决定的。在1930年11月举行的第二届国际革命作家大会上，中国"左联"加入国际革命作家联盟，成为其一个支部。此后，"左联"开始接受国际革命作家联盟的领导。这就决定了20世纪30年代中国左翼文学要接受苏联文艺政策的"指示"。辩证地看，接受苏联的文艺政策，客观上为中国左翼文学提供了一个可供参照、

---

① 恩格斯：《恩格斯致玛格丽特·哈克奈斯》，《马克思恩格斯选集》（第4卷），人民出版社2012年版，第590页。
② 恩格斯：《恩格斯致明娜·考茨基》，《马克思恩格斯选集》（第4卷），人民出版社2012年版，第578页。
③ 胡风：《现实主义的一"修正"》，《胡风全集》（第2卷），湖北人民出版社1991年版，第366页。
④ 胡风：《什么是"典型"和"类型"》，《胡风全集》（第2卷），湖北人民出版社1991年版，第106页。

学习的模式，但它毕竟是苏联社会政治文化孕育的产物，苏联方面的文艺"指示"有时候并不符合中国文艺发展的实际情况。周扬对此有着清晰的认识。他在苏联扭转"唯物辩证法的创作方法"为"社会主义现实主义"的间隙，就显露出担忧："这个提倡无疑是文学理论向更高的阶段的发展，我们应该从这里面学习许多新的东西。但这个口号是有现在苏联的种种条件做基础，以苏联的政治—文化的任务为内容的。假使把这个口号生吞活剥地应用到中国来，那是有极大的危险性的。"① 但周扬"左联"领导人的身份，决定了他必须激进地跟进苏联的文艺政策，即使这一文艺政策在他看来并不符合中国的国情，偏离了文艺的规律。他后来也承认："我们当时的'左'，完全是学苏联，看共产国际。以我自己来说，就是这样。"② 正是在这种情况下，周扬的文艺思想与苏联的文艺政策保持着显在的高度一致。

不难看出，周扬以对中国文坛的了解，清醒地判断出中国接受新的文艺方向需要留出一定的缓冲时间。正是这种清醒的头脑和缓冲的姿态，客观上在其政治主导的文艺思想中，留下了一扇接受高尔基人道主义典型思想的后门。20 世纪 30 年代，高尔基虽然是苏联文艺政策的权威，但他的文艺思想与苏联官方的文艺政策实际上存有一定的偏离。正如汪介之指出的，"高尔基虽然被苏联官方宣布为无产阶级作家，但他所守护的实际上是启蒙主义和民主理想"③。高尔基也是从启蒙主义和民主理想的角度去理解社会主义现实主义的。他在苏联第一次作家代表大会上的发言就提出，社会主义现实主义能够解放人、发展人的"社会主义个性"，"社会主义现实主义肯定存在，是行动，是创造，其目的是为了战胜自然，为了人的健康和长寿，为了人生在世的幸福，而不断发展人的最有价值的内在才能，并根据人的需要的不断增长，要把整个世界改造为联合成一家的人类美好的住所"④。高尔基这一发言中的人道主义思想也贯穿在其典型思想当中。他强调典型是"活生生的人"，也就是具体的、有自己的独特性格的独立个体，作家创造典型就是要表现这种个性。从表面看，周扬在固守苏联官方的社会主义现实主义的过程中，对高尔基人道主义内涵有所忽视，但在典型问题上，他出于理论的自觉，吸收了高尔基的人道主义典型思想。他曾引高尔基的话反驳胡风："不错，高尔基常常提到典型是由某一群体里的本质的共同特征造成的，但是胡风先生却

---

① 周扬：《关于"社会主义的现实主义与革命的浪漫主义"》，《周扬文集》（第 1 卷），人民文学出版社 1984 年版，第 114 页。

② 赵浩生：《周扬笑谈历史功过》，《新文学史料》1979 年第 2 期。

③ 汪介之：《东西方问题的考量在 20 世纪俄罗斯文学中的延伸与影响》，《外国文学评论》2009 年第 2 期。

④ 高尔基：《关于苏联的文学报告》，《苏联作家第一次代表大会文献辑要》，刘逢祺译，首都师范大学出版社 2003 年版，第 18 页。

似乎不应忘了高尔基同时也说过下面这样的话：'在要表现的各个人里面，除了社会群共同的特性之外，还必须发现他的最特征的，而且在究极上决定他的社会行动的那个人的特性。'"在给青年作家的一封信里，高尔基把这个意见说得更具体而明确："作家应当把他的主人公当作活生生的人去观察。作家在他们中间的各个人物里面探究和指摘出说话的神情，举止，姿态，容貌，微笑，眼睛的转动等等的性格的独创的特殊性，而把它强调的时候，他的主人公才是活生生的。这样，作家才能使他自己表现出来的东西很鲜明地印入读者的耳目。完全相同的人物是不会有的。人无论外表内面都各有其特异的东西。"①

周扬的论述说明他认可高尔基人道主义典型思想，并且，他对典型的阐释也更接近高尔基的典型思想，与其保持了一致。就这样，一边是对苏联官方社会主义文艺政策的显在接受，一边是对高尔基人道主义典型思想的隐在吸收。二者之间微妙的错位导致了周扬典型思想与文艺思想之间的矛盾。

四、结语

周扬与胡风的典型思想是矛盾的，但他们各自的典型思想与其文艺思想的整体倾向又是矛盾的，而与对方文艺思想的倾向一致，形成了理论上的反转。我们从中可以见出左翼文学强大的理论改造能力。20 世纪 30 年代左翼文学接受社会主义现实主义是在对"唯物辩证法的创作方法"从政治到文学理论的批判中完成的。这体现出左翼文学理论改造的特点，即通过否定他者，达到改造的目的。近代中国，文学与政治的黏合度极高，当政治与文学产生矛盾的时候，"早期的革命文学理论家不是正视矛盾，而是以理论的话语权威，来消解这种矛盾"②，也就是用政治的权威话语改造文学理论，使其满足政治运动的需要。由于政治运动的排他性，理论家们要么自觉接受改造，与权威话语趋同，要么隐蔽地从权威话语中派生出另一条理论路径。无论是趋同还是派生，他们都没有否定左翼文学的主流话语。就像胡风、周扬的典型论争始终没有超越典型是共性与个性相统一的理论范畴，只是他们一个强调共性，一个强调个性。同时，左翼文学的理论改造又会不同程度地牺牲文学规律。但文学自有其规律，如果忽视它而一味与权威话语趋同，无异于自陷于取消文学的陷阱。正是因为这样，否定性改造中的派生路径就显得极为必要。它在趋同的环境中开拓出一条同质而相异的理论路径，在保留文学理论活力的同时，保留着文学宝贵的独立价值。从这个角度来说，

---

① 周扬：《典型与个性》，《周扬文集》（第 1 卷），人民文学出版社 1984 年版，第 164 页。
② 孙绍振：《西方文论的引进和我国文学经典的解读》，《文学评论》1999 年第 5 期。

周扬在 20 世纪 30 年代对典型的理解是一种自觉的理论派生，体现了一名左翼理论家对文学规律的自觉把握和调整。而对于胡风来说，虽然他在 20 世纪 30 年代对典型的理解存在一定的偏颇，但不可否认的是，他在接受左翼权威话语改造的同时，始终保持着理论探索的独立精神，自觉地派生出"主观战斗精神"这条超越权威话语的理论路径，显示出一名文学理论家难能可贵的理论自觉。这些精神对于文学而言是永不过时的。

（作者单位：湖南师范大学文学院）

维特情爱故事的资鉴与浮士德精神的感召

——论沈从文对歌德的接受

龙永干

沈从文未曾留学欧美，也未曾负笈东洋，自认是一个"乡下人"①，但他却以开放的视域、积极的姿态广泛汲取西方文学与文化的滋养。在谈及外国作家的影响时，沈从文在回答凌宇的提问时说："未受泰戈尔的神秘影响。倒是较多地读过契诃夫、屠格涅夫的作品，觉得方法上可取处太多。契诃夫等叙事方法，不加个人议论，而对人民被压迫者同情，给读者印象鲜明。屠格涅夫《猎人笔记》，把人和景物相错综在一起，有独到好处。"② 对于沈从文与契诃夫、屠格涅夫的关联，人们多有论述。但对他有影响、人们却未曾论及的外国作家还有不少，歌德就是其中之一。

一、多样机缘中与歌德的遇合

据沈从文介绍，他最早接触到的外国文学是林译小说。1920 年底，他在芷江熊捷三的公馆中，接触到一大批外国小说。"从楼上那两个大书箱中，发现了一大套林译小说，迭更司的《贼史》、《冰雪姻缘》、《滑稽外史》、《块肉余生述》等等。""这些小说对我仿佛是良师而兼益友，给了我充分教育，也给了我许多的鼓励。"③ 与狄更斯等

---

① 沈从文在《扒虱》、《中年》、《记胡也频》、《萧乾小说选集题记》、《从文自传》、《习作选集代序》、《我怎么写起小说来》等文章或小说中都曾有过"乡下人"的自称。参见《沈从文全集》，北岳文艺出版社 2002 年版。
② 沈从文：《答凌宇问》，《沈从文全集》（第 16 卷），北岳文艺出版社 2002 年版，第 526 页。
③ 沈从文：《芷江县的熊公馆》，《沈从文全集》（第 12 卷），北岳文艺出版社 2002 年版，第 292 页。

人相比，沈从文对歌德的接触要晚些。从时间来看，应是 1923 年 8 月他来到北京之后。

西方文学的涌入是新文化运动的重要内容。从对德国文学的翻译和介绍来看，创造社最为努力。"五四运动开始以后，三个青年人，在日本留学的郭沫若、田汉和在上海《时事新报》编副刊的宗白华，围绕着对歌德的崇拜进行通信；信件收集起来编成《三叶集》"，"引起了广大青年对歌德的兴趣"①。就现有沈从文提及德国文学的信息来看，他与德国文学的最初接触与郁达夫有关。沈从文回忆道："小市西南角转弯处，有专卖外文旧书及翻译文学的小铺子。记得达夫先生在北京收了许多德国文学珍本旧书，就多是在那里得到的。"② 他最早接触的歌德的作品当是风靡一时的《少年维特之烦恼》。全译本的《少年维特之烦恼》最初是由郭沫若完成的。该译作于 1922 年 4 月在泰东书局出版。此书一经出版，便掀起了一股"维特热"。"据不完全统计，1922 年至 1932 年的十年间，郭译《维特》已由不同书店重印五十次以上。以一部外国文学作品在我国流传之广、影响之大和重印重译次数之多论，《维特》可以说是无与伦比的。"③ 蔡元培在谈及翻译小说对国内"文学的革新"和青年的影响时，更是将其列于首位，认为"它影响于青年的心理颇大"④。随后，陈树声在《晨报副刊》上发表了《歌德小传》，青年作家曹雪松以小说为基础创作了四幕同名悲剧《少年维特之烦恼》……沈从文趁着"五四"余波进入北京时，文坛"维特热"正炽，他应该在此热潮中读过该书。正因如此，他才会有《曙》中"维特式的衣服在社会上极容易找寻，维特式的殉情却很少"⑤ 的感慨。1984 年，当德国毛汉茂博士想将沈从文的小说译为德文时，沈从文深情地回忆道："还记得我初学用笔时，读中译歌德的《少年维特之烦恼》，曾留下了深刻的印象。"⑥

与现代文坛对《少年维特之烦恼》的及时绍入相比，歌德另一巨著《浮士德》的引入要稍晚一些。1928 年 2 月，郭沫若译出了《浮士德》的第一部。1946 年 5 月，他又译出了该书的第二部。沈从文阅读面广，记忆力强，对各种著作都有着极大的兴趣，"从千六百年前译的印度佛经故事，到十九，二十世纪的世界名著，凡是我能有机会看

---

①　严宝瑜：《冯至的歌德研究》，《北京大学学报》2003 年第 4 期。

②　沈从文：《无从毕业的学校》，《沈从文全集》（第 27 卷），北岳文艺出版社 2002 年版，第 410-411 页。

③　杨武能、莫光华：《歌德与中国》，四川人民出版社 2017 年版，第 167-168 页。

④　蔡元培：《三十五年来中国之新文化》，《蔡元培选集》，中华书局 1959 年版，第 280 页。

⑤　沈从文：《曙》，《沈从文全集》（第 15 卷），北岳文艺出版社 2002 年版，第 157 页。

⑥　沈从文：《德译〈从文自传〉序》，《沈从文全集》（第 16 卷），北岳文艺出版社 2002 年版，第 406 页。

到的都看看"①。从各个方面的情形来看，沈从文都有机缘阅读中文版的《浮士德》。1976年，他还曾在给许杰的信件中提及郭沫若"译歌德《浮士德》或《少年维特》"②的事情。郭沫若译作无数，沈从文单单提及这两本译著，印象之深可见一斑。

初到北京时，沈从文虽未曾就歌德阅读有过具体记述，但在《文学者的态度》、《谈进步》等作品中均谈及歌德。"教俄国文学的就埋怨中国还缺少托尔斯泰，教英国文学的就埋怨中国无莎士比亚，教德国文学的就埋怨中国不能来个歌德。"③ 虽说上述文字是对高校课堂的揶揄，但在沈从文的认知中歌德是与托尔斯泰、莎士比亚等比肩的世界文豪，有着崇高的地位。他也曾高度认同歌德的创作谈："歌德在他的谈话录里说，'最大的艺术在限制自己'。他如何限制自己？即是练习一种艺术，巧妙的使用它——即写德文的艺术。"④初到北京时，沈从文与浅草—沉钟社成员陈翔鹤、陈炜谟、冯至等人过从甚密，也是《沉钟》的热情读者，认为《沉钟》"每期出来，总都能在一般各个人心目中所持的水平线上"⑤。浅草—沉钟社成员是德国霍普特曼剧作、海涅诗歌、歌德的热心介绍者。正因如此，沈从文对歌德和德国文学的接受范围也进一步扩大。1932年，歌德百年诞辰之际，中国文化界代表不仅参与了德国的纪念大会，而且在北京、上海等地都开展了纪念活动，发表了大量有关歌德的介绍与研究文章。这些文章后来结集为《歌德之认识》（1932年南京钟山书局发行）和《歌德论》（1933年上海乐华图书公司发行）。作为知名作家，沈从文自然也会对歌德纪念活动及其相关信息有所关注。

沈从文更为深入地认识歌德，是在1938年之后的西南联大时期。昆明虽偏于一隅，但联大师生却以开放进取的姿态感应着世界文学与文化的潮汐，积极进取，锐意创新，并逐渐形成了为后人所称道的"西南联大精神传统"⑥。而在积极介绍域外思想和文学资源时，歌德就是其中的重要作家之一。冯至回忆道："我常常傍晚进城，第二天早晨下课后背着背包上山。背包里总有两种东西，一是在菜市买的蔬菜，一是从学校图书馆借来的书籍。书籍中最沉重的是德国科塔出版社为纪念1806年起始出版歌德

① 沈从文：《沈从文自传》，《沈从文全集》（第27卷），北岳文艺出版社2002年版，第139页。
② 沈从文：《复许杰》，《沈从文全集》（第24卷），北岳文艺出版社2002年版，第375-376页。
③ 沈从文：《文学者的态度》，《沈从文全集》（第17卷），北岳文艺出版社2002年版，第50-51页。
④ 沈从文：《谈进步》，《沈从文全集》（第16卷），北岳文艺出版社2002年版，第486页。
⑤ 沈从文：《北京之文艺刊物及作者》，《沈从文全集》（第17卷），北岳文艺出版社2002年版，第18页。
⑥ 姚丹：《西南联大历史情境中的文学活动》，广西师范大学出版社2000年版，第22页。

著作 100 周年由封·德·赫伦（E. von de Hellen）主编的《歌德全集》。"① 在西南联大时期，冯至还写下《歌德的晚年——读〈爱欲三部曲〉后记》（1941 年）、《〈威廉·麦斯特的学习时代〉中文译本序言》（1943 年）、《〈浮士德〉里的魔》（1943 年）、《从〈浮士德〉里的"人造人"略论歌德的自然哲学》（1944 年）、《歌德与人的教育》（1945 年）等文章，积极研究并传播歌德的思想和创作。还需特别提及的，是因创办《战国策》而得名的"战国策派"主将陈铨、林同济等。陈铨是德国文学和文化研究专家。他曾在《战国策》上发表《狂飙时代的德国文学》、《浮士德精神》等文章，认为民族抗战时期的中国所处的时代是一新的争于力的"战国时代"，与德国"狂飙突进时代"近似。他认为歌德是一位伟大的文学家，是德意志伟大的民族英雄，"《浮士德》是十九世纪日耳曼民族精神最高尚的表现"，"歌德的浮士德的态度，就是浪漫主义者的态度，——他有无穷的理想，内心的悲哀，永远的追求，热烈的情感，不顾一切的勇气"②。沈从文不仅与冯至、陈铨、林同济等同属联大教师，而且"曾与林同济办一《战国策》"③。他的《烛虚》、《新的文学运动与新的文学观》、《白话文问题》、《小说作者和读者》就曾分别刊载于《战国策》的第 1、2、9、10 期。同事朋友之间的交流与探讨应是一种常态，冯至、陈铨等人对歌德的研读和探讨应该也对沈从文产生了一定的影响，他对歌德的认识和理解也自然会有所深入和推进。

二、《少年维特之烦恼》的种种影响

沈从文谈及自己的创作成熟期时说："作品对我个人说，值得研究的还是一九二九年以后。"④ 的确，沈从文初到北京时期的创作并不成熟，还有着较为明显的模仿痕迹，既有对日本狂言的仿作，也有对契诃夫、屠格涅夫等人小说的借鉴。而就歌德的影响而言，《少年维特之烦恼》应该是他此一阶段主要学习和借鉴的对象。

《少年维特之烦恼》对沈从文影响最强烈之处，当属维特对爱情自由和个性解放的热烈追求。沈从文在《曙》中写道："维特式的衣服在社会上极容易找寻，维特式的殉情却很少（因为如今男子都聪明，以为那是件傻事）。"⑤ 维特为爱殉情的热烈单纯和勇敢坚贞，被沈从文视为生命最为热烈的绽放。在《媚金·豹子·与那羊》、《月

---

① 冯至：《"论歌德"的回顾、说明和补充——〈论歌德〉代序》，《冯至全集》（第 8 卷），河北教育出版社 1999 年版，第 4 页。

② 陈铨：《浮士德的精神》，《战国策》第 1 期，1940 年 4 月 1 日。

③ 沈从文：《复施蛰存》，《沈从文全集》（第 18 卷），北岳文艺出版社 2002 年版，第 390 页。

④ 沈从文：《沈从文晚年口述》，王亚蓉编，陕西师范大学出版社 2003 年版，第 165 页。

⑤ 沈从文：《曙》，《沈从文全集》（第 15 卷），北岳文艺出版社 2002 年版，第 157 页。

下小景》等小说中，为爱情勇敢殉情的媚金、阿妹就与维特的单纯和热烈有着高度的一致。"白脸苗的女人，如今是再无这种热情的种子了。她们也仍然是原谅男子，也仍然常常为男子牺牲，也仍然能用口唱出动人灵魂的歌，但都不能作媚金的行为了！"①维特的热烈和单纯为沈从文所钟爱，维特的形象更是他深情所向的镜像。《篁君日记》中，篁君为爱而陷入甜蜜的烦恼时，歌德笔下的维特自然也就成了其比附的对象："我用什么文字可以好好保留到这一本记事册子上来？我不是做维特烦恼的歌德，我没有这种天才。"②《旧梦》中，"我"为"窦尔敦"夫人所魅惑时，歌德的爱情体验引发了他的强烈共情："女人的笑容已不能在你心中生动摇时，她的忧愁仍然能够把你绊倒啊！"③

《少年维特之烦恼》的主要情节是敏感多情的维特与已有婚约的绿蒂的爱情故事。"爱上不该爱的人"成了沈从文初期情爱叙事情节的基本框架。《第四》中的"他"在汞砂场担任技师时，与当地牧师的妻子陷入了热恋；《篁君日记》中的"我"在空虚困顿中，与一个旧式姨太太坠入爱河；《旧梦》中的"我"在锦州谋取差事时，与一个"窦尔敦"式人物的夫人擦出了爱情火花。非但如此，《少年维特之烦恼》的故事设置甚至还影响到了小说的局部细节。与维特和绿蒂的爱情中夹有青年农民和寡妇的爱情故事相似，《旧梦》在"我"的情爱故事中加入了军法处长姨太太翠云和年轻马牟的情爱悲剧；与《少年维特之烦恼》中一面是爱情追求，一面是社会批判类同，《第四》中就一面是"我"与爱人的缠绵悱恻，一面是我对虚伪道德和腐朽社会的强烈批判；与《少年维特之烦恼》中维特对爱情的礼赞和崇拜近似，《篁君日记》中的"我"以热情的笔触极力渲染爱情带给人的迷狂："我成了勇士，我成了兽，我没有理智，没有任何种顾忌，我把我自己同她处置到一种白热情境里。"④ 在爱情的热烈中，以维特自况的念想更是呼之欲出。《旧梦》中，维特是"我"的知心人与共情者："机会给了我幸福，也给了我不可堪的痛苦。'在这情形下，我作一个维特好不好。'"⑤"我能够为一件恋爱死的，但这死必定是别人捉到杀我，或无意中我走到死的路上去。我不会自杀，我不能作维特，歌德就不能自杀，我连对于自杀这件事，想得深入一点也不曾有过。"⑥

---

① 沈从文：《媚金·豹子与那羊》，《沈从文全集》（第 5 卷），北岳文艺出版社 2002 年版，第 364 页。

② 沈从文：《篁君日记》，《沈从文全集》（第 2 卷），北岳文艺出版社 2002 年版，第 265 页。

③ 沈从文：《旧梦》，《沈从文全集》（第 6 卷），北岳文艺出版社 2002 年版，第 85 页。

④ 沈从文：《篁君日记》，《沈从文全集》（第 2 卷），北岳文艺出版社 2002 年版，第 281 页。

⑤ 沈从文：《旧梦》，《沈从文全集》（第 6 卷），北岳文艺出版社 2002 年版，第 55 页。

⑥ 沈从文：《旧梦》，《沈从文全集》（第 6 卷），北岳文艺出版社 2002 年版，第 56 页。

"五四"时期曾兴起以日记体和书信体为主要形式的创作潮，"它为五四作家突破旧的艺术规范、充分发挥个性、表现自我提供了一种最佳的艺术手段"①。就其渊源来看，《少年维特之烦恼》是其重要的肇始者之一。受此影响，沈从文初期小说中就有《公寓中》、《一个妇人的日记》、《篁君日记》、《不死日记》、《松子君》、《中年》等作品采用了日记体。日记体虽说与书信体在格式、受众等方面有着区别，但在第一人称叙事视角、自由出入人物内心世界、给读者以真实亲切之感等方面大同小异。非但如此，对于初学创作的青年作家来说，日记体更易上手，操作起来也更为简单便利。具体来看，《篁君日记》、《不死日记》就是典型的日记体小说。前者由 16 篇日记前后连缀，循序排列而成，记录了"我"与老烟鬼的姨太太、菊子姑娘的情感纠葛；后者则以细腻的笔触和绵密的文字记录了底层知识分子的困窘与惶惑。《松子君》略有不同，它采取的是故事套盒形式，以松子君之口来讲述周君的故事，但故事的核心则来自周君的日记。

同时，沈从文前期的小说也如同《少年维特之烦恼》那样，并不注重故事的曲折变化，也不在意因果链条的严谨有序，而重在细腻的心理描写和浓郁的抒情氛围，有着鲜明的诗化色彩。这种诗化倾向也给沈从文的创作带来积极的影响。《公寓中》、《不死日记》、《旧梦》等就不注重故事情节的编织，而注重表现人物的情感微澜和心理脉动。非但如此，有些小说中人物的情感状态和心理体验也与《少年维特之烦恼》近似。《篁君日记》中，"我"与姨太太见面后陷入了爱的烦恼中，"烦恼如同一群蜂子，同时飞扑到心上来。我想把自己痛打一顿，我咬我自己的手臂。我又笑，笑我这时是快要发疯，准备在一条危险石梁上走路的人了。凡是发酒疯的人都得喝大量的酒，我是在此喝一些空空洞洞恋爱的苦酒，过一阵，我就要做疯子的事了。我同时又在嘲弄我自己，因为在醉麻的过程中我只一半是胡涂，另一半，我还保有我的清明，不单是能看人，看自己也还很清楚"②。这种情形与热恋中的维特极为相似——"我的心绪多么纷扰不宁，像被击碎的浪花！我的神智已经枯竭了！我的心没有瞬间的充实，也没有片刻的幸福！什么也没有！什么也没有啊！我像是站在一架西洋镜前面，看着那些小人小马在我眼前转圈移动，我常常问我自己，这是不是光学原理造成的骗局。我也跟着做戏，确切地说，我是像一个木偶似的被人牵着做戏"③。《篁君日记》中的"我"决定去追求属于我的爱情时自白道："我不再躲了。我尽我的力，极力向前走。我要直入那人的心，看看一个被金钱粗暴压瘪了的灵魂。我要看这有病的灵魂在我爱

① 陈平原：《中国小说叙事模式的转变》，上海人民出版社 1988 年版，第 103 页。
② 沈从文：《篁君日记》，《沈从文全集》（第 2 卷），北岳文艺出版社 2002 年版，第 254 页。
③ ［德］歌德：《少年维特之烦恼》，关惠文译，时代文艺出版社 2020 年版，第 67 页。

情温暖下逐渐恢复她的活泼同健康。我的行为是救一个人，使她知道应做与所能做的事，她有权利给人以幸福，而自己，也有权享受别人给她的幸福，这不是饰词。"① 这段自白与维特告别人世之时的心理描写极为相似——"在这个世界上，在这人间，我爱你，我要把你从他的怀中夺过来，难道这是罪吗？是罪孽？好，那我就为此惩罚我自己吧。我已经尝过了这个罪过的天堂般的全部快乐，我已经把生命的琼浆和力量吮吸到我心中了。从这一刻起，你就是我的了！哦，绿蒂，你是我的!"②

总而言之，无论是主题内涵、情节设置，还是文体形式、艺术风格，沈从文初到北京时的小说创作中都可见到《少年维特之烦恼》或浓或淡的影子。

三、"浮士德"精神的召唤与引领

上文就歌德《少年维特之烦恼》对沈从文初期情爱叙事的影响进行了具体阐述。其实，除了《少年维特之烦恼》外，歌德的另一巨著《浮士德》也对沈从文有着不小的影响。如果说《少年维特之烦恼》给沈从文以青春激情的感染的话，那么《浮士德》带给沈从文的则是思想和精神的引领。

沈从文首次提及《浮士德》的作品应是 1934 年的散文《老伴》。1917 年，沈从文正在湘西军队中"打流"。路过泸溪县城时，一个伙伴为绒线铺中的女孩翠翠所吸引，几经辗转，留下做了上门女婿。17 年后的 1934 年，沈从文返乡路过泸溪县城时，偶然见到了已经老去的伙伴和他酷似"翠翠"的女儿。他愀然而叹："难道我如浮士德一样，当真回到了那个'过去'了吗？我认识那眼睛，鼻子，和薄薄小嘴。我毫不含糊，敢肯定现在的这一个就是当年的那一个。"③ 人生沧桑惹人惆怅，此种情境确实与浮士德穿越古今的情境仿佛。在生命长途中苦苦支撑时，沈从文更是将浮士德引为知己："唉，我的浮士德，你说得很美，或许也说得很对。……新的时代在进展中，不拘如何总之在进展，你是个不必要的人物。……你需要休息休息了，因为在这问题上徘徊实在太累。"④ 沈从文对歌德的关注已经由《少年维特之烦恼》转向了《浮士德》。歌德的形象也悄然发生了蜕变，由追求个性解放、爱情自由的反抗者，蜕变为了执着不懈、渊博澄明的智慧者和不朽者。"歌德并不拘束取得知识的范围，所以认为'一个国王或一个未来政治家，不论他的修养如何广博，都不嫌其多；因为渊博是他的职

① 沈从文：《篁君日记》，《沈从文全集》（第 6 卷），北岳文艺出版社 2002 年版，第 266 页。
② ［德］歌德：《少年维特之烦恼》，关惠文译，时代文艺出版社 2020 年版，第 129 页。
③ 沈从文：《老伴》，《沈从文全集》（第 11 卷），北岳文艺出版社 2002 年版，第 296 页。
④ 沈从文：《水云》，《沈从文全集》（第 12 卷），北岳文艺出版社 2002 年版，第 129 页。

业。同样，诗人也应力求复杂的知识，因为他是以整个世界为题材的'。"① "凡知道用各种感觉捕捉住这种美丽神奇光影的，此光影在生命中即终生不灭。但丁、歌德、曹植、李煜便是将这种光影用文字组成形式，保留的比较完整的几个人。"②

沈从文心中的歌德形象发生了蜕变，歌德对其创作影响的向度和矢量也生发了转换。沈从文先前所瞩目的是《少年维特之烦恼》中那热烈勇敢、昂然抗争的激情，而此时他所倾慕的是歌德"老年的诗"，它们"是那样地深沉，充满了智慧"③。"蜕变论、反否定精神、向外而又向内的生活"④ 等观点给了西南联大师生群体以启迪，也给了沈从文以引导。这种影响主要体现在《烛虚》、《七色魇集》等"为抽象发疯"的散文创作之中。首先，在《潜渊》、《烛虚》、《长庚》、《生命》等作品中，沈从文不再聚焦具体人事和日常悲欢，而是将目光投向了生命意义、无限时空等抽象之域，所写多为点滴感受和刹那领悟，意欲在生活和生命、短暂和永恒、过去和现在、具象和抽象、虚无和存在、意志和命运等富于张力的对立因素中去探求存在的本质和意义。"一片铜，一块石头，一把线，一组声音，其物虽小，可以见世界之大，并见世界之全。""流星闪电刹那即逝，即从此显示一种美丽的圣境，人亦相同。一微笑，一皱眉，无不同样可以显出那种圣境。"⑤ 这一点与《浮士德》非常相似。《浮士德》篇幅巨大，内容庞杂，幻想和现实、神话和历史交织相融，但贯穿其始终的是"浮士德对宇宙奥秘和人生意义的探索，对真理的追求"⑥。其次，《浮士德》中所塑造的浮士德就是自强不息、执着追求、渴望不断超越的典型。在浮士德的意识中，人生的本质和意义就在于认识宇宙和人生，从知识、爱情、道德、政治、宗教的超越中去追求真理、体认存在的意义，去表现一种永不满足、从不停息、不断进取的精神和意志。"凡是自强不息者，到头我辈皆能救。"浮士德的精神感染着西南联大的学子，也影响着沈从文自我形塑的变化。作为言说者的"我"，不再是追求个性解放、爱情自由的"维特"形象，而是一个"向抽象追究"、"需要'静'，用它来培养'知'，启发'慧'，悟彻'爱'和'怨'等等文字相对意义"⑦ 的思考者、求索者形象。"我"总能从所处所触的声光电化、形影色相中去发掘和探究现象世界背后的本质和真相，去抵达永恒的意

---

① 沈从文：《谈进步》，《沈从文全集》（第 16 卷），北岳文艺出版社 2002 年版，第 486 页。
② 沈从文：《烛虚》，《沈从文全集》（第 12 卷），北岳文艺出版社 2002 年版，第 24 页。
③ 冯至：《致杨晦》，《冯至全集》（第 12 卷），河北教育出版社 1999 年版，第 137 页。
④ 冯至：《"论歌德"的回顾、说明和补充》，《冯至学术论著自选集》，河北教育出版社 1999 年版，第 377 页。
⑤ 沈从文：《烛虚》，《沈从文全集》（第 12 卷），北岳文艺出版社 2002 年版，第 24-25 页。
⑥ 杨武能：《走进歌德》，上海社会科学院出版社 2012 年版，第 253 页。
⑦ 沈从文：《烛虚》，《沈从文全集》（第 12 卷），北岳文艺出版社 2002 年版，第 27 页。

义之域和无限可能的真相。在这里，"我"在作为自我征象的外在世界和自我真实的内在世界中竭力探索、苦苦质询，在一种近乎疯狂的拷问中试图打破生命和言说、存在和虚无的边界，力求获得生命和意义的分蘖与重造；并希望以此为基点，获得民族重建的钥匙与符码。"我正在发疯。为抽象而发疯。我看到一些符号，一片形，一把线，一种无声的音乐，无文字的诗歌。我看到生命一种最完整的形式，这一切都在抽象中好好存在，在事实前反而消灭。"① 从其思想和艺术渊源来看，作为追求者、思考者和超越者的"我"，自远有着楚人屈原的文化基因，切近则有浮士德的精神引领。再有，《浮士德》中不仅有着至高至远、至广至深的追求精神和探索意志，还有着极为强烈的批判精神。诗剧借助魔鬼靡菲斯特这一"否定的精灵"，对各个时代陈旧腐朽、日渐衰亡的所谓神圣事务，进行了肆无忌惮的亵渎和颠覆。他嘲笑教会的伪善、官员的腐败、道德的堕落、知识的迂腐、艺术的教条、人性的贪婪……这种批判精神，也影响到了沈从文，让其先前就已积蓄的批判精神在《烛虚》、《新的文学运动与新的文学观》、《白话文问题》、《小说作者和读者》等作品中得到了更为集中和全面的释放。他为人们"做人无信心，无目的，无理想"② 的状态而痛心不已；为"政治、哲学、文学、美术，背面都给一个'市侩'人生观在推行"而大声疾呼；对"阉宦似的阴性人格"、"家犬姿态"、"朝秦暮楚"、"东食西宿"等予以激烈批判……当然，与浮士德对腐朽和堕落进行嘲讽和批判不同的是，沈从文此时还在苦苦思索"文学的重建"、"民族的重建"和"经典的重造"。他渴望"用文字作工具"，通过美术、音乐、学术和教育携手，建造"新的经典"，"从一个崭新观点去建设这个国家有形社会和无形观念。尤其是属于做人的无形观念"，让人们在"勇敢与健康"中为"追求理想，牺牲心的激发"③ 而努力。这样，就能"如歌德、托尔斯泰"那样，"活得极其光辉"④。

由上可见，西南联大时期，沈从文的思想和创作明显受到了歌德及其《浮士德》的影响，但上述影响多是整体和综合的，就个别作品而言，长篇散文《水云》是受《浮士德》影响的典范个案，甚至可以说《水云》就是沈从文的"《浮士德》"。首先，《水云》的求索精神与探究意味极为鲜明。文章开篇明志道："美不能在风光中静止，生命也不能在风光中静止"，"我的目的正是让不能静止的生命，从风光中找寻那个不能静止的美。我得寻觅，得发现，得受它的影响或征服，从忘我中重新得到我，

---

① 沈从文：《生命》，《沈从文全集》（第 12 卷），北岳文艺出版社 2002 年版，第 43 页。
② 沈从文：《烛虚》，《沈从文全集》（第 12 卷），北岳文艺出版社 2002 年版，第 11 页。
③ 沈从文：《长庚》，《沈从文全集》（第 12 卷），北岳文艺出版社 2002 年版，第 39-40 页。
④ 沈从文：《沈从文自传》，《沈从文全集》（第 27 卷），北岳文艺出版社 2002 年版，第 140页。

证实我"①。这种求索精神有着西南联大整体向上氛围的影响，更与歌德及《浮士德》精神的感召深度契合。其次，《水云》中"我"与"自我"的辩难对话贯穿整个文章，将自我拷问和生命思索引向深入。这种结构处置与《浮士德》中浮士德和靡菲斯特的关系处理有着内在的相通和神似。再有，《水云》中"我"的经历与《浮士德》中浮士德的经历有着诸多相类之处。"我"在海边想到自杀与浮士德在书斋中苦闷不已而想以死来结束生命的境况近似；"我"的命运中一个个"偶然"的进入与浮士德遇见葛丽馨、玛甘泪、海伦的情节有着类比的向度；"我"对金钱、名誉、爱情、地位等的超越与浮士德所经历的一系列超越性生活等有着某种类似……

可以说，大到民族战争语境、小到西南联大师生群体对生命存在的思考形成的场域效用，特别是歌德那执着探索、自强不息的"浮士德"精神，对沈从文的自我认知产生了极为强烈的感染。沈从文受其感召，并以之为精神引领，对生命进行了深深的探索与孜孜追问。此时的沈从文是一个"向虚空凝眸"、向心灵开掘的求索者，是一个"为抽象发疯"、为生命迷狂的天问者。也正因如此，文章中"我"称"自我"为"我的浮士德"②。确实，在沈从文的意识中，能让其有"同情"之感的，非浮士德莫属③。

结　语

总之，沈从文虽然自称"乡下人"，但他一直以开放的胸襟、虔诚的态度、明敏的心思，积极向世界"拿来"。就他对歌德的接受来看，20世纪20年代，《少年维特之烦恼》可说是他初期情爱叙事学习和借鉴的资源；而20世纪40年代，《浮士德》则以生生不息的求索精神给予其心灵深深的熏染和感召。

（作者单位：湖南第一师范学院文学与新闻传播学院）

---

① 沈从文：《水云》，《沈从文全集》（第12卷），北岳文艺出版社2002年版，第92页。
② 沈从文：《水云》，《沈从文全集》（第12卷），北岳文艺出版社2002年版，第128页。
③ 当然，因阅历个性、时代语境、文化心理和生命体验等的不同，《水云》与《浮士德》有诸多差异：《浮士德》规模恢宏，大气磅礴，而《水云》精微幽深，细腻绵长；《浮士德》中浮士德不断追寻，在忧郁中溘然长逝，为天使引领而升入天国，而《水云》中，"我""只信仰'生命'"，在美和生命的直观中获得绝对皈依；《浮士德》有着欧洲中世纪以来近三百年历史和文化的影射，而《水云》仅记载着沈从文的明敏心性与自我超越的心迹。而这些并非本文所要讨论的内容。

追寻"汗血诗人"的青春记忆

——牛汉大学时期文学活动与革命实践考述（1943-1946）

丁永杰

引　言

牛汉于 1943 至 1946 年就读于国立西北大学文学院外文系俄文专业。他在大学时期的读书创作、创办刊物、发展学运与被捕入狱等经历，对其产生了深刻影响。直到晚年，牛汉还"苦苦地构思过一首怀念汉江边小城生活的长诗"。这首长诗最终虽没有完成，但诗人留下了不少关于大学往事的回忆文字。大学时期那些"庄严的战斗"与那份"甜蜜的爱情"①，是牛汉难以忘怀的深情记忆。本文借助相关史料文献系统梳理牛汉在大学期间的文学活动与革命实践，对进一步理解牛汉早期的诗文创作、感悟诗人热血的青春岁月具有一定意义。牛汉在大学时期不仅以一个青年诗人的形象出现在公众视野之中，更在个人命运悲苦、民族危机存亡的背景下，秉持了一位知识分子的骨气和担当。此外，牛汉在大学期间的相关经历，作为一份鲜活生动的"样本"，与他在中华人民共和国成立后的若干自述构成了一种能够触及历史隐微之处的"双材

---

① 牛汉：《齐越和他的声音》，收入刘福春编：《牛汉诗文集》（散文卷 3），人民文学出版社 2010 年版，第 805 页。

料结构"①，能够更好地理解诗人在中华人民共和国成立前后两段历史之间的选择与常变。就文学的角度来看，牛汉晚年的创作之所以能再次腾飞，一方面是干校时期生活经验的激发与刺激，另一方面也是诗人 20 世纪 40 年代那段特殊经历"长期凝聚，瞬间爆发"② 的结果。

一、空间转换：诗风演变与散文写作的滥觞

　　1940 年初至 1942 年底，牛汉在甘肃天水的国立五中高中部读文科。读书期间，他积极向《现代评坛》、《黄河》、《诗创作》、《诗垦地》等刊物投稿，发表了《北中国歌》、《草原牧歌》、《西中国的长剑》、《鄂尔多斯草原》等诗歌，形成了自己"诗创作的一个高峰"③。从文学地理的角度来看，这批诗歌大都创作于甘肃天水的玉泉观和万寿庵。这是一处较为封闭的陇地高原。受此影响，牛汉的诗中多见高原、驼队、山野、尘砂等野性宏大，又颇具西北风情的物象。这在当时的诗坛中具有一定的辨识性。谢冕也谈道："牛汉早年的创作体现着西北原野的粗犷，夹带着鄂尔多斯草原的风沙，很能体现这位北方汉子的强悍和豪放。"④ 这批诗歌或记录北中国人民的沉重苦难，或追寻西北民族的远古历史，抑或书写传奇家族的神秘往事。牛汉努力形塑一种壮阔的史诗风格，从而"具有奔泻无遗的气势"⑤。牛汉晚年认为，这批诗歌注重"在梦境中寻找精神的蕴藉，缺乏脚踏实地的真实而深刻的对人生与理想的思索"⑥。但对于一个高中生来说，通过青春激情和生命热力来写诗，正是展现诗情与才华的一种方式。

　　1942 年冬，牛汉本来可以凭借优异的成绩保送入读大学，他自己也已经"填了西

---

　　① 程光炜：《牛汉两份材料互证——兼论绿原的干校生活》，《文艺争鸣》2022 年第 1 期。程光炜在文章中指出："双材料结构"指的是，当一份材料映现传主糟糕人生处境时，另一份遥远的材料却在燃烧着理想的火焰，它强调了这种处境的非正当性，借此把自己从沮丧中唤起，重整服装再出发。"双材料"虽代表着两个不同空间，但分明是同一个人的故事，具有人生价值的整全性。当我们过于依赖一方材料时，就会认为双材料之间是一种否定和批判的关系；然而当我们引进"互证"方法，将双材料进行参照性比对的时候，则发现其中呈现的传主形象，更接近于历史的真实。
　　② 蓝棣之：《牛汉：长期凝聚，瞬间爆发》，原载《现代诗的情感与形式》，华夏出版社 1994 年版，收入吴思敬编：《牛汉诗歌研究论集》，时代文艺出版社 2005 年版，第 94 页。
　　③ 何启治、李晋西编撰：《我仍在苦苦跋涉——牛汉口述》，生活·读书·新知三联书店 2008 年版，第 53 页。
　　④ 谢冕：《中国新文学大系 1949-1976 诗歌卷·序言》，上海文艺出版社 1997 年版。
　　⑤ 孙晓娅：《跋涉的"汗血诗人"——牛汉研究中的若干问题》，《中国诗歌研究》2015 年卷，总第 12 辑。
　　⑥ 牛汉：《从梦境走出来》，《学诗手记》，生活·读书·新知三联书店 1986 年版，第 15 页。

南联大和复旦大学"① 两所高校,却在毕业前夕发生了变故。这个变故使牛汉的生活轨迹与文学创作都发生了一定的转变。牛汉晚年在访谈中回忆道:

> 在天水山上四处是灰茫茫的,缺少生命的色彩,非常苦闷。正值学校反动当局逼我们在毕业典礼上集体参加国民党,他们说:不参加毕业典礼不给发证书。我不干,不想背叛自己的理想,我宁可不要毕业证书,郗潭封也不干,我们一起逃到汉中。一到汉中,就觉得天也蓝,到处绿油油的,完全是另外一种心境,好像到了仙境,萌发了自己内心梦想的世界,特别快乐,整天到汉江游泳②。

虽然陕西和甘肃在行政区划上均属西北,但汉中与天水的地理风貌与人文环境却迥然不同③。牛汉来到汉中城固后,面对与西北高原不同的空间体验,新奇而陌生的水乡"风景"暂时缓解了他的苦闷情绪,同时激发了他的创作欲望。《同志,我底歌还低哑吗?》、《汉江和我们一同朗诵诗》、《绿色的歌》、《自己的骄傲》等作品正是写于此时,诗歌的字里行间难以掩饰欣喜之情。"汉江和我们一同朗诵诗/汉江朗诵着大地的绿色的诗章/我们朗诵着梦境中的绿色的生活的诗句。"④ 这些散发着欢快语调、吐露着轻松心绪的诗句,是牛汉诗歌中的一抹亮色。

从甘肃天水来到陕西城固,空间转换带来的肉身体验差异,促使牛汉的诗歌呈现出新鲜的质素。更为重要的是,牛汉在城固这个大后方的文化城内接触到了更多的人与事,并在这里完成了由西北师院"旁听借读",再到西北大学"正式入读"的身份转变。此时,牛汉对生活的理解与感悟进一步加深,也促使他的诗风发生了一定的演

---

① 何启治、李晋西编撰:《我仍在苦苦跋涉——牛汉口述》,生活·读书·新知三联书店 2008年版,第 60 页。

② 牛汉、孙晓娅:《牛汉访谈录》(2001 年 9 月 30 日),收入《跋涉的梦游者——牛汉诗歌研究》,北方妇女儿童出版社 2003 年版,第 315 页。

③ "城固县境北居秦岭南坡,南处巴山北坡,中为江河平坝,为汉中盆地的一部。城固南汉水奔流,城东北尚有胥水,不及汉水大,但灌溉及水利相当普及。境内小河溪流亦非常多。"见中央档案馆、陕西档案馆编:《陕西革命历史文件汇集》(1941 至 1942 年),西安出版社 1993 年版,第 69页。对于汉中城固的人文环境,诗人唐祈在回忆西北联大的生活时曾写道:"联大当时在陕西城固、汉中几个县,八个学院,一万多大学生,成了大后方的文化城。虽然生活艰苦,由于许多教授都是北大、师大来的,依然保持了浓厚的学术研究和民主自由的空气,是当时的最高学府之一。"见《唐祈诗选》,人民文学出版社 1990 年版,第 174 页。

④ 牛汉:《汉江和我们一同朗诵诗》,收入刘福春编:《牛汉诗文集》(诗歌卷 1),人民文学出版社 2010 年版,第 82 页。

变。初来城固时，牛汉贫困却不消沉，自得而又愉快。作为一位"小有影响的诗人"①，他在国立西北师范学院度过了一段轻松惬意的时光：

> 西北师院学生知道我到了城固，欢迎我参加学生社团新诗社。我在新诗社写了不少诗，其中《我开垦中国的牧歌》，先在墙报，后在《西京日报》发表了。还参加了西北师范学院的运动会，跳高得了第一名（一米八四），贴了红榜②。

从这段自述看，牛汉在西北师院显然是学生中的公众人物。才华横溢的诗人在这里找到了认同感和归属感。牛汉借读的先修班相当于预科，食宿免费，基本解决了生活问题。此外，西北师院还有讲演会、读书会、研究会、体育比赛等丰富的文娱活动。正是在这样的氛围之下，牛汉谱出了新的生活之歌。"来到绿色的盆地/我生活得好/生活里收获了无边的绿色、生活里收获了新谱的歌。"③

1943年9月，牛汉正式入读国立西北大学。他本想学好俄语，报效国家，"但是骚动的心灵总难以牢系在课桌之上"④。加之学校的氛围越来越滞重刻板，校内国民党和青年团禁止学生看闲书与进步书报，进步学生之间传阅的《七月》杂志被认为是"共产党的东西"⑤。由于"当年读俄文的学生被视为政治上的可疑分子"⑥，而牛汉此前又常在报刊上发表进步诗作，在学生中具有一定影响，引起了校方当局者的警觉。

"冬天光脚穿草鞋，昂首阔步地走路。"⑦ 这是牛汉当年在西北大学的经典写照。这不仅是他彼时生活状态的真实反映，更象征着一种自由昂扬的不屈姿态，其中不乏对当局反动者的不屑与挑战。牛汉在学校积极参加"星社"等学生组织，并成为社团的中坚人物。1944年上半年，牛汉和齐越等几位学生对学校食堂不满，打了在食堂工作的三青团分部的干事，被校方记过并扣除公费。依靠李毓珍、魏荒弩等几位老师的

---

① 何启治、李晋西编撰：《我仍在苦苦跋涉——牛汉口述》，生活·读书·新知三联书店2008年版，第53页。

② 何启治、李晋西编撰：《我仍在苦苦跋涉——牛汉口述》，生活·读书·新知三联书店2008年版，第53页。

③ 牛汉：《歌向风砂中的高原》，收入刘福春编：《牛汉诗文集》（诗歌卷1），人民文学出版社2010年版，第76—77页。

④ 牛汉：《探求梦境的历程》，《外国文学评论》1998年第2期。

⑤ 《陕西省委统战部关于国立西北大学的概况调查材料整理》，收入中央档案馆、陕西省档案馆编：《陕西革命历史文件汇集》（1941至1942年），西安出版社1992年版，第112页。

⑥ 牛汉：《探求梦境的历程》，《外国文学评论》1998年第2期。

⑦ 何启治、李晋西编撰：《我仍在苦苦跋涉——牛汉口述》，生活·读书·新知三联书店2008年版，第60页。

帮助，他才勉强解决了生计问题。后来，校方又以牛汉缺席考试为由取消了他的公费待遇①。这两桩看似偶然的事件，实际上是学校中两种力量对峙的缩影，是进步学生与反对势力的相互博弈。牛汉试图以行动来冲击校内沉闷压抑的气氛，这种决心与魄力在《我的誓言》这首诗中鲜明地呈现出来：

> 嘲笑吧
> 今天，我一个囚徒
> 执拗地唱着
> 癫狂地吹着
> 人民的乐器
> 人民的歌调
>
> 我并不咒骂你们——
> 嘲笑诗的绅士们
> 我知道
> 人民底呼吸的热液
> 会把你们活活地淹没
> 连同你们的咒骂②

　　牛汉在大学的遭遇，让他"受到了一次残酷的罪恶的洗礼"③，但这是他真正投入生活、准备战斗的起点。此时，他不再依靠直觉和幻想来构思诗篇，也不再吟唱明丽清朗的"绿色之歌"，而是嘶喊着庄严厚重的"战斗之歌"，特别注重从生命的体验和生活的感悟中来构思诗篇。如牛汉听闻了西北大学青年诗人李满红的事件后④，写下了《长剑，留给我们》来悼念这位已故的学长。牛汉接过了李满红这支"暴动的剑"，继续向不公正的生活刺去，"挥击着带着枷锁的流泪的世纪"。再如牛汉 1943 年去汉中

---

　　① 何启治、李晋西编撰：《我仍在苦苦跋涉——牛汉口述》，生活·读书·新知三联书店 2008 年版，第 65 页。
　　② 牛汉：《我的誓言》，收入刘福春编：《牛汉诗文集》（诗歌卷 1），人民文学出版社 2010 年版，第 76-77 页。
　　③ 谷风：《没有阳光的旅途》，《高原》1945 年第 3 期。
　　④ 李满红（1917-1942），辽宁庄河市人，1939 年考入西北联合大学文学院外文系俄语专业，是当时很有名气的诗人。1942 年 6 月，李满红病逝于汉中。牛汉曾看过李满红去世后留下的那把剑，同时也非常喜欢李满红的诗歌，经常到李满红的墓地前高声朗读俄语，以这种方式来纪念逝去的诗人。

98 军文工团访问，和白俄军官渥尔果夫的一次偶遇，促使他写下了著名的长诗《老哥萨克刘果夫》。此外，牛汉在大学阶段创作的《哭泣的田园》、《牛三底枪暴笑了》、《池沼》等诗歌，"开始注重把握生活的思想性并努力从个人狭小的格局中跳出，将苦斗精神指向革命战士和复杂的现实生活"①，凸显了他早期诗风的转变和思想的成熟。

来到城固后，牛汉在继续从事诗歌创作的同时，也开启了自传体散文写作的尝试②。他借助这种新的文体来记录自己的经历与遭遇。几篇散文都隐含着牛汉在不同时期的情感线索。

在国立五中读书时，《晨光》壁报的编辑王浒（又名王斐，牛汉在散文中称她为"斐"）是牛汉的初恋女友。牛汉因拒绝加入国民党而来到城固，五中校长许莲溪便怀疑王浒的思想立场。为了不连累王浒，牛汉只能选择告别这段爱情③。他在《雨天，我想着——遥寄草原上的友人们》一文中写道："在我们这个伟大的国度，爱是有罪的"，"假如一个人要活得自由，那么只有忘却自己"④。这是考察牛汉早期散文写作的重要文本，也是一封写给恋人的公开"分手信"。

牛汉于 1944 年被迫休学，离开校园。在北上西安的路途中，他创作了日记体散文《没有阳光的旅途》。这篇文章不仅生动地记录了详细的行旅经历，而且透露出一段即将诞生的新感情：

> 我向一个朋友说过，说我离开江城的第一天，就要写一封情书，给我称作"无花果"的少女，是的，那个少女是十分像简·爱或者《静静的顿河》中的娜妲丽亚一类的少女，那个少女，虽然她始终不知道我想念她，但是在我这方面，却使我安静了一年，因为有她，我不敢去再想念别的更美丽的少女了⑤。

---

① 孙晓娅：《跋涉的"汗血诗人"——牛汉研究中的若干问题》，《中国诗歌研究》2015 年卷，总第 12 辑。

② 查《牛汉诗文集》与牛汉早期散佚诗文，可知《沙漠》是其目前所见最早的散文，于 1941 年 9 月 30 日刊载于《黄河》第 2 卷第 7 期，署名牧溪。牛汉在附记中认为"这是一首散文诗，是童年牧歌中的一曲"。见刘福春编：《牛汉诗文集》（散文卷 1），人民文学出版社 2010 年版，第 4 页。《沙漠》的体裁近乎于"诗化散文"或"散文诗"，而非"自传体散文"。从题材和风格上看，它与牛汉在西北大学期间创作的散文有较大差异，因此，笔者认为牛汉是在西北大学读书期间开创了"自传体散文"的写作。

③ 详见何启治、李晋西编撰：《我仍在苦苦跋涉——牛汉口述》，生活·读书·新知三联书店 2008 年版，第 51—52 页。

④ 谷风：《雨天，我想着——遥寄草原上的友人们》，《甘肃民国日报·生路》1943 年 7 月 21 日。

⑤ 谷风：《没有阳光的旅途》，《高原》1945 年第 3 期。

这篇饱含着悲苦和惆怅的散文，却夹杂着如此温婉动人的一幕。这是牛汉对西北大学女学生吴平（原名吴海华）的深情告白。值得一提的是，文学是二人日后结合的重要"桥梁"。吴平在《自传》中说，自己在大学"是比较爱好文学的人"，毕业后希望"能为中外文化的沟通工作负起一部分责任"①。牛汉也说，吴平"古典文学底子扎实，学问全面"②。吴平后来还写了散文《一颗生霉的种子》，作为对牛汉爱意的深情回应③。

这里无意考察牛汉的感情史，而是提出一个文学问题：一向很少写爱情诗的诗人④，为何选择在散文中频繁吐露自己的感情状况？在大学时期，牛汉同很多热血的青年诗人一样，"用诗做武器、做中介，狂追女孩，革命加恋爱，为理想置生死于不顾"，这是整个革命年代"青年作家鲜明的共同特点"⑤。在那段革命洪流中，像牛汉这样坚持真理正义、敢于流血赴难的文学青年，不仅有铁骨铮铮、金刚怒目的一面，更有凡尘人间、柔情似水的一面。囿于战争与时代的要求，诗歌需像匕首那样进行战斗，书写私人情感则显得不合时宜。牛汉在革命语境中留下的这批散文，恰好可以说明"革命加恋爱"的创作原则在不同文体相互转换的过程中，存在着一定的张力与缝隙。若仔细探究，我们则能从中看出作家主体创作的多元性与丰富性。从这个层面来观照，牛汉早期的散文写作既具有文本意义，同样具备标本价值。

牛汉在大学时期用诗歌来做公共武器，而用散文来写私人生活。特别是后者，为他晚年散文写作的爆发奠定了一定基础。事实上，学界更多关注作为诗人的牛汉，而非作为散文家的牛汉。这实则忽略了牛汉散文的魅力与价值。牛汉晚年的创作由"诗歌"进入"散文"，不是诗情的衰退，而是创作的再生。牛汉认为，自己写诗时，不甘熄灭的肝火一时难以平抑下来，而写散文能够中和、平衡这种状态。诗和散文没有明显的界限，散文创作最终也将通向"诗意"的境界⑥。牛汉写散文时还能"摘下了沉重的'人格面具'"，"去接触到许多陌生的境界"，从而"成为一个再生的人"⑦。牛汉大学时期的散文创作或许还不具备这种文学自觉与深刻体验，但对于我们认识驳

① 《国立西北大学外文系学生自传》（吴海华），《国立西北大学档案》，存陕西省档案馆。

② 何启治、李晋西编撰：《我仍在苦苦跋涉——牛汉口述》，生活·读书·新知三联书店2008年版，第69页。

③ 吴华：《一颗生霉的种子》，《西京日报》1945年5月15日。

④ 牛汉曾创作了《无花果》、《锤炼》等以"革命加爱情"为题材的诗歌，但从数量上看，在其整个创作生涯中并不算多。

⑤ 程光炜：《牛汉两份材料互证——兼论绿原的干校生活》，《文艺争鸣》2022年第2期。

⑥ 《诗和散文都是我的命》，《牛汉诗文集》（散文卷3），人民文学出版社2010年版，第653页。

⑦ 牛汉：《散文这个鬼》，收入刘福春编：《牛汉诗文集》（散文卷2），人民文学出版社2010年版，第521页。

杂立体的诗人形象提供了一个重要的视角。

二、创办《流火》：牛汉早期文艺思想发微

1941 年"皖南事变"后，正在读高中的牛汉就欲奔赴陕北投身革命事业。延安"对于一个充满人生梦幻、探求真理与艺术的流亡青年具有强大的吸引力"①。因故未能去成，他便写下《鄂尔多斯草原》等诗歌来描绘胸中"空前高涨的爱国热情"②。大学期间，大后方的政治形势较为严峻，牛汉的心情"异常的苦闷与烦躁"③，加之与校方当局的矛盾冲突，他便义无反顾地选择了暂别校园。1944 年底，牛汉从城固来到西安，想经西安北上延安去追寻革命理想，但因胡宗南部队对边区的封锁未能成行。这时，牛汉通过国立西北大学毕业生、时任《西京日报》编辑的寿孝鹤，结识了中共西安地下党党员张禹良。张禹良想借助牛汉在文艺方面的才能，让他暂时留在西安从事进步文化活动。在中共西安地下党党员吴柏畅的领导和支持下，牛汉、张禹良、寿孝鹤三人开始筹备办刊事宜，意在冲破西安沉闷的政治空气④。办刊工作并不容易，几人经常"辗转在登记、印刷和筹划经费的'水深火热'之中"⑤。经过四个多月的艰苦准备，《流火》杂志终于在白色恐怖的笼罩下诞生。考察牛汉创办《流火》杂志的背景、过程与意义，细读牛汉发表在《流火》杂志上的文论和诗歌，既是透视诗人早期文艺思想的切口，也是研究牛汉编辑出版工作的起点。

1945 年 3 月，《流火》创刊号正式在西安出版，牛汉（署名"本社"）执笔撰写了创刊辞《人底道路》。这篇文章探讨了《流火》杂志的宗旨、性质和方向，是考察牛汉早期文艺思想的一个重要文本。《人底道路》开篇便定下了一种高亢的基调——"人的世界上，需要有一条属于人的道路，然后，世界的内容才能演进下去"⑥，继而回顾了中国近几年文艺思潮低落的种种原因，批评了文坛中的一些作家固执地去做古典主义的"尾巴"，偏重"浮雕"似的技巧形式，不能真正了解大众与服务大众，造成了"文艺工作和社会游离"⑦ 的不良现象。基于此，牛汉呼吁"文艺作家应该负有

---

① 牛汉：《探求梦境的历程》，《外国文学评论》1998 年第 2 期。
② 刘珂：《牛汉评传》，太白文艺出版社 1993 年版，第 66 页。
③ 牛汉：《探求梦境的历程》，《外国文学评论》1998 年第 2 期。
④ 张禹良、寿孝鹤、史成汉：《在西安国统区创办〈流火〉杂志》，《新文化史料》2000 年第 2 期。
⑤ 《编校小记》，《流火》1945 年创刊号，第 40 页。
⑥ 本社：《人底道路》，《流火》1945 年创刊号。
⑦ 本社：《人底道路》，《流火》1945 年创刊号。

组织与领导大众行列的任务，这是最高贵的权力与责任"①，反对作家只提出"文艺的形象大众化"的口号，而未能和大众真正站在一起。同时，牛汉还对文艺工作者提出了一些具体建议：

> 让我们站在人的立场上，打击那些没有生活而玩弄文艺，没有正确的意识方向而有创作，没有人性而欺骗大众的写作家们，我们要打击那些摇摆在中国文坛上的恶霸和绅士式的"写家们"，这是文艺工作者切身的责任。
>
> 我们希望今后在人底道路上，听见文艺的健康的呼吸与跃响的血流的湍激声，这声音，对广大的人民一点也不遥远，这是他们自己的呼吸和血流，这是他们自己生命的赞歌②。

牛汉希望文艺工作者能够纠正对生活的态度，使文艺不仅注重自身的发展规律，更要投身到时代与历史之中，让文艺与民主社会相结合，从而生成一种"新文艺"，建设"民主与正义更高度发展的世界"③，来服务广大的人民。

考察《人底道路》，不得不与《流火》杂志上的另外两篇文论进行互读，即郑伯奇《当前文艺上的几个问题》与希贤、建章、禹良《今后文艺工作的路线》。这三篇文论提纲挈领地点明了当时文坛上存在的倾向和问题，并对今后文艺工作的路线、方向和目标给出了建议，共同为"文艺大众化"的落地生根而努力实践着。

具体而言，郑伯奇的文论"鸟瞰式地扼要论述了当时文坛倾向问题、民族形式问题、言语问题、典型问题和诗的韵律问题"④。郑伯奇认为，"新文艺"并不是提倡复古，也不是反对欧化，而是要采取人民乐于接受的形式，特别倡导"民间形式是中国文学的中心源泉"⑤的主张。希贤、建章、禹良的文论认为，"文艺不但要迎合民主国家的共同胜利，同时还要更坚强的表现民族特有的战斗作风"⑥。文章还提倡作家要在生活中决定自己的创作态度，以现实主义创作原则去反映活的生活及人类新生个性的进步观念。

总之，三篇文论都注重作家对"生活"底色的描摹。这与牛汉长期秉持的思想相暗合。比如牛汉此前就在《哭泣的田园》、《生活的花朵》等诗中关怀底层人民生活，

---

① 本社：《人底道路》，《流火》1945 年创刊号。
② 本社：《人底道路》，《流火》1945 年创刊号。
③ 本社：《人底道路》，《流火》1945 年创刊号。
④ 余冰：《牛汉与〈流火〉》，《寻根》2012 年第 6 期。
⑤ 郑伯奇：《当前文艺上的几个问题》，《流火》1945 年创刊号。
⑥ 希贤、建章、禹良：《今后文艺工作的路线》，《流火》1945 年创刊号。

但"由于匮缺沉入生活的现实体验"①，这些诗歌往往显得有些简单。值得一提的是，牛汉诗歌中的"生活"理念，既有来自自身的实践体验，同时也可能借鉴了艾青《诗论》中的"生活"说，即"生活是艺术所由生长的最肥沃的土壤，思想与情感必须在它的底层蔓延自己的根须"②。牛汉的大学老师魏荒弩也认为其诗歌风格有点像艾青，形式自由，节奏明快，感情真挚③。

牛汉还为《流火》杂志贡献了一首400多行的叙事长诗《老哥萨克刘果夫》（下文简称"《刘果夫》"）。诗人在《刘果夫》中塑造了一个全新的典型人物形象，为《人底道路》所倡导的"新文艺"方向努力践行。这首长诗与《人底道路》、《当前文艺上的几个问题》以及《今后文艺工作的路线》三篇文论构成一种"互文"关系，《刘果夫》是符合这三篇文论思想"要求"的文学样本。同时，这首诗还蕴藏着更大的包容性和可能性，可以更好地解读牛汉早期诗歌及其思想。

《刘果夫》塑造的人物形象，原型来自俄国军官伊文·尼古拉维奇·渥尔果夫。这是一位曾在中国参战多年之后流落在城固的军人。杨慧曾撰文详细考察了《刘果夫》的文本细节和建构过程④。笔者重点关注牛汉对刘果夫的命运"安排"，以及这种"安排"背后所折射出的文艺观念。刘果夫"曾经是苏联人民的叛徒"，他自诩是一个"人们鄙夷的白色流氓"，在中国大地上苟且偷生。但他在劳动人民中获取了精神力量，将自己的血流同人民的血流汇在一起，"流向新世纪的脉搏"。在诗人笔下，刘果夫没有"沉沦"，而是走向了"复活"，"提起枪行进在中国的土地上"，让自己的生命"正在开放着第一次的花朵"。刘果夫这个人物形象，在抗战大背景之下焕发出强烈主体精神的"复活"叙事堪称典范⑤。牛汉对刘果夫的形象塑造与郑伯奇在《当前文艺上的几个问题》中所探讨的"文学典型"既一脉相承⑥，又有超脱意义。即在众声喧哗的时代语境中，牛汉尽量克服空洞、虚伪的诗歌调子，深入生活，开启了从

---

① 孙晓娅：《跋涉的梦游者——牛汉诗歌研究》，北方妇女儿童出版社2003年版，第33页。
② 艾青：《诗论》，复旦大学出版社2005年版，第13页。
③ 魏荒弩：《大汉小记》，原载《随笔》2000年第2期。转引自吴思敬编：《牛汉诗歌研究论集》，时代文艺出版社2005年版，第185页。
④ 杨慧：《"枪一样地复活"——牛汉抗战长诗〈老哥萨克刘果夫〉的白俄叙事》，《吉林大学社会科学学报》2019年第3期。
⑤ 杨慧：《"枪一样地复活"——牛汉抗战长诗〈老哥萨克刘果夫〉的白俄叙事》，《吉林大学社会科学学报》2019年第3期。
⑥ 郑伯奇：《当前文艺上的几个问题》，《流火》1945年创刊号。郑伯奇在文中认为，作家要有"深刻的生活经验"，多接触，多观察，并以"敏锐的感觉"抓住人物特征，才能创造出文学典型。

感情层面的"生命的同情"到艺术层面的"泛生命化写作"①，并在二者之间寻找生命与艺术的契合点。这就是《刘果夫》这篇长诗的价值所在。

考察牛汉在西安创办《流火》杂志的经历，可以看出他此时不仅作为象牙塔中的诗人在进行创作，更是以一名"生活广场上"的文艺工作者的姿态来探索中国文学发展的道路和方向。尽管多年后牛汉认为《人底道路》"题旨庄严、言语生涩"②，认为《刘果夫》"未能将他的复杂而痛苦的心灵深刻地揭示出来"③，但在当时的革命语境中，这些诗文能够最大限度地折射出牛汉的文艺思想。他在《流火》杂志"校编小记"的最后补充了一句话："我们的艰苦，是整个历史胎动的痛楚，我们喜爱这种崇高的艰苦的工作。"④ 这无疑是一个有责任、有担当的文学青年发出的时代呼声，严肃且庄重。

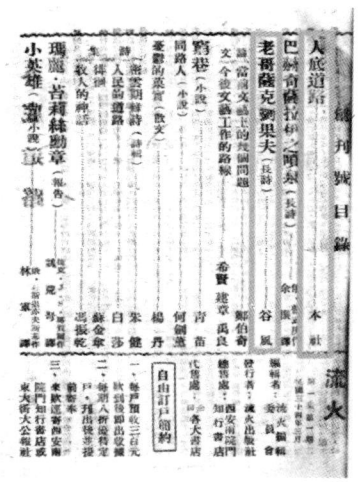

《流火》创刊号封面及目录

《流火》创刊号为 16 开本，内文共 52 页，约 9 万字。其版权页的编辑者署为"流火编辑委员会"，发行者为"流火出版社"，由《西京日报》印刷厂印制，总售处为西安南院门知行书店。

牛汉为《流火》杂志精心设计了封面。他选用了一幅普式庚的单线条简笔画像，既美观大方，又颇具文化内涵。封面的"流火"二字，也是牛汉特意在西安碑林的众

---

① 张洁宇：《个人的熔炼与历史的肉身——牛汉的诗学观念、实践及意义》，《华中师范大学学报》（人文社会科学版）2022 年第 3 期。

② 牛汉：《人的道路》（附记），《命运的档案》，武汉出版社 2000 年版，第 145 页。

③ 牛汉：《把被删去的人生追补回来——〈牛汉诗文补编〉后记》，收入刘福春编：《牛汉诗文集》（散文卷 3），人民文学出版社 2010 年版，第 848 页。

④ 本社：《校编小记》，《流火》1945 年创刊号。

多古碑中筛选拓印下来的，选用的是清代书法家何绍基的字迹①。此外，牛汉还借助自己的人际关系网，积极为《流火》约稿。来稿作者包括文学前辈郑伯奇，大学老师余振、魏荒弩，"海星诗社"同人冯振乾，大学同学及诗友杨丹、青苗、朱健、何剑熏等。《流火》成了一本形式多样、内容丰富的文学刊物。其中，余振翻译的普希金的长诗《巴赫奇萨拉伊之喷泉》、魏荒弩翻译的捷克作家玛贺尔的报告文学《玛丽·苔莉丝勋章》、林军翻译的杜斯退亦夫斯基的中篇小说《小英雄》三部作品，在中国均系首次译介②。这让刊物保持了较高的质量与水准。

虽然《流火》仅出版了一期便因国民党的查封而宣告"破产"③，但它在当时的影响力却不容小觑。创刊号出版后，迅速流向陕西、甘肃、重庆等书店和大专院校，得到了社会革命人士李敷仁的注意和肯定。《秦风工商报》负责人、著名的民主人士杜斌丞称《流火》"冲破了西安文艺界的沉闷气氛"④。郑伯奇也认为《流火》杂志能吸引读者，活跃了西安文坛⑤。除牛汉之外，围绕在"流火社"及《流火》周围的刘存生（刘健）、杨远乾（杨丹）、李振林（李孟岩）、齐斌濡（齐越）、吴海华（吴平）等西北大学学生，日后成为领导"西大学潮"的骨干力量⑥。

纵观《流火》杂志的作者群构与编排风格，细读《流火》杂志刊载的文学作品，既能体现这本文学刊物的艺术水准，同时也体现了牛汉作为一名编辑家的眼光和魄力。这段在革命年代编刊、创刊的坎坷经历，虽然时间不长，但无疑为他在新时期主编《新文学史料》杂志、执编《中国》杂志奠定了良好的基础，提供了宝贵的经验。牛汉作为编辑或出版家的实践、策略与贡献，这里不再详述，但若由此深入考察，想必也会是一个重要的学术话题。

三、参与"革命"：诗学观念与人格风范的生成

《流火》破产后，牛汉协助郑伯奇编辑西安《秦风工商联合报》副刊《每周文

---

① 张禹良、寿孝鹤、史成汉：《在西安国统区创办〈流火〉杂志》，《新文化史料》2000 年第 2 期。

② 牛汉：《人的道路》（附记），《命运的档案》，武汉出版社 2000 年版，第 145 页。

③ "1945 年 3 月，《流火》第 2 期稿件已编排就绪，但因时局变化，为了避免险境，经与地下党组织研究，决定《流火》杂志不再出版。"见张禹良、寿孝鹤、史成汉：《在西安国统区创办〈流火〉杂志》，《新文化史料》2000 年第 2 期。

④ 张禹良、寿孝鹤、史成汉：《在西安国统区创办〈流火〉杂志》，《新文化史料》2000 年第 2 期。

⑤ 郑伯奇：《贡献给西北文艺界的朋友》，《高原》1946 年第 3 期。

⑥ 张禹良、寿孝鹤、史成汉：《在西安国统区创办〈流火〉杂志》，《新文化史料》2000 年第 2 期。

艺》，继续 "以笔为枪"，投身革命实践。在西安地下党的领导下，牛汉等一批进步学生逐渐找到了明确的方向。1945 年 5 月，牛汉被委派返回城固复学。7 月 27 日，牛汉向西北大学呈文申请复学。他在材料中写道："呈为呈请复学事。窃生系文学院外文系二年级生，曾于去年因缺课逾限，校令休学，并谓待本学年再行复学云云。今生已返校，理合具文呈请复学，祈钧座准予复学，实为德便，谨呈注册组，转呈校长刘。"① 8 月 15 日，学校下发文件，正式批准了牛汉的复学请求②。档案中还有一份关于牛汉复学的 "证明书"（详见上图），时间为 1945 年 9 月 17 日。内容如下：

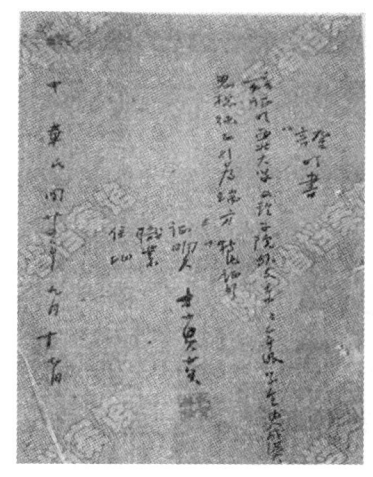

《国立西北大学民国三十四年新生证明书》
（现存陕西省档案馆）

"兹证明，西北大学文理学院外文系二年级学生史成汉，思想纯正，行为端正，特此证明。"③ 从档案来看，牛汉不仅顺利复学，还得到了校方的 "首肯证明"。这与他当时诗歌中传达出来的旨意形成了悖论。

此时，残酷的革命斗争和严峻的政治形势进一步加剧。牛汉在复学之后很短的时间内相继写下《让人民来指挥土地上的歌》、《给我们轨道》、《有旗帜就扬起来》、《种子有翅膀》、《我们的图书馆》等诗歌。从内容题旨和思想艺术角度看，这批诗歌褪去了诗人早期创作中的感伤色彩和浪漫情调，展现了很强的思想性与战斗性，与 "七月派" 那种 "崇高与悲怆的时代风格主调"④ 较为接近。诗歌《我们的图书馆》即是一个典型：

> 这里大学校的图书馆
> 据说有几万册珍贵的书；
> 海内孤本锁在保险柜里，
> "领袖" 言行录陈列在玻璃橱里。

---

① 《史成汉为因缺课逾限被令休学请准复学事给西北大学的呈》，《国立西北大学档案》，存陕西省档案馆。

② 《国立西北大学教务处为准复学事给史成汉等的通知》，《国立西北大学档案》，存陕西省档案馆。

③ 《国立西北大学民国三十四年新生证明书》，《国立西北大学档案》，存陕西省档案馆。

④ 周燕芬：《执守·反拨·超越——七月派史论》，中华书局 2003 年版，第 160 页。

自从我走进这个大学，

连一册书也没有借阅过，

我要看的，那里都没有①。

当时西北大学校图书馆的设施虽谈不上优越，但藏书量倒也还算丰富②，可"牛汉们"却对此嗤之以鼻。他们自己的"图书馆"里有"三四百本最珍贵的书"，如"麻纸本的《论持久战》"和"毛边本的《列宁文选》"。诗中还说："我们底图书馆/配得上称为一座最好的大学/我们底教授——是马克思和恩格斯/是列宁和斯大林/是毛泽东和刘少奇/是高尔基和鲁迅/是普式庚和马雅可夫斯基……"牛汉诗歌中蕴含着反抗压迫、呼唤光明、向严酷现实进击的宣言，这与校方对他的"首肯"似乎显得格格不入。因此，将牛汉此时的诗歌与档案内容进行参照互读，对于了解当时的校内氛围和诗人的心路历程是有所帮助的。

1945年秋，牛汉和刘健、杨丹等学生在西北大学秘密成立了"真理卫队"和"北方学社"。特别是北方学社"保存着'一二·九'运动后由北平革命学生带来的马列、毛泽东的著作和其他革命书籍"③，即牛汉诗中的"三四百本珍贵的书"。这是西大学生"必修的课文"，是"最新的生活教程"④。这两个组织广泛团结进步学生，积极参加民主活动，宣传革命思想，使西大被压抑的学生运动又重新发展了起来⑤。"真理卫队"和"北方学社"日后发展成为"西大学生自治会"的重要力量。

1946年3月，以卢永福、牛汉、刘健等学生为首的"西大学生自治会"与校方当局产生冲突，爆发了轰动一时的"西大学潮"事件。牛汉作为自治会的骨干成员，在这场长达数日的冲突中"站在了斗争的前列"⑥。这段青春的战斗与银铛入狱的经历，是诗人一生刻骨铭心的记忆，也是促使牛汉诗风发生转捩、诗学观念生成的关键。

---

① 牛汉：《我们的图书馆》，收入刘福春编：《牛汉诗文集》（诗歌卷1），人民文学出版社2010年版，第160页。

② 据张在军统计，截至1944年11月，西北大学图书馆藏书有中文书籍1.2万册、西文书籍1700多册、中文期刊316种、西文期刊57种、中文报纸8种、西文报纸3种，后又成立校图书委员会，拨款60万元（法币）增购图书。见《西北联大：抗战烽火中的一段传奇》，金城出版社2017年版，第359页。

③ 张在军：《西北联大：抗战烽火中的一段传奇》，金城出版社2017年版，第381页。

④ 牛汉：《我们的图书馆》，收入刘福春编：《牛汉诗文集》（诗歌卷1），人民文学出版社2010年版，第161页。

⑤ 姜彩燕：《"西北联大"的文学教育与文学活动考述（1937-1946）》，《中国现代文学研究丛刊》2020年第9期。

⑥ 魏荒弩：《大汉小记》，原载《随笔》2000年第2期，转引自吴思敬编：《牛汉诗歌研究论集》，时代文艺出版社2005年版，第184页。

这里有必要简述一下"西大学潮"的爆发背景。国共两党"重庆谈判"破裂后，1946 年 2 月，国民党在重庆发动了"较场口事件"，并在国内发起了全国性的反苏反共大游行。这时，西北大学校长刘季洪作为国民党中央执委，要求全校师生代表参加"维护国权"的游行示威会①，但遭到了西大学生自治会的反对②。西大学生自治会是由中共地下党秘密领导、西大进步学生主导的组织。刘季洪拒绝了学生自治会的诉求，要求自治会改选，并下令解散该会。随之，学生自治会与学校当局爆发了冲突，欲夺取学校校政管理权。

关于"西大学潮"事件，陕西省档案馆的相关档案有详细记录。1946 年 4 月，刘季洪给重庆中央社发电报告该事原委：

> 国立西北大学少数阴谋学生把持自治会，干涉校政，扰乱社会治安，引起多数学生不满，经代表会及全体大会两次决议解散后，彼等不择手段竟于三十日纠集百余人在校暴动，抢夺校警枪杆及校印等，包围办公室胁迫校长离校，霸占校本部，荷枪实弹致千余徒手员生顿陷恐怖状态，正在扩大事件中，将来能否演成大惨案，万难预料③。

电报中关于"西大学潮"冲突的部分细节，在牛汉晚年的自述中也有详细回忆：

> 1946 年春天，学生会把学校行政接管了。先组织反美、反内战游行，西安《秦风工商联合报》（杜斌丞主办）发了消息，发了告全国人民书。该报后被国民党勒令停刊。游行回来我们就接收校政（校长前几天跑汉中了），先把财产权夺来，否则没饭吃；然后到校长办公室夺图章。夺来后藏在吴平的箱子里——学运失败那天扔大礼堂主席台后面。吴平由爱我而参加革命活动。接收校政那天，校警带刺刀的步枪是我夺的。后来诬告我在小东门附近用杀牛刀要杀范晓天（校长的外甥，三青团的区干事）。城固县地方法院起诉我④。

---

① 卫佐臣：《回忆一九四六年西北大学民主学运》，中共西安市委资料征集研究办公室编印：《西安党史资料》（第十七辑），1989 年，第 103–105 页。

② 1946 年 3 月 7 日，西大进步学生成立自治会，并宣布罢课，要求承认合法地位，废除"壁报审查制度"等，并于 3 月中旬组织"赴渝请愿代表团"、"赴西安请愿代表团"等，获各方支持。

③ 《刘季洪致重庆中央社》（电报），1946 年 4 月，《国立西北大学档案》，存陕西省档案馆。

④ 何启治、李晋西编撰：《我仍在苦苦跋涉——牛汉口述》，生活·读书·新知三联书店 2008 年版，第 71 页。

从刘季洪的电文内容来看，"西大学潮"对校方当局的冲击很大，他十分担心事件扩大而难以把控。档案还记录道："当时各院长系主任教授等数十人，陪同校长在办公室，目睹实情，实感痛心……学校顿成紊乱状态。不法学生，擅设门岗，集体盘踞礼堂，任意取用公物，遍贴荒谬标语刺伤同学，造成恐怖。种种恶行，实难罄述。"① 这场冲突异常激烈，最后校方通过武力镇压才暂时平息了这场学潮。《西京日报》、《西北文化日报》纷纷跟踪报导"西大学潮"事件。1946年5月18日，《解放日报》也披露了学潮事件的来龙去脉，揭露了以刘季洪为首的当局者的罪行②。可见，此事在当时的舆论影响颇大。

档案还记录了这场暴动的处分决定书，其中一则和牛汉相关："陕西南郑地方法院检查处公函（检173号），函送王绎等妨害公务一案起诉及不起诉处分书请查收由。起诉案共44人，不起诉案有4人，史成汉、李振基、汪赓炎、武荣昌。"③ 牛汉等4人因系"刀刺范晓天同学者"④，被南郑地方法院起诉。被捕前两天，牛汉接到消息，曾有机会撤退，但他"觉得大难临头，不能临阵逃脱"⑤，随后被青年军打伤、逮捕，关入汉中第二监狱。以上几则档案为考察青年牛汉的思想性格与革命实践提供了新鲜的样本。反动军队的打击、牢狱镣铐的折磨、生活经验的沉淀，使牛汉此时的诗歌色彩发生了一定转变。

牛汉在致彭燕郊的信中写道："狱内是不自由的，狱外的歌声和进军，却是属于我们年轻人的。"⑥ 同时，牛汉也在监狱中不断"炼诗"。"冰冷的监牢隔绝了那些漂浮的憧憬，诗人的情感逐渐投向了他周遭的生存环境，开始从具体的现实人生事象中提炼诗感。"⑦《在牢狱》、《死》、《控诉上帝》、《希望》、《生命》等诗歌便是诗人的狱中自白，写出了他如何追寻人生理想，如何向现实拼搏进击。牛汉的狱中诗歌作为自己"一生中最心痛最鲜亮最沉重最神圣的经历的显现"⑧，体现了其早期诗风的再一次转捩。其中《生命》一诗虽然短小，蕴含却很丰富：

① 《刘季洪致重庆中央社》（电报），1946年4月，《国立西北大学档案》，存陕西省档案馆。
② 《当局武装镇压学潮，西大学生多人被捕》，《解放日报》1946年5月18日。
③ 《1946年西北大学校长刘季洪给教育部的报告》，1946年5月18日，《国立西北大学档案》，存陕西省档案馆。
④ 《刘季洪致重庆中央社》（附件5），《国立西北大学档案》，存陕西省档案馆。
⑤ 何启治、李晋西编撰：《我仍在苦苦跋涉——牛汉口述》，生活·读书·新知三联书店2008年版，第72页。
⑥ 牛汉：《致彭燕郊》（1946年5月8日，汉中狱中），《命运的档案》，武汉出版社2000年版，第74页。
⑦ 李怡：《七月派作家评传》，重庆出版社2000年版，第259页。
⑧ 牛汉：《略谈我早年的诗——摘自给孙琴安的信》，收入刘福春编：《牛汉诗文集》（散文卷3），人民文学出版社2010年版，第729页。

一

头发在向上生长，又直又硬，

脊骨也在向上生长，又直又硬。

二

五十多年之后，

头发脱得几乎净光，

仍一根一根地向上生长，

又直又硬，仿佛生出了骨头①。

需要说明的是，这首诗歌的第一节于 1946 年春写于汉中监狱，第二节则写于 1999 年世纪之末。"头发"和"脊骨"本是一软一硬、指向相异的两个意象，但在牛汉笔下都坚挺地生长，又直又硬。这自然是诗人性格和思想的隐喻。第二节中，时间的磨砺褪掉了诗人的头发，留下来的几根却也没有弯曲，胜似新生的"骨头"般坚硬。这首诗是牛汉"诗"与"人"的巧妙熔铸，是诗人诗品与人品的完美结合。牛汉用半个世纪锤炼出的几行诗句，将历史与记忆、时代与命运勾连在一起，显示出诗人一以贯之的诗歌观与生命观。牛汉后来忆及这批"狱中之歌"，认为"那些小小的诗，绝没有虚构的成分（从情节到情感），更没有有意施展什么技巧……诗里如若出现了虚拟的带有装饰性的词语感到是对诗的亵渎行为"②。

由"西大学潮"引发的牢狱经历，标志着牛汉的学生时代正式结束，也预兆着一个击碎了理想乌托邦、充满血性气质的诗人即将再次"出场"。出狱之后，牛汉流离到开封、阜阳、上海、天台等地。他将早期的经历与实践，经过思想与文学的提炼，陆续创作了《读书札记和创作草稿》③ 与《采色的生活》④ 初稿。这两个集子是考察牛汉早期诗歌与思想的重要文本，同时构筑了诗人早期独具色彩的诗论与人格。《读书札记和创作草稿》中有诗歌《上海的夜》：

---

① 牛汉：《生命》，收入刘福春编：《牛汉诗文集》（诗歌卷 1），人民文学出版社 2010 年版，第 178 页。

② 牛汉：《略谈我早年的诗——摘自给孙琴安的信》，收入刘福春编：《牛汉诗文集》（散文卷 3），人民文学出版社 2010 年版，第 729 页。

③ 《读书札记和创作草稿》写于 1946 年冬至 1947 年春，写作地点是河南开封。见《命运的档案》，武汉出版社 2000 年版，第 119 页。

④ 《采色的生活》收入了牛汉 1947 年冬至 1948 年春滞留上海期间所写的诗，这个阶段是牛汉早期创作高潮之一。诗集《采色的生活》于 1951 年 1 月由泥土社出版。见《采色的生活·后记》，《牛汉诗文集》（散文卷 1），人民文学出版社 2010 年版，第 62 页。

天空淋着雨，大风吹僵了十二月的夜，

我披着破旧的大衣，

走过有灯光的屋檐下……

灯光很冷。

我不停地行走，

夜多么长，我要行走多么长。

我用生命来撞击着冰冷的夜。

我的心里有悲痛，也有温暖，

我是一块火石①。

这是牛汉在上海流亡时创作的诗歌，也是诗人诗学观念与人格风范的集中体现。不停地向前"跋涉"，不仅是一个创作原则，也是一种生命姿态。牛汉以"生命的体验和对人生感悟构思诗"②，通过作品来表达自我与时代、时间与历史、瞬间与永恒等重要命题。1951 年，牛汉的诗集《采色的生活》正式出版。这是他对 20 世纪 40 年代历经的战争、流亡、饥饿与囹狱等苦难经历的总结。诗集的命名意味深长，无论生活的底色如何，只要有诗在，就是一种恩赐。正如牛汉的一首遗作所写的，"当我死去/我定回到我的诗里/我知道哪一首诗可以深深地埋葬我"③。

结　语

通过挖掘与解读相关档案材料，结合牛汉晚年的自述回忆，可以发现诗人的自我叙述与历史真实之间是紧密贴合的。时代在更迭变动，但牛汉始终能够真诚地面对自我，坦荡地面对历史。牛汉大学期间这段"血与火"的人生经历，不仅逐渐摆脱了象牙塔中的苦闷情绪，而且从实际生活经验中淬炼出了其早期的诗学观念和个人的生命信条。或许我们可以理解，牛汉为何在安静平和的环境中会"感到一种压迫与窒

---

① 牛汉：《上海的夜》，《读书札记和创作草稿》，收入《命运的档案》，武汉出版社 2000 年版，第 133–134 页。

② 牛汉：《谈谈我这个人，以及我的诗》，《牛汉诗文集》（散文卷 3），人民文学出版社 2010 年版，第 690 页。

③ 牛汉遗作：《诗的身体》，收入《诗选刊》2014 年第 9 期"诗人牛汉纪念专号"。

闷"①，而在投身战斗时却觉得"流血是少痛苦的"②。牛汉一旦进入创作世界，便一边燃烧自己，一边绽放诗蕾。他"把生命的火焰形塑为诗"③，"每首诗都是诗人的生命体验的结晶"④。这是牛汉诗歌"常青"的原因所在，同时也给当下文坛与作家的创作提供了有益的启发。

学界大都认为牛汉在咸宁干校劳动时创作的《半棵树》、《悼念一棵枫树》、《华南虎》等诗歌，凭借驳杂的思想内涵和深邃的艺术风格，将"杂芜、充满暴力的历史化入自身的血肉，执着地追逐他可能触及的时代内容"⑤，从而真实地谱写出了那一代受难者的阵痛与悲歌。这一评价准确地捕捉到了牛汉生命中这段深刻、复杂的肉身体验。诗人自己也说"这一阶段的诗在迄今的作品中仍然是属于最好的"⑥。但笔者认为，若想更深刻地理解这批诗作的创作动机和精神内核，须从整体脉络上把握牛汉的思想轨辙与创作历程。这便难以离开诗人早期，特别是大学期间的创作活动和革命实践。在青春年代，牛汉呈现出一种昂扬向上的革命动力与写作姿态；而在暮年时光，他将往事经历内化为一股静默沉思的精神力量。两种不同的状态之间蕴藏着一股张力，将牛汉早、晚两个阶段的创作勾连起来。恰有研究者指出："要想真正理解晚年牛汉'复活'过程中的心灵磨难与精神力量，恐怕必须用心领悟诗人留在青春岁月里的那些'跟当时民族、国家的形势、整个环境是一致的，绝对是高昂的，不低沉的革命诗篇'。"⑦ 从这个角度来说，牛汉早期的创作与活动，或许还有更大的研究价值。

（作者单位：四川大学文学与新闻学院）

---

① 牛汉：《致胡风》（1948 年 5 月 18 日，浙江天台），《命运的档案》，武汉出版社 2000 年版，第 5 页。

② 牛汉：《致胡风》（1948 年 5 月 18 日，浙江天台），《命运的档案》，武汉出版社 2000 年版，第 5 页。

③ 牛汉：《把生命的火焰形塑为诗》，《诗话散辑》，收入《命运的档案》，武汉出版社 2000 年版，第 279 页。

④ 牛汉：《诗绝无虚构》，《诗话散辑》，收入《命运的档案》，武汉出版社 2000 年版，第 281 页。

⑤ 洪子诚：《"树木的礼赞"——"我的阅读史"之〈牛汉诗文集〉》，收入《我的阅读史》，北京大学出版社 2017 年版，第 228–229 页。

⑥ 牛汉、晓渡：《历史结出的果子——牛汉访谈录（晓渡）》，收入《命运的档案》，武汉出版社 2000 年版，第 308 页。

⑦ 杨慧：《"枪一样地复活"——牛汉抗战长诗〈老哥萨克刘果夫〉的白俄叙事》，《吉林大学社会科学学报》2019 年第 3 期。

"酱色的心"与"另一种革命"[①]

——陈启修的"新写实主义"论

顾宇玥

陈启修是民国时期著名的经济、政治学家和社会活动家，是我国翻译《资本论》的第一人。20世纪20年代末，陈启修曾在日本东京居留了两年左右，在此期间以陈勺水为笔名，进行了一段时期的文学编辑、翻译和创作活动。当太阳社和创造社接受、运用"藏原理论"，在国内文坛掀起大规模论战的时候，陈启修也向国内译介了日本"新写实主义"的理论和作品，并产生了一定的影响。既往对于陈启修的研究主要集中于政治、经济学领域，而对其文学活动的关注不多，一般仅将他作为太阳社之外"新写实主义"理论的补充介绍者，而忽略了其自身文艺思想的"独异性"特征。对于陈启修文学活动的关注和系统性研究始于日本学者芦田肇，《陈启修在东京的文学活动》一文对于陈启修东京时期的"文学批评、翻译介绍、理论建树等方面作详尽具体的叙述和分析，勾勒他文学活动的丰富面貌，以见证中国无产阶级文学与日本无产阶级文学运动之间的联系"[②]。张武军《国民革命与革命文学、左翼文学的历史检视》一文亦涉及陈启修的革命实践经历对其文艺理论及创作的影响[③]。

然而，就"陈启修与藏原惟人的理论关系"这一议题而言，两位论者虽然已经关注到陈启修的"新写实主义"论存在与藏原惟人见解的区别和理论改写，但缺乏具体

---

① 本文系国家社会科学基金青年项目"新中国成立初期大众文艺中的英雄人物塑造及精神示范研究"（21CDJ029）、江苏省研究生科研与实践创新计划项目"日本共运与中国左翼文学（1925–1937）"（KYCX22__1457）的阶段性成果。

② ［日］芦田肇：《陈启修在东京的文学活动——关于他的诗论、文学评论和文学作品的翻译、"新写实主义"论等》，《中国现代文学研究丛刊》2007年第1期。

③ 张武军：《国民革命与革命文学、左翼文学的历史检视——以武汉〈中央副刊〉为考察对象》，《中国现代文学研究丛刊》2015年第5期。

的分析和论证；也未能意识到陈启修和太阳、创造二社对"藏原理论"的接受，存在世界观与方法论这两条脉络线索和本质上的差异。更为关键的是，现有研究仍然将陈启修的"新写实主义"论纳入"无产阶级文学"的理论谱系中，由此就忽略了其与左翼文学的对立面——新感觉派、国民党及其民族主义文学之间可能存在的理论关联。因而，这里有必要结合陈启修的早期社会政治经历，重新梳理其文艺思想脉络，以对上述问题作出回应和新的解读。

一、"君子豹变而隐"：陈启修的早期社会政治实践与文学活动

陈启修（1886-1960），字惺农，1907年赴日留学，归国后应蔡元培之邀就任北京大学法商学院教授兼政治门研究所主任。任职北大期间，陈启修与李大钊、陈独秀等学人交往密切，曾与李大钊合作举办"现代政治"讲座，在北大马克思学说研究会指导学生研读《资本论》。其演讲和课程时常运用马克思主义的理论观点，深受学生的欢迎。1923-1925年间，陈启修由北大派遣，先后前往欧洲、苏联访学考察，其间分别加入了中国国民党和中国共产党。在大学授课的同时，他也热心于社会活动，曾参与当时的关税自主运动、首都革命、"三一八"等多个运动集会。"三一八"惨案后，陈启修和顾孟余、徐谦、朱家骅等学者因北洋政府或明或暗的通缉，离开北京，南下广州参加"国民革命"。广州国民政府时期，陈启修与顾孟余交好。顾孟余接任国民党中央宣传部部长后，委任陈启修为广州《民国日报》总编辑，同时兼任黄埔军校政治教官、中山大学法科科务主席兼经济学系主任等职务。武汉国民政府时期，他继续担任武汉《中央日报》总编辑、武汉国民党中央政治会议秘书长等要职。1927年"四一二"事变后，陈启修因"加入共党"的名目遭南京国民政府通缉，去国流亡日本东京。1930年归国后，他重返北大任教。

经过以上的简要梳理可以发现，陈启修早年的社会政治经历相当丰富且复杂。他兼有学者、编辑、社会活动家乃至政客的多重身份，不仅分别加入过国、共两党，自日本归国后又参与了"第三党"的筹建，与共产党人士和国民党要员（顾孟余、冯玉祥甚至蒋介石等）都有过一段时期的密切交往。在国民革命时期，陈启修更非无名小卒，而是主编了国民党的喉舌机关刊物，同时也深深卷入了派系和政治权利斗争。1927年流亡日本后，陈启修易名为陈豹隐。当时，他曾向同样自武汉流亡日本的茅盾吐露了易名的个中缘由。茅盾回忆：

　　我问他："豹隐二字，何所取义？君子豹变，何不取豹变？"他答：他是豹变以后就隐居，所以用豹隐。他这言外之意是说他不做共产党员了，当然更不愿做国民党员，所以要隐居，意即不问政治①。

　　"君子豹变"语出《周易》，原指君子历经世事之后获得蜕变和成长。陈启修如此化用这一典故来自陈心迹，当是表明其在历经大革命落潮的政治风暴之后，自我心态的转变以及对于现实中政党、政治纷争的退避和疏离。也正是在居留东京的这一时期，陈启修搁置了先前的社会政治活动，转向了文学实践这一新领域。

　　陈启修的文学活动以乐群书店及其发行的《乐群》杂志为主要阵地而展开。乐群书店是由张资平与周毓英等人 1928 年在上海筹办、创立的新兴书店，陈启修这一时期的译著作品集基本都由该书店出版。《乐群》杂志创刊于同年 10 月，该刊以发起出版界的"另一种革命"② 为旗号，在发掘新进作家创作、翻译外国文学作品（主要是日本左翼文学）以及介绍苏、日、英、美等国文坛状况和文艺思潮等方面起到了一定的积极作用。陈启修既是该刊的编委会成员，也是其主要撰稿人之一。在仅仅两年多的时间里，他创作了两部戏剧集《齐东恨》、《恋爱舞台》和一部小说集《酱色的心》，著有多篇与"现代诗"相关的文论和诗歌创作、译作，同时翻译、出版了多部域外文集和重要文论，是一位高产的文学创作和翻译者。值得一提的是，陈启修在其所有的文学著译中从不使用本名，而是化名陈勺水、勺水、罗江等诸多笔名；与之相对的，其在同时期的经济学著译中则一律署名"陈豹隐"。这就意味着他在通过易名的形式（从"陈启修"到"陈豹隐"）将前一个人生阶段（到"国民革命"为止）告一段落并与之划清界限的同时，又将文学实践与此前的社会政治经历包括延续至当下的自我志业（经济学专业）之间也都做出了明确的区隔。

　　芦田肇认为，"尽管经历了'国民革命'严酷而又痛苦的挫折，但他的这种'文学活动'，不是否定自己过去的'政治活动'的、带有'清算主义'性质的'文学活动'"③。但笔者以为，陈启修恰恰是以"文学实践"的方式"暂停"、"疏离"了现实的"政治活动"，同时借由文学的形式"重审"和"自省"此前的政治经历，而达到了一种心态的转换。这里我们主要结合其小说创作来分析。陈启修的小说一贯有着鲜明的自传性质，大都以他在"国民革命"前后的亲身经历和见闻为素材，以知识分

---

① 茅盾：《我走过的道路》（中），人民文学出版社 1984 年版，第 20 页。
② 乐群书店同人：《另一种革命》，《乐群》1928 年第 1 卷第 1 期。注：这里的"另一种革命"主要是倡导出版界的业内革命，呼吁保护著作家尤其是新进作家的权益。
③ ［日］芦田肇：《陈启修在东京的文学活动——关于他的诗论、文学评论和文学作品的翻译、"新写实主义"论等》，《中国现代文学研究丛刊》2007 年第 1 期。

子（尤其是中上层知识分子）在大革命中的遭际为主要内容，描写革命洪流中个体身世际遇的沉浮飘零，且着意暴露革命阵营内部借革命之名以权谋私、党同伐异、派系斗争、权力更迭之残酷等诸种阴暗的现实面貌。当然，小说也寄托了作者一定的革命理想，并塑造了一批坚持为革命奋斗乃至牺牲的正面形象。但是，这里的"革命"并非"阶级革命"，也不完全指向现实中的"国民革命"，而是一种更为抽象的、普泛的、概念意义上的"革命想象"。同时，小说的视野聚焦于高等学府与国民党政治机关内部，不仅对共产党与阶级革命避而不谈，也几乎不涉及市井、乡村以及身处其间之普罗大众的书写。因此，无论就人物、题材还是主旨而言，陈启修的小说显然都与同时期的"普罗文学"创作存在相当的差异。

陈启修的代表作《小大脚时代》叙述了主人公姚武城与他的四位青年女学生自北京至武汉再到东京，历经关税自主运动、"三一八"惨案、国民革命等事件后，个人的选择和心迹的变化，以及最终命运的殊途。其中，主人公姚武城的遭际和作者的现实经历高度重合，可以视作陈启修的自我写照。文题中所谓"小大脚"是借用当时"北京盛行的时髦话"，指天足运动之后"半途被解放的脚，虽然是大脚，却比天然的大脚小，就叫做小大脚"①。作者借姚武城的朋友 R 之口议论道："小脚不是一天可以变大的，总得经过过渡的阶段。必然的得经过小大脚的阶段，才能够真正被解放出来，成为大脚。那些小大脚，可以说是过渡时代的可贵重的牺牲者，负有一种历史的使命呢。"② 因此，"小大脚"既是对文中四位处于新旧交替时代的知识青年女性身份、性格特质的把握和诠释，也是自认为过渡时期知识分子的作者对于自我政治遭际与命运的概括和自况。

陈启修以"酱色的心"来命名自己的小说集，又曾以"算盘珠"③ 自喻，正是寓意自己在国、共两党之间"左右为难"、"任人拨弄"的尴尬政治境遇。据茅盾回忆，陈启修曾自述 "'酱色的心'是比喻他自己在武汉时期，共产党说他是顾孟余（当时的国民党中央宣传部部长）的走狗，是投降了国民党的（陈原是共产党员），所以他的心是黑的；但在国民党方面，仍把他看成忠实的共产党员，他的心是红的；他介于红、黑之间，那就成了酱色"④。事实上，历史现场舆论对于陈启修政治活动的风评的确不佳，无论国、共两党，无论右翼还是左翼人士，都对其政治上的"趋炎附势"和

---

① 陈勺水：《小大脚时代》，收入陈勺水：《酱色的心》，乐群书店 1929 年版，第 92-93 页。
② 陈勺水：《小大脚时代》，收入陈勺水：《酱色的心》，乐群书店 1929 年版，第 93 页。
③ 据茅盾回忆，陈启修曾感慨道："从前我是做了算盘珠，任人拨弄，听人打算，今后我不再做算盘珠了，有人邀我如何如何者，我先要自己打一通算盘。"参见形天（茅盾）：《"算盘珠"与"酱色的心"》，《笔谈》1941 年第 6 期。
④ 茅盾：《我走过的道路》（中），人民文学出版社 1984 年版，第 19-20 页。

频繁"投机"行为颇有微词。郁达夫曾撰文抨击陈启修1930年再度归国后，一面在课堂上以马克思主义理论招徕学生，一面又在现实中极力与共产党划清界限的"双面"举动；并对其先前在李大钊与顾孟余、国民党与共产党间"左右逢迎"的行为表示不齿①。国民党人亦嘲讽其在"国民革命"时期见风使舵、自我造势、排除异己的行为，认为其带有强烈的"买办商人"、"小官僚"习气②。陈启修本人对于类似的传言非议自然也心知肚明。《小大脚时代》中姚武城的顶头上司G部长显然就是以顾孟余为原型，而姚武城、张丹忱（《在夫人们中间》）等一众主人公屡屡被旁人斥为"走狗"，也不妨视作陈尴尬的自嘲。他甚至直言不讳地向茅盾大倒苦水："当时你们骂我是顾孟余的走狗，但顾孟余却不以待走狗之道待我……我虽想做顾的走狗而不可得！""蒋介石看我仍是共产党，说不定哪一天对我下毒手，到那时，顾孟余还一定打我这条落水狗，所以我还是到日本来作亡命客。"③ 此时，自认"亡命客"而蛰居东京的陈启修，一面失意于"国民革命"，而落得两面不讨好的骂名，一面又忌惮于共党之嫌可能招致的杀身之祸。这种对于现实政治的灰心、"幻灭"和对于自身安危、处境的忧虑也就决定了他"豹变而隐"的处世之道和生存哲学。同理，既然文学就是规避现实政治的一种选择，那么，他对于文学问题的探讨自然就更加专注于文学内部而聚焦文艺本身。因此，虽则取自"藏原理论"这同一源流，陈启修的"新写实主义"论也必然表现出有别于太阳、创造二社"普罗文艺"的另一种面向。

二、作为艺术创作方法的"新写实主义"

1929年3月，陈启修（笔名勺水）在《乐群》月刊一卷三期发表长文《论新写实主义》，几乎与国内的太阳、创造二社同时开启了对于"新写实主义"的理论译介和探讨。同年，该文又作为序言收入陈启修编译的《日本新写实派代表杰作集》一书。文章可以分为上、下两个部分：上半部分专论"新写实主义"概念本身，主要介绍了世界范围内这一思潮的兴起及原因，重新阐释了其命名和内涵，匡正了现有对其内容理解的误区，并详细罗列了真正的新写实主义作品所应具备的诸种性质；下半部分则论及近期日本新写实派的作品，介绍了1928年日本文坛的大致状况，并对《日本新写实派代表杰作集》选译的作品逐一进行了述评。在这篇文章中，陈启修虽然没有明确提及藏原惟人，但其所说的1928年之后在日本文坛上兴起的"无产写实主义"的

① 郁达夫：《陈启修的党生活》，《上海周报》1933年第2卷第15期。
② 筱林：《陈启修印象记》，《社会新闻》1934年第7卷第7期。
③ 茅盾：《我走过的道路》（中），人民文学出版社1984年版，第20页。

主张，显然就是指藏原惟人的"普罗列塔利亚写实主义"论。此外，文中所提及的诸种概念和创作方法，不少正出自藏原的见解。因此，可以明确判定，陈启修的"新写实主义"论是以"藏原理论"为原型和模板而构建的。然而，就其文论的全貌和侧重而言，陈启修与藏原惟人二者间又存在相当的差异，这一差异首先体现在对"新写实主义"的命名之辨中①。

陈启修认为，日本文坛将"新写实主义"命名为"无产写实主义"，虽然也有其相当的理由——即 20 世纪帝国主义经济的兴起和与之相伴的无产者社会运动的产生是"新写实主义"思潮生发的现实基础，但同时也存在两点不妥之处。其一，"在帝国主义经济下面被压迫而起来抗争受难的，除了先进国的无产者以外，还有落后国的无产者和有产者的全体即所谓被压迫民族。关于这种被压迫民族的事件，也是和无产社会运动事件相关联的，有时，他的可惊可泣的重大程度，并不亚于无产者运动的事件，所以当然也是这种写实主义的对象之一。如果把这种写实主义称为无产写实主义，就会有不能包含被压迫民族的写实在内的弊病"②。其二，"无产写实主义"的命名易使人产生写作题材和对象只限于无产者生活的误解，而无产者与有产者之间实则存在紧密的关联，对其书写亦不能割裂开来。新/旧写实主义的差异也只在于对无产者的观点以及主题的选取之中，并不存在写作对象上有产写实主义与无产写实主义的分割。

芦田肇认为，陈启修对于"无产写实主义"命名的修正，反映了"侵略了别的国家（即中国）、并加以军事压力的国家的左翼人士，和被压迫民族国家的左翼人士，他们的构想上的差异也体现在文学认识领域里"③。这一说法体现出芦田肇作为日本研究者可贵的历史反思意识，当然也存在一定的合理性。但值得追问的是，为何同样作为"被压迫民族左翼人士"的太阳社、创造社众人并未提出将"被压迫民族"作为共同体的设想，反而进一步强化了"藏原理论"对于"普罗列塔利亚"主体性以及阶级意识的强调呢？或许这里不能将命名之差异完全归因于国别身份，亦不能简单地将藏原的理论归为"狭隘"，而应排除将陈启修作为左翼同人这一"先验的"立场判定，并综合其在这一时期复杂的政治心态来进行分析。

---

① 关于"新写实主义"的中译名需要补充说明的是：太阳社林伯修、吴之本等人在译介"藏原理论"时，在标题中将"普罗列塔利亚写实主义"译作"新写实主义"，在正文中仍然使用"普罗列塔利亚写实主义"这一名称，如林伯修译《到新写实主义之路》、吴之本译《再论新写实主义》。这样做主要是为了规避国民党当局的书报审查，亦有凸显理论新锐之意，而对藏原惟人原命名本身并没有质疑。因此，同样使用"新写实主义"的中译名，陈启修与太阳社的出发点和用意截然不同。

② 勺水：《论新写实主义》，《乐群》1929 年第 1 卷第 3 期。

③ ［日］芦田肇：《陈启修在东京的文学活动——关于他的诗论、文学评论和文学作品的翻译、"新写实主义"论等》，《中国现代文学研究丛刊》2007 年第 1 期。

对于这一问题，陈启修的核心创见在于提出了作为"共同体"的"被压迫民族"这一概念。他将世界上所有国家分为先进国和落后国两大阵营，认为"先进国的无产者"和"落后国的全体"都是作为"被压迫者"而存在的。换言之，压迫和对立只存在于先进国的有产者与其国内的无产者以及落后国的全体国民之间。如果依照这一推论，那么，就中国这一"落后国"内部情状而言，也就并不存在所谓有产者与无产者间的矛盾对立与冲突，其全体国民都作为帝国主义时代的"被压迫者"即"新写实主义"创作的对象而存在。因此，陈启修实则通过无产者—被压迫民族这一概念的转换，在中国语境下消解了"藏原理论"所具有的强烈的意识形态指向——即普罗列塔利亚的阶级意识与阶级立场。而陈启修对于中国社会现状的见解和分析（更多在其潜台词中），反而使人更容易联想到国民党人与随后的民族主义文学者所发出的类似论调。同样，在1929年，蒋介石在题为《中国国民党国民革命和俄国共产党共产革命的区别》的演讲中说："中国近代产业，并没有发达阶级的区别，并不明显；如果勉强要说中国有阶级，也不过粗具阶级的雏形，并没有完全成熟的阶级。阶级的对立，既不明显，阶级的利害，自然没有甚么冲突……在军阀已经打倒的现在，国内实在没有某一阶级十分压迫某一阶级的现象。只有整个民族，受帝国主义者压迫的事实。"① 可以看出，陈、蒋二人的思维理路是非常近似的。他们都着意淡化国内现存的阶级矛盾与冲突，而强调作为共同体的全民族与帝国主义之间的对立。结合陈启修此时的政治心态来说，作为"国民革命"的积极参与者，尽管经历了失败的挫折，但陈启修心中仍然保有一定的革命理想，尤其是"民族革命"的信念。这在其戏剧《齐东恨》、小说《两个亡国奴》等创作中都有一定程度的体现。与此同时，为了避免蒋介石政府的进一步迫害，他又竭力与共产党的过往经历划清界限，因此尽量对阶级革命论避而不谈。陈启修归国之后得以继续回到北大任教而与政府相安无事，也正是与其达成了微妙的共识的结果。

回到陈启修与藏原惟人的理论关系这一议题来看，如果说藏原的理论是"政治"与"文艺"、世界观与方法论的综合，那么，陈启修的"新写实主义"论就淡化了其中阶级革命的政治诉求，而关注文学的、方法论的另一面，继承并发展了"藏原理论"对于艺术创作方法的思考。在《论新写实主义》一文中，陈启修着重批判了普罗文学只重暴露、控诉、宣传而忽略艺术性的创作倾向。在此基础上，他进一步提出了"新写实主义"创作实际应当具备的六项原则：一、应当站在"社会的"、"集团的"而非"个人的"、"英雄的"观点上去描写现实；二、"不单是描写环境，并且一定要

---

① 蒋介石：《中国国民党国民革命和俄国共产党共产革命的区别》，收入高军等编：《中国现代政治思想史资料选辑》，四川人民出版社1983年版，第551页。

描写意志";三、"不单描写性格,还要由性格当中描写出社会的活力";四、"应该是富于情热的,引得起大众的美感的";五、应当描写"真实";六、应当具有"目的意识",描写"和廿世纪的无产大众应有的人生观社会相符合的"、"光明的东西"以达到"教训的目的"①。可以看出,陈启修的文论既承袭了"藏原理论"在艺术创作方法上的核心理念和主要关键词(如"写真实"的态度,"社会的"、"集团的"观点,"目的意识"的宣扬),并做了进一步细化要求;又进行了一定的补充和调整(主要表现为隐去了其中"阶级的"立场和观点)。其所关注的重点始终是文学创作"如何写"的具体实践问题,出发点和落脚点都在文学本身(而非以文学作为政治宣传的工具)。但也应指出,这一套细致乃至过于量化的标准,能否成功指导现实中的文学创作,其"可行性"还是值得商榷的。

除了写作《论新写实主义》外,陈启修对于艺术创作方法的探索还表现在及时翻译、介绍了藏原惟人的《向新艺术形式的探求去:关于无产艺术的目前的问题》。这是藏原本人同期少见的集中专论"艺术形式"的一篇重要文章。在这篇文章中,藏原提出,无产艺术的新形式并非凭空产生,而是建立在对近代资产艺术的继承、发展和扬弃之中。他认为,近代以来,艺术对于"美"的发现与创造,集中体现在对"大都会"和"机械"之美的探寻中。因此,无产艺术应当在继承、发展资产艺术的基础上,一方面加入大众的理解和接受作为考量因素,另一方面,将艺术的表现与各国共产党的组织形式保持一致,以形成"力学的,敏捷的,正确的,合理的,合目的的感觉和心理"②的艺术新形式。藏原对"美"的这一认知与陈启修本人在"新写实主义"论中所提倡的"富于情热的"、"能够引起现今社会上一般大众的热情的美"③之观念显然不谋而合,而藏原对如何创造新的艺术形式以表现这种"美"之方法论的阐释,想必也使陈启修很受启发。这应当也是他选择翻译这篇文论的重要原因。此外,藏原在该文中所提及的日本无产阶级文艺创作重意识形态而轻艺术形式的问题,同样也出现在同时期的中国左翼文坛中。但这篇文论在当时却并未引起我国左翼同人的过多关注,尤其太阳、创造二社对"藏原理论"的运用,始终集中于强调"用普罗列塔利亚前卫的眼观察世界"④之鲜明的阶级立场上。与之相对的,反而是"新感觉派"

---

① 勺水:《论新写实主义》,《乐群》1929 年第 1 卷第 3 期。

② 〔日〕藏原惟人:《向新艺术形式的探求去:关于无产艺术的目前的问题》,勺水译,《乐群》1929 年第 2 卷第 12 期。

③ 勺水:《论新写实主义》,《乐群》1929 年第 1 卷第 3 期。

④ 〔日〕藏原惟人:《普罗列塔利亚写实主义的路》,收入〔日〕藏原惟人:《新写实主义论文集》,之本译,现代书局 1930 年版,第 33 页。

的刘呐鸥与陈启修同时翻译、介绍了藏原的这篇文论①。且从日后的创作特征来看，诸如对于现代"都市"与"机械"之体验，对于"力"、"速度"、"运动"、"快节奏"的把握和描写，这些藏原在这篇文论中所提出的"新艺术形式"，实则被中国的"新感觉派"所部分吸收和运用。

而陈启修与左翼文坛之间的裂隙，也在其理论提出的当下就已经产生。《论新写实主义》一文发表之后，很快就受到同样提倡"新写实主义"的太阳社众人的关注，然而，他们非但不曾引陈启修为同道，反而对其大加批判。《拓荒者》杂志在刊载吴之本译藏原惟人《再论新写实主义》一文的同时特意强调："'再论新写实主义'一文，不但处理了许多文艺上的重要问题；我们也可以移过来，作为对于观点不正确的陈勺水的'论新写实主义'的答覆，希望读者特别注意。"② 曼曼在《关于新写实主义》一文中更是指认陈启修的"新写实主义"论是持有"社会民主主义意识"者对"藏原理论"的有意曲解③。有论者以为，陈启修"在'藏原理论'接受过程中屡屡成为被批判的靶子"，"大概是因为他不赞成将无产阶级文学简单化为'宣传文学'和'广告派的作品'，所以屡次受到性急的左翼批评家的点名批判"④。但事实上，太阳社的攻击不单是为了维护自身的理论正统地位，也不只是因为双方文学观念的分歧，更是因为他们清晰地认识到双方在政治立场上有鲜明的差异。

对于这些批评，陈启修本人虽没有直接回应，但其文学活动的主要阵地《乐群》杂志却不甘示弱。《乐群》2 卷 12 期刊载了陈启修翻译的藏原惟人《向新艺术形式的探求去》，而同一期的《编后》就言语直指左翼文坛的众多刊物理论之陈旧和"落伍"：

> 勺水的"向新的形式探求去"，有人还自谦"拓荒""萌芽"，或许觉得那样的探求嫌过早，但你们不要因为自己的脚小便叫别人停下来等你，我们要勉力跑快一点了。不要"收获"回到"拓荒"，回到"萌芽"，甚至回到"下种"呀⑤。

目前已有研究者详细考证了乐群书店与左翼文化阵营之间的复杂关系，认为二者间所发生的数度论战以至于最终交恶，实则反映出"左联成立前后一群以左翼文化人

---

① 刘呐鸥的译文参见［日］藏原惟人：《新艺术形式的探求——关于普鲁艺术当面的问题》，葛莫美（刘呐鸥）译，《新文艺》1929 年第 1 卷第 4 期。

② 《关于编辑室》，《拓荒者》1930 年第 1 卷第 1 期。

③ 曼曼：《关于新写实主义》，《拓荒者》1930 年第 4-5 期。

④ 参见王志松：《"藏原理论"与中国左翼文坛》，《中国现代文学研究丛刊》2007 年第 3 期。

⑤ 《编后》，《乐群》1929 年第 2 卷第 12 期。

面目出现的机会主义者同真正无产阶级革命作家之间的较量"①。当然，文章关注的重心不在陈启修，而是着重分析、考察了乐群书店的两位创办者张资平和周毓英，从最初的 "极左" 面目到最终 "右倾" 而走向左翼阵营对立面的 "转向" 问题。然而，作为乐群书店的另一位重要同人，陈启修与张、周二人之理念自然也有相通之处。张资平和周毓英在 20 世纪 30 年代都曾为民族主义文学效力。张资平曾主编了民族主义文艺的重要刊物《国民文学》，而他个人对于陈启修之理论与创作一度也十分推崇②，二人之后又一同加入过 "第三党"。这些迹象也都可以侧面佐证陈启修在左、右两翼间的位置与态度。郁达夫和太阳社都曾指认陈启修是个 "社会民主主义者"。如果依据陈自己对这一概念的定义——"所谓社会民主主义的作家，即是说，一种赞成社会主义的理论，而不实行参加社会运动" 的 "中间作家"③，那么，在理论上部分认同无产阶级文艺思想（同时又加以改造），但在政治与社会中同阶级革命及共产党划清界限的陈启修，的确在某种意义上可视作有别于左翼主潮的社会民主主义者。

张武军认为，陈启修与太阳、创造二社的区别在于 "陈启修再次倡导革命文学时更多一份冷静和全面，对文艺和革命的复杂性有着较为清醒的思考，不像后期创造社以及太阳社一些成员那样简单、激进，他特别不同意把文学归结为宣传政党政策的传声筒，而是小心翼翼地捍卫并追寻革命文学中的主体性建构"④。这种比较式结论固然有相当的合理性，但还是存在将双方当作同一阵营的内部差异而进行高下评判的思维定式。事实上，陈启修与二社对于 "藏原理论" 的选择本身就存在方法论与世界观的两种不同偏向，二者选取这一理论的出发点与目的也并不相同。陈启修所注重的是对 "藏原理论" 中有关艺术创作方法的继承与阐发，其中的一些理念与 "新感觉派" 之间反倒不谋而合。而他对于 "藏原理论" 之世界观的改造则与国民党的 "民族国家" 理论存在亲缘，这也使得其所倡导的 "新写实主义" 论迅速为随后的国民党文艺及民族主义文学所接受和运用。

---

① 俞宽宏：《责任之心与义利之辩——鲁迅、左翼文化阵营与乐群书店关系考论》，《上海鲁迅研究》2020 年第 1 辑。

② 据田汉回忆，张资平在与其谈及陈启修的创作批评时，"极力恭维陈勺水先生，说乐群虽是他编辑，但几乎是勺水先生的个人杂志，他是个精力家，每月平均要写二十余万言。稿子都由日本寄来。又说 '他虽是研究政治经济的人，但干起文学来，其成绩又非吾辈所能及。在乐群第八期所写的 "湖南牛" 是了不得的杰作云云'"。参见田汉：《读 "湖南牛"》，《南国周刊》1929 年第 5–8 期。

③ 勺水：《论新写实主义》，《乐群》1929 年第 1 卷第 3 期。

④ 张武军：《国民革命与革命文学、左翼文学的历史检视——以武汉〈中央副刊〉为考察对象》，《中国现代文学研究丛刊》2015 年第 5 期。

三、"民族"取代"阶级"："藏原理论"的另一种改写

《论新写实主义》的篇末提出："中国是一个被帝国主义压迫的国……中国的新写实派文学，应该和日本稍有不同，应该是偏重帝国主义的描写的。"① 这里所呈现的"中国语境"之特殊性恰好呼应了开篇由"无产写实主义"到"新写实主义"的命名之辨。可以说，"帝国主义"和"被压迫民族"是陈启修"新写实主义"论的一对核心概念。正是通过将"藏原理论"中"普罗列塔利亚"的"阶级主体"置换为"被压迫民族"之"民族主体"，陈启修实现了对于"藏原理论"的另一种改写。因此，相较于"藏原理论"对于"阶级革命"的倡导，陈启修更为关注中国语境之下"帝国主义"与"被压迫民族"之间的对立关系，强调基于民族自立与弱小民族联合的"民族革命"之诉求。这里我们可以结合其同时期两篇文学创作——小说《两个亡国奴》和戏剧《齐东恨》，来对其"民族革命"观做进一步分析。

小说《两个亡国奴》塑造了两个特殊的"亡国奴"形象②。主人公金如松和李邦柱是高丽人军官，在祖国沦为殖民地之后来到中国，加入了革命军，为"国民革命"鞠躬尽瘁。尽管二人持有"牺牲主义"与"保全主义"的不同的革命主张，却皆因"亡国奴"的身份而遭人轻视、排挤，以致惨死。小说借由线索人物 T 对于二人遭遇的所见所感，一方面表达了被压迫民族应当团结、联合的期许，另一方面，也发出了欲求平等团结必先取得民族自立的警示。《齐东恨》则以 1928 年"济南惨案"事件为原型，暴露了自诩"文明"的日本帝国主义者面目之虚伪，揭露了其对于中国的侵略，以及屠杀、迫害普通民众的暴行。作品再次塑造了一个加入中国革命军的"勾丽人"形象，并借其口喊出："我知道，帮助被压迫的民族独立，就是间接拥护祖国。啊！我的祖国在哪里！事到如今，但凡有人民和民族被压迫的地方，就是我的祖国了！"③

可以看出，陈启修的"民族革命"观，以要求被压迫民族之自觉自立的"民族主义"思想为基础，又兼有以中国为中心，建立弱小民族统一阵线，共同抗击帝国主义侵略的"世界主义"倾向。这种以"民族主义"为纽带的"世界主义"观念，与国民革命时期国民党人所提出的"民族国际"论具有相当的一致性。所谓"民族国际"构

---

① 勺水：《论新写实主义》，《乐群》1929 年第 1 卷第 3 期。
② 陈勺水：《两个亡国奴》，收入陈勺水：《酱色的心》，乐群书店 1929 年版，第 271-311 页。
③ 陈勺水：《齐东恨》，收入《陈豹隐全集》第 1 卷第 5 册，西南财经大学出版社 2013 年版，第 47 页。

想，是指在帝国主义的国际联盟和共产国际的社会主义阵营外，建立以中国为中心的"民族主义的新的纵断国际"①。其倡导者戴季陶就曾提出"现代的民族主义，实在从实际上求世界主义实现的初步工作"，他主张"与帝国主义的国际联盟立于极端利害冲突的各国家各民族，要在纯正的民族自由联合主义之下，组织'民族国际'"，"一切弱小民族，在这一个新纵断的国际生活当中，一方面培养出独立与自由的新力量，一方面作为世界大同的预备和训练"②。类似的论调在 20 世纪 30 年代民族主义文学之文论中也有呈现："三民主义中的民族主义，其目的已经不是在单纯的中国民族自求解放而已……乃是领导世界民族革命的原则"③；"济弱扶倾，销灭帝国主义，便是顺手自然，使人类趋于和平大同的境域，这是民族主义的最后目的，也就是民族主义的唯一精神！"④ 因此，"民族"取代"阶级"，"民族革命"观取代"阶级革命"论，成为联结陈启修的"新写实主义"论与国民党及其民族主义文学的重要纽带。

前文提到，陈启修的"新写实主义"论一经提出，就遭到以太阳社为代表的左翼同人之猛烈批判，但与此同时，文坛之中也不乏同声相应者，而这些支持的声音均出自与国民党相关的诸种报刊。其中，《国立中央大学半月刊》刊载了张耿西的《中国文学的趋势与新写实主义》。文章认为，当前世界各国文坛的大趋势都是"普罗列特利亚的文学"之兴起，这一思潮同样也影响到中国。就其命名而言，基于中国及其他弱小民族国情之特殊性，"普罗文学"只能代表和表现部分群体，因此称之"新写实主义"更为合适。从创作方法来说，应当站在集团的观点，表现合于大众要求的"力学"之美。文章对于"新写实主义"命名的阐释完全承袭了陈启修的论调，同时借鉴、吸收了经他所译介的藏原惟人之创作方法论。此外，在推举目前中国的"新写实主义"代表作时，文章也认为"只有张资平先生的一篇欢喜陀与马桶，和陈勺水先生在乐群杂志中发表的几篇创作，算得起是新写实的作品"⑤。《中央日报》也曾刊载评述青柳信雄《第一声》（陈启修《日本新写实派代表杰作集》所收录）的文章，对于陈启修的"被压迫民族"论深表认同⑥。国民党 CC 系刊物《中兴周刊》曾发表另一篇题为《论文学上的新写实主义》的长文。文章认为，当下中国"新写实主义"最重要的问题，同时"也是中国革命的本质的问题"，就在于"对象的认定与确定"；中国

---

① 戴季陶：《民族国际》，《大亚杂志》1925 年第 36 期。
② 戴季陶：《民族国际》，《大亚杂志》1925 年第 36 期。
③ 潘公展：《从三民主义的立场观察民族主义的文艺运动》，《湖北教育厅公报》1930 年第 1 卷第 7 期。
④ 程景颐：《民族主义文艺与国家主义文艺》，《开展》1930 年第 5 期。
⑤ 张耿西：《中国文学的趋势与新写实主义》，《国立中央大学半月刊》1930 年第 1 卷第 12 期。
⑥ 许德祐：《新写实主义的"第一声"》，《中央日报》1930 年 4 月 10 日。

目前的特殊性在于布尔乔亚与普罗列塔利亚"双方的壁垒究竟还没有十分对立，阶级意识尚未到十分明显"，且其中的大多数是"同居于被压迫和被榨取的地位"，"新写实主义的文学若是单纯地唤起普罗列塔利亚对于尚未成熟的资产阶级的阶级斗争，似乎还不足以引起伟大的革命燃烧"①。因此，对"新写实主义"对象认知的差异实则反映出对于中国革命性质判定的分歧。而国民党文艺之所以推举陈启修（却避而不谈太阳社）的"新写实主义"论，正是因为陈启修在引介"藏原理论"之新文艺创作方法的同时，又消解了其中"阶级革命"的色彩，而在世界观上适应了国民党人"民族革命"的诉求。

　　抗战时期，"民族主义文学"者进一步将"新写实主义"的创作方法与"三民主义"之指导思想相结合，衍生出所谓"三民主义的新写实主义"，或曰"民生史观的写实主义"论②。尽管使用了新的概念名词，但其理论的推演思路仍然与陈启修及20世纪30年代的国民党文人别无二致。其首倡者王集丛认为，藏原惟人的"新写实主义"论从其"社会见地的见解"——即集团的、社会的观点而言，较之"旧写实主义"个人主义的立场是有所进步的；但"对于我们最成问题的，乃是'新'写实主义的阶级观点。同时，这个观点又是它的基本精神"。他沿用国民党的一贯辞令，辩称"中国本没有阶级斗争"，因此有必要对其"基本精神"改弦易辙，将"阶级主义"置换为"三民主义"，以适应中国当下"现实国情"的要求③。民族主义文学的另一拥趸刘镇涛也认为，新写实主义这一进步的文学观，唯有与"三民主义"相结合，方能适应中国社会之特殊性，"把握着中华民族整个社会的发展规律；构成以全民互助，对外来侵略民族斗争的社会建设法则之主观意念"④。但也需指出的是，民族主义文艺在承袭陈启修改写"藏原理论"思路的同时，并没有继承他对于"文学本体"及艺术创作方法的思考。正相反，他们的关注重点集中在表现"正确的世界观"、"揭露出历史的光明"⑤ 等意识形态的要求。与左翼文坛相较而言，二者对于宣传、煽动文学之追求并无差别，所不同的仅是将宣传的内容由"阶级"置换为"民族"而已。这也表现

---

　　①　莲子：《论文学上的新写实主义》，《中兴周刊》1933年创刊号、2、3期。

　　②　目前已有研究者关注到在中国左翼之外，右翼民族主义文学同样受到"新写实主义"思潮的影响，但仍将陈启修视作左翼同人，未能意识到其与右翼文艺的理论关联。详见姜飞：《左右同源：新文学史上的新写实主义》，《四川大学学报》（哲学社会科学版）2012年第1期。

　　③　参见王集丛：《论三民主义文学的创作态度：民生史观的写实主义》，《大路月刊》1942年第7卷第1期。

　　④　刘镇涛：《三民主义的新写实主义》，收入王集丛编：《三民主义文学论文选》，时代思潮社1942年版，第72页。

　　⑤　刘镇涛：《三民主义的新写实主义》，收入王集丛编：《三民主义文学论文选》，时代思潮社1942年版，第70页。

出左、右两翼文学在接受"藏原理论"时,所共有的文学工具论之倾向。

陈启修在"国民革命"前后的遭际很容易使人联想到具有相似经历的沈雁冰。武汉国民政府时期,陈启修与沈雁冰曾分别主编两大重要报刊《中央日报》和《民国日报》;大革命落潮后,二人脱党,去国流亡,再度在东京相遇;在"革命文学"论争中,又一同被太阳社指摘攻击。可以料想到,二人应当曾一度有惺惺相惜之感。到了20世纪40年代,已经成为左翼文学干将之一的茅盾,再度评价陈启修道:"彼在东京时一度寄情于小说而所作之'酱色的心',则由今视之,固宛然如渠之自写照也,傥亦所谓下意识之流露欤?"①"酱色的心"既是陈启修的自我写照,亦是茅盾从左翼视角对其政治选择与文学姿态的评价与定性。就陈启修在东京时期的文学实践而言,其"新写实主义"论在继承发展"藏原理论"对于文艺创作方法思考的同时,通过在中国语境中将"阶级革命"置换为"民族革命",实现了对其文论的另一种改写,也为国民党右翼文艺借鉴日本左翼文艺方法提供了理论基础。如此"红"与"黑"之结合,亦不失为另一种"酱色"的结果。

(作者单位:江苏开放大学外国语学院)

---

① 形天(茅盾):《"算盘珠"与"酱色的心"》,《笔谈》1941年第6期。

"散文运动"与新世纪散文跨文体写作现象的生成①

林淑玉

新世纪阶段对散文而言，可说是一个建立在"推倒—重建"逻辑基础上，以不断的"否定"和"破除"为关键词的活跃时期。这一时期有关散文本源的探索此起彼伏，"散文运动"也时有发生，但有趣的是，几乎每一个新运动的基础都建立在对旧运动及目前散文状况的否定上，带有某种纠偏的性质，可在重建上虽口号频出，却大多语焉不详，又为下一次运动提供了否定的基础。这种频繁的否定显示了散文内部深深的焦虑。在创作上，"文体独立"的自觉探索原本带有某种散文纯化的倾向，可在作品中又提倡破除疆界、广纳其他文类的手法，使得新世纪散文呈现出较为普遍的跨文体写作现象。

新世纪阶段与跨文体写作有关的"散文运动"主要有：1998年兴起到2006年左右落潮的"新散文运动"；1999年《大家》、《山花》等多个杂志推出的"跨文体写作事件"；2008年兴起的"在场主义散文运动"；2010年由《人民文学》掀起热潮的"非虚构写作运动"。将这几次具有集体行动性质的活动命名为"运动"，意在强调其较为鲜明的组织性和目标性。这当中既有作家内部自发的成分，更有外在因素如期刊、媒体的鼓动参与。它们以较集中和激烈的形式显示了自身的诉求，并且带有强烈的"纠偏"与重建的性质，显示了类似"运动"的特质。虽然这几次"散文运动"大多没有直接以跨文体写作为旗帜，但其创作的实绩却带有鲜明的跨文体意味，而且在理论的标举和批评的争议中直面了散文变异的状况，成为跨文体写作不能忽视的潮流。

---

① 本文系山东省社会科学规划研究项目"新世纪散文理论与批评话语建构研究"（22DZWJ05）的阶段性成果。

一、命名的焦虑

新世纪散文跨文体写作首先面临的是命名的焦虑。自世纪之交"新散文运动"和"跨文体写作事件"开始，散文的概念和边界问题又一次成为作家、学者争论的对象，而且至今缺乏共识。散文自身是否存在文体边界尚且存疑，因此对"散文跨文体写作"概念的命名本身就带有悖论与模糊性。

事实上，文类在形成过程中一直面临逻辑的文类与历史的文类相互缠绕的情况。逻辑的文类是研究个别作品前，需从先前部分例子中提取有关文类特征的假定性概念，然后从理论与逻辑的角度去比较文类之间、文类与其亚文类之间的关系，以获得共时性的概念认知，而历史性文类则是用具体的作品对假定性概念来加以修正，因此它们两个的关系是"不断地界定又不断地修正"①。散文的文类特征更是逻辑性文类与历史性文类交互演进构建而成的。自"五四"现代白话散文概念提出以来，虽对散文的界定不甚清晰，但基本围绕文体的个人性、精神的自由性、内容的非虚构性、结构的随意性和语言的自然性展开，这些逻辑性概念的提出既来源于周作人、郁达夫等学者对白话散文源流、方向的判断，也来自成熟的白话散文作品提供的审美范型，而散文审美传统的形成正是这种动态的概念性散文和不断修正这种概念的历史性文本共同构成的。概念提供研究的标尺，历史提供并扩充审美的范型，两者相互影响，动态构成散文的审美传统，同时塑造了散文的审美期待与阅读心理，由此形成散文的审美接受和文体的稳定性。在这一过程中，散文概念表述的模糊性和不同历史阶段散文内部文类的吸纳与分离，使得散文在概念上呈现出"杂"的特质。在这种情况下，审美范型所形成的"心理定势"就显得格外重要。从这个角度回到新世纪"散文运动"中就不难理解，为什么散文的文体革新总是伴随着对散文概念的重新界定和对当前散文创作情况的否定，因为只有两者结合，才能从逻辑到历史地形成对散文的全新认知。那新世纪阶段散文跨文体写作究竟如何在此基础上进行界定呢？

散文的跨文体写作就是在不回避散文概念"杂"的基础上，看到那些区别于以往散文审美传统，且明显吸收了其他文体（如小说、诗歌、戏剧或其他应用类文体）的典型特点，而形成的具有鲜明陌生化效果的散文及散文写作现象。在这里，不必过分纠结散文逻辑性文类对其边界与核心的界定，而要综合看到逻辑与历史混融中对散文已成的较为稳定的审美期待，而跨文体写作即是打破这种审美定势，鲜明吸收其他文类的手法而达到陌生化审美效果的作品与现象。在这个过程中，要警惕文体的丧失和

---

① 陶东风：《文体演变及文化意味》，云南人民出版社 1994 年版，第 54 页。

传播中的异化，以及以其他文类为基础跨越散文的几种特殊情况。新世纪散文的跨文体写作除了强调新世纪阶段（2000 年至今）之外，还包括在 20 世纪 90 年代末产生却在新世纪不断延展、发生的潮流——"新散文运动"及"跨文体写作事件"。

二、新散文独立与越界的拉扯

新散文运动意在提高散文的独立性与审美性，破除"体制"等非审美因素对散文创作的束缚，强调散文革新的方法，表现了较为鲜明的"提纯"倾向。在新散文的理论宣言《散文：无法回避的革命》中，祝勇说，审美性是散文的永恒标尺，个人性是散文的首要条件，而散文的魅力正在于它的不确定性。新散文区别于传统散文之处在于其打破了散文篇幅短小的戒律，区别了散文虚构与小说虚构的限度，形成了多角度叙事的可能；同时强调选择更具有辐射力的材料，拥有更具精神深度的审美，去挖掘词语广阔的意义空间，展现具有普世价值的人类生存的基本立场。通过这一描述可知，新散文对于文体"净化"和文体革新的要求同样明确，一方面肯定散文的独特价值与意义，另一方面，又打破了散文诸多已成"定势"的文体要求，广泛借鉴其他艺术形式的资源，尤其是小说的叙述手段和细节的虚构，使得许多新散文作品既像散文也像小说，又带着诗性的追求，充满了文体的新质。再加上有些新散文作家持"有关散文与小说的文体界限，实际只是一个无关紧要的问题"这一类观点，进一步从创作主体上抹杀了文类之间的界限，使得新散文本意在对散文求纯、求精，减少散文无边界的泛化，反而在创作实绩上频频越界，出现了另一层面的文体泛化，只是这种泛化是在审美性的统领下。但客观上，两种泛化都导致了散文文体样貌的模糊。

新散文虽拓宽了散文的审美范型，但一定意义上也导致了散文的丧失。如钟鸣长达百万字，混杂了传记、诗歌、随笔、小说、注释等多种文体的《旁观者》，早已溢出了散文的"底线"，也不是以散文为基础的跨文体写作。我们勉强将其放入散文的类别，只能混淆视听，引起人们对散文的进一步混乱，而这样的结果，与其最初寻求散文独立的目的亦相左。此外，新散文对于"体制散文"的刻意反叛及其一味追求新质的态度，使得他们的创作陷入具有重复色彩的抽象感受中，在一定程度上又对散文进行了封闭与窄化，离其主张的散文文体的自由也似乎远了。因此，新散文主观的"提纯"和文体上的泛化交织存在，其目的更在于重建散文的精神之维，带有鲜明的反叛味道和"矫枉过正"的色彩。新散文虽客观上促进了散文跨文体写作的推进，但不得不说，这是一种矛盾的结果、一种不够成熟的收获，还缺乏对跨文体写作更深的认识。

三、"跨文体写作事件" 的反向促进

伴随新散文运动展开的 "跨文体写作实验" 是由媒体主导的一次 "文学事件"。这一事件并非以散文革新为目的，而是在期刊生存艰难的市场环境下，为博取关注而开展的一次概念先行的文学活动。虽然它在主观准备、理论建设和创作实绩方面都明显不足，带有炒作的嫌疑，但它的意义在于将 "跨文体写作" 作为一种鲜明的主张在创作和评论中提出，同时引起了文学界对于文体革命、文体意义和跨文体写作可能性与限度的广泛讨论，在客观上对新世纪文学创作和文体观念的演变产生了潜在的影响。

在对 "跨文体写作事件" 的讨论中，大部分学者肯定其文体革新的意义，同时认为跨文体写作古已有之，作为一种文学形式，在文学表达需要的前提下可以任意使用，但如果作为一种主张来宣扬并号召大家去广泛实验的话，恐怕容易陷入形式主义的束缚。另有一些学者由于对 "跨文体写作" 实绩的不满，认为 "跨文体写作" 虽破坏了原有文体的规约，却没能做到很好的融合，使得文体跨越不仅缺乏一定的限度，还脱离了读者的接受，具有盲目色彩；同时认为，文体自有其演变、分化、衍生的规律，文体变迁过程中对其他文类技巧的吸收属于正常现象，但完全打破文体规约的 "无文体" 恐怕有些矫枉过正了。这两类观点都从整体上对 "跨文体写作" 实验表示担忧，而事实上 "跨文体写作" 也确实因为代表性作品和理论建设的缺失而迅速失败。但这一事件提出了跨文体写作必须面临的两个问题：一是跨文体写作的内在要求是什么，它在什么前提下进行？二是跨文体写作的限度在哪里，原有文体类型是否还拥有活力？其实，跨文体写作的内在要求是作家的解放，是经由文体的解放与融合，达到对作家创造力的激发。跨文体写作的倡导不是要求作家一定要进行跨文体写作，而是以鲜明的态度表明作家具有选择跨文体的自由，而且这种自由只受表达需要的规约，不受文体惯性的束缚。因此，它的前提是能够促进艺术上更加成熟的文本的诞生和具有更深刻意义的情感的表达，本质上是对强有力的主体精神的呼唤。跨文体写作的限度也需以实现表达为前提。文体新类型的创建，除去概念性文本之外，更需经典化的历史性文本来具体化。因此，跨文体写作除去理念的倡导之外，更需一系列成熟的文本来支撑。就目前而言，完全打破文类界限的 "无文体" 还缺乏可自成门类的条件。

作为一种实验，"跨文体写作" 不算成功，但它却以强有力的冲击潜在影响了新世纪散文跨文体写作的行进，不仅以文体创新的活力鼓励了散文类型的拓展，还以警醒的面目促进了对散文基本概念的重审，确立了面对散文跨文体写作的基本态度。这是新世纪散文跨文体研究不能忽视的现象。

四、在场主义散文"推倒"与"重建"的分裂

作为自称"中国当代第一个自觉的散文写作流派"①，在场主义散文自亮相起就备受争议。这不仅是因为它越出了流派的"本分"，企图以推倒—重建的逻辑"为中国散文立论和立法（法则—尺度）"②，更因为它本身鲜明态度的背后有着诸多语焉不详甚至相互解构的分裂，使得在场主义虽产生了重大影响，却在整体形态上混沌不清，缺乏流派作品之间鲜明的同一性。从跨文体写作角度观察在场主义散文，可发现其复杂的演变过程提供了一种矛盾又开放的文体思路。它对"在场"这一具有浓郁现实意义的散文精神与创作方法的确认，联通了散文精英化向内探索与向外关注的结合，从而在散文的提纯中透露出实用泛化的可能，不仅打通了与之后非虚构写作文体精神的连接，甚至一定程度上促进了非虚构的流行和非虚构作为一种"新闻学"手段与文学深度融合的脚步，对新世纪跨文体写作产生了实实在在的影响。

要发现在场主义散文对跨文体写作的影响，就不能忽视在场主义内部多重的分裂及其演变中理论重心由散文性的文本强调到在场性的精神强调的转移。在场主义散文的第一重分裂体现在其理论宣言和创作实践的非统一性上。在场主义对"散文天空进行厘清"所做的第一项工作是"推倒"，推倒"先秦散文"、"广义散文"，区分指称散文的混杂概念，同时格外批判了新散文，指出新散文作品"越写越长，越写越枯燥，越写越空泛。叙事性、虚构性、情节性、传记性、史料性……这些现代小说、诗歌、戏剧的非散文性因素纷纷涌入散文，使'散文'这一精致的汉语写作形式，在超文体的重负中，或异变为不入流的中、长篇小说，或异变为毫无一点学术价值的历史、地理、古建筑及民俗方面的通俗论著，而且都是大部头的"③。同时，在场主义散文在宣言中大声疾呼把小说的还给小说，把诗歌的还给诗歌，让散文成为散文，散文急需建立属于自己的核心特征——"散文性"。由这一点可知，在场主义散文在理论上对跨文体写作是持批评态度的，虽然它和新散文一样力图建立散文作为独立文体的地位，但重点却不同。新散文是通过散文艺术性的确认与提高来达到散文独立的目的，而跨文体的技巧不过是提高散文艺术水平和进行先锋探索的方式，而在场主义则是通过具有排他性的核心特征——"散文性"的确立来区分散文与其他文类，以"独特性"来

---

① 周闻道主编：《从天空打开缺口：在场主义散文·开端卷》，花城出版社2008年版，第274页。

② 周闻道主编：《颠覆城堡·理论卷》，广东人民出版社2014年版，第3页。

③ 周闻道主编：《颠覆城堡·理论卷》，广东人民出版社2014年版，第9页。

建立散文独立的文体地位。那实际创作的情况又如何呢？统观在场主义宣言中作家的创作，从周闻道的《七城书》到张全生的《睡梦简史》，从江少宾的《怀念李忆》到风吹阚叶的《老布绣》，作品或是虚构丛生，叙述、史料、情节融汇一体，或是呓语倾诉，充满修剪后的记忆重组，或是民俗文化占据主体、支撑文本，或是以完整的故事情节表达内心的情绪。在场主义的代表性作品呈现了小说、戏剧、诗歌、历史、民俗等多种体式的鲜明渗入，与其理论中追求的纯之又纯的"散文"不仅不平衡、不统一，甚至充满了相互解构的悖论，也由此证明凌空蹈虚的"散文性"仅仅在"非非主义"的"非典型化"概念中恐怕难以确证。

在场主义的第二重分裂体现在其流派属性的模糊及泛化上。比起最初的宣言，在场主义散文持续的影响更体现在丛书年选的出版、书系成果的展示等文学活动上，尤其是长达6年的"在场主义散文奖"的评选。可有意思的是，在提名与获奖的20多部作品中，不仅包括像齐邦媛《巨流河》这样鲜明传记化、小说化的散文，还包括金雁《倒转红轮：俄国知识分子的心路回溯》这样鲜明学术化、研究性的作品。这些作品无不具有鲜明的跨文体色彩，甚至有些已越出文学的范畴，显示出鲜明的文体泛化倾向。在场主义散文奖将这些作品纳入其中，虽然不乏策略色彩，但其宣称，评奖、选书是按照其对散文的理解和价值尺度来的①。也就是说，在场主义基本上将所评选的作品视为"同类"，至少认为这些作品是符合某些在场主义的核心标准的。这就带来两个问题。一是它混淆了在场主义散文作为一个"流派"的鲜明特征与边界，使其理论、创作、评奖陷入三重分裂之中，并且对跨文体写作也呈现出排斥与容纳混融的局面。二是在场主义评选的这些作品究竟是按照哪些核心原则筛选的，而这又说明了什么？很显然，评选原则不是"非主题性"、"非完整性"、"非结构性"、"非体制性"的"散文性"，而是以生命介入现实来表现无遮蔽自我的"在场性"。在场主义经由评奖的"开放"透露出其内部一种倾向的转移：由凌空蹈虚、备受质疑的文本上的"散文性"向着带有鲜明承担意识与开放色彩的精神上的"在场性"转移。也可以这么说，在场主义从文本与精神双线并进的"在场散文"逐渐转变成以"在场精神"，而且更多是批判的"在场精神"为导向的"在场文学"，在这个过程中逐渐放弃了对散文文本层面严格的界定与探寻。从这个意义上来讲，在场主义其实经历了一个"务实化"的探索过程，并在这个过程中避重就轻，逐渐让渡了其探索散文门类独特性的

---

① 周闻道认为，"虽然选入这些年选、丛书、书系或获奖作品作家，不一定就是在场主义成员，甚至不一定完全认同在场主义主张，但是，我们在努力，按照自己对散文的理解和价值尺度评判作品，创作和引导创作，唤醒更多更自觉的散文意识，却是不争的事实"。参见周闻道：《编者的话》，《颠覆城堡·理论卷》，广东人民出版社2014年版，第3-4页。

"使命"，走向了一种泛化的文学精神的强调。

但即使如此，我们也不能断言在场主义对散文的探索就是失败的。它一方面确实没有完成"厘清散文天空"的使命，也没有以实实在在的创作和发展来践行对散文的宣言与期望，但另一方面，其走向的"偏差"却意外开阔了散文创作的思路，打通了散文与现实的关系。它以并不新颖却充满"纠偏"意义的导向使得新世纪散文从过分提纯的抽象中走出，去关注历史与现实，重拾审美与批判的双重身份，促进散文承担意识的回归，同时也客观上推动了散文跨文体写作在"主体精神"的强调中更自觉地存在与发展。在场主义的转变也将创作主体从后现代的"狭窄"中解放出来，在向内探索生命意识、生命感受的同时，也向外切近混沌现实、真实人生，寻到了一种内外结合的可能。以"在场精神"为标准，也确实甄选出了一批优秀的散文作品，虽然依旧带有鲜明的"精英化"色彩，却以相对远离商业渗透、琐碎日常和封闭自我的思想性与艺术性，促进了新世纪散文的整体转向。同时，在场主义对散文"无遮蔽"介入现实的强调，对后续非虚构写作的流行也产生了一定影响，两者精神的相通也促进了新世纪散文更为开放的文体意识的形成。

五、非虚构写作拓展与泛化的交织

从新散文到在场主义，新世纪散文一直在一种主观求"纯"而客观上不断泛化的路径上前进，这其实与新世纪多元复杂的商业环境、媒介变迁、文化交叠、日常异变所带来的感受的繁复和内心的芜杂有着深刻的关联。新世纪的几次"散文运动"，表面上看是"逆"整个文学领域文体权威逐渐丧失的潮流，而"滞后"地进行重建散文规约的探索，但实际上，散文的命运从来没有脱离文学发展的整体环境，它主动的姿态不过是囿于散文长期以来自身模糊的状况，期望通过自成一体的理论的完备来获得更有效地把握世界的方式。它们选择了一种以"建构"面对"解构"的方法，用有些孤勇的态度形成了新世纪中一股带着些许激进色彩却充满主动性的文学潮流。这股潮流在非虚构写作兴起后达到高潮，却也呈现出某种"去纯化"的转向。在非虚构写作的冲击下，散文一方面表现出含纳非虚构写作的主动性，越来越接受散文发展历程中实用与审美本就混杂一体的现实，逐渐跳脱狭义与广义散文的严格划分，进入一种更加开阔的散文观。另一方面，散文的艺术性与审美性要求并未降低，而且表现出以散文艺术性标准来引导非虚构写作向着纵深路径发展的倾向，使得这场全民"写实"的狂欢以实实在在的创作与方法的建构促进了散文文体新质的形成。

将非虚构写作不加辨析地直接纳入散文领域的说法值得商榷。因为一方面，非虚构写作目前存在严重的泛化，不仅表现出鲜明的跨学科倾向，甚至有些已超出文学文本指涉的范围，成为文学性稀薄的社会性文本，很难将其作为某一文体进行讨论；另一方面，非虚构常与其他文体联名出现，比如"非虚构小说"、"非虚构散文"等，使得非虚构写作更像是一种创作方法或审美追求，缺乏明晰的文体类型要素。在此可借鉴陈剑晖对非虚构的广义与狭义的划分。他指出，广义的非虚构写作是相对于"虚构"文学而言的一个大的文学类型的集合，也可以看作一种写作立场、写作态度和叙述方法，而在狭义上，非虚构写作是指那些以"非虚构写作"名义创作，既具有"介入"、"在场"、"真实"、"质疑"的品格，又具有审美性和形式感，即具备"文学地呈现真实"的"非虚构"写作。其概念要小于散文，与报告文学最为接近①。陈剑晖关于广义、狭义的区分，使得文本层面的非虚构写作有条件作为一种文体类型来进行界定，避免了其无所不包的含混。在此基础上，非虚构写作可看作散文内部文体演变的一次"运动"与"变形"。在破坏原有文类秩序的基础上，非虚构写作以写实追求和跨文体写作的基本形态促进了散文新异变的发生。

从非虚构写作的特点来看，它的确与散文血脉相通，最突出的表现是非虚构写作与散文创作中都有一个非中介的、突出的"我"在。而这个"我"不仅是叙事的主体；还是情感的主体，不仅构成"我"的视角，还是自我的显露。这种时时显露的"自我"成为非虚构写作与散文内核同一的标志。此外，非虚构写作的几个典型特点也都与"无中介自我的显露"这一内核紧密相关，既表现出与散文的创作机制的同一，又流露出某种转向与异变，显示了其作为一个新生成文类的独特之处，而这种独特正来源于散文向其他文类跨越、融合的生成。

首先是真实性。作为非虚构写作的伦理基础，真实性的追求表现在"讲述的真实"和"真实的讲述"两个层面。非虚构既追求材料的真实，即从社会生活中挖掘真实存在且具有关注可能的"问题"，来呈现一种对真实的发现与摹写，同时又追求主体的介入和写作态度的真诚，在文本中或隐或显地呈现材料获取的过程及自己的情感态度，以一种较为直观的无遮蔽性构成了作品"真实"的双重维度。可需要注意的是，无论是材料的真实还是态度的真诚，本质上都是一种"主观真实"。因为无论非虚构是以口述复活具有现场性的材料，还是以史实、史料构成讲述的背景，本质上，这些材料的获取都来自讲述者或记录者对那段记忆的摹写，而构成非虚构文本的过程又来自写作者对这些"讲述记忆"的择取与选择，这中间不仅存在记忆的双重获取问题，还掺杂着讲述者和写作者多重的情感碰撞，本质上还是以写作主体为核心的、带有鲜明主观性与体验性的"真实"。正如阿斯曼所说，记忆并不是历史，它的本质在

---

① 陈剑晖：《"非虚构写作"概念之辨及相关问题》，《中国当代文学研究》2021 年第 5 期。

于当下对意义的需求及其参照框架是站在现在或未来回望过去，因此，记忆往往具有反思性、遮蔽性和可重构性，而非虚构写作即是在一种以当下为关照的历史镜像与心理境遇混融之中的创作，是对记忆的现实摹写或改写。这一点和散文创作中对真实性的追求相通，只是散文更加侧重于"真实的讲述"，侧重于以主观情感与体验为统领的艺术感觉的呈现。散文对"讲述的真实"虽然重视，却往往将其放置于下一层次的材料位置，表现了对创作者绝对主体地位的追求。也因此，散文可自然地表现出浓郁的主观性、情感性特点，而非虚构写作却会因为情感过度而变得"可疑"。所以，非虚构写作既与散文共享"主观的真实"，又在呈现方式上显露出某种客观化、材料化的倾向。这与非虚构写作对新闻性的含纳直接相关。

作为一种"反自律性写作"[1]，非虚构写作的跨文体特征鲜明。最直接的一点是打破了散文文体与深度报道，也就是文学与新闻之间的界限，在散文中将新闻报道的现场性、客观性融入其中，将事件真实放置在第一性的位置，显示了文学事件化、主题化的倾向。此外，非虚构写作还促成了散文内核、小说技法、新闻观察三者的深度融合，将叙事挪至散文写作的核心位置，表现出了有限度的"众声喧哗"。这也成为非虚构写作的第二个典型特征。

非虚构写作强调行动力，又时时显露出个体经验的介入。个体经验介入"现场"的主动性使得创作主体对材料的组织与讲述占有相当的主动权，但同时又不能不顾及"真实材料"内部的逻辑。因此，非虚构写作是经由作者的眼睛来观看一个自主运行的"小世界"[2]里的生活。这当中既有作者视角又内含着一个自成一体的逻辑，在观察与自主之间就形成了相互拉扯和需要平衡的主体间性。这种主体间性也使得非虚构写作常会出现多声部交错的情况，显露出类似小说"众声喧哗"的复调结构。但非虚构写作始终在创作主体的潜在统领之下，事件内部关系的构建往往是作者"理顺"之后才进行组织和呈现的，因此，非虚构写作虽然存在多重叙述声音（因为它常常直接以访谈录构建文本），但在总体倾向上还是以写作者的判断和情感倾向为主，显示了有限度的"众声喧哗"。非虚构写作的这一特点决定了其文体倾向在总体上还是散文的，却深度融合了小说的技法和新闻观察的立场，使得文本表现出一种"以故事纪实"的

---

[1] 洪治纲认为，非虚构写作体现出一种反自律性的倾向，一种反抗并拆解有关文学自律性范式的开放性姿态。参见洪治纲：《论非虚构写作的反自律性及其局限》，《文艺理论研究》2020年第5期。

[2] 李云雷多次在文中使用"小世界"这一词汇，意指非虚构创作以体验、介入及行动参与到真实生活中，一定程度上反思了当前文学创作依靠间接经验获得对世界的片段化认识的问题，体现了非虚构进入一个虽小但更真实"世界"的努力。参见李云雷：《我们能否理解这个世界——"非虚构"与文学的可能性》，《文艺争鸣》2011年第3期。

特质。

非虚构写作的第三个特点是情感性和片段化。非虚构写作因作家个人经验的介入，不可避免地会呈现作者的情感倾向甚至价值判断，然而对非虚构写作来说，这可能是把双刃剑。非虚构写作包含着作家不同寻常的作者意识，这种意识不仅来源于作家常不自觉地以自己已有的价值体系对介入的事件形成倾向与评判，还来源于作家对于文学与社会关系的一种"妄念"，企图通过非虚构写作来找寻解决现实问题的途径，这就使得作家不可抑制地在作品中或隐或显地流露自己的情绪、情感和内心的期望。在这种浓郁的使知识情感化的心理机制下，非虚构作品一方面包含情绪的感染力及情感态度的真诚性、可信性，但另一方面也可能因为情感直觉与潜在预设而左右作品的走向，或片面地呈现"真实"。此外，非虚构写作具有鲜明的散点式、碎片化倾向。访谈纪实的方法，使得非虚构写作中往往缺乏贯穿始终的主要人物，故事也由叙事者统领而形成一种具有主题化、例证式的片段的结合。这就使得非虚构写作相对缺乏自成一体的叙事逻辑，始终在"我"的理性与情感的统摄之下。这也是非虚构写作本质上更切近散文的又一因素。

总体而言，非虚构写作是新世纪散文文体演变的一个重要路径，它以一种鲜明的跨文体特质，开拓了散文文体的审美范型，也促进了散文写实精神的回归。非虚构写作以"真实"、"在场"为要求，以"个人体验"为核心，以情感性、片段化为表现，显示了散文对多学科的跨越与融合，一定程度上扭转了新世纪初期散文过分强调艺术性、个人性的纯化趋势，促进了散文实用与审美混杂一体的"回归"。

六、结语

新世纪这4次"散文运动"关于跨文体写作的理念并不相同，甚至其中绝大部分并未将跨文体写作作为其改革的目标，而更多倾向于对散文整体观念的革新。但意外的是，这些对散文理念重审的文学活动无一不在客观上促进了散文文体的解放，甚至衍生出带有鲜明文体融合色彩的新文体。究其原因，我们会发现"纯化"、"独立"与"越界"、"破体"这种看似矛盾的追求其实都遵循着一条内在的主线，那就是对主体精神的强调和对文学使命的重审。

作为最不具有伪装性的文体，现代白话散文概念自提出以来，就被赋予与文体共生的多重精神内涵。郁达夫说，散文更是自叙传，但这个自叙传却不仅指散文用比较坦白的态度来书写个人生活，更强调它作为一种直接的方式，以自我的口吻来表达对世界的思考与感受，在呈现个人思想的同时也呈现对世界的认识。换句话说，散文的范畴是经由非中介的"自我"来呈现"一花一世界，一叶一菩提"，是将宇宙之大、苍蝇之微都纳入观察却总有个"我"在的"自语"。所以，散文是经由自我抵达世界，从一出现就深刻参与到社会发展的历程中，带有鲜明的个人视角下的"思想史"特点。具体到文体中，散文的自在、诚恳与对自我的书写都内含着精神同步的指向。新世纪的多次"散文运动"都提出了与文体紧密相连的精神要求，既可以说是经由文体解放来达到强调主体精神的目的，又可以说是因对独立主体精神的呼吁而使散文尽可能地放开手脚，不拘成规地呈现与社会紧密相连的个人的思想与情感。

新世纪散文跨文体写作在对散文旧有规约的破除上取得了比较好的效果，但在代表性文本和理论建构中还未形成合力。这一时期散文自觉的文体探索，尤其是"散文运动"的激烈表现，为散文这一古老文体带来了鲜明的活力，也促进了散文精神的进一步回归，总体上，可以说是新世纪阶段不可忽视的文学现象。

（作者单位：山东师范大学音乐学院、山东大学文学院）

去病化、新人塑造与民族国家想象

——论 20 世纪五六十年代中国体育小说

李昌俊

　　体育题材创作是中国文学的重要构成，但未能得到充分关注。尽管目前已有成果考察了体育文学的嬗变①，但集中于文学史的梳理，缺少基于文本的分析和对文本与社会文化语境之间关联的考察，而这些内容具有更多探讨的意义。刘禾将语言实践与文学实践放在中西方关系的中心地位探讨，并指出"如果说中国现代文学破土而出，成为这一时期一个重要事件，那么，这与其说是因为小说、诗歌以及其他文学形式是自我表现的透明工具，忠实地记录了历史的脉搏，不如说是因为阅读、书写以及其他的文学实践，在中国的民族建设及其关于'现代人'想象的/幻想的（imaginary/imaginative）建构过程中，被视为一种强有力的中介（agents）"②。刘禾指出了中国现代文学对于民族国家认同的作用——不仅包括直接书写关于民族国家构型的作品，也包括那些看似表现个人的作品，现代文学的意识形态属性成为其基底。如果不单纯将"现代"理解成时间标记，而将其视作全部生活方式的总和，那么，"现代"则不光指涉它所论述的 1900 年至 1937 年，而是持续到当下。文学和体育都与意识形态关系密切，体育文学则成为两者的叠合地带，与意识形态建构路径有关。但这却被研究者回避了。例如莎丽娃在描述中国体育文学演变时从《诗经》、《水浒传》讲起，之后进入新时期体育文学创作，省略了包括 20 世纪五六十年代在内的诸多体育文学现象③。对此的

---

　　①　刘叶郁：《新中国成立以来体育文学发展的历史考察：嬗变、特征与展望》，《成都体育学院学报》2021 年第 6 期。
　　②　刘禾：《跨语际实践：文学，民族文化与被译介的现代性》，宋伟杰等译，生活·读书·新知三联书店 2002 年版，第 3 页。
　　③　莎丽娃：《体育文学的发展演变与时代转型》，《文艺争鸣》2016 年第 12 期。

"不见"或许是从大的文学背景出发，将此时期体育文学视作千篇一律的政治传声筒，从而对文学进行了本质化理解。然而，尽管此时期文学所受政治影响极深，但其中的演绎形态并非不值得仔细分析。从中，我们可以将被整体化、单质化的体育文学具象化、微观化，将体育文学的面貌描摹得更加清晰，也能补充被遗漏的体育文学史中关于 20 世纪五六十年代的叙述。

本文聚焦 20 世纪五六十年代的中国体育小说，考察此时期体育小说与文化政治之间的复杂纠葛，探讨作品背后的社会文化逻辑。之所以选择小说这一体裁作为讨论对象，一方面因为小说是最主要的文学体裁，另一方面在于其虚构性的文体特征更能显示出文学的想象力如何与政治深度耦合。

一、新中国与"东亚病夫"的文化语境

"东亚病夫"一词对中国现代性进程影响深远。据考察，"病夫"一词早在 1895 年就在严复的文章中出现，后经梁启超等维新派知识分子阐发，由抨击朝政的指代名词与"国家"、"政府"、"民族"等词置换，成为极具民族主义色彩的词汇①。鸦片战争后，中国意识到自身在世界民族之林中的劣势位置，知识分子的民族国家意识也由此激发。"东亚病夫"的含义演变实际上反映出晚清知识分子强烈的现代性焦虑。集体现代性焦虑又引发了个体对自身的重新审视，"东亚病夫"也在此过程中获得更多内涵。

"东亚病夫"焦虑首先带来男性气质危机。在古代社会，精英文化崇文的倾向十分明显。汉学家艾朗诺在分析北宋男性气质时指出："中国文化并不以匹夫之武力为最高价值，它欣赏的是'文'，以及和文相关的一系列特质（尽管同时也必须有其他元素的补充）。"② 司徒安认为乾隆皇帝的汉化过程体现出他对"文"的重视。"在军事征服和'武'之后，作为领主的满人还需要将'所有事物环绕在一个至高的中心四周'——借用安德森的说法。如果他们的目标是建立一个以自身为最高领主的帝国的等级，那么吸收其他文明圈的社会和礼仪形式，可以算是满人吸收这些社会如何组织和生产自身的尝试。这些构成了'文'的面向，即统治的文的层面。"③ 尚武的满族

---

① 韩晗：《民族主义、文化现代化与现代科学的传播——以"东亚病夫"一词的流变为中心》，《关东学刊》2018 年第 4 期。

② ［美］艾朗诺：《美的焦虑：北宋士大夫的审美思想与追求》，杜斐然译，上海古籍出版社2013 年版，第 277 页。

③ ［美］司徒安：《身体与笔：18 世纪中国作为文本/表演的大祀》，李晋译，北京大学出版社2014 年版，第 24 页。

统治者若想管理好国家，除了具备"武"外，还需具备"文"的面向。然而，男性气质中的"文"被处于现代性焦虑中的晚清知识分子视为落后的一面，需要祛除。梁启超在《新民说》中指出："重文轻武之习既成，于是武事废堕，民气柔靡，二千年之腐气败习，深入于国民之脑。遂使群国之人，奄奄如病夫，冉冉如弱女，温温如菩萨，戢戢如驯羊。"①"武事废堕"与"病夫"之间建立起关联，如何重拾"武事"由此成为晚清知识分子思考的切入点。如何破除"文"对中国社会的长期影响，建立起对"武"的认同，延续到民国知识分子的思考中。途径之一即是通过不断强调欧美人身材健硕，让国民相形见绌，构筑民族国家弱者地位，最终形成对身强力壮的崇尚。例如，陈独秀就曾撰文指出欧美与中国人的身材差异："美其貌，弱其质，全国青年，悉秉蒲柳之资，绝无桓武之态……青年堕落，壮无能为……盈千累万之青年中，求得一面红体壮，若欧美青年之威武陵人者，竟若凤毛麟角。人字吾为东方病夫国，而吾人之少年青年，几无一不在病夫之列，如此民族，将何以图存。"② 青年毛泽东也谈论体育与国民、国家的关联道："国力恭弱，武风不振，民族之体质，日趋轻细，此甚可忧之现象也……体不坚实，则见兵而畏之，何有于命中，何有于致远？坚实在于锻炼，锻炼在于自觉。"③ 依此逻辑，体育的地位将顺理成章地提升，成为"武事"的塑造途径和"国力"的提升途径之一。不过，受传统文化的长期影响，哪怕是接受新式教育的学生也表现出对体育的抗拒。曾任京师同文馆教师的丁韪良记录中国学生："那三千条礼仪中的第一条就是：'仪态须严肃沉着'；第二条是：'举步要稳重端正'。因此，同文馆的学生便觉得做体操有失体面，他们唯一觉得可以接受的身体锻炼是缓慢而肃穆地踱方步。对于他们来说，橄榄球和板球这类对抗性很强的运动项目是不能接受的。"④ 问题不在于体育的地位是否真正得到提升，体育是否真正进入国人的日常生活，而在于"东亚病夫"的观念以及祛除身体的弱质性因素成为全社会的舆论风气。这不仅存在于知识分子的政见之中，同样存在于商业文化宣传里。

药品广告常以"东亚病夫"为噱头。上海中法大药房就用"东亚病夫"大做文章："中国积弱已久，由国民于体育一事，素来不甚研究，致多疾病之故……今本药房发明日光铁丸、月光铁丸，治男女各病……免东方病夫之诮……措国本于磐石之

---

① 梁启超：《新民说·论尚武》，夏晓虹编：《梁启超文选》，福建教育出版社 2020 年版，第115 页。

② 陈独秀：《新青年》，《新青年》第 2 卷第 1 号，1916 年 9 月。

③ 二十八画生：《体育之研究》，《新青年》第 3 卷第 2 号，1917 年 4 月。

④ ［美］丁韪良：《花甲忆记：一位美国传教士眼中的晚清帝国》，沈弘、恽文捷、郝田虎译，广西师范大学出版社 2004 年版，第 219 页。

安。"① 据张仲民考证，"艾罗补脑汁"、"健脑补血米"等药品也都用"东亚病夫"来宣传②。补脑与健身成为彼时国人对于摆脱"东亚病夫"手段的认知。

"东亚病夫"作为影响全社会的文化符号，也激起了社会的强烈应对。"崇文"、"体弱"被视为病态因素，在时尚文化中渐渐淡出，取而代之的是雄壮、魁梧的男性身体审美。健美杂志《健与力》在 1939 年第 1 卷第 2 期发表题为《健与力：洗尽东亚病夫的耻辱》的男士健身特写，展示了周久镇等三位男士的壮美身形。《健与力》杂志 1941 年的特刊刊发了《以健与力的朝露洗尽东亚病夫的耻辱》，内容是两位男士展示壮硕身材。同为健美杂志的《健力美》也于 1946 年第 3 卷第 2 期发表《谁敢说我们是东亚病夫》的健身群像，几位男子坦露身材，展现发达的肌肉。显然，两本健身杂志的内在逻辑均是以发达的身材对抗"东亚病夫"污名，实际上却潜在肯定了"奄奄如病夫，冉冉如弱女"的国民身份想象，仍然可见强烈的现代性焦虑。

中华人民共和国成立后，强调新兴现代民族国家身份、卸下以往强加在中国身上的枷锁成为主流意识形态的宣传目的，当下人民的体质、体育活动与过往"东亚病夫"的不同也因此成为重要靶点。举重运动员陈镜开于 1956 年 6 月打破世界纪录这一事件在同年 7 月 23 日的《人民日报》再次被提及。"解放以前，曾经有人说中国人是'东亚病夫'，说中国的体育运动成绩停留在 19 世纪的水平……然而，最近几年群众性体育运动的开展，许多运动员创造的优秀成绩，特别是这次陈镜开的成绩，不能不说使这些说法和想法都破灭了。"③ 文章既通过政权及时空的变迁指认"东亚病夫"的不再存在，修复了"东亚病夫"的国民性焦虑，也填补了民族国家地位的缺失，塑造出中华人民共和国在西方强势包围中突围的形象。个体与民族国家的关系在 20 世纪五六十年代紧密捆绑，并深深影响着此时期的文化想象。这是讨论此时期中国体育小说的前提语境。

二、去病化与新人的塑造

此时期的体育小说常借助有关运动的内容表述塑造新人的叙事。至于为何要依托体育叙事，离不开现代性的时间逻辑。"现代性概念首先是一种时间意识，或者说是一种直线向前、不可重复的历史时间意识，一种与循环的、轮回的或者神话式的时间认

---

① 《铁世界》，《申报》1908 年 6 月 18 日。

② 张仲民：《近代中国"东亚病夫"形象的商业建构与再现政治——以医药广告为中心》，《史林》2015 年第 4 期。

③ 《打破纪录》，《人民日报》1956 年 7 月 23 日。

识框架完全相反的历史观。"① 作为一种时间意识，"现代"的意义首先体现为节点，标志着旧的时间的终结与新的时间的诞生。"现代性是时间开始具有历史的时间。"② 曾经带给人民苦难的政权被指认为"前现代"，当下政权在时间的链条上处于更为"进步"的位置，因而具备"现代"面向。"现代"的当下需要与政权形成同构的人物，这就需要塑造新人。

玛拉沁夫的《花的草原》对新人与现代性时间与空间的关系表现得最为明显。著名长跑家杜古尔应邀返乡参加"那达木"大会，他在家乡遇到了练习长跑的青年人，他们错误地将杜古尔成为长跑家的原因归结为"小时候整天跟着王爷的马后头跑"，这激发了杜古尔对往事的回忆。杜古尔从 8 岁开始就是王爷的奴隶，在一次犯错之后他终身失去了骑马的权利。王爷出门时，他只能跟在后头跑，因此掌握了长跑技术。时空关系与人物的身份设置紧密关联。杜古尔在旧社会只能是奴隶，但他如今在"党母亲般地抚育他，培养他"之下，终于脱胎换骨，成为新人。这也和成长小说的叙事模式一致。杜古尔的成长与民族国家人民主体身份的建构过程高度一致，旧社会的奴隶在中华人民共和国成立后不仅获得解放，而且进入现代民族国家政治认同的主体——人民的序列。杜古尔的"忆苦"过程因此不光是个人的苦难与成长史，更是民族国家自身的艰辛发展史。他长跑健将的身份在于说明旧社会如何压迫人，新兴的现代民族国家如何物尽其用，挖掘个人特长来服务社会。值得注意的是，小说对于杜古尔的"病"有直观描绘。年幼的杜古尔"一年到头总是挂着伤痕"，"没有鞋穿，光着脚跑，脚板磨破，鲜血洒在道路上……甚至吐了血"③。对于身体细节的描绘指认了杜古尔的弱质地位，内在逻辑是"东亚病夫"的文化重负。杜古尔的"病"在中华人民共和国成立后被治愈，三次全国纪录创造者的身份也指示了他的康健之躯。污名化的"东亚病夫"被个体竞技成功消解，并且通过时空的双重指认关联起民族国家，同样表示了"东亚病夫"与社会主义中国的关联不复存在。不得已而为之的被动之举与主动为之的成就之举以中华人民共和国成立为分野，小说中关于体育的叙事充盈着意识形态信息。

塑造新人的表述还出现在杜古尔对青年的培养上。这不光体现为杜古尔在专业技术上对他们的点拨，还体现为他在精神上对运动员的栽培。面对即将赢过自己的齐米

① 汪晖：《韦伯与中国的现代性问题》，《汪晖自选集》，广西师范大学出版社 1997 年版，第 2 页。

② ［英］齐格蒙特·鲍曼：《流动的现代性》，欧阳景根译，上海三联书店 2002 年版，第 173 页。

③ 玛拉沁夫：《花的草原》，作家出版社 1962 年版，第 22、26、24、26 页。

德，杜古尔深知"恰是失败，帮助许多新手，变成优秀运动员，帮助优秀的，成为更优秀"，"齐米德……的前途是不可限量的，但是当他第一次进行比赛……如果轻易地获得胜利的话，他在未来的生活中，会不自觉地认为胜利是可以轻易取得的；而这，会像慢性毒药一样毁灭一个青年，一个无疑是天才的青年！"① 杜古尔最终在冲刺阶段拼尽全力，夺得桂冠。他的全力冲刺并非为了个人荣誉，而是为了帮助青年运动员进步。作为新人的杜古尔也将接力棒交到年轻人手中，帮助新一代新人诞生。新人的文化逻辑实际上和现代性的时间逻辑一致，呈现面向"进步"的特点。茅盾在阅读《花的草原》后有过如下评论："杜古尔……作为诱掖、爱护后进的长跑家时，他没有被写到应有的（读者所期望的）那样深刻。"② 对于杜古尔"不够深刻"的评价针对的是他对于晚辈的保护，这从侧面说明了塑造新人是彼时文化语境的重要内容。

杜古尔对齐米德的帮助更多体现在精神上。除了改变身体素质，祛除与旧社会的关联，割断"东亚病夫"的污名化历史脉络外，塑造新人更是政治层面的主体构想。因此，如何实现新人在政治精神上的蜕变也成为叙事所需要达到的文化设计。这也造成了小说中关于体育的书写总是会关涉运动员的精神建构问题，体现出鲜明的由身到心的二元对立及其转化模式。

笛卡尔将身体与心灵视为两个不同范畴，胡塞尔否定"身心二元论"，梅洛-庞蒂则彻底贯彻"身心一元论"。然而，在 20 世纪五六十年代的体育小说中，身与心并不统一，心灵/精神对于身体总是有优势地位。这其中的原因或许有两方面。一方面，自晚清中国深陷危机开始，知识分子就已经延伸出从器物到制度再到思想文化的救国路径。从根本上改变国民的思维认知才是实现国家独立富强的法门，这作为一种文化认知，或隐或现地影响着作家的创作实践。另一方面，《在延安文艺座谈会上的讲话》（下文简称"《讲话》"）作为新中国文学的"方向"指导着作家的创作。《讲话》指出："我们的文艺，既然基本上是为工农兵，那么所谓普及，也就是向工农兵普及，所谓提高，也就是从工农兵提高。"③ 既然如此，如何在普及的基础上提高，就成为作家不得不思考的问题。如果说身康体健、身强体壮已能够摆脱"东亚病夫"的刻板印象，那么在解决肉身问题后还需要提高，也就只有通过非肉身化的途径，所以精神层面就顺理成章地成为作家在表现从普及到提高时的进入方式。其实，这不光是延安时期才传播的认知，青年毛泽东在论及体育锻炼时就已经指出："欲文明其精神，先自野

① 玛拉沁夫：《花的草原》，作家出版社 1962 年版，第 36 页。
② 茅盾：《〈花的草原〉——读书杂记之四》，《草原》1963 年 2 月号。
③ 毛泽东：《在延安文艺座谈会上的讲话》，《毛泽东选集》（第三卷），人民出版社 1991 年版，第 859 页。

蛮其体魄；苟野蛮其体魄矣，则文明之精神随之。"①"体魄"的发达是为了"精神"的文明，精神由此获得了更高的地位。事实上，在现实生活中，工农兵作为预设的读者群体，在身体素质上并不欠缺，反而是在文化层面上相对薄弱，因此小说中常出现的政治教育也正对应了现实情况。

《关键的时刻》讲述了红、白两队参加女子排球比赛的故事。白队刘志敏和红队刘志男是一对嫡亲姐妹，两人在比赛时相遇，夺冠大热门红队意外输给白队，主力刘志男陷入不快。但她的不快并非由于自己没发挥好，影响了红队获胜，而是与妹妹获胜后的骄傲有关。刘志男向白队教练坦露心绪："志敏她要炼成个运动员哪，怕很有危险！你只看她下午球赛胜利以后，那么股派势！简直就高兴的发了疯！死命抱住自己的队员，站都快站不住！连跟友队队员握手告别，都忘了个干干净净的！这，这还像话？这完全是盛气凌人……"志男担忧的是妹妹的骄傲会毁了她的运动才华。体育叙事升格为性格塑造问题，一篇政治教育小说俨然成型。妹妹能不能算得上"优秀运动员"，似乎与她的竞技本领没有太多关系，反而与她本人的政治觉悟、性格特点有关。叙事之后的重心也就落在如何改变妹妹以及妹妹是否真的转变。在小说的结尾，妹妹果然有所转变，向姐姐诚恳道歉："姐姐！我昨天犯、犯了错误，闹了阵骄……骄傲自满，我向你检讨，请你批评！"而姐姐也向妹妹道歉："我都骄傲得摔、摔了个嘴啃地哪！我正说要请你批评呢，我的好妹妹……"② 小说展现了双向的提高，妹妹与姐姐在以对方为镜像的过程中实现了各自的成长，成了更优秀的运动员。小说的目的显然不在于表现运动员的英勇精神或运动中的英姿，而在于表现运动员的精神素质与政治觉悟，呈现的正是新人的生成过程。

《几个篮球队员》讲述了高二（3）班和高三（1）班的篮球队争夺运动会冠军的故事。本来领先的高二（3）班因李雷的刚愎自用输掉了比赛，团支书将失败的原因归结为"各人打各人的球"、"有一些人又犯了个人英雄主义"。小说展示了李雷如何从不接受这样的评价到逐渐认同并改正，高二（3）班最终获得了胜利。班主任在总结胜利的经验时说道："球赛获得胜利不仅因为技术上有了进步，更主要的，是思想水平提高了，一贯喜欢独打独冲的球员现在懂得了如何去同其他队员全面合作。"李雷自己也"眼眶里闪着泪花"，与同学们"紧紧地拥抱了"③。比起比赛胜利，李雷对个人主义的祛除更让人激动，叙事也将比赛能否获得胜利归结为是否有集体主义精神。有集体主义精神的新人是比赛胜利的关键，技术能否施展甚至都受这一点的钳制。

---

① 二十八画生：《体育之研究》，《新青年》第 3 卷第 2 号，1917 年 4 月。
② 康濯：《关键的时刻》，《康濯小说选》，湖南人民出版社 1984 年版，第 587、596 页。
③ 王金鑫、金文：《几个篮球队员》，《雨花》1959 年第 3 期。

与《关键的时刻》、《几个篮球队员》不同，《最快的一棒》和《决赛的时候》中的新人由儿童扮演。小学生郭勇军在接力跑中不遵守规则，致使班级输掉比赛。但他做好事不留名，贡献出了自己"留着入队那天"穿的白衬衫，这让老师、同学们为他鼓掌，"他只觉得这掌声比那最快的一棒获得的掌声更响亮、更悦耳"①。幼儿园儿童陶红因为刚接种完卡介苗，胳膊疼痛，无法参加园里举办的跳绳比赛。老师担心"陶红已经快上小学了，还这么娇气，长大了怎么能够经受得住艰苦"？目睹李明忍着腿伤为集体争光的陶红想到"红军伯伯为了打胜仗追敌人，脚上磨出了血泡，也不怕痛，不叫苦，还一样的爬雪山过草地哪"②，最终参加比赛，为班级赢得了荣誉。两篇小说呈现出明确的政治教育指向，体育比赛在这里不过是政治教育叙事的一个环节，本身面目模糊。小说的失真性显而易见，与其说幼儿园儿童如何通过对民族国家苦难叙事的回忆产生高昂的集体荣誉感，不如说是作者对儿童一厢情愿地拔高，透露出对新人成长的焦虑。

夏衍在为人民体育出版社编选的体育短篇小说选集作序时写道："我们年轻的运动员却都在严格地要求自己，要成为一个具有高度集体主义精神和共产主义品质的、为社会主义祖国争光荣的体育战线上的战士"；"新中国体育运动的目标是锻炼身体、保卫祖国、保卫社会主义事业，他们不是'为运动而运动'，不是为锦标而比赛……更重要的是他们把友谊和学习放在比胜负更重要的地位"③。夏衍专门强调的"不是为运动而运动"、"友谊"、"学习"等内容实际上要突出的正是一种政治品质。质言之，我们从中可以窥见主流意识形态认同的运动员应是兼具体育性与政治性的人物，甚至应以政治性为主导。主流意识形态对运动员政治性的侧重规制了体育叙事对运动员的想象。

对新人政治性的要求也触及个人择业问题，《女篮6号》就涉及这一点。体育学院的学生杨巧莲是女篮运动员，决定毕业后前往内蒙古，"到边疆地区去为兄弟民族的体育运动事业，贡献出自己的一份力量"。男朋友唐大川在一番考虑后也做出了前往内蒙古的决定。巧莲的室友柳月云决定毕业后去新疆工作，但柳月云的男友曹林不愿放弃北京的生活，两人分道扬镳。了解柳、曹二人的选择后，巧莲决定试探大川，于是改口称自己离不开北京，大川坚持"绝不能向她那种思想投降"④，两人因此分开。两人在呼和浩特的一场篮球比赛现场重逢，巧莲代表内蒙古队出战，她认出了大川，叙

① 许纯：《最快的一棒》，《人民文学》1964年6月号。
② 吴春芹：《决赛的时候》，《人民文学》1964年6月号。
③ 夏衍：《文艺与体育的因缘——〈礼物〉代序》，《礼物：体育短篇小说选集》，人民体育出版社1963年版，第Ⅳ页。
④ 玛拉沁夫：《女篮6号》，《人民文学》1963年2月号。

事戛然而止。小说中巧莲、月云前往边疆地区服务实际上配合了主流意识形态的政治实践。社会主义中国存在着工业和农业之间、城市和乡村之间、脑力劳动和体力劳动之间的差别。为了缩小三大差别，毛泽东发出了"城乡必须兼顾，必须使城市工作和乡村工作，使工人和农民，使工业和农业，紧密地联系起来"① 的号召。其中，关于缩小城乡差别的具体实践就包括号召青年知识分子"上山下乡"、要求城市开展对乡村的支援等。巧莲和月云的选择正是在此意义上与主流意识形态的诉求高度一致。贪恋城市生活自然成为需要鞭笞的观点，这不仅体现为对曹林的设置，而且成为大川给巧莲定性的标准。因此，符合主流意识形态设想的新人呼之欲出。然而，这篇小说在配合宣传缩小城乡差别、奉献自我等主流价值观时，却让体育叙事本身成了可有可无的"空架子"。小说需要传递的主题似乎不需要依托体育叙事完成，体育叙事在小说中的比重不高，甚至对于情节也没有过多推动作用，颇有刻意"粘贴"体育的嫌疑。这反映出文学与政治深度耦合后，政治对文学的干涉在一定程度上损伤了文学的审美自律，文学审美本身在此时期的创作实践中终究难以抵达。

三、体育叙事与民族国家身份的想象机制

在主流意识形态的新闻宣传中，运动员外出比赛为国争光，体现出中国在世界舞台上的生存处境与影响力。这是中国努力融入世界的表现。此时期的体育叙事也出现了运动员在国际舞台上亮相，为国家争荣誉的内容。这表征着民族国家身份的想象。

《球场风云》将故事背景设置在中华人民共和国成立前的上海。工厂员工组成的足球队应战美国水兵足球队。国民党派往工厂的"劳工顾问"与厂长泼里斯、美国水兵足球队领队沙逊少校等人勾结，打算破坏比赛，利用手段抓捕工人足球队的中锋李凌，阻止并整治工厂的罢工行为。从故事背景的设置上看，叙事带有鲜明的意识形态色彩，国民党与美国相互勾结并影响工人的正义行动，实际上是以具象化的形式影射帝国主义与官僚资本主义在中国的横行。毛泽东曾在晋绥干部会议上说："无产阶级领导的，人民大众的，反对帝国主义、封建主义和官僚资本主义的革命，这就是中国的新民主主义的革命，这就是中国共产党在当前历史阶段的总路线和总政策。"② "劳工顾问"、泼里斯和沙逊少校的设置图解了毛泽东对新民主主义时期革命任务的阐释。帝

---

① 毛泽东：《在中国共产党第七届中央委员会第二次全体会议上的报告》，《毛泽东选集》（第四卷），人民出版社 1991 年版，第 1427 页。

② 毛泽东：《在晋绥干部会议上的讲话》，《毛泽东选集》（第四卷），人民出版社 1991 年版，第 1316–1317 页。

国主义和官僚资本主义对工人阶级展开破坏，这就不只是一场比赛，而是象征着中国人民的抗争革命之路。小说具体展示了美国及国民党势力如何对付工人队员："美国队的中坚和后卫像一把钳子一样向着他直冲过来……那两个水兵队员不管李凌脚下有没有球，恶狠狠地抬脚向他的大腿踩去……他努力睁开眼睛，只模糊地看到对方的守门员没精打采的在球门里拾球，他的嘴角浮起了一丝微笑，就又昏昏沉沉的晕了过去……"① 美国和国民党的阴谋显然没有得逞，工人阶级主体性在比赛中确立起来。比赛实际上配合了工人阶级主体性的动态生成以及对帝国主义和官僚资本主义的突围，工人最终战胜帝国主义与官僚资本主义，指称了现代民族国家的政治认同及构成。体育叙事成为现代民族国家身份想象的微缩样本。

刘禾认为"'五四'以来被称之为'现代文学'的东西其实是一种民族国家文学的概念。这一概念的产生有其复杂的历史原因。主要是由于现代文学的发展与中国进入现代民族国家的过程刚好同步，二者之间有着密切的互动关系"②。中华人民共和国的文学与民族国家的形构过程更是紧密同步，20 世纪五六十年代的文学同样也是民族国家文学。受此影响，此时期的体育小说也常以体育情节反映民族国家的形成与变迁。与前述诸多观照民族国家内部的文本不同，《在墨绿色球台旁》侧重"对外"，提供了中国与世界、个体与国家的复杂想象。

乒乓球队的汪教练带领小江和小雷出国比赛。在涉及有关三人出国比赛的情节前，有一段关于小江在国际赛场上战胜欧洲名将的插叙："赫赫有名的全欧亚军，却以相当悬殊的比分，败在一个北京'红领巾'的手下！……这种崭新的近台全攻打法……对于许多欧洲运动员来说，还是完全陌生的。"③ 作者以乒乓球比赛来构成故事是考虑到彼时乒乓球运动在中国体育环境中的实际情况。中国乒乓球队于 1953 年首次亮相第 20 届世乒赛，参加了所有的项目，在男子与女子团体比赛中获得第四名。到了第 25 届世乒赛，容国团夺得男子单打冠军，标志着中国乒乓球运动开始在世界崛起。之后，中国不仅顺利承办了第 26 届世乒赛，还荣获斯韦思林杯、圣·勃莱德杯、盖斯特杯，并获 4 块银牌、8 块铜牌。选择通过乒乓球切入一个民族国家在国际舞台亮相的故事符合历史真实，加强了小说的可信度。

然而从叙事层面看，既然已经在出国比赛的故事前涉及了运动员为祖国夺得荣誉的情节，那么之后的叙事就应有所转变，以别的方式凸显民族国家主题。作者于是引

---

① 罗国贤：《球场风云》，《礼物：体育短篇小说选集》，人民体育出版社 1963 年版，第 140-141 页。

② 刘禾：《语际书写：现代思想史写作批判纲要》（修订版），广西师范大学出版社 2017 年版，第 178 页。

③ 玛拉沁夫：《在墨绿色球台旁》，《人民文学》1963 年 5 月号。

入了照料球队生活的华侨老人这一角色，并且一开始就有所铺垫："觉得他那紧板的面孔、呆滞的眼光，只是一种表象，在它的后面，好像还有着某种东西似的。"在小雷输了比赛之后，汪教练才确认华侨老人是抗战前中国队的边锋。华侨老人开始了一番诉苦："我们跟你们一样，也是出国参加国际比赛……蒋家'国府'脑满肠肥的权贵们，哪里关心体育事业？……到了国外，财政又发生困难，队员连肚子都难以填饱，怎能在比赛中取胜？结果连遭败绩。外国报纸乘机大肆嘲骂我们是'东亚病夫'……蒋家朝廷反而为了挽回他们自己的面子，通过驻外使馆发表声明，否认我们是中国国队，致使我们在异国他乡，受尽流浪、饥寒之苦，落到半死的境地……"华侨老人的诉苦是对"改朝换代"的一次指认，将落后的时空封锁在过往，以突出当下的幸福美好。"蒋家朝廷"的用语则充满封建意味，将过去描述为"前现代"。这与《花的草原》类似，本质上都是现代性时间逻辑在文学中的反映。然而，已经在异国他乡生活多年的华侨不具备为国争光的可能性与合法性，重担只能落在小江和小雷身上，由他们开始扭转"蒋家朝廷"造成的体育衰落，提升国家的形象与地位。小说中描述了小江的"绝处逢生"，促使他在危机时刻奋力拼搏的是"我们要叫华侨老人的头抬起来"的信念。最终，小江获得了胜利。获胜后，小江脑中浮现出天安门和祖国山河等充满意识形态色彩的意象。这其实是一种风景的构筑，以对风景的抒情式书写表现对民族国家的赞美。这种赞美又将个人与国家形象提高联系在一起。在小说的结尾处，"小江忽然发现升我国国旗的人，正是那位华侨老人；老人仰望着徐徐上升的祖国国旗，眼角上闪着泪花……"[1] 老人终于在此时与小江等中国运动员共享了同一种情感结构，也终于凭借最高领奖台上的中国国旗召唤起祖国的形象，享受到了地域归属感。运动员的身份在此呈现出双重指涉，既指涉个人的荣誉，又指涉民族国家在世界舞台上地位的跃升；既指涉中国，又通过运动员的跨国行动关联流落在异乡的华侨，呈现出跨越国境的情绪共享与民族国家认同。因此，从个人到国家再到民族，全都凭借体育竞技获得新生，笼罩于三者之上的"东亚病夫"称谓也被终结。体育叙事正是在被民族国家征用的过程中获得了更多的打开方式，成为民族国家身份想象机制的叙事符码。

四、结语

通过上面的分析和讨论可以知道，"东亚病夫"自晚清开始就作为现代性焦虑的一种体现形式对社会环境与文化语境产生着重要影响。关于体育的宣传与认知正是在此层面上展开的。这种现代性焦虑在中华人民共和国成立后依然没有消失，通过将过

---

① 玛拉沁夫：《在墨绿色球台旁》，《人民文学》1963 年 5 月号。

往时空指认为"前现代"的叙事策略在 20 世纪五六十年代的文学创作中反复出现，体育小说同样受此文化逻辑的规制。体育描写本身的审美价值不是作家首先考虑的因素，如何在体育叙事中贯彻政治主题、达到主流意识形态的诉求是作家精心设计的环节，"新人"这一带有现代民族国家政治构想色彩的形象也依托体育叙事喷薄而出。体育叙事中个人奋斗的旨归总在民族国家层面。体育叙事作为民族国家身份想象机制勾连起个人与集体、时间与空间、中国与世界等多重关系。回溯 20 世纪五六十年代中国体育小说，不仅是去探索一片还未被深耕的土壤，同时也是去触碰一段在世界民族之林中站立与突围的艰辛历史，更是去感知努力祛除污名化、建构自身主体性的独特文化语境。这也正是研究 20 世纪五六十年代中国体育小说的重要意义。

（作者单位：南京大学中国新文学研究中心）

地方的经验与往返的伦理①

——论萧开愚的"内地"书写

康宇辰

在诗人萧开愚 20 世纪 80 年代以来持续推进的写作中，地方经验是一个屡屡呈现的题材。从最早的自印诗集《前往和返回》（1990）及后来的早期诗作改写本《陟岵之歌》（2018）里，我们可以看到"一个地方青年的地方生活全面感知"②。而长诗《内地研究》（2014）则站在一种古今贯通的文明高度书写了中原地区的社会面貌。从个人生长其中的四川城关到后来生活过的河南地方，萧开愚总是在用书写者的主体感知去联动一种地方的知识和经验。从这类书写的题材选择、切入角度、语言方式等等，都可见出萧开愚从早年起就贯彻的写作方法和伦理选择，以及其中的发展变迁。"内地"何以成为诗歌的取材？又何以滋养诗人的心智，成为一种方法、一种角度、一种写作伦理的实验场？这些正是我们希望探讨的话题。

一、前往和返回

在萧开愚的《动物园的狂喜》、《此时此地》等选集中，都有一首短诗名为《雨中作》。这首诗写于 1987 年，存在版本的变异。事实上，今天所见最早的《雨中作》版本，是自印诗集《前往和返回》中的面貌，和后来的一系列刊登版有较大的不同。关注此诗的初版原貌，意义在于初版比起隽永的修改版，更显豁地说出了一种萧开愚早

---

① 本文系四川大学中央高校基本科研业务费"四川大学双一流创新项目"（SKBSH2022-44）的成果。

② 萧开愚：《陟岵之歌》，华东师范大学出版社 2018 年版，封底介绍。

期的感觉结构，这一个结构或许也就可称为"前往和返回"。笔者把初版和修改版写录如下：

《雨中作》（《前往和返回》初版）
有许多奇迹我们到达不了。
江中，月亮象迅逝的闪电
照亮有生之年。
美丽的鸟还在远处
搬运细微的木头或尘土。
那边，新鲜的空气，早年的
生命和死亡
围绕着我们无力返回幸福①。

《雨中作》（《动物园的狂喜》修改版）
有许多奇迹我们看见。
月亮像迅逝的闪电
照亮江中鱼和藻类。
岸上，鸟儿落下飞起
搬运细木和泥土。
新鲜的空气，
生命和死亡。
围绕着我们②。

对照起来可以看出，后来的修改版把初版直截说破的意思重新掩盖起来，带来了一种具体世界的种种感知包裹着读者的诗歌刹那。它元气淋漓，充满隐伏的情绪层次。与之相比，初版的感情限定更具体，指向更明确。奇迹是可以看到的，更是无法抵达的。种种诞生和死去改写着世界的图景，因此，返回的时刻，发现回到幸福的路已然阙如。萧开愚的诗集《前往和返回》（而不能是"抵达和返回"）的主旨，已经在此短诗中流露出来。此外值得一提的是，萧开愚所说的"奇迹"都很特别，比如闪电般迅逝的月亮、鸟的飞行和活动、新鲜空气，最后点出抽象和整体一些的"生命和死

---

① 肖开愚：《前往和返回》，自印诗集，1990 年，第 11 页。
② 肖开愚：《动物园的狂喜》，改革出版社 1997 年版，第 1 页。

亡"。如果说这一切就是他所看到的"奇迹",那么他的奇迹全部都易朽、刹那、鲜活而当下,是属于"此时此地"的诗意。诗意真切,却不可能抵达,只能不断前往而又在某种限度感中返回。

"前往和返回"的诗歌状态,充满了一种对限度感的辨认,这让诗歌的感情变得有了张力,而不是直接的浪漫主义喷薄。其实,从"奇迹"那里返回,可能是被动的,也可能是主动的选择。比如《一张电报》(1987)这样的诗,就是在讲述往异地访友而又被一张严重而简单的电报叫回。于是,诗人说:"生活就像电报这么简单,准确,严重。/交通和风景就是为着这个意义准备的。"① 生活里有此地和异乡这两点,前往异乡和返回此地或许就是诗的过程,这个过程里有真实的交通和风景,也就是诗的内容。这样的"在路上"的时刻,是诗的主体部分和生活的常态,而到达是被延宕的。但是,这样对到达的延宕和折回的自觉,更可能是一种自我选择,其中还透露着拒绝之感。比如萧开愚1987年写下的《偶记》一诗:

> 有一次我沿着凯江散步,
> 直走到浓雾散去,远离县城,
> 看见一群鸭子上岸跑向
> 空旷的河滩,一个男人驱赶,
> 另一个男人折树枝哼歌
> 烧饭,我赶忙掉头回走。
> 本阶级的幸福风景会用爪子
> 死死抓住它的成员,死死地:
> 而实际他终生属于另一阶级。
> 后来河滩在记忆中日益旷阔、迷人,
> 炊烟的绞索常常系住我的脚踵②。

因为对体验的忠实和克制,一个散步的日常情境写出了惊心动魄的感觉。他前往凯江边的风景,但这幸福的农业风景也有让人窒息的时刻,于是前往者不能继续下去,需要掉头回走,内心有拒绝的判断。田园牧歌的景色被认为是幸福的,但若身处这个阶级风景的纵深之中,会感到田园画面后的复杂、辛苦,乃至某些时刻的生存残忍。而外在的幸福风景像鹰爪那样死死抠住其中的生活者,他说不出来,但他此刻强烈地

---

① 肖开愚:《前往和返回》,自印诗集,1990年,第13页。
② 肖开愚:《动物园的狂喜》,改革出版社1997年版,第11页。

感到了自己的不属于，必须行使一个决断，那就是离开。但危险的河滩风景又是"旷阔、迷人"的诱惑，拒绝以后的诗人感到有一种绞索般的东西系住了自己的脚踵/软肋。此诗的情感中有强烈的张力，关乎对生存的常识性处境的洞悉、抵抗与着迷。

迷恋而又带有张力的、"前往和返回"的诗歌方式，在萧开愚这里也开启了一种诗歌伦理的可能性。他早年的《海滩上》一诗中有一句惊心动魄的话："用自己的骨头战胜了自己的肉。"① 笔者稍加引申，感觉到在不断摊开和问难"自己的肉"的诗歌推进中，会有一种连续的否定出现，这种否定就仿佛是一首诗的骨头，是那么冷峭、坚硬、"不色情，也没有礼貌"，但是它战胜了一首诗"肉"的幻觉。这已经接近于伦理，有否定和后果的意味在里面。而真正谈论伦理，是更晚的《哦，女士，你的个人法律》一诗。诗里写道：

> 你的天真和你的固执
> 赢得一个旁听学生的敬意
> 而他奉行着另外的法律
>
> 没有谁谴责他，亲人没有
> 金钱没有，正义感也没有
> 然而他突然感到也没有什么会宽恕他
>
> 两堂课，一个下午的憧憬。
> 学生走出教室，终身离开法律
> 你却走进讲义的下一章②

本文认为此诗里的"法"更近于一种伦理性的判断和规约之物。一个旁听生前往一个法学课堂，有所获得，但最终又返回到自己的地方。在课堂上，女教师和旁听生各自的"法"是不一样的。女教师的法可能是基于学院的法学课本的，旁听生则奉行另外的法律，不同于学院的理想和观念所要求的身心规范。如果说旁听生的"法"相对于女教师是"坏的"，那么在萧开愚的世界里，这种"坏的法"不会受到谴责，但相应的，也没有原谅。但"坏的"是基于某一个视角的判断，学生的法可能并不是坏的。萧开愚的诗歌伦理态度，有些类似这个旁听生，和社会约定俗成的规范不同，不

① 肖开愚：《动物园的狂喜》，改革出版社1997年版，第25页。
② 肖开愚：《动物园的狂喜》，改革出版社1997年版，第29页。

一定坏，不会受谴责，但也得不到原谅。笔者认为这是萧开愚诗歌中"前往和返回"的诗歌方式的一个伦理源泉，应该受到重视。他的诗歌自我是在拒绝和拒绝的内疚中长成的，而为什么拒绝？或许是为了脱离一个常识的、风俗的束缚状态，以便能为自己"作出判断而不仅仅是忍受"（《山坡》）①。笔者猜测，是现实处境本身的纵深风景中秘密的残酷性，让一个忍受者拒绝继续忍受，而要用一个所谓"坏的法"重新做判断。这背后广大的社会历史内容和个人感受的复杂，是很难概括的，但在萧开愚的早期诗歌脉络中已经呈现出了许多。

"前往和返回"的诗歌方式，使诗歌的过程比终点更加真实。萧开愚的诗作一直被认为是难懂的，大概也是这样的写作方法的结果。而他本人对此甚为自觉："我仍然在寻找一首难懂的诗，时光冗长须得消耗。最好能找来一首诗，使我在其中迷失。"②他的诗作也的确常常让人有着迷路的阅读体验，写得过于具体，反而使读者觉得陌生。但至少有一点非常清楚，前往者必有起点，那个起点就是诗人的自我。自我不是困困在内心荒原的自己，而是不断出发，试图前往自我以外，但最终在经历了旅途的风景和过程后会有一个返回。自我和事物的诗学关联由此带出，也就是萧开愚诗歌的"针对性"和"当代性"。他的这一诗歌写作的选择关乎地方书写的独特方法，值得详细引述：

> 如果承认慢车中的现实是中国的主要现实，我承认我的生活、思维和语言，已经脱离中国的主要现实。比较起来，我在太过纯洁的虚无中收集和整理自我的碎片。我的脱离同样是心理上的不能脱离，脱离不了。以此自责，许多批评家推崇的拍摄底层现实的诗歌，我还是佩服不起来。缺少内向辨认的政治和道德的向外征服，不能自动具备修辞的说服力。以他人的痛苦为燃料，难免成为他人的灰烬，从幽微与迷离找到自我和自我的影子，或能获得通向他人的起点③。

一个自我如何通向他人？一个现代主义的诗歌阶段，究竟如何获得一种向广袤经验世界敞开的性格？或许需要的正是"内向辨认的政治和道德"，一种把自我的实感和外界的世界联结并联动的能力，也就是不断地在"前往和返回"的交错中去书写。当地方的经验进入萧开愚的写作时，遵循的也正是这样"往返"的诗歌写作的伦理。

---

① 肖开愚：《动物园的狂喜》，改革出版社 1997 年版，第 33 页。
② 萧开愚：《急就的命题稿：辨明晦涩与易懂的关系以前，莫辩优劣》，收入萧开愚：《此时此地》，河南大学出版社 2008 年版，第 422 页。
③ 萧开愚：《相对更好的现实》，收入萧开愚：《此时此地》，河南大学出版社 2008 年版，第 426 页。

二、主流和地方

萧开愚的写作中，有时会表现出一种书写"诗史"的倾向。举一个早期的例子，《动物园的狂喜》中的《往事》①。这首诗回忆童年，那是1968年，当时可能是红小兵的诗人和同伴闯进地主家，他看到一张旧照片上地主"毒辣"的旧式生活，划燃火柴要烧毁它，却在火光中第一次看到彼特拉克的半行诗——嘴巴翘起。这首诗写个人生活史，但是很有扩张性。1968年是"文化大革命"时期，在全球视野下也是革命浪潮席卷的年岁。一个红小兵烧地主的财物，是很常见的文革经验，但是他看到一个诗句"嘴巴翘起"，本身很小资或者浪漫，背后的彼特拉克很文艺，很洋气。时空对接的耦合效果，使这首诗有着巨大的纵深空间。它是一个个人的故事，它更是一个诗人写史，是一种所谓"诗史"的尝试。

从个人生活中的诗史意识，到在更大的视野中记录一种地方社会的公共经验，是很自然的发展。萧开愚早年的诗歌如《中江县》写自己的县城故乡，已有这一维度上的呈现。而我们要讨论的"内地书写"则更是一种诗史式的用力。因此，在进入这一讨论前，有必要对书写地方诗史的方法和站位做一点辨析。诗史的一个重要古代源头显然是杜甫。和今天不同，古代诗人可以凭诗才考科举，从而有机会走上仕途，最理想的情况是成为宰相，站在国家核心地带思考天下与关怀百姓。杜甫就有一个宰相梦，这就解释了他为什么有那么多的忧国忧民，也就是对国家事务的特殊联动感。因而，写作诗史不只是个人在历史中的所见所闻，更需要具有一种史观，其背后是一种整合与解释时代经验的心智能力。古人的此项能力通过他们儒家文化中的官僚身份而获得。儒家修养提供世界观和史观，官僚的上下斡旋提供一种介入社会的、站在主流思考问题的能力，以及对生活中种种事务及其层次的理解应对本领。而中国的当代诗有种长期自居于边缘的强势传统，或许是需要一点反向运作的。所谓"站在主流"的意思，就是萧开愚宣称的："我写诗从来就以主流自任，我不用在边缘的态度思考问题，我正面地看待问题。"② 这里所思考的，既有在世看法，更有语言性格。萧开愚的诗歌能量正来自这一主流站位，以及自我"往返"于书写对象的体验。他的感受必须通过不断地被具体的"此时此地"触发而成立。

2005年，萧开愚结束了在德国的旅居，回国进入河南大学任教，从此很长一段时间主要生活在河南开封。到了河南，诗人在观察本地风光的过程中留下了一批作品，

---

① 肖开愚：《动物园的狂喜》，改革出版社1997年版，第48页。
② 肖开愚、凌越：《诗在弱的一面——肖开愚访谈》，《书城》2004年第2期。

其中最具有诗史意味的，无疑是写河南地方社会面貌的两首力作——《破烂的田野》（2007）和《内地研究》（2007-2012）。这两首诗有一个递进的过程，给我们展示了地方史的原料如何一步步推进为诗歌艺术的经过。为了说清楚萧开愚一首真正的"内地"诗的诞生史，我们应该细读和比较这两部作品。这里先从对较早的《破烂的田野》的分析做起。

河南是一个人口大省，一个中国内地的"地方"。但这个"地方"又有一个高贵的起点，在遥远的古代它是"中原"一带，中国古代文明从这里发生起步，后来扩展到四面八方。地方的现状，始自原本的"中心"的漫长没落。而当代的河南是一个打工大省，河南打工人纷纷涌向广东、深圳等地，成为劳动密集型经济中的巨大产能来源。它还有着在全国形成了一些刻板印象的三教九流的民间气质，代表了不同于京沪政治经济文化中心地带、沿海发达地区的"内地"特色。《破烂的田野》写的是河南的农民工，带着萧开愚从人我"往返"的诗歌方式。具体来说，这是他作为乡土出身的诗人面对当代农村人命运的一种深深的"后怕"，和由此转出的"内疚"。它是一首饱满而严酷的、经验原材料的加工意味尚不浓厚的作品。

《破烂的田野》分三部分，写了城乡流动间的农村妇女、男性、儿童的命运现状。它整体的风貌高亢而强力，有一个几乎一直持续的高音感，哪怕在高音区老道地穿插着变化。这首诗在形式和情绪上有种四川诗歌中的赋的铺张传统。四川诗人在四川方言中长成，这是一种语速很快的、不厌其烦的、偏爱具体而且声音洪亮的方言。一种郭沫若式的重复、高亢、稠密、语言不俭省，在《破烂的田野》中有所共通。但是萧开愚罗列的都是很残忍的事情。一个人以"我忍受着她们"为重复申说的每句开头，后面不避讳残酷地说着农妇的生存状况。这种表达方式和人我状态设计造成的阅读观感很复杂，甚至会对读者有所冒犯。比如：

> 我忍受着她们见菩萨就拜。她们的父亲在墙角抽烟和喘气。
> 她们的丈夫和儿子在天知道什么地方打工和遭白眼。
> 她们的身体献给了农田。她们只有颤颤巍巍的灵魂，
> 无论真假，需要菩萨①。

这其中宗教的重要和无效，农妇的绝望和认命以及认命后的儿戏感，以及苦痛的人对菩萨的需要与轻忽，都是太曲折的伦理功课。冷酷的叙述翻起了一种不愿直陈的共情之感，读者会不适于诗人的直率和下笔之重。但大家知道这不是一首晒疮疤以显

---

① 萧开愚：《此时此地》，河南大学出版社 2008 年版，第 314 页。

示居高临下的人道主义关怀的诗。萧开愚用了很多河南的现实事件，但他的技艺和表达在于张力的翻转，诸如"骗子也是一个可怜虫，一朝下岗黑心就变得雪白，／就去到山西的砖厂，白痴得想不起反抗和今日何日"。这是一种在一个凝聚的伦理感下层层拷打出来的句子，有一种陀思妥耶夫斯基的强力和深狭，劈开事实，挖出了偏颇的真理。

萧开愚在此诗的补充说明中写道："但愿这篇东西不会加入对农民的剩余价值的再掠夺势力当中。我不反对用农民的不幸治疗知识分子和诗人的心理疾病，我不反对任何使得社会重视三农问题的舆论。"① 这态度有站在主流而看透的通达，又带着悲观。知识分子的同理心本就不可靠，常常夹带了自恋和陶醉，用底层苦难医治自己的良心病态。但是，除此之外还有什么呢？这人间的具体的复数痛苦，或许也只能用说漂亮话的文学来引起人们的关注，但诗人自己最好有一点耻感。萧开愚的《破烂的田野》，基于前往自己出身的乡土的现状，而又折回到一个侥幸逃离者此时此地的愧疚，终于又一次造成了一首"前往和返回"的诗。他前往他不能无视的河南农民的世界，在这一过程中又不断回返到那个对着河南农民修辞的自我，感到伦理的连带和不适，但没有办法。他知道"本阶级的幸福风景"会不断回来，甚至变成"不幸福的风景"，而他的迷恋在于，五味杂陈的经验会一次次给他的诗歌以能量，他会拿着这道"风景"写出更宏阔精心，也更深隐内疚的诗。

三、经验和书写

如果说《破烂的田野》对于经验原材料尚没有十分强力的加工改造，是一首修辞相对朴素的、以饱满的张力的伦理感觉同时刺痛写作者和读者的诗歌，那么在此诗完成后紧接着就开始写作的《内地研究》则对经验有高度诗化的转化和表达。《破烂的田野》更多诉诸内容自身的力量，《内地研究》则更加独特地对待语言、拷问语言，在修辞的实验中完成对地方的把握和文本的建构。可以说，书写/阅读这两首诗的过程，是一个见证一首真正的诗歌诞生的过程。

首先，地方的经验是什么样的？既是"经验"，那么必定是客观存在经过人心的中介而转化成的一种人事记忆。但经验要被定型和保存，必得依靠叙事。在我们文明的中心地区（如北京）对于中华民族经验的"叙事"中，我们可以轻易辨认出一个宏大的、具有强劲整合能力的先验框架。中央地带对于它所管理/代表的全体的叙述和建构，是有很抽象的理念作为官方的历史叙事基座的。这个抽象理念的基座，包含了许多不证自明的前提和判断，而又广布全国。这就是正统。正统包括伦理的正统，而萧

① 萧开愚：《此时此地》，河南大学出版社 2008 年版，第 317-318 页。

开愚从一个具体的、被他称为"内地"的河南地方出发，要讲述一个有别于中央宏大叙述的、拒绝其强劲整合力量的叙事，是需要方法的。他的方法是一反观念统治事实的宏大叙事，再次诉诸"具体"，寻找一枚枚与他的感知相"联动"的地方经验碎片。在诗歌中，这些碎片互相交错，但没有一个整合的叙事，而是任其交错。地方的意义，或许就在于此。值得一提的是，地方的叙事方法背后有地方的伦理，这与萧开愚那个非正统的、不会被谴责但也不会被原谅的伦理姿态属于同构。地方的道德不会被审判，但地方的道德也不会被谅解。这是一个地方的固执，它在某些地方保守着自己，不愿意成为普遍和中央。这个逻辑正是地方性知识的逻辑，这个逻辑的正当性基础在于地方的问题要用地方知识来处理，才是有效的和在地的，而《内地研究》追求这种旁逸斜出的叙事有效性。

驳杂的经验碎片的采撷和编织，是《内地研究》的基本方式。但这样的编织也是经过了一种整体的考量安排的。内地，也就是古代的中原地带，曾是华夏文明的发源地，在若干朝代的更替中作为历史正剧的舞台。但而今，它的没落已历久年深，成为一个稗史或地方戏的舞台。这是一座活着的、携带大量经验碎片的巨型废墟。萧开愚的诗歌研究它，选择和取用它，重新叙述它，用诗歌的语言历险转化历史经验。在此，"前往和返回"的诗歌心智依然是其底色。诗人不断前往历史和当代的内地现场，这个内地的本体也正像一个巨大而衰朽的奇迹，带着没落而粗粝的生机，其中寄居着鲜活的当代人事。和早年《雨中作》所言无法到达的"奇迹"相比，这何尝不是一个更巨大而晦暗的人间奇迹呢？前往这个奇迹的深处的旅途，正是《内地研究》的方法。它借由一些具体的道路，比如周口少年犯事件，比如乡村修路问题，比如环保问题，比如地方财政问题，这一切的具体案例/路径都是为了一探内地的本质精神。但是历史的真实又是无法到达的，它的复杂和幽深，远在诗人独自的人力之外。所以，一次次的前往内地的诗歌旅行，只是带来一个对内地人事和精神的戏仿，在这些返回的时刻，诗人以人的有限和冒险精神，写出了内地的诗史。诗史是心灵的产物，它试图模拟历史真实，但其实宿命般地不能抵达那个书写以外的真实本身。《内地研究》的诗史实验，大约应该如是来把握。

诗史作为文学，其成立的前提是一种苦心孤诣的语言建设。萧开愚对语言有自觉的实验。综观《内地研究》，我们会发现它有章法，也有对章法的主动提示。如开头一句：

> 在河南的地壤中埋伏着一台吸尘器。
> 偏南朝代的屈尊台阁和含悲出没，概被吸收①。

---

① 萧开愚：《内地研究》，广东人民出版社 2014 年版，第 7 页。

　　"吸尘器"在这里是一个奇怪的意象。在诗歌讨论的"内地"主题层面，它或许代表着河南地方的一种吸纳能力。这片土地有一种机能，把中原古今所有历史、现状、人伦、苦痛都吸纳、沉淀在土壤里，然后成为一个地区/族类的本质。吸尘器吸收着尘埃一样的地方人事代谢、经验和传统，把这些东西凝结到一处，是文明的向心力的作用过程。而在另一个"元诗"意识自我呈现的层面，吸尘器是诗歌的诗学方法，诗人强力的、吸纳万物的心智把经验四面抓捕，再通过语言转化这些经验，组织和构造成一首诗。这吸尘器在收纳之余也巧妙地安排着意象的喷涌。于是，我们看到萧开愚密集排布和转化着经验的书写。如：

> 　　河南，盗版的字典，你的满意是传销到的，你的红薯是地表烤熟的，你的人口足够二对一，把轻蔑者痛扁。
> 　　傅山洞中检讨，杜甫一番对偶，轮流为村俗洒扫。
> 　　在胸前和皮带吊一片玉，表示高楼里面流行地气①。

　　这是一段耐读的文字。河南的盗版字典、河南的传销问题、河南的炎热的夏天、河南的人口众多、河南被某些他者所轻蔑的现实——这些东西都被抓取过来做成诗行。然后是它的文化，虽有傅山、杜甫的足迹，但转化为当下，他们的意义似是"轮流为村俗洒扫"。民间"村俗"和文人高致的杂拌儿，充满张力地表现出文化现状的真实。而更精彩的是"在胸前和皮带吊一片玉，表示高楼里面流行地气"。摩登的高楼里的上班族或小领导，胸前、皮带吊一块玉，是一种很土的祈福佩饰，但它吊得坦坦荡荡，一笔写出了河南现代城市人的身心状态。高楼那么洋气，高楼里的人那么接地气。这样的中西交杂，正是河南地方的当代精神。恕笔者引申，在中国的诗歌传统里，这是一种近似于《诗经》"风"的当代诗抱负。

　　但除此之外，还要看到的是这一段的修辞。第一行诗是三个排比（都以"你的×
×"开头），这种罗列经验的结构也是自然的。第二行"傅山洞中检讨，杜甫一番对偶"是对仗，属于古代汉语文学的句法，同时，"检讨"和"洒扫"还押韵。第三行"一片玉"和"流行地气"也同样押韵。萧开愚自由地博采经验的诗歌想象力，配置的是一种精致乃至略为雕琢的修辞用力。对于这种状态，笔者认为包含着想象自由与形式专制的两面，诗中用一种对偶的、复沓的、排比的、古文的语言，把野蛮鲜活的经验强行框进一个不无雕琢的韵律的秩序。而这一独特的艺术感，同构于诗人认识内地和歌唱内地的方法。具体说来，他的原料是广袤的，他的逻辑是枝枝蔓蔓地交错而拒不进行宏大整合的。但诗歌需要一个整合性的力量，这个力量在《内地研究》中首

---

　　①　萧开愚：《内地研究》，广东人民出版社 2014 年版，第 16 页。

先来自修辞秩序。诗的意思的自由交错和诗的形式的统一有序，是《内地研究》的风格，也是诗人对内地的认识论态度。

至于《内地研究》的伦理感受，比起《破烂的田野》痛诉的豁显状态，要深隐很多。但有一些句子就那么同时含带着残忍及其反面。比如写重男轻女的："妹妹当钟点工，七个白天，弟弟打老虎机，七个夜晚。"① 又比如写当地人的："他们白天告三个状，夜里看三台宫廷剧。"② 萧开愚把道德上落差过大的事情用一种直陈的并列方式摆出来，并在他的韵调里流畅而带有一丝满不在乎地布置这些对立项。他的表面的满不在乎会激怒读者，但这种愤怒有一种警醒的效果。道德上表面的残忍态度，其实有一种共情能力在其中。但这种表态和关怀的方式，的确不属于一个约定俗成的、道貌岸然的舞台。笔者倒是觉得，这是一种伦理向度上的颇为成功的艺术尝试，它是惊警的艺术，它也是一种"不会被谅解的"、但有自己骄傲的理由的良心状态。

萧开愚的诗歌中，"前往和返回"的心智方式无疑已形成了一种有效的对于"地方的经验"的关联方法。前往地方而又不断返回自身，可以造成一种主客体的联动，同时也带有张力感和对限度的体认。但更重要的似乎是：一首诗究竟发生在哪里？在萧开愚这里，前往的过程中一切的路途风光，也就是诗歌的所在。至于这旅途通往哪里，是重要的，但不是决定性的。前往的期盼和返回的自觉，使得一路的风景都被一种主观意图上色，成为热量丰沛的诗行。即如著名的《1989 年国庆节》③ 一诗，讲了当初前往哈尔滨访友的全部旅程。诗歌终结于"即将到达哈尔滨"，在对会面的期待中结束。这也依然是前往一个节日，或前往一个奇迹，但作者对过程的言说兴趣可能超过对目的地本身的兴趣。萧开愚《内地研究》这样的长诗让人迷路，大概也是因为相同的诗歌侧重点。所谓"研究"，总是曲曲折折、反复深入、得失莫辨的一种心智劳动过程。面对经验的废墟，一种探究和联动的欲望也只能发生在具体深入其纹理和层次的过程中。至于"研究"得出了什么，或许怎么样都是片面的、人为的结论。这样的终点对于不可穷尽的经验世界本身来说，或许没有那么重要。由此，萧开愚的地方题材诗歌，不是一锤定音的结论判断，而是在曲折的迷廊里的寻找。这寻找的痕迹是过于具体所以难懂的，也正满足了一位诗人在诗行中以迷路耗尽漫漫岁月的偏好。但谁说地方的世界的真实，不是恰恰就在这样的过程之中呢？

（作者单位：四川大学文学与新闻学院）

---

① 萧开愚：《内地研究》，广东人民出版社 2014 年版，第 21 页。
② 萧开愚：《内地研究》，广东人民出版社 2014 年版，第 42 页。
③ 肖开愚：《前往和返回》，自印诗集，1990 年，第 134–141 页。此诗在后来的诸多选本中有较大改动，诗名也调整为《国庆节》。

"族群"的建构、体认与超脱

——试论阿来长篇小说中叙事身份的演变

杨轲轲

小说叙事结构搭建的第一步通常是确定叙事者的身份。在保罗·利科看来，叙事身份理论的基本观点是我们通过叙述人生故事来追寻自我①。这一点恰好印证了阿来的创作历程。自步入文坛以来，"我是谁"或"我们是谁"的问题便成为他作品中始终隐在的主题之一。于阿来而言，利科所谓的"自我"就是他的族群身份，他作品中叙事身份的问题始终关涉对族群的理解与定位。在当下多元文化的语境中，致力于"自我"与"他者"之间的主体性建设也体现出以阿来为代表的少数民族作家在族群叙事上的困境与突围。

作为一个"用汉语写作的藏族人"②，阿来的族群身份，在向他提供进入汉语文学界的独特质素的同时，也为其带来了被标签化的困扰，批评家们将他关于族群身份的建构窄化为一种"藏文明认同"。事实上，阿来一直试图在藏族与汉文化乃至世界文明之间搭建多元对话的平台，消除对藏域的他者化理解，这种尝试表征为"为族群代言"（群体性）与"关注人类境况"（普遍性）之间的张力③。这种张力并非一开始就

---

① Paul Ricoeur. "Life in Quest of Narrative", in *On Paul Ricoeur*: *Narrative and Interpretation*. Edited by T. D. Wood, New York and London: Routledge, 1999, pp. 29-33.

② 阿来：《穿行于异质文化之间》，载陈思广主编：《阿来研究资料》，四川文艺出版社 2018 年版，第 4 页。

③ 阿来关于"为族群代言"与"关注人类境况"的具体论述，可参见阿来：《人是出发点，也是目的地——第七届华语文学传媒大奖获奖词》，载《阿来散文》，人民文学出版社 2016 年版，第 157 页；阿来：《随风远走——茅盾文学奖颁奖礼上的答词》，载《阿来散文》，人民文学出版社 2016 年版，第 148 页；阿来：《有关〈空山〉的三个问题》，载陈思广主编：《阿来研究资料》，四川文艺出版社 2018 年版，第 14 页。

存在，而是与其长篇小说创作相协同，表现为一个逐渐显露的过程。从叙事背景上看，阿来的长篇小说经历了从晚清到近代再到当下的进程，而就叙事身份而言，"参与—部分参与—旁观"的演变路径则揭示了作家对族群的建构、体认与超脱。

一、"参与者叙事" 与族群建构

阿来是嘉绒藏族，但他的藏语仅限于口语交流，没有经过系统训练的他无法用藏语书写，而原本作为第二语言的汉语在写作时却成了他的唯一选择。这种语言上的"错位"，既能使他以"他者的自我"的身份切实地感受汉语的魅力，又可以借由"自我的他者"的身份跳脱出来审视藏族族群文化，并由此于两种异质文化中生发出"身份间性"的自觉。

《尘埃落定》中叙事者的身份是"傻子少爷"，他是整个族群的代表，是故事的参与者。作者用"傻子少爷"的视角，讲述了一个康巴藏族土司家族长达数十年的兴衰史。时代大潮下汉地的革命形势决定了藏地的社会变迁，藏族与汉族之间跨族群叙事场景的搭建是阿来叙事身份建构的关键所在，映照出他对类似"东方主义"的"藏地主义"的反思。在人物设置上，麦琪土司的太太、傻子少爷的母亲是汉族人，把鸦片带进藏地的黄特派员也是汉族人，汉藏混居的原始设置使小说从一开始就介入了文化通约性的问题，先天地消除了地域区隔。在叙事者眼中，藏族人的性格呈现深刻的复杂性，或者说矛盾性，即"面对罪恶时是非不分就像沉默的汉族人，而在没有什么欢乐可言时，却显得那么欢乐又像印度人"①。在故事情节上，也多涉及汉藏之间的文化冲突与融合。叙事者这样描述他生存的土地："汉族皇帝在早晨的太阳下面，达赖喇嘛在下午的太阳下面。"② 但总体而言，主要是汉人在主导情节的发展。无论是鸦片的进入，还是"红色汉人"与"白色汉人"的战争，以及"红色汉人"解放藏地，那些显性的，更多是隐性的汉族力量始终左右着藏地的生死存亡。

阿来的族群叙事建构，首先建基于对藏地宗教传统，尤其是苯教文化的描写之上，即所谓的"神秘叙事"。作为阿来的长篇处女作，《尘埃落定》的问世意味着阿来"藏地书写"的开始，也标示了他身份建构之旅的起点。作品中包括占卜、诅咒、禳疾乃至行云驱雨在内的巫术是苯教文化中最核心的笞码，对寄魂、梦兆与预言等的频繁使用则更为直观地展现了阿来对神秘叙事的偏好。不能阅读藏语书面文学的缺憾被阿来大量的走访考察所弥补。早在《尘埃落定》写作之前，阿来就为地方志的撰写收集过

---

① 阿来：《尘埃落定》，作家出版社 2009 年版，第 13 页。
② 阿来：《尘埃落定》，作家出版社 2009 年版，第 17 页。

大量宗教方面的资料，与当地的研究人员一起实地考察，追踪藏传佛教大师传法建寺的足迹①。在他对口传文学与民间因素广泛搜集的前提下，才有了《尘埃落定》、《机村史诗》以及《云中记》等多部直接涉及藏族宗教的作品。《格萨尔王》更是直接对藏族神话传说的回溯与重述，作者用双线叙事的方式，重新讲述了藏地流传上千年的神话素材，在对史诗传承路径的探寻中把握藏地独特的历史脉搏。

阿来虽然喜好神秘叙事，但他本人并不是宗教信仰者，甚至不是严格意义上的有神论者，他更接近于一个重视自然神性的泛神论者或宿命论者。阿来曾说："我出身的族群中有种古老的崇拜体系，是前佛教的信仰。我不是一个宗教信徒，但我对这种古老的信仰系统怀有相当敬意。它的核心要义不是臣服于某个代表终极秩序和神圣权力的神或教宗，而是尊崇与人类生命同在的自然之物。"② 无论是《尘埃落定》中苯教的"山神"与"雨神"、《空山》中的"金野鸭"，抑或是《云中记》中的山神"阿吾塔毗"，都是某种自然化的神，与人类同在，并为人类赐福。可见，阿来指向的是一种类似斯宾诺莎"泛神论"的信仰体系，崇尚自然神性。马尔康贴近自然的生活环境赋予了阿来一种自然主义的理念，他的自然神性观念不同于宗教中的神佛对信仰的实体化下沉，更注重人与自然的交融；回藏混合的家庭环境，加上对西藏历史的研究，又让阿来对长期以来身居统治地位的僧侣存有很大的信仰质疑；加之他曾直言自己并不关注宗教本身，而是着力于表现人物的宗教态度与宗教情感。可见，宗教于阿来而言，是一种洞察以及剖析人性的媒介，始终为小说主体服务③。

阿来之所以能够建构起独特的跨族群叙事，主要受益于三个方面，即少数民族身份、汉语传统与外国文学的影响，后者主要体现在美国文学与魔幻现实主义上。"身份间性"带来的"文化间性"使阿来可以自由"穿行"于汉语与藏语两种异质语言之间。他不止一次赞扬过汉语悠久深沉的伟大传统，声称当自己用这种语言搭建文学世界时，"自然而然会沿袭并发展这一伟大传统"④。藏汉"之间"的身份让阿来能够同时以亲历者和旁观者的身份体悟汉语的独特魅力，也成就了《尘埃落定》兼收并蓄的语言之美。除此之外，阿来自称受美国文学，尤其是黑人文学、流亡文学与南方文学影响很大⑤。而这三种文学都可以归入"少数族群文学"的体系中，正好与阿来的少

---

① 阿来：《就这样日益丰盈》，解放军文艺出版社 2001 年版，第 38 页。

② 阿来：《关于〈云中记〉，谈谈语言》，《扬子江评论》2019 年第 6 期。

③ 阿来、陈晓明：《藏地书写与小说的叙事——阿来与陈晓明对话》，载陈思广主编：《阿来研究资料》，四川文艺出版社 2018 年版，第 35 页。

④ 阿来：《穿行于异质文化之间》，载陈思广主编：《阿来研究资料》，四川文艺出版社 2018 年版，第 5 页。

⑤ 阿来：《穿行于异质文化之间》，载陈思广主编：《阿来研究资料》，四川文艺出版社 2018 年版，第 5 页。

数民族身份相符合，契合了他的表达需求。阿来还特别强调了马尔克斯的重要意义，尤其是《百年孤独》"颠覆了"自己对小说的理解，也让他反思了许多文学创作上的深刻问题①，而其中最重要的莫过于对"我是谁？我们是谁"②的持续追问。同时，阿来将魔幻现实的表现手法融入"藏地书写"中，增加了小说的审美张力。总体来看，汉语文化传统、美国文学与魔幻现实主义分别为阿来提供了审美基础、类比对象与描写方式三个方面的参照。

客观来说，《尘埃落定》满足了非藏族读者对于康巴藏地的"游客凝视"，类似于一部蕴含"藏地密码"的"西藏秘史"。对当时（1998年）的阿来而言，他也深知藏域的"边地"或"秘境"位置，而且，在他用流利的汉语讲述康巴藏地的过往岁月时，不可避免地形成了一种"观看悖论"——藏人用汉语讲藏地故事给汉人看，而作为藏族的作者自身也异化为一个观看的他者。正因如此，阿来发出了一种"身在故乡而深刻的怀乡"③的喟叹。反过来，阿来也有意识地将藏族思维注入汉语世界，而在少数民族的感知与思维方式进入汉语之后，汉语便"从单一族属的语言变成了多族群多文化共同构建的国家语言"④。阿来在写作《尘埃落定》时，已经产生了对跨族群书写的初步认识。他强调，自己虽然不反对读者以一种异族题材的眼光来看待《尘埃落定》，但藏族人过的并不是完全异质的"另类生活"，对"寻找故乡"这种人之主体的普遍性的挖掘是他一直以来的追求⑤。不过，阐释学的经验证明，作者意图并不等同于读者体验。阿来普遍性的创作意图确实在很大程度上被书中所描写的藏域"奇观"所掩盖，这是"作者已死"的无奈。所幸，阿来并未满足于《尘埃落定》所取得的成就，而是继续创作出了体量更为庞大、世界观更加宏阔的《机村史诗》。这个系列既是《尘埃落定》的延续，有"接着讲"藏地故事的意味⑥，又是阿来"生命共同体"意识觉醒的体现，虽然这种觉醒也被鲜明的"藏地书写"所掩盖，直至《云中记》方才明确显露。

---

① 阿来：《〈百年孤独〉不是孤立事件》，《解放日报》2017年6月17日。

② 阿来：《我是谁？我们是谁？——在东南亚和南亚作家昆明会议上的发言》，《阿来研究》2015年第1期。

③ 阿来：《落不定的尘埃——〈尘埃落定〉后记》，载《阿来散文》，人民文学出版社2016年版，第189页。

④ 阿来：《我是谁？我们是谁?》，载《大地的语言》，四川文艺出版社2018年版，第1页。

⑤ 阿来：《落不定的尘埃——〈尘埃落定〉后记》，载《阿来散文》，人民文学出版社2016年版，第190-191页。

⑥ 阿来自己也说，《机村史诗》某种意义上是对《尘埃落定》的延续，《尘埃落定》讲的是20世纪前50年的故事，而《机村史诗》从20世纪五六十年代开始继续讲。阿来、傅小平：《只有跟人发生关系，背景才是真实的》，《文艺争鸣》2022年第5期。

早期，阿来对族群叙事的理解还处于建构阶段，并未上升到深刻的体认，无论是《尘埃落定》还是《机村史诗》，都未能摆脱藏族身份的桎梏，并没有起到祛除藏文化神秘性的效果，反倒在客观上加深了其"秘史"色彩。当然，对刚踏入文坛的阿来而言，首要任务是将"藏地书写"推广出去，这是他得以立足的根本，至于对普遍性的思考与探讨是之后需要斟酌的问题，这里存在一个主次有别的逻辑顺序。

二、"双重叙事者"与族群体认

《云中记》的出版，标志着阿来的叙事身份体认进入新阶段。《云中记》依然使用了大量的藏族元素，包括宗教信仰、祭祀仪轨与安魂祝词等，但如果因此将其简单归类为一种"藏地书写"，那就是将其"奇观"化与窄化了。阿来所要表现的是作为普遍性的人在面对死亡经验时的反应，云中村只是一个载体，它代表了所有在地震中受难的地区。他在小说发表之后不久说道，受西方现代主义和后现代主义的影响，"我们已经与建构性的文学疏离很久了"①。在解构与反讽大行其道、媚俗与经典分庭抗礼的当下，阿来却选择逆流而上，回归一种经典化的书写。

与《尘埃落定》的"参与者叙事"不同，《云中记》的叙事者由全知全能者与主人公祭师阿巴共同担任，这也使叙事者的身份出现了由族群的参与者向旁观者的转变。从家乡到地震灾区，叙事角度从亲历者视角转变到旁观者视角之后，在文本中也显现出"冷眼旁观"与"置身事外"的叙事风格。"冷眼旁观"是由于阿来不愿再揭开伤疤，但身为一个作家，他又觉得自己有记录的责任，于是只能选择假装冷漠；而"置身事外"能够让语言在想象与现实之间随意往返，更流畅地推动情节发展，给叙事者提供了极大的叙事自由。身份的切换也引发了小说体例的转变，与之前所有作品采用的形式不同，虽然《云中记》仍追求史诗感，但音乐性才是其最为突出的特征。阿来借鉴了西方古典音乐中的仪式感与空间感，将之运用到《云中记》的创作中。小说模仿了莫扎特《安魂曲》的体例，以插叙、倒叙与追叙相结合的方式，穿插讲述，整体前进。在此基础上，神性、传统与现代三个世界得以同时展开，相互交错，从而获得了超越时空的普泛性意义，《云中记》也由此摆脱了挽歌的单纯悲伤，而趋近于颂歌，成为一首在死亡中新生的"安魂曲"。

"返乡"情节是阿来体认身份所倚赖的主要方式，身体的出走与精神的返乡构筑了文本天然的叙事张力。早在《格萨尔王》中，主角"仲肯"（说唱诗人）晋美追随着格萨尔王的脚步，一边前行一边讲述格萨尔王的传奇，在轮回中抵达圆满。英雄的

---

① 阿来：《关于〈云中记〉，谈谈语言》，《扬子江评论》2019 年第 6 期。

故事讲完，主人公也在精神上获得安在。《机村史诗》系列中逐渐失去家园，乃至沦为"空山"的"机村"中的所有人，都在某种程度上不断重复"出走/返乡"的过程。而《云中记》全书的主旨便是返乡，个人层面是祭师阿巴的个人返乡行为，族群层面则是他带着地震幸存者的寄托回到即将消失的故乡，以求亡者魂安、生者心安。阿巴这个介于人神之间，负责"奉侍神灵和抚慰鬼魂"①的"半路出家"的祭师，他的报本追远，是现实意义上的身体还乡，但更重要的是精神还乡与心灵救赎。在地震发生10年之后，阿来才提起笔重新讲述这段不堪回首的伤痛记忆，这种"在人类的伤口上行走"②的写作方式，除了缅怀逝者，以一种"卡塔西斯"式的结尾使地震幸存者压抑了太久的情绪通过宣泄而求得安宁外，便是提出如何在规避现代对传统的殖民后重构"意义秩序"。这既是作者对"云中村"的追问，也是对自身的省察。

总体来看，阿来小说中"返乡"的作用体现在三个维度。第一，"返乡"是一种自省与反思，有助于作者重新确认自己的身份坐标——在家乡（马尔康）与生活地（成都）之间，在乡村与城市之间，作者在现代化的洪流中通过回归精神家园的方式检视自身的"认知图绘"。第二，"返乡"赓续了作者一贯的为藏地代言的创作使命，尤其是在藏地已经被现代化裹挟到失去本真的当下。第三，对"返乡"的描写凸显了作者的叙事野心，即史诗化的创作追求。"返乡"是史诗中最为常见的母题，从《尘埃落定》到《机村史诗》，到《格萨尔王》，再到《云中记》，阿来的长篇小说创作以"返乡"为联结，显露为一个持续性的史诗诉求。阿来将布鲁姆对"好小说"的衡量，包括所谓的"审美的光芒"与"认知的力量"以及二者结合而生的"智慧"③作为自己的创作标准，而布鲁姆提出的史诗定义，即对"英雄精神"与"不衰的想象"④的描写，则是阿来史诗化创作尝试的真实写照。他在笔谈中的说法也印证了这一点⑤。

但阿来并未停留在"返乡情节"所带来的读者认同上，而是将其升华为对"大声音"的求索，从而构筑起"生命共同体"意识。阿来曾宣称，文学之于自己，是"扩展自我生命的途径"；而文学的任务，则是"寻求一种飘在天上的'大声音'"⑥。"大声音"是阿来从佛教借用来的概念，其"大"之所在指向包容与开放，表现为立足于藏文化，向汉文化、西方文化以至于所有文化的展开，而它所关注的，是人性的

---

① 阿来：《云中记》，十月文艺出版社 2019 年版，第 6 页。
② 阿来：《大地的阶梯》，四川文艺出版社 2017 年版，第 15—16 页。
③ 阿来：《阿来〈云中记〉：献给地震死难者的安魂曲》，《北京青年报》2019 年 7 月 2 日。
④ ［美］哈罗德·布鲁姆：《史诗》，翁海贞译，译林出版社 2016 年版，第 6—7 页。
⑤ 阿来：《关于〈云中记〉，谈谈语言》，《扬子江评论》2019 年第 6 期。
⑥ 阿来、陈祖君：《文学应如何寻求"大声音"》，《现代中国文化与文学》2005 年第 2 期。

普遍，是"在普世价值的层面与整个世界对话"①。无论是创作何种小说，对于作家来说，"都是关于人的命运与福祉"②。"以人为本"是阿来一以贯之的信念，亦即所谓的"大声音"的核心理念。

现代化的车轮裹挟着一切滚滚前行，"加速"的世界带来一系列身份焦虑，无论是个体的或是集体的身份认同，以及由此引发的多数与少数、中心与边缘的区隔，成为当下人们所共有的精神痼疾。《云中记》是一种独特的"灾难叙事"，表面上是祭师阿巴一个人随"云中村"消亡，内里却包含着数十万地震受难者的伤痛记忆。阿来用祭师阿巴返回"云中村"并与村庄共同消亡的描写，回应了在大悲痛面前人以何种方式面对以及急遽转型的时代背景下人以何种方式存在的主题。叙事的冲突不仅体现在不同民族之间，也体现在传统与现代之间——"科学和神谕都把力量明明白白地显示在人们面前，那就必须从中选择一样来相信了"③。阿来十分推崇萨义德关于"灾难叙事"的观点，即"知识分子的表达应该摆脱民族或种族观念束缚，并不针对某一部族、国家、个体，而应该针对全体人类，将人类作为表述对象。即便表达本民族或者国家、个体的灾难，也必须和人类的苦难联系起来，和每个人的苦难联系起来"④。这种超越了狭隘的民族本位主义的"生命共同体"意识，是阿来对身份问题的更高维度体认。但"大声音"与"生命共同体"的追求在某种程度上削弱了阿来的"藏地色彩"，便有部分外国评论家，如霍华德·乔伊等将阿来归类到汉语文学中，强调其与主流汉语作家相同的对空间叙事的青睐⑤。这显然有些矫枉过正。对普遍性与共通性的追求并不表明作家文化归属的变更，更不能因此剥夺作家文化身份认同的权利。阿来是一个探求"大声音"的作家，但他首先是一位藏族作家，这是无法更改的事实。

阿来将叙事身份的体认上升到对"大声音"的追问，从而将个人与集体乃至社会联结起来，体现了他明显的创作转向。然而，就效果来讲，《云中记》依然未能脱离读者已经在《尘埃落定》与《机村史诗》中搭建起来的"期待视野"。也就是说，虽然阿来讲述的已经不是真正意义上"家乡"的故事，核心也从族群叙事转变到"后灾难叙事"，但仍未脱离"藏地书写"的范式，依然采用了之前"以少数民族的身份讲

---

① 阿来、陈祖君：《文学应如何寻求"大声音"》，《现代中国文化与文学》2005 年第 2 期。

② 阿来：《人是出发点，也是目的地——第七届华语文学传媒大奖获奖词》，载《阿来散文》，人民文学出版社 2016 年版，第 148 页。

③ 阿来：《云中记》，十月文艺出版社 2019 年版，第 258 页。

④ 阿来：《有关〈空山〉的三个问题》，载陈思广主编：《阿来研究资料》，四川文艺出版社 2018 年版，第 14 页。

⑤ Howard Choy, *Remapping the Past*：*Fictions of History in Deng's China*, 1979 - 1997. Leiden：Brill, 2008, pp. 10-12.

少数人在少数地区发生的事"的故事结构。从阿来自己设置的"大声音"标准看，他的身份建构在《云中记》就完成了，但真正的超越还是要在之后的作品中得以实现。

三、"旁观者叙事" 与族群超脱

阿来承认，尽管他本人"命定要从一种在这个世界上显得相当特殊的文化与族群的生活出发"，但他一直在试图"超越这种特殊性，通过这种特殊性而达到人性的普遍"①。《寻金记》可能就是作家长期求索的结晶。在此之前，阿来作品中关于藏域风情、宗教认同或是人物图谱的描绘，都与族群身份相关，但《寻金记》不同，它显然转向了对人性的探索，不再纠结于族群的建构与体认。乍看之下，称《寻金记》为阿来的转向似乎有些牵强，因为"人性"几乎是所有小说共同的母题，它充其量不过是回归了传统议题而已。但这个问题还是需要结合作者的身份与长期以来的创作路径来看，对于以藏族作家身份进入文坛并且因"藏地书写"而成名的阿来来说，放弃对族群身份的建构而致力于对有共通性的"人"之问题的探讨，确实是一个幅度不小的转向。

不同于《云中记》的"双重叙事者"，《寻金记》完全将叙事的权力交付于不存在的全知全能者，"旁观者叙事"的身份定位已然超越了族群叙事的范畴。与此前的长篇小说相比，《寻金记》的转向首先体现在叙事手法上，阿来一改之前抒情性极浓的笔法，转而采用"零度叙事"的方式，刻意隐藏了作者的情感取向。《寻金记》虽然延续着阿来常用的"灾难叙事"，依然讲述了一个悲剧故事，却不像《尘埃落定》中的"悲天悯人"与《云中记》中的"畏天救人"，作者的笔触冷漠到可怕，仿佛生死只是一种状态而不涉及任何情感。尽管当下我们只能阅读到上部，但这只有一半的文本已然释放了诸多阿来叙事风格转捩的信号。除了代表政府、无所不能的刘特派员以外，包括吴树林、赵兴旺、老丁、阿香、追风马和林中犬，以及在当地颇有势力的土匪首领扎西在内，故事中出现的主要人物平时都精明无比，但一旦牵涉进"大金子"的争夺之中时，立马降智，最后都难逃一死。在这个"人为财死"的故事里，每个人都陷入了一种对大金子的"拜物教"，就连富甲一方的袍哥领袖杜大爷都对它行叩拜之礼。故事中的"寻金"是一场人性沉沦坍塌的旅途，也是一场人性苏醒复归的旅途。所有的悲剧都从接触到金子开始，每个人都试图拥金而归，却发现已无路可回。但阿来并未局限在对人性"恶之花"的描绘中，而是更进一步，描绘更加复杂的人性，像追风马、阿香这样并不能单纯以"坏人"来描述的角色的塑造花费了作者大部

---

① 阿来、陈祖君：《文学应如何寻求"大声音"》，《现代中国文化与文学》2005 年第 2 期。

分笔墨。阿香死之前的那句"我不该心软，想到大金子就不该心软"，和将刀捅进她肚子里的林中犬的"你确实是死在自己心软上头了"①，可谓是点题之笔，将人性的复杂表现得淋漓尽致。财富本无罪，是占有者的内心投射使其蒙上了欲望的阴影，最终吞噬了占有者的心灵与生命。当人性被财富异化，叙事者用哲学穿刺的方式在"符号矩阵"里旁观着一切。作者在讲述残忍的故事时并未显露丝毫情绪，只是任由情节推进，似乎叙事者只为叙事而存在。《寻金记》之前，阿来长篇小说中的叙事者同情节一样，都处于一种"被观看"的视角，而在《寻金记》中，叙事者变成了全知全能的观看者。这种类似"反游客凝视"的叙事视角是阿来此前未曾使用过的，也是一种新的以开放为内核的叙事伦理。

第二个明显转变体现在语言上。阿来十分推崇多丽丝·莱辛的"腔调"理论，即"每当有了一个萦回于心的故事，并不意味着就能立即动手写作，而是需要继续等待……等待听见一种'腔调'"②。这一度成为他写作《云中记》的理论参考，并因此沉潜许久，在地震发生10年后方才动笔。所谓"腔调"，其实就是寻找一种适用于故事的语言表述，是内容与形式的契合。从《尘埃落定》到《云中记》，再到《寻金记》，阿来的语言越发显露出一种朴拙感。这一方面与他一贯的喜好相关。他曾提及自己对李白的浪漫主义"无感"却对杜甫的现实主义极为推崇③，并且"很不喜欢"沈从文的那种所谓的诗化语言④。另一方面，便是"腔调"理论的影响。早期，为了营造藏域图景，阿来使用了一种更民族化的语言，而到了后期，"腔调"思维愈发明显，为了叙事服务，阿来剪掉了语言中的枝蔓，采用了一种更加简洁直白的表达。

然而，语言表达的变化只是一面，引发阿来叙事风格嬗变的另一个重要原因，还在于作家的创作追求，即从"史诗"向"传奇"的过渡。如果说阿来此前有一种创作"史诗"的宏愿的话，那《寻金记》就是他写作"传奇"的开端。在《寻金记》之前，包括《尘埃落定》在内的"机村史诗"系列讲述了藏地百年来的浮沉兴衰，这种关于边地的当代"编年史"有明显的文学史诗的韵味；《格萨尔王》与《云中记》则是典型的英雄史诗，所谓的英雄可以是格萨尔王与阿吾塔毗一样波澜宏阔、流芳百世的"大英雄"，也可以是晋美与阿巴一样忠于使命、寂静无声的"平民英雄"。但到了

---

① 阿来：《寻金记》（上），《人民文学》2022年第1期。
② 阿来：《关于〈云中记〉，谈谈语言》，《扬子江评论》2019年第6期。
③ "红星专访｜当选中国作协副主席后，阿来一口气回答了20个问题"，https：//baijiahao. baidu. com/s？id=1719310891076531531&wfr=spider&for=pc。
④ 阿来、傅小平：《只有跟人发生关系，背景才是真实的》，《文艺争鸣》2022年第5期。

《寻金记》，阿来却明言自己采用了一种"新的小说写法"，是"传奇"式的①。小说以军阀刘文辉占据时期的木里金矿发现金砖的故事为蓝本，讲述了一个围绕"大金子"的各方争夺战。整个故事如同经过说书人讲述的奇闻逸事一般，有史实，有杜撰，最终呈现出一种民间传奇的样式。尽管在中国古代文学中有"传奇小说"的传统，阿来也受此影响，但现当代文学中并不存在"传奇"的体裁。阿来之所以放弃"史诗"化的写作风格而转向"传奇"式的写法，部分原因是他关于藏地的故事已经"讲完了"。作家的藏地图景描绘完成，足以消除读者对藏地的他者化想象，而他本人也不再满足于"高原秘史"的书写，需要进一步深入到对人性的体察当中。但更为根本的原因，是作家对于自身核心旨趣的回归。与其说阿来在《寻金记》中发生了创作转向，不如说他在排除了各种复杂情怀的干扰之后，回归了自己一贯的"悲悯情怀"。

"悲悯"是非宗教信徒的阿来作品中流露出来的真正的人文关怀。无论是对康巴藏地与"机村"被时代裹挟的悲悯，还是对"云中村"被地震毁灭的悲悯，以及对因"大金子"而搭上性命的所有人不露痕迹的悲悯，阿来的笔下始终有一种类似古希腊的崇高的"悲剧"感，既是悲天悯人又是畏天救人，虽然最终不能逃脱宿命，但总有一种敢于抗争的普罗米修斯精神。正如某次文学奖项的颁奖词所说，"阿来持续为一个地区的灵魂和照亮这些灵魂所需要的仪式写作，就是希望那些在时代大潮面前孤立无援的个体不致失语"②。在这个信仰矮化的时代，阿来以一个少数民族的身份去省察周遭的流离与诡奇，并以文字为不安的灵魂提供庇护的居所，才是他真正的使命所在。从这个角度看，阿来关于叙事身份问题的建构与超越也就很容易理解了。所有的创作转向都在为核心理念服务，"悲悯情怀"开启了"藏地书写"，也催生了"大声音"的转向，但这些都只是"沿途的风景"，《寻金记》也显然不会是终点，阿来的探索之途还远未完结。

作家风格的转变往往不是一蹴而就，而是伴随着一个循序渐进的演变过程，阿来也不例外。他虽然已经暗示自己未来的创作方向将不会局限于故乡③，《寻金记》的发表，也确实表明作家暂时搁置了多年以来对家乡（康巴藏地、机村、云中村）的"深描"，开启了新的文学探索方向，但至于母体文化会否重新回到阿来的笔下以及新的文学方向将以怎样的方式展开，尚需读者拭目以待。

---

① "《寻金记》亮相《人民文学》新年首刊 阿来：尝试全新写法，现实足够传奇"，www.tibet.cn/cn/book/202201/t20220110_7127828.html。

② 谢有顺：《第七届"华语文学传媒大奖"专辑》，《当代作家评论》2009年第4期。

③ "红星专访丨当选中国作协副主席后，阿来一口气回答了20个问题"，https://baijiahao.baidu.com/s?id=17193108910765315&wfr=spider&for=pc。

结　语

从"参与者叙事"到"双重叙事者"，再到"旁观者叙事"，阿来长篇小说中叙事者的身份逐渐由族群的参与者演变为旁观者，并最终超越了族群叙事的苑囿。在这一过程中，族群身份关涉了三个逐渐扩大的向度，首先是精神原乡，即阿来赖以进入文学圈的藏域风情与民间文化描写；其次是一种"视域融合"，即藏汉"之间"的表述，阿来力图在两种异质文化间寻求认同；最后是"生命共同体"，即作家面向全人类的、关于人的命运与福祉的审视。但这并不代表阿来会将民族与国家乃至世界相等同，他曾明确表示自己很反感"越是民族的越是世界的"这样笼统的表述①。他在三个向度之间设置了鲜明的区分，虽然核心理念互通，在文学表现上却不能混同。因此，如何避免外部对自我的"殖民"，对于阿来念兹在兹的故乡以及作家本身而言，都是长期难以回避的话题。

尽管阿来多次吁请读者关注他作品中的"普遍性"，但吊诡之处在于，批评家仍然将其冠以"异乡"、"神秘"乃至于"他者"之名，且至今未曾超越所谓的"藏文明认同"与"身份流散"的范式。这种"阐释的自大"② 是当下阿来研究亟须破除的窠臼。本文虽然爬梳了阿来的族群身份在各个阶段长篇小说中的逻辑演变，但核心并不在于定位阿来的创作，这无异于给作家多加一个标签。本文的旨趣是试图厘清阿来长篇小说中叙事身份的演变，纠正一些标签化的阐释谬误，避免他自己提到的"过度阐释"③。况且，《寻金记》尚未完结。据悉，阿来还有一部关于美国探险家洛克的长篇小说正在创作当中。对于他这样的多元化作家来说，未来"悲悯情怀"将以怎样的"大声音"的方式书写，仍是一种有待印证的猜想。

（作者单位：四川大学文学与新闻学院）

---

① 阿来：《落不定的尘埃——〈尘埃落定〉后记》，载《阿来散文》，人民文学出版社 2016 年版，第 189 页。

② 阿来：《局限下的写作》，《当代文坛》2007 年第 3 期。

③ 阿来：《关于〈云中记〉，谈谈语言》，《扬子江评论》2019 年第 6 期。

《红高粱家族》受到马尔克斯影响了吗?

谢文兴

《红高粱家族》是莫言的重要作品,也是当代文学的重要收获。论者多认为《红高粱家族》受到了马尔克斯的影响,莫言却声称"红高粱家族系列作品没有受马尔克斯的影响"①。《红高粱家族》到底有没有受到马尔克斯影响?事实究竟如何?厘清这些问题对于探析《红高粱家族》的"渊源"与"来路"、借鉴与创新,推进《红高粱家族》研究、莫言研究甚至中外文学关系研究都不乏积极意义。但是,长期以来,研究者对《红高粱家族》受到马尔克斯影响的论证多停留于感性层面,缺少实证支撑,而莫言的辩驳则颇多自相矛盾之处。有鉴于此,本文拟从莫言与研究者的论争出发,从实证出发,探究《红高粱家族》与马尔克斯的关系。

一、一桩公案:指认与否认

1986 年,《人民文学》第 3 期头条刊发了莫言的《红高粱》,引起巨大轰动。之后,莫言又推出了《高粱酒》、《高粱殡》、《狗道》、《奇死》四个中篇。1987 年,由《红高粱》、《高粱酒》、《高粱殡》、《狗道》、《奇死》五个"系列中篇组合而成的长篇"②《红高粱家族》在解放军文艺出版社出版。《红高粱家族》出版后,关于《红高粱家族》受到了马尔克斯影响的论调不断。对此,莫言或"默言"以对,或辩驳否认。对《红高粱家族》受到马尔克斯影响的指认与莫言的否认几乎成了一桩公案。

《红高粱家族》出版于 1987 年 5 月。同年 9 月,王国华、石挺在《艺谭》杂志第

---

① 莫言:《碎语文学》,作家出版社 2012 年版,第 48 页。
② 莫言:《碎语文学》,作家出版社 2012 年版,第 124 页。

3 期发表的评论文章《莫言与马尔克斯》即指出《红高粱》系列作品受到了马尔克斯的影响。文章认为，"莫言最为成功的系列中篇小说《红高粱》、《高粱酒》、《狗道》、《高粱殡》就明显地借鉴了《百年孤独》的这种特殊结构方式和表现视角"①。之后，关于《红高粱家族》受到马尔克斯影响的论述越来越多。

至今，关于《红高粱家族》受到马尔克斯影响的研究应该说已经比较丰厚了。相关研究或从微观、细部出发，论述《红高粱家族》在叙事、文学根据地创建等方面向马尔克斯的取材。比如，在叙事方面，不少论者就认为《红高粱家族》受到马尔克斯的影响。孙郁认为，莫言"借着马尔克斯的模式，找到了属于自己的叙述原点……在红高粱系列里，在随后完成的诸多乡村题材作品中，他走出了一条别人无法重复的道路"②。许子东认为，"在《红高粱》里，有两种'后设叙述'，一是叙述时间上的'后设'，即在讲述往事历史时处处有意凸显今天（或'后来'）的叙事角度，或干脆打断故事的顺时态进程，突然插入一段加西亚·马尔克斯（Gabriel Garcia Mar-quez）式的句型……"③ 张亦辉认为，"正是马尔克斯的魔幻叙事，启发了莫言，即使是抗日战争的老故事或现实题材照样可以写得那么神采飞扬、如魔似幻。如是，才会诞生《红高粱》"④。"高密东北乡"这一文学根据地在莫言的创作中意义重大，有论者认为《红高粱家族》中"高密东北乡"的创建也与马尔克斯的影响有关。秦岭说，"莫言笔下《红高粱家族》中的高密，并没有完全依靠齐鲁大地的文脉遗风，而是借助于马尔克斯文学精神的动力和现代主义技法，洋为中用，把一个真实、生动、丰富的高密乡和盘托出，没有人会清浅地冠以'高密味儿'"⑤。吴秀明指出，"莫言笔下的'山东高密乡'与马尔克斯笔下的'马孔多'何其相似"⑥。李万钧认为，莫言小说的神话模式受到马尔克斯的重要影响，莫言笔下的高密东北乡与马尔克斯笔下的马孔多乡镇氛围"尤其相似"⑦。

马尔克斯是魔幻现实主义文学的扛鼎人物，在一定程度上成了"魔幻现实主义"的代名词。因此，也有论者从魔幻现实主义文学思潮对中国当代文学的影响等比较宏观的视角切入，论述《红高粱家族》受到了马尔克斯的影响。大江健三郎说："《红高

---

① 王国华、石挺：《莫言与马尔克斯》，《艺谭》1987 年第 3 期。

② 孙郁：《莫言：与鲁迅相逢的歌者》，《当代作家评论》2006 年第 6 期。

③ 许子东：《许子东讲稿·卷二·张爱玲·郁达夫·香港文学》，人民文学出版社 2011 年版，第 273 页。

④ 张亦辉：《叙述》，浙江人民出版社 2019 年版，第 135 页。

⑤ 秦岭：《眼观六路》，民主与建设出版社 2017 版，第 255 页。

⑥ 吴秀明：《当代中国文学六十年》，浙江文艺出版社 2009 年版，第 211 页。

⑦ 李万钧：《试论莫言小说的借鉴特色和独创性》，《莫言研究三十年（上）》，山东大学出版社 2013 年版，第 143 页。

梁》不但超越了历史，而且魔幻现实主义的那种贯穿国家和民族的某种东西和要素也全都有。我最有感触的是，印象中第一章和第二章里有刚才说到的那种形象的飞跃和假想，也可以说就是魔幻现实主义。"① 孙绍振说："魔幻现实主义在八十年代中期对中国当代小说创作发生了一阵冲击波，造就了莫言那杰出的《红高粱》系列以后，就逐渐失去了对中国作家的吸引力。"② 杨早说："在他的《红高粱家族》里我们常常可以看见拉美魔幻现实主义独有的绚丽文字和力求平易的叙事姿态。"③ 赵树勤、龙其林、李永东指出："莫言早期小说《透明的红萝卜》、《红高粱家族》等有着浓重的借鉴、模仿马尔克斯的魔幻现实主义的痕迹。"④ 在不少研究者那里，《红高粱家族》受到了马尔克斯的影响几乎成了"事实"与"共识"。

这种"事实"与"共识"还被不少文学史、文学理论、文学作品选、小说研究资料等采纳。不少当代文学史都将《红高粱家族》受到了马尔克斯影响作为"史实"进行叙述。比如，陈思和主编的《中国当代文学史教程》指出："莫言曾较深地受到美国作家福克纳和拉美作家马尔克斯的影响，从他们那里大胆借鉴了意识流小说的时空表现手法和魔幻现实主义小说的情节结构方式，他在《红高粱》中几乎完全打破了传统的时空顺序与情节逻辑，把整个故事讲述得非常自由散漫。"⑤ 田中阳、赵树勤主编的《中国当代文学史》指出，在《红高粱》等作中莫言"借鉴《百年孤独》中的'过去未来进行时'的叙述法，使'过去—现在—未来'融为一体，也就使叙述具有层次性和历史感。"⑥ 方汉文主编的《比较文学学科理论》写道："莫言的《红高粱家族》等作品中都有拉美魔幻现实主义影响的痕迹。"⑦ 胡健玲主编的《中国新时期小说研究资料》指出，《红高粱》"将心理现实主义的直觉和跳跃的手法与点化后的马尔克斯的艺术技巧融于一体，并无半点孤独之感"⑧。

有意思的是，面对《红高粱家族》受到了马尔克斯影响的种种"指认"，莫言大多数时候都"默言"以对。但是，当遇到采访、对谈等论及《红高粱家族》是否受马尔克斯影响时，莫言则极力申辩。比如，2002 年 2 月在与大江健三郎对谈时，莫言特

---

① 大江健三郎、莫言：《大江健三郎与莫言在中国》，《碎语文学》，作家出版社 2012 年版，第 47 页。

② 孙绍振：《文学创作论》，海峡文艺出版社 2004 年版，第 516 页。

③ 杨早：《纸墨勾当》，新世界出版社 2001 年版，第 3 页。

④ 赵树勤、龙其林、李永东：《蜕变与守望——比较视域中的中国现代家族小说研究》，知识产权出版社 2019 年版，第 46 页。

⑤ 陈思和：《中国当代文学史教程》，复旦大学出版社 1999 年版，第 319 页。

⑥ 田中阳、赵树勤：《中国当代文学史》，湖南师范大学出版社 1998 年版，第 334 页。

⑦ 方汉文：《比较文学学科理论》，北京师范大学出版社 2011 年版，第 196 页。

⑧ 胡健玲：《中国新时期小说研究资料》（中），山东文艺出版社 2006 年版，第 248 页。

别提到《红高粱》系列作品未受马尔克斯影响，理由是"因为他的代表作《百年孤独》我是 1985 年春天才看到的，我写《红高粱》则是在 1984 年的冬天"①。与崔立秋对谈时，莫言也提到"影响肯定是存在的，就像一个人多年前喜欢一个人，是很难一下忘掉的，但是我认为《红高粱》写作的时候并没有受到马尔克斯的影响，我是在写完《红高粱》之后，才读到马尔克斯的《百年孤独》"②。而在与王尧长谈时，莫言对这一问题谈得更为细致。

> 王尧：后来有人认为，你的《红高粱家族》系列作品受到了《百年孤独》的影响。
>
> 莫言：这是想当然的猜测，《百年孤独》的汉译本 1985 年春天才在中国出版，或者是我 1985 年春天才看到，那时根本没空逛书店，更舍不得花钱买书。《红高粱》完成于 1984 年的冬天③。

莫言从写作时间上"釜底抽薪"式地否认《红高粱》受到《百年孤独》的影响与研究者"详实"的指认，让《红高粱家族》是否受到马尔克斯影响这一问题似乎难以辨清。事实究竟如何呢？

二、《红高粱》的写作时间与莫言的马尔克斯阅读

在莫言诸多《红高粱家族》系列作品未受马尔克斯影响的"自辩"中，《红高粱家族》第一部《红高粱》创作在前而《百年孤独》阅读在后是莫言一再强调的。《红高粱》创作时间的难以确定，莫言的马尔克斯阅读情况模糊，又进一步导致了这个问题的纠缠难清。由此，探析《红高粱》的创作时间与莫言的马尔克斯作品阅读情况就变得尤为关键。

莫言在否认《红高粱》系列作品受到马尔克斯影响的各种"辩白"中常常谈到《红高粱》完成于 1984 年。但是，综合莫言及《红高粱》首发刊物《人民文学》编辑朱伟、主编王蒙的叙述，可以发现莫言所说的《红高粱》的创作时间并不准确。在《〈红高粱〉与张世家》中，莫言写道，《红高粱》的创作源于纪念抗日战争胜利 40 周

---

① 莫言：《碎语文学》，作家出版社 2012 年版，第 48 页。
② 莫言、崔立秋：《我的小说是写给谁看的》，《凝望那一片遥远的完美》，河北人民出版社 2009 年版，第 42—43 页。
③ 莫言：《碎语文学》，作家出版社 2012 年版，第 124 页。

年及好友张世家所讲故事的激发。

当时，我并没感到这个故事有多么精彩，但脑子里还是留下了很深刻的印象。几年之后，我考进了解放军艺术学院，正好又赶上纪念抗日战争胜利四十周年，张世家村子里发生过的、张世家亲口给我讲述过的兄弟爷们打鬼子的故事就猛然地撞响了我的灵感之钟。只用了一个星期，我就写出了初稿，又用了一个星期，抄改完毕，然后就给了《人民文学》。又是春节，我在高密休假，收到了《人民文学》编辑的信，信上说《红高粱》得到了时任《人民文学》主编的王蒙的好评①。

在与张同道会谈时，莫言曾更详细地谈到过《红高粱》的创作及发表情况。

张同道：《红高粱》写出来，两家文学杂志都非常看好。
莫言：这部小说，我是给朱伟写的。《透明的红萝卜》在《中国作家》发表之后，《人民文学》小说编辑组副组长朱伟特别感兴趣，专门找到我说，为什么不把这个《透明的红萝卜》给我？我们《人民文学》是老牌刊物。我说我给你再写一篇。后来给他写了篇《爆炸》。《爆炸》是 1985 年《人民文学》11 期发的，头条。当时能在《人民文学》发个头条可是不容易。他听说我要写一个有关抗日战争的小说，就说这个写完得给我，必须给我。我说好。……1986 年春节，我正好在高密，收到了朱伟一封信。朱伟说，《红高粱》王蒙看了，非常高兴，王蒙说我真写不过莫言了，明年第 3 期，配插图发头条。那时候王蒙是《人民文学》主编。这个小说一发表，轰动效应远远大于《透明的红萝卜》②。

《红高粱》是朱伟编辑生涯中的重要作品。朱伟在《我认识的莫言》中详细记载了《红高粱》的写作及发表情况：

莫言 1985 年成名，他的成名作是《透明的红萝卜》，它以醒目位置发表在1985 年第二期的《中国作家》上。……因为这篇小说，这一年夏天《人民文学》组织的青年创作研讨会就邀请了莫言，我们由此相识。……这个系列先以《红高

① 莫言：《〈红高粱〉与张世家》，《启蒙与行动：青年思想家 20 年文选》（下），山东大学出版社 2006 年版，第 6 页。
② 张同道：《文学的故乡访谈录》，中国广播影视出版社 2020 年版，第 90-92 页。

梁》为开头的构思，是《爆炸》发表后他与我谈起的。他说，高密家乡有太多精彩的土匪传奇，高粱地为土匪出没提供了极其便利的条件。他一开始真没有说到那场伏击，也没说到罗汉的活生生被剥皮。我说，那么，这个第一篇写完了一定要先给我，这也算事先就向他订了货。……莫言准备动笔后，过些天我就去军艺看看，问问写作进程，但也不敢多催①。

而时任《人民文学》主编的王蒙是这样叙述《人民文学》在发表《红高粱》之前刊发《爆炸》的情况的：

> 莫言他写得非常好，一个是他特别善于写感觉。我担任《人民文学》主编的时候，他在《人民文学》上发表过一篇中篇小说叫《爆炸》。……1985 年我是 51 岁，我为什么说我的年岁大，恰恰是我读了这个作品以后，我跟很多编辑说："我只是在看完莫言的《爆炸》以后，我觉得我开始老了。"②

综合莫言、朱伟和王蒙的话，可以判断：莫言完成《红高粱》的创作应该在 1985 年底《爆炸》发表之后而非莫言所说的 1984 年，而《红高粱》家族系列的其他作品《高粱酒》等在创作时间上则应该比《红高粱》更晚。

在否认《红高粱家族》受到马尔克斯影响时，莫言常常提及《百年孤独》汉译本是 1985 年才在中国出版的，这也是不准确的。事实上，《百年孤独》在 1985 年之前就已经出版了两个汉译本：1984 年 1 月上海译文出版社出版的黄锦炎、沈国正、陈泉译本及 1984 年 9 月北京十月文艺出版社出版的高长荣译本。在高长荣译本出版之前，《十月专刊·长篇小说》还在 1984 年第 3 期刊载了高长荣翻译的《百年孤独》全文。《世界文学》杂志则更是早在 1982 年第 6 期就刊载了由沈国正、黄锦炎、陈泉翻译的马尔克斯《百年孤独（选译）》。《百年孤独（选译）》共 83 页，选译了《百年孤独》的经典开头（第一章）、结尾（第二十章）以及布恩迪亚家族发展、消亡和布恩迪亚上校、雷梅苔丝相关的诸多精彩内容，堪称"浓缩精华版"的《百年孤独》。可以说，在 1984 年，读者已经可以有多个渠道接触到《百年孤独》了，而基本可窥《百年孤独》"全貌"的《百年孤独（选译）》则早在 1982 年就已经在中国汉译传播。

---

① 朱伟：《我认识的莫言》，《〈三联生活周刊〉的观察与态度》，生活·读书·新知三联书店 2013 年版，第 343—349 页。

② 徐颖：《词与趣里的世界》，现代出版社 2014 年版，第 206 页。

而相当数量的马尔克斯的中短篇小说更是早在《百年孤独》汉译传播前就已经被译介到国内。比如，《外国文艺》杂志在 1980 年第 3 期上刊登了马尔克斯的《格兰德大妈的葬礼》等 4 个中短篇小说。《外国文学》杂志 1981 年第 6 期刊登了由李德明、蒋宗曹翻译的马尔克斯的重要作品《一件事先张扬的人命案》。上海译文出版社则在 1982 年 10 月出版了马尔克斯的《马尔克斯中短篇小说集》。该小说集共 711 页，41 万余字，汇集了马尔克斯的《巨翅老人》等 17 个中短篇小说。这些小说有的是马尔克斯早期创作的代表作，如《枯枝败叶》；有的是马尔克斯在《百年孤独》之后创作的作品，如《一件事先张扬的凶杀案》（1982）。总体而言，这本小说集基本展现了马尔克斯不同阶段创作的特点，可谓是马尔克斯不同创作时期作品的精选集。

有意思的是，在与王尧长谈时，莫言提到其早期创作的一些作品就得益于阅读马尔克斯的短篇小说集：

> 像我早期的中篇《金发婴儿》、《球状闪电》，就带有明显的魔幻现实主义色彩，因为我那时已经看过马尔克斯的一个短篇小说集，里边有《巨翅老人》等具备魔幻特征的小说①。

《金发婴儿》发表在《钟山》1985 年第 1 期，《球状闪电》发表在《收获》1985 年第 5 期。就发表时间来看，《金发婴儿》还发表在莫言的成名作《透明的红萝卜》（《中国作家》1985 年第 2 期）之前。而莫言所说的"已经看过马尔克斯的一个短篇小说集"，综合判定，应该就是上海译文出版社在 1982 年 10 月出版的《马尔克斯中短篇小说集》。因为在整个 20 世纪 80 年代，中国出版的"马尔克斯短篇小说集"只有上海译文出版社出版的《马尔克斯中短篇小说集》，其译者为赵德明、刘瑛等。《马尔克斯中短篇小说集》中就包含了莫言所说的"《巨翅老人》等具备魔幻特征的小说"，而《马尔克斯中短篇小说集》的译者赵德明则是莫言在《翻译家功德无量》②、《回忆"黄金时代"》③ 等文章中屡屡提及并感谢的对象。

将莫言的《金发婴儿》、《球状闪电》与马尔克斯的《巨翅老人》等作品进行比较，不难发现二者与马尔克斯的作品关系匪浅。《金发婴儿》对隐秘情欲的书写等有着浓重的马尔克斯印迹，而《球状闪电》中的"怪老头"则几乎就是马尔克斯《巨翅老人》中"巨翅老人"的翻版。将《球状闪电》与《巨翅老人》进行比较，不难发

---

① 莫言：《碎语文学》，作家出版社 2012 年版，第 125 页。
② 莫言：《用耳朵阅读》，作家出版社 2012 年版，第 60-64 页。
③ 莫言：《莫言散文新编》，文化艺术出版社 2009 年版，第 22 页。

现，《球状闪电》里怪老头确如郜元宝所言，"脱胎于马尔克斯笔下的巨翅老人"①。

更有意思的是，在《人民文学》1986 年第 3 期发表《红高粱》之前，莫言就在《文学自由谈》1986 年第 1 期发表了《"大肉蛋"》。在这篇文章中，莫言写道：

> 我从马尔克斯《百年孤独》的最后一章里，看到全世界的蚂蚁一齐出动，把那个生着猪尾巴的男孩吃成一张肿胀干枯的皮，我想起了一万二千只蚂蚁吃掉"大肉蛋"②。

从莫言话语中的"《百年孤独》的最后一章"等可以发现，在 1986 年 1 月《"大肉蛋"》发表前，莫言就读过《百年孤独》。

综上，可以比较肯定地判断：在《红高粱家族》第一部《红高粱》发表之前，莫言就已经阅读过《马尔克斯中短篇小说集》和《百年孤独》，而在莫言的早期作品《金发婴儿》《球状闪电》等作中则呈现出浓重的受马尔克斯影响的"印迹"。

三、"纯正"的名作与影响的印迹

检视莫言有关个人作品与外国文学关系的相关论述，不难发现，对于前期甚至是中后期创作的、在他的心中"不那么重要的作品"，莫言会大方承认其受到了外国文学的影响。但是，对于成名作、代表作，莫言在不同场合似乎都在尽力撇清其与外国文学之关联。对于《红高粱家族》，莫言似乎更是有着特别的情愫，在不同场合都极力澄清其与外国文学，特别是与马尔克斯的关系，从而维护《红高粱家族》的原创性与纯正性。围绕《红高粱家族》而滋生的"副文本"③ 则让这一问题变得更加扑朔迷离。虽然莫言极力否认《红高粱家族》与马尔克斯的联系，但是，《红高粱家族》在文本上则显露出了与马尔克斯的诸多联系。

论及所受到的外国文学的影响时，不少当代作家都是遮遮掩掩或是讳莫如深的，在这方面莫言似乎比较坦诚，好像并不讳言外国文学对他的影响。莫言曾自陈过大江

---

① 王宏图：《莫言：沸腾的感觉世界的"爆炸"——复旦大学新时期文学讨论实录》，《莫言研究资料》，天津人民出版社 2005 年版，第 409 页。
② 莫言：《"大肉蛋"》，《文学自由谈》1986 年第 1 期。
③ 高玉：《从加缪〈鼠疫〉看瘟疫后的自然—社会伦理重建》，《西南大学学报》（社会科学版）2020 年第 4 期。

健三郎对他的小说构思的影响①；福克纳对激活他的童年生活经验的影响②；巴尔加斯·略萨对他的小说结构的影响③。有时，莫言还会比较具体地自曝某篇作品受到了外国文学作品的影响。比如，他曾自曝过茨威格《一个陌生女人的来信》对《春夜雨霏霏》的影响、麦卡勒斯《伤心咖啡馆之歌》对《民间音乐》的影响、科塔萨尔《南方高速公路》对《售棉大道》的影响、略萨对《灵魂出窍》的影响、川端康成《雪国》对《白狗秋千架的》影响，还曾自陈《售棉大路》、《民间音乐》是对外国作品"依样画葫芦的模仿"④。

但是，对于成名作或影响力极大的作品，如《红高粱家族》、《丰乳肥臀》、《生死疲劳》等，莫言则似乎有意无意地欲与"影响源"撇清关系。面对马尔克斯时，更是如此。其实，莫言拒斥与马尔克斯相关联不独表现在《红高粱家族》上。在《红高粱》之前的名作《透明的红萝卜》发表后，莫言就曾极力澄清其与马尔克斯之间的关联。在1985年12月6日《文学评论》编辑部组织的青年军人座谈会上与刘再复、何西来等人交流时，莫言就特别提到"有的评论《透明的红萝卜》的文章说我无疑受到《百年孤独》的影响。这是个小小的冤案。我写'红萝卜'的时候，马尔克斯这部名著的中译本尚未出版。评论家的自由联想唤起了我的联想自由。此时此刻，全世界的各界人士中，正不知有多少一辈子也不会相识的人却思考着相同或相似的课题呢。文学创作，不管你是哪个民族的作家，不管你用什么样的创作手法，不管你是现实主义者还是现代派，只要是真正的文学，毕竟会在某一点上相撞，会有某种共通的东西"⑤。

如莫言所说，虽然在文学创作中会出现诸多"共通"的东西，但是就《红高粱家族》而言，将其与马尔克斯的作品比较仍旧可以明显地看出其与马尔克斯之间的关联。《百年孤独》的首句"多年之后，面对行刑队，布恩迪亚上校将会想起，他父亲带他去见识冰块的那个遥远的下午"⑥ 在叙事上的革命与突破历来为人称道。而在《红高粱家族》中也不时可见类似的句子：

　　一九三九年古历八月初九，我父亲这个土匪种十四岁多一点。他跟着后来名

---

① 莫言：《碎语文学》，作家出版社 2012 年版，第 45 页。

② 莫言：《用耳朵阅读》，作家出版社 2012 年版，第 26 页。

③ 莫言：《用耳朵阅读》，作家出版社 2012 年版，第 164 页。

④ 莫言：《碎语文学》，作家出版社 2012 年版，第 118 页。

⑤ 本刊记者：《几位青年军人的文学思考》，《文学评论》1986 年第 2 期。

⑥ 黄锦炎、沈国正、陈泉：《百年孤独》，上海译文出版社 1984 年版，第 1 页。

满天下的传奇英雄余占鳌司令的队伍去胶平公路伏击日本人的汽车队①。

我结婚之后，母亲对我的妻子谈起过她在潮湿阴冷的枯井里第一次月经初潮的事，我妻子告诉了我，我们都对当时十五岁的母亲满怀着同情②。

五天之后，这里的一切都要在战火中化为灰烬。现在是一九三九年八月初十，爷爷蜷着一只伤臂，带着满身汽油味儿，从公路上归来③。

类似这样的在叙事上带有"马尔克斯式"印迹的句子在《红高粱家族》中还有不少。除了类似于《百年孤独》首句的句法外，《红高粱家族》在艺术手法甚至是写作观念上都与《百年孤独》有着剪不断、理还乱的关联。莫言在阅读《百年孤独》后曾极度惊叹于马尔克斯在《百年孤独》中所使用的颠倒时空顺序、交叉生命世界、极度渲染夸张的艺术手法。受马尔克斯和福克纳启发，他还滋生了树立自己对人生的看法、开辟属于自己的阵地、建立属于自己的人物体系、形成自己的叙述风格等诸多想法④。虽然在《红高粱家族》之前的创作中，在《金发婴儿》、《球状闪电》等作中莫言也不乏对颠倒时空、交叉生命感受等艺术手法的应用，但是与《红高粱家族》相比较而言，这些作品对马尔克斯的艺术手法的运用只能算是"小试牛刀"，《红高粱家族》才是莫言真正意义上第一次比较完美地"实验"颠倒时空、交叉不同生命感受、极度渲染夸张手法等的"集大成"之作。

同样，也是在《红高粱家族》中，莫言才真正将建立自己的阵地，建立属于自己的人物谱系等诸多想法付诸实践。虽然在《红高粱家族》之前，莫言也写过高密东北乡，但就实际情况而言，其影响非常有限。《红高粱家族》横空出世，他的"高密东北乡"根据地的大旗才真正树立起来了，而属于莫言自己的人物谱系更是通过《红高粱家族》中的于占鳌、戴凤莲、豆官等人才得以真正创建。莫言在《两座灼热的高炉——加西亚·马尔克斯和福克纳》中所描绘的蓝图、所进行的设想，在《红高粱家族》中才真正付诸实践，落地生根。可以说，"虽然莫言后来反复强调《红高粱》没有受到《百年孤独》的影响，但肯定是因为阅读受到了启发"⑤。

并且，即使如莫言所说，在创作《红高粱》之时，他并未读过《百年孤独》，但是，如前所述，早在创作《金发婴儿》、《爆炸》之前莫言就读过《马尔克斯中短篇小

---

①　莫言：《红高粱家族》，浙江文艺出版社 2017 年版，第 3 页。
②　莫言：《红高粱家族》，浙江文艺出版社 2017 年版，第 183 页。
③　莫言：《红高粱家族》，浙江文艺出版社 2017 年版，第 220 页。
④　莫言：《两座灼热的高炉——加西亚·马尔克斯和福克纳》，《世界文学》1986 年第 3 期。
⑤　杨蓉：《明月照我还》，安徽师范大学出版社 2018 年版，第 97 页。

说集》。虽然，在论及《红高粱家族》未受马尔克斯影响时，莫言常常将受马尔克斯的影响与受《百年孤独》的影响相等同，将《红高粱》与《红高粱》家族系列作品相等同，由《红高粱》未受《百年孤独》影响进而含混模糊地表明《红高粱家族》未受马尔克斯影响，但是，马尔克斯作品并非只有《百年孤独》，所谓受马尔克斯影响既可以是受到《百年孤独》影响，也可以是受到马尔克斯其他作品，比如受《马尔克斯中短篇小说集》的影响，而在写《红高粱》之前莫言已经阅读过《马尔克斯中短篇小说集》，并在其影响下创作了《金发婴儿》、《爆炸》等作品。由此可见，莫言所说的《红高粱家族》系列作品没有受马尔克斯的影响的说法并不准确。更何况，在与大江健三郎对话时，莫言还曾自陈，在创作《红高粱家族》第三部时还曾看过《百年孤独》①。而在《两座灼热的高炉——加西亚·马尔克斯和福克纳》中，莫言也赫然写道："我在 1985 年中，写了五部中篇和十几个短篇小说。它们在思想上和艺术手法上无疑都受到了外国文学的极大的影响。其中对我影响最大的两部著作是加西亚·马尔克斯的《百年孤独》和福克纳的《喧哗与骚动》。"②

综上，无论是从创作时间、发表时间、文本事实等诸多方面来看，《红高粱家族》无疑都受到了马尔克斯的影响。当然，考辨《红高粱家族》受到了马尔克斯的影响并非是要抹杀《红高粱家族》的价值及原创性。相反，了解《红高粱家族》的渊源和来路，有利于更好地审视《红高粱家族》、莫言及莫言作品，推进"莫学"研究。

（作者单位：浙江师范大学人文学院）

---

① 大江健三郎、莫言：《二十一世纪的对话》，《我在暧昧的日本》，王中忱、庄焰等译，南海出版公司 2005 年版，第 56 页。
② 莫言：《两座灼热的高炉——加西亚·马尔克斯和福克纳》，《世界文学》1986 年第 3 期。

还原鲁迅，如何可能

——"世界文明视野下的鲁迅"国际学术会议综述

沈庆利　许　可

2021 年是鲁迅 140 周年诞辰，国内外学界先后举办了多种鲁迅纪念活动和相关学术会议。北京师范大学文学院与北师大鲁迅研究中心也于 2021 年 12 月 11 至 12 日，联合举办了一场"世界文明视野下的鲁迅"国际学术研讨会，邀请海内外 20 多位专家学者以线上、线下相结合的方式参会。与会学者们的发言一方面充分体现出学界对鲁迅及其作品"还原性"探索的最新实绩；另一方面，又提出了鲁迅研究界面临的一些共同问题和挑战。尽管相对于鲁迅研究的"历史长河"而言，这次会议只是一朵微不足道的"浪花"，但其折射出的鲁迅研究领域的一些最新趋向，却颇值得重视。

"还原鲁迅"的提法，明显受到四川大学李怡教授的发言《鲁迅历史研究中的"历史还原"》思路的启发。在李怡看来，包括鲁迅研究在内的中国现当代文学研究始终面临一个"历史还原"的基本问题。该说法并不让人感到陌生。从 20 世纪 80 年代王富仁等学者提出"回到鲁迅那里"，到 90 年代汪晖、王晓明等学者的鲁迅研究，再至 21 世纪以来杨义等学者对鲁迅传统文化血脉的"还原"，均可视为对鲁迅文化心理结构及精神个性的"还原性"探索。在"还原鲁迅"的整体框架下，与会学者的观点大致"呼应"了鲁迅研究界的三个基本趋向：对鲁迅生平"现场"、鲁迅文化心理结构的历史性还原；对鲁迅作品的"还原性"解读；对"世界性面向"之鲁迅现象的还原。

一、"鲁迅现场"还原——"虚"与"实"的吊诡？

笔者赞同李怡教授的看法：只有抱定"历史的同情"态度，破除"正确"与"错误"的既定成见，摆脱"为尊者讳"的心理顾忌，充分尊重历史文献的客观性，才能最大程度还原"真实"的鲁迅。对此，出席会议的几位重量级学者均提出了独到见解。中国人民大学高旭东教授指出，若以结构主义文化理论"譬喻"五四以来的中国文化变革，那么鲁迅等五四文化先驱对西方文化知识体系的借鉴和"引入"只是丰富了传统文化的"词汇"，并未动摇中华文化最根本的"语法"体系。鲁迅等五四文化先驱从西方"拿来"的科学文化知识并不触及西方文化中的信仰系统；鲁迅等开拓的现代中国文化传统，代表了华夏文明走向世界、走向现代的"大势所趋"。如此具体地回应李怡还原"鲁迅现场"的主张，或多或少隐含"为鲁迅辩护"的良苦用心。

重返历史现场，不能不涉及对历史情境的重新审视。因而，相关历史细节的重新发现就颇为关键。在这方面，邵宁宁教授对"军校生鲁迅"的"还原"、黄乔生先生对鲁迅1916年抄校《法显传》的"还原"等，均提供了绝佳范例。鲁迅青年时期曾到南京水师学堂学习，其本人与学界都对这段经历"刻意冷淡和低估"[1]。邵宁宁却从中看到晚清武备教育对形塑鲁迅人格不可忽视的意义。鲁迅晚年对自己曾经的"尚武豪情"自省自嘲，同时毫不留情地讽刺中国文人长于言辞、短于实践且"故作豪语"的坏习气。从"善作豪语"的李白、"骨瘦如柴"却"不自量力"的李贺，到绍兴老乡陆游，都是鲁迅眼中夸大其词的"慷慨党中的一个"[2]。鲁迅对包括自己在内的中国文人"尚武豪情"的清醒洞察，反映了他对国民劣根性持续贯之的省察批判。

对"佛教鲁迅"的精神还原，为探索鲁迅驳杂而隐秘的精神世界提供了一条重要路径，也是学界近年来持续关注并深入探索的议题。黄乔生将鲁迅1916年3月3日至16日抄校《法显传》视为鲁迅早年的一次精神"发愿"，认为这是鲁迅多年浸染佛教的自我历史性总结，是精神苦闷时期的自我疗救。鲁迅从法显身上探寻到一种珍贵的精神资源，并以此从苦闷中振拔出来，确立了拼命硬干、舍身求法的实干精神。鲁迅对佛教文化的吸纳不仅与其精神信仰息息相关，更代表了现代中国文人放眼世界、敢于和善于"拿来"的开放进取姿态。鲁迅花费大量精力翻译外国作品，乃是对法显等先贤"拿来主义"精神的继承和发扬。

绍兴文理学院曹禧修教授从鲁迅与林语堂对幽默的"根本歧点"入手，思考二者生命哲学观的差异。鲁迅从林语堂倡导幽默的同路人发展为歧见者，源于二者对传统文化观念的不同把握。如对于金圣叹以疯癫式"审美"姿态从容受戮，林语堂视其为

[1]　韶宁宁：《尚武精神：从虚名到实际——军校生鲁迅的人生选择及其意义》，见《"世界文明视野下的鲁迅"国际学术研讨会论文集》（未刊稿），第35页。限于篇幅，下文不再一一注明。如有勘误由本文作者负责。

[2]　鲁迅：《豪语的折扣》，《申报·自由谈》1933年8月8日。

传统中国文人难能可贵的超越和"幽默"，鲁迅却斥其为无法直面苦难和死亡的一种"逃路"。二者的生命哲学并非水火不容，更深层的问题在于"超越"能否实现，"直面"又如何才能完成？王晓明等学者以"无法直面的人生"概况鲁迅一生的求索，那"知其不可为而为之"的"直面"背后隐含的虚无和"（难以）反抗绝望"的悖论，同样也引起充分关注。鲁迅"病态般"执著的最大意义，乃是烛照出传统中国文人缺乏终极信仰、难以实现"知行合一"的人生理想这一"痛点"。

二、鲁迅作品"还原性解读"——"岐山重重"？

"还原性解读"并非一个严格意义的学术概念。在某种程度上，所有对作品"真实性"内涵的阐发都可称之为"还原性解读"。一方面，鲁迅作品本身蕴含"多种言说"的可能，这是古今中外一切文学经典的共同特质；另一方面，对鲁迅作品的解读已"歧见"多多，正如鲁迅生前的启蒙实践那样"歧路重重"。若将鲁迅研究比喻为一座博大精深的"文化岐山"，那么它的"无限风光"不仅由一座座崇高无比的"险峰"组成，还有因"歧路多多"导致的"山重水复"后"柳暗花明"的惊喜。只要不逾越艺术良知底线，一切从不同立场、不同学术视角对鲁迅作品、思想的创新性解读都会丰富鲁迅研究这座"文化岐山"的宝库。鲁迅研究界最引人瞩目的成就，莫过于不同时期对鲁迅作品持续深入的解读。参会专家们结合历史语境，探索打开鲁迅文本的不同创新方式，闪现出不少"看点"。

北京大学张丽华副教授从世界文学的比较视域出发，分析陀思妥耶夫斯基、芥川龙之介及果戈理对小说《高老夫子》的影响，认为该小说以寓言形式表达了鲁迅对五四新文化以来未完成事业的遗憾；同样来自北京大学的李国华副教授从"内部之生活"和"模进"理论视角出发，探讨鲁迅在《野草》中"自言自语"、"言文分离"的独特表达模式，并借此分析鲁迅遭遇的"身心分裂"、"内部之生活"的表达限度问题；天津师范大学鲍国华教授通过剖析《魏晋风度及文章与药及酒之关系》中词与物的链条关系，探寻鲁迅在"革命时代"缓解内心焦虑和紧张的精神途径，"还原"了知识人在专制与暴力下举步维艰的生存状态和言说方式；华东师范大学凤媛教授以女性学者视角对《伤逝》中涓生的"启蒙自诩者"特征进行了还原，认为涓生的人生困境体现了启蒙与爱情、革命与恋爱的复杂吊诡，更折射出鲁迅对现代文人建构自我主体性的深刻忧虑；聊城大学石小寒老师认为，鲁迅凭借阿Q形象瓦解了启蒙者的优越心态，阿Q的"精神胜利法"并非单单属于"麻木"、"愚昧"的国民，而更多指向新一代启蒙知识分子；中山大学（珠海）中文系主任朱崇科教授从精神分析学角度探讨鲁迅小说中的创伤话语与其创伤经历的关联，认为鲁迅一生经历多种精神创伤，其对"复仇"的执念既表现为"复仇创伤的书写实践"，也不乏疗治创伤的需要，更包含"直视与自虐并存"等复杂悖论。

厦门大学比较文学与跨文学研究中心主任陆建德教授的《敌的观念与论辩风格——以部分鲁迅杂文为例》堪称近年鲁迅杂文研究最新、最重要的收获之一。该文涉及鲁迅研究和现代中国文化启蒙的一些根本话题。陆教授从中西文化对比和比较语言学视角出发，指出思想文化领域的论敌和竞争对手并非就是"仇敌"。这在西方语言文化中已是常识，但在国人眼中却易被混淆。陆教授发现，鲁迅的思维惯性和行文方式不时体现为"敌"与"我"、"新"与"旧"的二元对立式划分；而与鲁迅不睦的章士钊、叶公超、林语堂等则能相对突破传统的线性思维模式。"斗气争胜"的传统士大夫"通病"在鲁迅这里未能根除，他常对持不同观点者"动气"，甚至产生强烈的敌意。鲁迅的一些"嬉笑怒骂"、"骂得过瘾"的文章并非分析透彻的说理之作，而"情胜于理"式的"口诛笔伐"显然不利于论理能力的发展，"党同伐异"的线性思维模式更大大阻碍了协商能力的发展。

陆建德先生具有八年剑桥留学背景，精通英国语言文学，又广泛涉猎中国现当代文学。其知识结构和文化背景与章士钊、叶公超、林语堂等"鲁迅论敌"之间有着某种精神传承关系。或许在一些研究者眼中，脱离历史语境和时代背景指责鲁迅杂文之"意气"未免有失公允。然而，理性的透视绝非"历史翻案"。这应成为超越（东西方）不同文化传统所导致的思维模式差异，立足于21世纪新时代高度，最大限度凝聚起的历史共识。

三、"鲁迅还原"的世界性面向——异曲同工?

一个更加真实而丰富的鲁迅形象是不能忽略其世界性面向的。所谓"世界性面向"包含两方面内涵。一是鲁迅所受外国文学与文化的影响。鲁迅及其作品不仅是中国文化演进的历史结晶，也是世界文化多重孕育的产物。鲁迅对中外文化的广收博纳已被学界反复"还原"，上述会议发言已有所涉及。二是鲁迅及其作品对世界其他国家、地区社会生活的广泛影响。鲁迅属于中国，也属于世界。"世界的鲁迅"早已成为现代中国文化与文学走向世界舞台最值得关注并探讨的一个经典"符码"。对此，王润华教授有非常精辟的概括："鲁迅深受西方与日本的文学影响，使他后来发挥极大的跨国影响力……从中国大陆到中国台湾、日本、韩国，还有东南亚各国如新加坡、马来西亚、泰国、菲律宾、印尼、越南，鲁迅分别通过左派社会政治家与文化人的推崇、文学写作的影响、学术的研究，显示了鲁迅的文学作品与思想具有多元文化意义。"① 王润华赞同毛泽东对鲁迅的评价，认为鲁迅与跨国族、跨地区的（左翼）革命大潮有天然联系。他的主旨发言《鲁迅在东南亚越界跨国族的三种影响模式》系统回顾了"左翼鲁迅"与新马反殖民运动、印尼左派运动及越南社会政治之间的复杂关联。王教授的发言虽然凝炼于"旧文"，却为国内学界打开了一扇崭新的窗口。国内不少学者在学术创新旗帜下早已将"左翼鲁迅"视为急欲突破的"既定成见"，王润华等海外学者却以宏阔客观的视野对"左翼鲁迅"进行历史性还原，为我们带来强烈启示。

鲁迅作品不可替代且"言说不尽"的经典意义，与其对传统中国社会权力结构与文化心理积淀的深刻洞察不可分割。"典范鲁迅现象"在现代中国语境下生成并向海外地区"溢出"，折射出文学与政治、"海内"与"海外"文化界之间无法切割的纽带。文学以其特有的审美模糊性，在风云变幻的历史中"得天独厚"地发挥了意想不到的时代"大用"，"典范鲁迅现象"也由此增加了更广泛的世界性意义。王润华借用生物科学遗传密码（DNA）理论方法破解鲁迅与东南亚不同民族、"不同语系作家的文学人物"之间的"生命之秘"②。这一思路与杨义等国内学者对鲁迅精神血脉的"还原"颇有异曲同工之处。而杨义先生针对本土文化血脉传承与外来文化冲击下的世界性"思潮"，做出了"一外一内"、"一表一里"之区隔③，与王润华先生将"跨国越界"之间的传承影响比喻为深层次的文化心理遗传，乃至 DNA（脱氧核糖核酸）传递，则又构成一种有趣对照。学界或可借此探究鲁迅研究的不同范式及海内外不同的影响。

其他几位来自东南亚国家学者的发言，基本不脱对"东南亚鲁迅"历史还原的整体视野。马来西亚苏丹依德理斯教育大学许德发老师的发言补充了王润华的观点，"还原"了长期被"左翼鲁迅"话语所掩盖的"五四（启蒙）鲁迅"，考察该现象在 20 世纪 20 年代马华文坛的"出没"轨迹；马来亚大学张惠思老师则深入探索当代马华作家黄锦树对鲁迅"恶声"与"诗力"等"摩罗"式抒情的自觉传承；越南河内大学阮秋贤副教授通过对鲁迅作品在越南译介情况的考察发现，鲁迅是以"世界大文豪"与"中国文化革命主将"的双重身份被越南文化界接受的。这些报告都从各自的角度充实了鲁迅在社会诸领域的世界性影响。

---

① 王润华：《解开鲁迅小说遗传基因跨足群与语言"生命之谜"：从绍兴到东南亚》，《鲁迅在东南亚》，八方文化创作室 2017 年版，第 162、163 页。

② 王润华：《解开鲁迅小说遗传基因跨足群与语言"生命之谜"：从绍兴到东南亚》，《鲁迅在东南亚》，八方文化创作室 2017 年版。

③ 杨义：《鲁迅文化血脉还原》，北京师范大学出版集团 2013 年版，第 2 页。

澳门大学中文系主任朱寿桐教授在《解读鲁迅与诺贝尔文学奖事件》的主旨发言中，进一步澄清"鲁迅拒绝帝国主义诱惑"的谣传。他指出，"想为中国作家推荐一个名额"的瑞典人斯文·赫定并非诺奖评委，只是一名普通的自然科学家，其"提议"属个人意愿，与帝国主义"科技侵略"毫无关系；鲁迅拒绝诺奖提名主要是出于对该奖的尊重，他真诚地认为自己"不配"获得该奖，其"真诚的谦逊"与开放胸襟应成为现当代中国作家的楷模。美国韦尔斯利学院东亚系的宋明炜教授则探讨了鲁迅早年对西方科幻文学的译介，并从科幻小说史和科幻诗学的角度对《狂人日记》加以"还原"。鲁迅是中国现代文学的"起（原）点"，也是最具典范意义的现代作家。所有攸关现代文学"发端"的追溯都难以完全绕过鲁迅，这或许是"中外皆然"的共同趋向？

四、回顾与思考："还原"永无止境？

对鲁迅形象尤其是精神个性的"还原"，堪称当代中国文人持续进行的一场"精神探险"。这首先是因为鲁迅的精神世界既博大精深又斑驳复杂、充满矛盾；其次，作为 20 世纪中国最具典范意义的文化现象之一，鲁迅赢得"生前身后名"的经典化过程与社会历史、文化政治之间始终有着"剪不断、理还乱"的特殊关联。人们心目中的"鲁迅现象"早已溢出文学之外，增添了社会历史、文化政治的多重内涵。迄今为止，鲁迅研究界已为其贴上多种标签，从现代中国"最深刻"、"最痛苦"、"最绝望"到"最多疑"、"最孤绝"的灵魂，不一而足；他当然也是现代中国最无双的"民族魂"、最执着的"取经人"、最（试图）忘我献身的"殉道者"等等。但所有这些都无法概括鲁迅的全部精神面貌。在不同的学术立场与视角下，被"还原"的鲁迅形象各有差异。每一次"还原"背后或许又伴随新一轮的夸大、"附加"乃至附会，从而以新的方式遮蔽了鲁迅的"本真面目"。如今，越来越多的学者试图"还原"一个有血有肉、不乏"烟火气"的鲁迅形象。如果说鲁迅形象在不同历史时空总是承载着最显著的时代特征，那么当今社会的多元化、消费（主义）化以及伴随网络化而出现的（信息）碎片化特征，已使鲁迅形象的当代建构呈现平易化、娱乐化特征。然而，新的"还原"同样不应拘泥于对"完美鲁迅"的固化模式。

鲁迅绝不完美。陈独秀曾认为"世之毁誉过当者，莫如对于鲁迅先生"①。"誉"之过度常常与"毁"之过当相辅相成。中国历史反复上演的"禁忌"与"亵渎"之悲喜剧早已证明，愈是被塑造为崇高伟大的人物，其缺点和局限也往往极易被放大。作

---

① 陈独秀：《我对于鲁迅之认识》，原载 1937 年 11 月 21 日《宇宙风》散文十日刊第 49 期。

为"大写的人"的鲁迅鲜明折射出中国文人在"知"与"行"、"说"与"做"、"虚"与"实"之间的复杂悖论。鲁迅先生的人格魅力固然令人高山仰止，但其"山谷幽暗"处的险峻奇绝同样让人叹为观止。对鲁迅的"还原"或许永远在路上，但其一生"虽九死其犹未悔"的上下求索，却不会有太多争议。若能通过还原鲁迅的精神个性为重建中国文化信仰体系提供启示，则"幸甚之至"。

无论是观察、思考乃至"追问"，此时的会议评述已成为"回望"。如果寄望一次学术会议就可解决某些重大"问题"，无疑太过浪漫，那么一次"成功"的研讨至少应提出或"发现"一些真实性问题。同样，会议让大家因为一个共同的目标短暂相聚，会后又成为新的"起点"。只要大家朝着共同的方向前行，以后"择日再见"或"不见"皆无不可。

（作者简介：北京师范大学文学院）

新时代中国老舍研究的历史演进与价值取向

谢昭新

从 1929 年 2 月朱自清发表老舍研究第一篇文章《〈老张的哲学〉与〈赵子曰〉》至今，老舍研究已走过了 94 个春秋。以朱自清评论老舍创作个性、艺术风格为开端，20 世纪 30 年代一些著名的文学批评家，发表了具有较高学术水平的评论老舍《猫城记》、《离婚》及短篇小说集《樱海集》的理论文章①，呈现出冷静客观、崇尚科学、忠实于个人体悟的批评范式。20 世纪 40 年代初期出现了几篇评论《骆驼祥子》的文章，称赞其语言艺术、幽默特色、人物性格描写等，但也有如巴人、许杰等用政治学社会学批评方法，对《骆驼祥子》加以否定的现象。随着老舍抗战戏剧的创作及《四世同堂》前两部《惶惑》、《愉生》的发表，评论文章也多了起来。尤其 1944 年 4 月，文艺界举行了纪念老舍创作生活 20 周年活动，十余家新闻报纸开设纪念专栏，发表了数十篇文章，充分肯定了老舍的创作成就，高度赞扬了老舍的人格精神，突出了老舍的文学史地位。20 世纪五六十年代，政治意识形态的一体化，促成老舍研究的政治学化、社会学化。20 世纪 70 年代末、80 年代初的思想解放运动带来了老舍研究的多元形态，创造了新时期——多元的老舍世界，经由新世纪——民族的世界老舍，再发展到新时代——世界老舍与老舍世界的互动融通，全面体现了人类命运共同体下的老舍世界的价值取向。

---

① 李长之《猫城记》（书评），载 1934 年 1 月 1 日《国闻周报》第 11 卷 2 期；王叔明《猫城记》（书评），载 1934 年 1 月 1 日《现代》第 4 卷 3 期；长之《离婚》（书评），载 1934 年 1 月《文学季刊》创刊号；常风《评老舍的〈离婚〉》，载 1934 年 9 月 12 日天津《大公报》"文艺副刊"；赵少侯《论老舍的幽默与写实艺术（评〈离婚〉）》，载 1935 年 9 月 30 日天津《大公报》"文艺"第 18 期；尹雪曼《老舍及其〈离婚〉》，载 1936 年 9 月 1 日《文艺月刊》；常风《樱海集》（书评），载 1935 年 9 月 27 日《大公报》"文艺"第 16 期。

一、新时期：多元的老舍世界

20世纪80年代的老舍研究从五六十年代政治社会学的研究回归文学本身的研究。这一回归文学本身的研究，又是在"文化热"的背景下向前推进的。

"文化热"背景下的大文化研究，成为新时期老舍研究的主流。由于老舍文化世界的多元化，我们不能从中国传统文化和西方文化的某一方面去审视老舍世界，而应该将他放到东西方文化的冲撞、纠结、交融中加以考察。较早将老舍置于多重文化冲撞、融合中加以审视的是宋永毅的《老舍与中国文化观念》（学林出版社1988年版）。而全面系统地对老舍文学世界做深入审视的是吴小美、魏韶华的《老舍的小说世界与东西方文化》（兰州大学出版社1992年版）。该著将老舍放在东西方文化的碰撞和长达一个多世纪的文化反思中考察，系统地开掘老舍作为一代文化伦理型作家的主要代表人的思想特征、艺术风貌和审美价值，开掘他在双向文明批判中与同代文化人的共性及其独特个性。

从地域文化与老舍文学世界的关系进行考察的有赵园的《北京：城与人》（写于1988年之前，北京大学出版社2002年版），其中涉及老舍的论述约20万字，占全书的半数。它紧扣北京城与老舍、北京城与当代"京味小说"、老舍与"当代京味小说"的关系，在文化意识与历史意积的交融中，不仅构筑了多重的阐释系统，而且表现出沟通现当代文学研究的意向。甘海岚的《老舍与北京文化》（中国妇女出版社1993年版）从北京地域文化视角去观照老舍艺术世界，阐明体现在老舍世界里的民族文化精神。从地域文化角度开掘老舍文化品格的著述还有宋永毅的《"仕"与"隐"：北平士大夫文化的两极》（《中国文学研究》1988年第4期）、张鸿声的《老舍小说与北平家庭文化》（《郑州大学学报》1991年第6期）与《老舍小说与北平人生活的艺术》（《郑州大学学报》1995年第5期）、王晓琴的《论老舍话剧的北京民俗美》（《北京社会科学》1993年第4期）等。

从满族文化与老舍文学世界的关系进行考察的有舒乙的《老舍和满族文学》（《满族文学研究》1982年第1期）、《隐式满族文学》（《社会科学战线》1984年第4期）。舒乙在文章中列举了老舍作品中显式和隐式的旗人形象，指出其对满族命运的关怀及为满族文学发展做出的贡献。关纪新的《老舍创作个性中的满族素质》（《社会科学战线》1984年第4期）、《老舍和他的小说创作》（《民族文学研究》1998年第3期）、《老舍，一位"民间艺术化"的大文豪》（《民间文化》1999年第1期）、《老舍，民族文学的光辉旗帜》（《民族文学》1999年第1期），将老舍带入满族文化语境加以观照,开辟了老舍研究的新领域;到了 21 世纪,他的《老舍与满族文化》(辽宁民族出版社 2008 年版),通过对满族的历史文化、伦理观念、社会变迁等因素进行全面而系统的研究,发掘出这些因素对老舍的创作思想、心理、艺术风格、作品形式等所产生的巨大影响,解密其创作与满族文化之间千丝万缕的联系。舒云的《老舍与他笔下的满族人物》(《民族团结》1997 年第 12 期)分析了老舍创作中满族人物的民族特质。

"文化热"带来了对老舍世界的多重审视。如李辉、韩经太的《对民族性与民族文化的理性审视——论老舍〈四世同堂〉的审美价值》(《天津社会科学》1986 年第 5 期),从"五四"新文学探讨"国民性"思想的总主题中发掘老舍作品中的民族性格。范亦豪的《老舍的民性美追求》(《青海师范大学学报》1987 年第 6 期),试图揭示老舍创作的一个重要侧面,即他对民族精神的积极因素的开掘和表现。沈渝丽的《试论老舍早期的文化意识——兼析老舍早期三部长篇小说》(《河北师范大学学报》1988 年第 3 期),从对老舍早期三部小说的研究中,感悟到作家独特的以"道德观"为中心的文化批判视角。杨剑龙的《一个古老民族文化心理的艺术沉思——老舍〈四世同堂〉的文化分析》(《抚州师专学报》1995 年第 4 期),认为反对法西斯侵略、要求世界和平是老舍的《四世同堂》表现出的伟大主题,但更深层次的则是老舍对中国古老民族文化心理的沉思。

中国的社会文化从 20 世纪 80 年代的"文化热"发展到 90 年代的"国学热",而"国学热"也带来了老舍研究向"传统"的依归,研究者们更有兴致去发掘老舍文化心理世界的传统文化基因。宋永毅从历史的、文化的和社会的深层面探寻老舍之死的心理机制,认为儒家"杀身成仁"、"舍生取义"的生命观的长期濡染,形成了中国知识阶层群体作为气节风骨标志的死亡模式,老舍的最终抉择就闪烁着这种古典美的光彩①。吴小美、魏韶华在《现代性与传统性的交战——论老舍对传统文明与现代文明的批判》(《中国现代文学研究丛刊》1987 年第 3 期)中指出,老舍在新旧交替的过渡时代,形成"逆向文化心理","既在现代意识层次上对传统文明加以重新审视,又站在传统文明中符合理性或人性的一面,对现代文明进行批判"。谢昭新在《老舍的文化心态与中国知识分子》(《北京社会科学》1990 年第 1 期)一文中提出,"传统文化的积淀和西方文化的影响组成老舍心理世界的核心部分","外来文化的影响,可以帮助他洞察传统文化的痼疾",传统文化又使他"在行为方式、人格精神上不可能以反传统面目出现,更不会搞民族虚无主义,而较多地保留传统中许多优质的东西"。甘海岚的《老舍文化观三题》(《北京社会科学》1991 年第 1 期)认为老舍文化观的核

---

① 宋永毅:《老舍之死和中国文人的古典生命观念》,载《老舍与中国文化观念》,学林出版社 1988 年版,第 173 页。

心是"爱国主义"、"民族自尊和自我批判态度的统一"、"开放意识"。王晓琴的《忧国与忧人——老舍文化心理透视》（《中国现代文学研究丛刊》1992年第2期）指出，"老舍对中国传统忧患意识，既有认同又有超越"，其融合中西忧患意识，显示出独特复杂的情感模式与美感特征。石兴泽的《老舍文化心理嬗变轨迹》（《中国现代文学研究丛刊》1994年第4期）认为，老舍文化心理生成于传统味极浓的北京市民文化，在西方文化影响下攀上人类先进文化的高峰，对传统文化进行猛烈批判，而民族危机的特殊情势又焕发起他的民族感情，以致文化心理向传统倾斜，中华人民共和国成立后他在时代政治制约下终回到北京市民文化阵网，最后被传统文化困死。郭锡健的《刚柔相济的生命形态——老舍文化人格论之一》（《苏州大学学报》1996年第4期）、《儒家理想人格对老舍的影响——老舍文化人格论之二》（《盐城师范学院学报》1996年第2期），从儒家及中国传统文化中的"趋和心态"、"厚情取向"、"崇侠气度"和"尚节风骨"诸方面论述了老舍文化人格的构成。汤晨光的《老舍的文化批判与文化理想》（《中国现代文学研究丛刊》1999年第1期），从"士大夫文化与生活的艺术"、"理想中的文化合金"、"批判与肯定的困境与对策"等方面阐述老舍复杂矛盾的文化批判与文化理想。谢昭新在《老舍与唐代传奇小说》①中论述了唐传奇对老舍的影响：一是传奇性和侠义观；二是婚姻自主要求和至贞至诚的爱情观；三是唐传奇小说富有诗意的写法，吸引老舍展开对小说诗化之美的追求。谢昭新又在《老舍与吴梅村比较论》（《安庆师院学报》999年第4期）中突出吴梅村诗歌抒发的故国哀思、亡国痛楚，使身处军阀混战和抗战硝烟中的老舍产生了思想上的共鸣和心灵上的契合；以诗为史、"意与境浑"的"梅村体"七言歌行，为老舍的诗歌创作提供了丰富的营养，也为其小说写景布境提供了借鉴。汤晨光的《老舍与侠文化》（《齐鲁学刊》1996年第5期）论述了中国民间侠文化对老舍人格与创作的影响。

新时期，随着"文化热"、"国学热"而来的"方法热"也在文化、文学研究领域得以充分展现，西方文学思潮中各种各样的新方法也涌进了老舍研究领域，其中运用较多的是心理学方法、比较文学方法和叙事学方法。

心理学方法的运用，比较有代表性的著述是宋永毅的专著《老舍与中国文化观念》。书中的第三章《东方伦理与中国文化的变态情欲》就运用了心理学的方法研究老舍笔下人物的性心理，从性心理学的角度剖析男女主人公多层次的性心理结构乃是"变态的爱情+变态的性欲"②。更多的研究者把意识流、精神分析等心理学方法运用到对老舍作品中语言、人物等方面的分析上。蓝棣之认为"老舍是把自己渴望成为职业

---

① 载《安徽师范大学学报》1999年第5期，又载韩国《中国学报》第40辑，1999年12月。
② 宋永毅：《老舍与中国文化观念》，学林出版社1988年版，第95页。

写家、对写作的愉快着迷，投射到祥子买车、对拉车的愉快着迷上去了"，还概括出作家创作情绪发展的三个阶段，"从赞扬始，以批评终，感伤之中也包含了批评"，认为小说《骆驼祥子》的价值既在于对旧社会阶级关系与社会病态的认识和批判，同时又是现代的婚姻启示录①。谢昭新的专著《老舍小说艺术心理研究》（北京十月文艺出版社 1994 年版）抓住老舍创作心理的最本质特征，从老舍小说的"记忆"世界、"感觉"世界、无意识迹象、情感与思维、心理结构、喜剧心理、悲剧心理、市民形象系列心理以及老舍小说语言的心理功能共 9 个方面进行了全面深入的考察分析。

比较文学方法的大量运用，其中既有老舍与中国现当代文学史上其他著名作家和国外作家的比较，也有老舍代表作与国内外著名作品的比较。郝长海的《老舍与外国文学》（《吉林大学学报》1982 年第 5 期）一文梳理了老舍与外国文学的渊源关系。杨义的《茅盾·巴金·老舍的文化类型比较》（《文艺研究》1987 年第 4 期）从文学地位、文化类型差异、创作方法发展轨迹、创作方法趋向和归属以及给我国文坛增添的文化素质共 5 个方面对中国现代文学史上的三位大师作出了极具思辨色彩、颇有理论深度的比较性阐释。王晓琴的《国民灵魂与人生模式：阿 Q 与祥子》（《中国现代文学研究丛刊》1990 年第 4 期）剖析、比较了这两大典型形象的文化心理内涵，认为在他们反向发展的生活轨迹中，显示出共同的人生模式和相同的国民灵魂——"祥子是前阿 Q，阿 Q 是后祥子"。到了 21 世纪，文学比较研究有了更大的发展。比如成梅的专著《老舍小说创作比较研究》（陕西人民出版社 2000 年版）以文化人类学的视角，运用比较文学范畴的接受研究方法，对老舍跨文化文学接受的个体心理和创作契机进行了系统描绘与阐释。

自觉运用叙述学方法发掘老舍文学世界，代表性成果有徐德明的《老舍小说融中西诗学实践》（《中国现代文学研究丛刊》2000 年第 1 期），以小说为个案，分析"老舍对传统诗学文化中的材料进行的现代化转型"，认为老舍小说融传统情节叙事与西方诗学非情节叙事而达到了"至高至伟的成就"；徐德明、孙华幸的《老舍小说的叙述学价值》（《扬州大学学报》2001 年第 1 期）将老舍短篇小说叙述材料做了分类，指出其中绝大多数"偏重人格心理，且事实饶有趣味，真正做到了心灵与事实的循环运动"；马云的《老舍小说的讽喻化叙事个性》（见《老舍与二十世纪》，天津人民出版社 2000 年版）分析了老舍小说通过角色错位、视角盲点和视角明暗变化形成讽喻，并经常用节庆时间结构小说，把节庆生活化而形成喜剧的特点。王鹤丹在《说法中现身

---

① 蓝棣之：《试解〈骆驼祥子〉创作之谜》，《北京师范大学学报》（增刊）1988 年第 1 期；蓝棣之：《老舍：骆驼祥子》，载《现代文学经典：症候式分析》，清华大学出版社 1998 年版，第 68 页。

——老舍小说中的叙述者》一文中指出，"小说叙述者的拟说书人形象是老舍小说叙事的一个显著特征"①。

二、新世纪：民族的世界老舍

新世纪之初，以"新世纪与老舍研究的拓展"为主题的全国第八届暨国际第三次老舍学术研讨会，显示了新世纪老舍研究的"拓展"新走向。

新世纪老舍研究的"拓展"，一是表现在对老舍文献史料的考释发掘上。首先是对老舍佚文的发现、考释。石兴泽在新世纪老舍研究的述评中谈到，新世纪的老舍研究论文约 1800 篇，资料考释发掘类文章占了相当比重。新发现的史料考释如曾广灿的《一封内容丰富的老舍佚简：〈致友人书〉》（《盐城师范学院学报》2003 年第 1 期）、史承钧的《新发现老舍佚文、佚信及其他》（《现代中文学刊》2016 年第 5 期）、刘涛的《老舍抗战佚文考》（《新文学史料》2010 年第 2 期）、解志熙的《〈几个小意见〉及其他：老舍的一篇佚文和抗战文艺的几则史料》（《玉溪师范学院学报》2015 年第 11 期）、李斌的《新发现的老舍京剧剧本〈忠贤会〉》（《新文学史料》2017 年第 3 期）、段从学辑录的《老舍佚作六篇》（《新文学史料》2016 年第 4 期）、徐慧文的《老舍演讲佚文〈灵的文学与佛教〉续考与补正》（《东岳论丛》2016 年第 9 期）、张桂兴的《老舍致赵清阁书简四封》（《中国现代文学研究丛刊》2005 年第 6 期），以及收入《纪念老舍诞辰 120 周年暨第八届老舍国际学术研讨会论文集》的金传胜的《老舍佚文考略》等，均具有重要的史料价值。而收藏家徐国卫推出的"老舍点戏"、赵武平根据英文译稿回译的《四世同堂》第三部的后 16 章，无疑是老舍研究领域史料建设的大事件②。其次是对老舍与基督教关系史料的发现、考释。佟洵梳理缸瓦市教堂、宝广林和老舍三者的关系，提出在北京基督教会缸瓦市教堂谱写了"一曲鲜为人知的爱国乐章"③；吴永平将老舍置于 20 世纪 20 年代初基督教"本色化"运动的背景下，着力"展示老舍与基督教的真实关系及所曾受到的影响"④；汤晨光则运用"新发现的第一手资料论证了老舍加入基督教的原因及教会对他的职业生涯的影响"⑤。刘

---

① 王鹤丹：《说法中现身——老舍小说中的叙述者》，载《走近老舍》，京华出版社 2002 年版。

② 石兴泽：《人本 事本 文本：新世纪老舍研究及其展望》，《中国文学批评》2020 年第 3 期。

③ 佟洵：《缸瓦市教堂与老舍先生》，《北京科技大学学报》2000 年第 2 期。

④ 吴永平：《老舍与基督教"本色化"运动》，《盐城师范学院学报》2003 年第 3 期。

⑤ 汤晨光：《老舍的早期活动与伦敦会》，《民族文学研究》2005 年第 2 期。

涛潜心史海，发现了老舍的诸多佚文，其中《以善胜恶》关乎老舍的基督教信仰，为研究老舍的基督教思想提供了第一手资料。刘涛认为该文"非常集中地展示了老舍的社会观和宗教观，突出显示了老舍深沉的忧患意识和热烈的救世情怀，使我们看到了老舍作为基督徒的另一面，为理解老舍的小说创作打开了一扇窗口"①。凤媛"以宝广林20世纪20年代的宗教思想为切入点"，对老舍接受宝广林影响、加入基督教等进行了扎实的考证和梳理②。再次是对老舍任职齐鲁大学期间有关资料的发现、考证。比如老舍在齐鲁大学开设的课程及演讲情况，他曾热情指导该校的文学研究会，曾开设过"三礼研究"课，由此凸现了老舍作为作家、学者、教授的光彩形象。有的学者还对老舍任职的举荐人和任职的缘起、经过作了考证。如汤晨光认为老舍任职齐鲁大学"有可能"与伦敦会、宝广林有关系③；李耀曦借助老舍佚信分析老舍到齐鲁大学前后的情况，提出举荐人"有可能"是曾担任齐鲁大学董事长的张伯苓④。

在老舍文献史料的考释、研究方面，张桂兴的著述有《〈老舍全集〉补正》（中国国际广播出版社2001年版）、《老舍资料考释》（中国国际广播出版社2000年版）以及《老舍年谱》（上海文艺出版社2005年版）等。他在《试论20世纪老舍研究资料的成就》（《北京社会科学》2003年第3期）一文中，全面考察了20世纪学界在老舍生平资料发掘考证、传记资料系统整理、研究资料综合汇编、工具书编撰出版、散佚作品的收集与文本的编辑等方面取得的辉煌成就，提出了老舍研究在新世纪面临的机遇和挑战。

新世纪老舍研究的"拓展"，二是表现在对老舍的个性气质研究上。吴小美、古世仓的《老舍个性气质论》（《文学评论》1999年第1期）从老舍早年的家境和生活的时代出发，开掘其个性气质的生成，认为其个性气质的沉郁色调构成了老舍特有的"双重遗弃"的感受方式及其认识生活的独特角度。范亦豪、曾广灿的《老舍创作的哲理内涵》（《南开大学学报》1999年第2期）从老舍哲理性追求的理论自觉性和实践明确性出发，论述其"诗人"艺术个性。孔范今的《解读老舍》（《中国现代文学研究丛刊》1998年第1期）通过与其他文化启蒙主义作家的比较，指出老舍卓特不群的文化立场、态度及对象选择，认为其创作发展过程"实际上存在着两个互相关联的动

---

① 刘涛：《老舍的基督教信仰与救世观及其他：从最近发现的三篇老舍佚文谈起》，《中国现代文学研究丛刊》2010年第2期。刘涛在"翻阅原始史料"时还发现散落在抗战时期各类报刊上的老舍"杂文、文论、歌词"等佚文多篇（见《老舍抗战佚文考》，《新文学史料》2010年第2期）。

② 凤媛：《早期老舍与宝广林之关系考论：以宝广林二十世纪二十年代的宗教思想为切入点》，《北京社会科学》2017年第8期。

③ 汤晨光：《老舍的早期活动与伦敦会》，《民族文学研究》2005年第2期。

④ 李耀曦：《老舍执教齐鲁大学的缘起与经过：老舍1930年复林济青佚信之解读》，《春秋》2016年第3期。

势"，"一个是对主潮性文化启蒙话语由趋同到有所疏离的态度变化，另一个是看似愈来愈走近生活而实则是与眼前的生活具象拉开了距离，坚持着距离性写作"。

新世纪老舍研究的"拓展"，三是表现在对老舍思想精神的研究上。老舍思想精神的研究中最重要的是对其民族意识、民族精神的审视。正如关纪新的《老舍民族观探赜》（《现代文学研究丛刊》2015 年第 4 期）所说，老舍民族观的核心内涵是倡导民族平等、和平发展、友好共处。邵宁宁对《四世同堂》里"国民"意识的复杂性、局限性以及意识启蒙等问题进行探究，深入分析了老舍对中国现代国家建设问题的思索①。傅晓燕结合老舍各个时期创作的文学作品，按历史发展的顺序将老舍民族意识的嬗变串联起来，展现了老舍丰富的内心世界②。傅光明的《抗战中的老舍："士"的精神与"国家至上"》（《西南民族大学学报》2008 年第 4 期）一文，梳理了老舍在抗日战争期间所创作的文本及其言行，彰显出他奋战到底的决心，赞颂其高尚的民族气节。魏韶华的《论老舍与乌托邦之精神关联》（《中国文学研究》2007 年第 7 期）一文，将老舍与乌托邦之间的关系联系起来，肯定了乌托邦对老舍精神世界的影响。王本朝的《论老舍文学创作的民粹思想倾向》（《民族文学研究》2006 年第 11 期）阐释了民粹主义在一定程度上影响了老舍的文学创作，呈现出多自社会底层选材且具有大众化倾向的艺术特色。王晓琴的《老舍文学世界：民族精神启示录》（《民族文学研究》2006 年第 11 期）一文，全面考察了老舍作品中所体现出来的民族精神及其民族精神的转化，指出老舍作为一位具有强烈民族自省意识的作家，其文学创作亦是一部伟大的民族精神启示录。吴小美、魏韶华、古世仓的著作《老舍与中国新文化建设》（民族出版社 2006 年版）深入发掘了老舍文化精神的现实意义。

新世纪老舍研究的"拓展"，四是表现在老舍与中国传统文化关系的研究上。首先是对老舍与儒家文化关系的研究。谢昭新在《老舍与儒家文化》（《江淮论坛》2014 年第 1 期）一文中指出，老舍精神世界中所体现出的儒家文化与其家庭教养及早期所受的儒家文化教育有关。儒家文化中的"仁"、"礼"、"中庸"等思想与生命观不仅影响着老舍的行为方式，还从多个方面影响了他的创作，使其塑造出以祁瑞宣、张大哥、赵庠琛等为代表的带有典型儒家文化色彩的人物形象。此外，他还在《老舍抗战散文中的文化心理透视》（《中国现代文学研究丛刊》2015 年第 9 期）一文中，总结、提炼出老舍在抗战时期的生命精神与文化心理，展现出老舍浓浓的爱国之情与对民族复兴的追寻。岳凯华着眼于老舍对儒家文化的矛盾态度，从文化学的角度论述了老舍小说

---

① 邵宁宁：《战时生活经验与现代国民意识的凝成——以〈四世同堂〉为中心》，《甘肃社会科学》2010 年第 11 期。

② 傅晓燕：《从底层人物塑造看老舍民族意识的嬗变》，《文艺理论与批评》2009 年第 3 期。

与儒家文化之间的关联①。吴小美、冯欣的《老舍的文化理想与〈大地龙蛇〉》（《中国现代文学研究丛刊》2006 年第 7 期）一文，全面分析了剧作《大地龙蛇》所体现的老舍的文化思想。关纪新的《老舍，一位文化巨子的伦理站位》（《兰州大学学报》2009 年第 3 期）一文探求了老舍对伦理道德以及民族精神文化的追寻，论述了老舍作为一位文化巨子的伦理站位。周丽娜《〈二马〉的文化新解》（《中国现代文学研究丛刊》2007 年第 8 期）一文，从不同文化的不同层面解读了老舍作品中所体现出的中、英文化的矛盾性、复杂性，阐释了老舍是如何将自己对中、英两种文化的不同态度与理解应用于《二马》的创作中。

其次是从东西文化、中外文化交融层面去探讨老舍文化世界。谢昭新的专著《老舍与中外文化综论》（安徽师范大学出版社 2014 年版），从老舍与中国传统文化、老舍与外国文化、老舍与五四新文学、中西方文化的交汇等方面，将老舍的创作与各种文化的发展联系起来，全面论证了老舍对现代化和民族化的追求。石兴泽、石小寒的《东西方文化影响与老舍文学世界的建构及其研究》（中国社会科学出版社 2011 年版）将老舍置于 20 世纪东西方文化交流碰撞、中国文化和文学现代转型的背景下进行多侧面观照。该书包括东西方文化影响与老舍文化心理的发展演变、老舍文学世界的建构与东西方文化和文学、多重学术文化影响下的老舍研究三部分，形成了一个从东西方文化关系上全面考察老舍文学世界的体系。

再次是对老舍与都市文化关系的研究。杨剑龙主编的《老舍与都市文化》（广西师范大学出版社 2012 年版）汇集了老舍研究界知名学者的独到见解，将老舍与其所到之处的都市文化紧密联系起来。老舍在不同地域所创作出的不同作品都体现了该都市特有的文化特色，而这些都市文化也对老舍的创作产生了深远的影响。

新世纪老舍研究的"拓展"，五是表现在对老舍文学史地位的研究上。一般来说，文学史对现代著名作家的排序为"鲁郭茅巴老曹"。但是，随着历史文化的演进以及文学经典的不断涌现，老舍文学的经典性不断提升，其文学史地位也发生着演变。谢昭新在《老舍文学经典的生成及其当代意义》中考察了老舍作为经典作家的经典化历程：20 世纪 30 年代是老舍创作的丰收期，尤其是《骆驼祥子》这部经典作品的出现，巩固了老舍的经典性地位；20 世纪 40 年代，作为"文协"主要负责人，老舍领导了抗战文艺工作，其文学史地位很明显是在鲁迅、郭沫若之后，茅盾、巴金、曹禺之

---

① 岳凯华：《老舍小说与儒家文化》，《文学评论》2011 年第 9 期。

前①。王卫平、张英认为"老舍在二十世纪中国文学史上的位置几乎仅次于鲁迅"②。段从学在《论老舍在文协中的领导地位之建立》（《中国现代文学研究丛刊》2006 年第 7 期）中，考察了抗战时期老舍在文协中建立领导地位的历史过程，凸显了老舍在文学史上的重要地位。舒乙在《老舍文坛地位变迁路》中，从 2000 年人民文学出版社评选 100 部文学作品说起，第一位是鲁迅，进入四部作品，分别是《呐喊》、《彷徨》、《阿 Q 正传》、《鲁迅杂文选》；第二名是老舍，进入三部作品，分别是《骆驼祥子》、《四世同堂》、《茶馆》。舒乙指出，老舍的文坛地位是随着社会大背景的变化而变化的，其文坛地位的逐渐上升与读者的欣赏习惯关系甚大③。

三、新时代：世界老舍与老舍世界

老舍世界是随着时代向前发展的。中国社会文化发展从 20 世纪 80 年代的"文化热"到 90 年代的"国学热"，到新世纪的"传统文化热"，再到新时代的"回归传统"。以传承和弘扬中华优秀传统文化为主体的文化发展走向，也给老舍研究带来了新的面貌和新的特色，即以世界老舍与老舍世界的互动融通，全面体现了人类命运共同体下的老舍世界的价值取向。

新时代传承和弘扬中华优秀传统文化，最重要的是传承和弘扬中华民族的民族精神。中华民族的民族精神的核心价值观是爱国主义，而爱国主义又是老舍世界的核心层面，因此，探究老舍世界的家国情怀、爱国主义即成了研究者们共同关注的问题。谢昭新在《走近老舍的情感世界》④ 中谈到老舍的爱国主义，说老舍从小就由父亲与八国联军巷战而阵亡的事件，培育出痛恨外敌、保家卫国的朴素的爱国情感；后来在学校所受的"修身、齐家、治国、平天下"儒家文化精神的教育，更使他的家国观念增添了忧国忧民、救国救民的民族忧患意识和民族复兴精神；尤其是五四运动使反帝反封建成为他"后来写作的基本思想与情感"⑤。因此，在老舍的文学创作中始终贯穿着爱国思想、民族情感。

老舍的爱国主义在老舍与抗战文学关系的研究中得到更充分的体现。2015 年 10

---

① 谢昭新：《老舍文学经典的生成及其当代意义》，《首都师范大学学报》（社会科学版）2020 年第 1 期。

② 王卫平、张英：《老舍在二十世纪世界文学史上的位置》，《民族文学研究》2015 年第 2 期。

③ 舒乙：《老舍文坛地位变迁路》，《文学教育》（下）2010 年第 7 期。

④ 谢昭新：《走近老舍的情感》，载《老舍文学经典新论》，安徽师范大学出版社 2021 年版，第 44 页。

⑤ 老舍：《"五四"给了我什么》，《解放日报》1957 年 5 月 4 日。

月，由中国老舍研究会、西南大学主办的"老舍与纪念世界反法西斯战争胜利 70 周年暨第七届老舍国际学术研讨会"在重庆召开。这次研讨会的最大收获是，从新的理论维度对老舍的文艺观念、文艺创作、文学活动做了深入细致的探讨，在一个新的时代从不同的角度重新解读了老舍的抗战文学作品，发掘出新的思想内涵、精神价值和审美意义，对老舍抗战文学创作的文学史、思想史地位，尤其是心灵史、精神史意义，有了更丰富的理解和阐释。这次研讨会充分、深入地发掘了老舍的国家意识与民族情怀，突出表现了老舍的爱国主义精神。

新时代"回归传统"，传承、弘扬中华优秀传统文化，不仅带来了对老舍民族精神、爱国主义的深入探究，还联结起了对老舍与人民关系的审视。而对老舍与人民关系的审视，又充分显示了老舍创作以人民为中心的价值取向。老舍是爱国主义作家，又是人民艺术家，国家与人民这两根纽带深深维系于老舍的精神世界。以人民为主体，成为他创作的根本目的。歌颂人民的正义力量、批判社会的邪恶势力，成为老舍作品歌颂与暴露的情感主线。这条情感主线发展到他创作的《龙须沟》时，表现得更加鲜明。《龙须沟》通过一条臭水沟（龙须沟）的历史变迁，对新旧社会做了对比，充分歌颂了人民政府为人民修建"龙须沟"的政治使命。老舍也是带着这种强烈的政治使命意识创作《龙须沟》的，而《龙须沟》也成就了他"人民艺术家"的光荣称号。为此，学界称老舍为"人民的老舍"①，也就在情理之中了。

新时代迎来了世界大势的变化，习近平倡导的"人类命运共同体"这一理论的重要价值日益凸显。"人类命运共同体"是一种引领性的"新全球化"理论。这一理论对于世界文化和发展产生了巨大的影响，使中国的全球发展观居于世界前沿地位。这是一个多世纪以来中国前所未有的世界性的思想和价值观影响，这一思想也应该成为老舍世界的建构与世界老舍的"新全球化"传播的理论基础与思维方式。在"人类命运共同体"统照下的世界老舍，更以其文学经典的戏剧改编与演出，凸显出独具特色的人性和人类性的价值取向。老舍的作品被改编成电影、电视剧的就有二十多部（从1950 年的电影《我这一辈子》至 2016 年的电影《不成问题的问题》，不包括小说改编的话剧）。在现代作家中，他的文学经典被改编成戏剧、影视的数量最多，且精品纷呈。以《骆驼祥子》为例。1957 年 7 月，梅阡改编了同名五幕六场话剧，成为北京人民艺术剧院的经典剧目，主要演员为舒绣文、李翔、英若诚、于是之等。梅阡说，从剧本发表至 1958 年 3 月不到一年的时间，已演出 100 场以上。据有关资料的数据，北京人艺从 1957 年到 1962 年共演出话剧《骆驼祥子》200 余场；1980 年再上演以来，至 1989 年陆续演出了近 100 场；2007 年又上演了顾威导演的新排本《骆驼祥子》。话

---

① 孙洁：《老舍和他的世纪》，上海文艺出版社 2019 年版，第 346 页。

剧《骆驼祥子》一代一代演下去，年年上演，仍然呈现一票难求的文化现象。除了话剧《骆驼祥子》，还有同名电影、电视连续剧、京剧、曲剧、歌剧、广播剧等，均成为小说改编与演出的经典之作，呈现出老舍世界普泛化的价值取向。同样，电影和电视剧《四世同堂》，也成了经典，和小说一起深刻揭示了抗战时期北平的种种人性类型和反对战争、渴望和平的人类价值取向。

如果说《骆驼祥子》、《四世同堂》在多姿多彩的戏剧、影视改编上创造了经典品格，凸现了其经典特征，那么，《茶馆》则在跨越时空的历久弥新的演出中，创造出奇迹般的经典品格，彰显了其经典特征。1958 年 3 月 29 日，北京人民艺术剧院演出第一场《茶馆》，由焦菊隐、夏淳导演，于是之、郑榕、黄宗洛、蓝天野、英若诚等著名表演艺术家参加演出，立即产生了轰动效应。之后，《茶馆》常演常新，经久不衰，精彩纷呈，创造了北京人艺的演剧经典。1992 年 7 月 16 日，北京人艺的第一版《茶馆》结束了第 374 场演出。1999 年，由林兆华执导，梁冠华、杨立新、濮存昕等演出的第二版《茶馆》登上舞台。至 2018 年 6 月 17 日，第二版《茶馆》共演出 336 场。这样，《茶馆》前后共上演 60 年，计 710 场，而且每一轮上演都引起全城轰动，成为一种文化现象。一些具有先锋创新精神的导演们又以各自独特的演出方式阐释并演绎着《茶馆》：2017 年 11 月，由李六乙导演，四川人艺演出了四川话版《茶馆》；2017 年 7 月 21 日，导演王翀将 19 世纪的"茶馆"搬到了 21 世纪的校园里，在北京师范大学第二附属中学演出了"残酷校园"版《茶馆 2.0》；2018 年，由中国出版集团数字传媒有限公司制作出品的广播剧《茶馆》，高度还原老舍作品精髓，填补了《茶馆》在听觉领域的空白；2018 年 10 月 18 日至 21 日，乌镇戏剧节上演了由孟京辉执导、文章领衔主演的中德合作舞台剧《茶馆》，站在当代角度，从整个人类的视角，将当下融入传统进行再创造，打造了一场抽象现实主义的时空碰撞。《茶馆》在国外的演出，更创造了世界化"老舍热"的价值取向。比如 1980 年，《茶馆》赴西德、法国、瑞士进行了为期 50 天、巡回 15 个城市的访问演出，掀起了欧洲"《茶馆》热"，《茶馆》被誉为"东方舞台上的奇迹"。1983 年，《茶馆》在日本演出，创造了日本继 20 世纪 50 年代、70 年代"老舍热"后的第三次"老舍热"。2016 年，北京人艺赴加拿大演出《茶馆》，掀起了加拿大的"老舍热"。总之，老舍世界的自身优势，创造了世界老舍的壮丽奇观；世界老舍的全球化视野观照，又全面体现了人类命运共同体下的老舍世界价值取向。

（作者单位：安徽师范大学文学院）

考历史之暗角，探文学之新源

——评凤媛《从边缘到合流：圣约翰大学和燕京大学的新文学教育研究》

熊静娴

2020 年 12 月，凤媛教授的著作《从边缘到合流：圣约翰大学和燕京大学的新文学教育研究》由上海文艺出版社出版。该著作选取了晚清民国时期两所颇具代表性的基督教大学——圣约翰大学和燕京大学作为研究对象，爬梳和挖掘了浩如烟海的史料，以"史"为脉络，清晰地还原了基督教大学新文学教育的历史图景。更为重要的是，借助对基督教大学这样一个被遗忘已久的历史角落的打捞，为"五四"新文学的发生、生产和发展，以及被知识化与经典化过程的研究提供了新的空间。

一、匠心独运，选题新颖

"五四"新文学的发生在中国现当代文学史上具有划时代的意义，而如何去描述新文学的发生及其随后的发展，也就成了现当代文学研究的核心问题。在描述这一问题时，传统的研究思路往往把目光投向刊物、作品、作家和文学社团，如作为标志性刊物的《新青年》；新文化运动的先行者如胡适、鲁迅、周作人等人对语言和文字的探索；文学社团如创造社、文学研究会内部的发展和转变等，以此来观照中国新文学的发生和发展。而大学教育作为知识生产和传播的重要途径，是中国新文学发生和发展的重要一环，却鲜少进入研究者的视野。

20 世纪 90 年代末，钱理群先生主编的"二十世纪中国文学与大学文化丛书"成为探讨现代大学教育和现代文学关系的开路之作。丛书中的《二三十年代清华校园文化》①、《西南联大历史情境中的文学活动》②、《东南大学与学衡派》③ 等书梳理了北大、清华、西南联大等大学的文学教育活动，并将其与新文学的发展联系起来。陈平原先生将"文学教育"视为知识生产的重要一环，将"五四"新文化运动前后北大中国文学系所开设的各类文学课程、文学讲义以及师生共建的文学课堂交叉重叠，纳入文学教育的立体图景中，展示了北大的文学教育是如何对新文学进行一种知识的整合、生产和传递的④。近年来，从教育机制的角度考察现代大学和新文学之间内在关系的思路，日渐成为学界研究的热点。如李光荣先生关于西南联大文学社团和文学活动的系列研究文章，以及张传敏先生的《民国时期的大学新文学课程》⑤、《民国时期大学里的新文学教师们》⑥，都从课程设置和师资力量的角度对民国时期大学的新文学课程进行了研究。上述诸位学者的目光大多聚焦于北大、清华、中央大学等国立大学，对基督教大学几乎没有涉足。至于凤媛教授新著中所关注的圣约翰大学和燕京大学的相关研究成果，则主要集中于史料整理和汇编领域。1929 年，圣约翰大学校长卜舫济先生领衔编撰了《圣约翰大学五十年史略》⑦，这是研究圣约翰大学校史的原始资料。1955 年，曾在圣约翰任教的费玛丽女士撰写的《圣约翰大学》⑧ 是圣约翰大学第一本完整的校史。2007 年，熊月之和周武先生合著的《圣约翰大学史》⑨ 出版。这本研究著作将圣约翰大学置于近代城市变迁和中西文化交流的背景下，充分挖掘了相关档案资料，全面地展现了圣约翰大学发展的历史全貌。1954 年出版的《中华民国大学志》⑩ 的其中一章对燕京大学的创建历史和院系设置等基本情况进行了介绍，是最早的系统性整理燕京大学校史的文献。1982 年，燕大校友合著的《学府纪闻·私立燕京大学》⑪ 一书在台湾出版，提供了有关燕京大学学习生活和校园文化等多方面的宝贵

① 黄延复：《二三十年代清华校园文化》，广西师范大学出版社 2000 年版。

② 姚丹：《西南联大历史情境中的文学活动》，广西师范大学出版社 2000 年版。

③ 高恒文：《东南大学与学衡派》，广西师范大学出版社 2000 年版。

④ 陈平原：《知识、技能与情怀（上）——新文化运动时期北大国文系的文学教育》，《北京大学学报》2009 年第 6 期。

⑤ 张传敏：《民国时期的大学新文学课程》，《新文学史料》2008 年第 2 期。

⑥ 张传敏：《民国时期大学里的新文学教师们》，《新文学史料》2008 年第 4 期。

⑦ 圣约翰大学大学生出版委员会编：《圣约翰大学五十年史略（1879－1929）》，圣约翰大学，1929 年。

⑧ Mary Lamberton, *St. John's University, Shanghai, 1879－1951*, United Board of Christian College in China, 1955.

⑨ 熊月之、周武：《圣约翰大学史》，上海人民出版社 2007 年版。

⑩ 张其昀：《中华民国大学志》，中华文化出版事业委员会，1954 年。

⑪ 燕大校友合著，董鼎编辑：《学府纪闻·私立燕京大学》，南京出版社 1982 年版。

资料。王翠艳教授的《燕京大学与"五四"新文学》① 是一本较为系统地探讨燕京大学和"五四"新文学关系的论著。通过对燕京大学相关档案的梳理，王著从课程设置、师资力量、校园刊物、学生创作等几个维度对燕京大学的新文学教育及其影响和效果进行了综论和个案化的研究。然而，王著关注的时段主要是 20 世纪 20 年代，没有触及 20 世纪 30 年代燕京大学的新文学教育，对燕大周刊社的新剧演出和评介活动、燕大的基督徒知识分子群体的新文学实践、燕大英文系的文学教育等重要问题都未曾给予关注。从总体上来看，目前学界在研究大学教育与新文学发生、发展之间的关系时，往往忽视了基督教大学的重要地位，而对于基督教大学的研究则多停留于校史资料汇编的层面，对于学校的办学宗旨、课程设置以及学生和教授群体的活动与新文学之间的勾连则语焉不详。

风媛教授的新著《从边缘到合流》则以圣约翰大学和燕京大学这两所具有代表性的基督教大学作为研究对象，融合了文学、史学和教育学等多个学科和领域的研究方法，独辟蹊径地关注到这两所基督教大学内的新文学教育，照亮了民国时期基督教大学新文学教育研究领域的暗角。若考察这两所大学在同时期基督教大学中的特殊性，则可以体会到风媛教授在选择研究对象时的别具匠心。首先，在时间上，圣约翰大学创立于 1879 年，是中国第一所现代高等教会大学；燕京大学成立于 1919 年，诞生于"五四"时期。这两所学校存在的时间较长，经历了民国期间主要的社会与文化变革浪潮。书中所重点关注的 20 世纪 30 年代燕京大学新文学教育"学术化"转向，更是弥补了国内对这一时期基督教大学新文学教育研究的欠缺。1937 年，由于日军的侵占，学校进入非常态时期；同年，绝大部分基督教大学都已经完成了向国民政府的注册，与其他国立大学的差距日渐缩小，原有特色受到很大程度的抑制，故风著的研究时间以 1937 年为下限。在学校的地理位置上，圣约翰大学和燕京大学分别位于上海和北京，都是民国时期的中心城市。后者是传统的政治与文化中心，前者则是开埠甚早、濡染洋风已久的繁华都市。这两所学校一南一北，具有地理意义上的代表性。最为重要的是，这两所学校都以自己的方式深入地参与了中国新文学发生和发展的历程。虽然圣约翰大学在其草创阶段以儒家经典教育作为文学教育的主要内容，但风著指出，早在其第一任校长施约瑟主教主政期间，就已通过翻译官话本《圣经》对现代白话文的书面形式进行过探索。20 世纪 20 年代后，为了应对中国愈加复杂的社会政治文化环境，圣约翰国文部开展了教学改革。这场改革并没有使圣约翰大学摒弃偏重国学教育的传统，但同时也对"五四"时代主题进行了积极回应，"文白之争"在这里呈现

---

① 王翠艳：《燕京大学与"五四"新文学》，文化艺术出版社 2015 年版。

出缓和的平衡之势。这也正是圣约翰大学相较其他基督教大学的独特意义所在。1919年成立的燕京大学虽然起步时间相对较晚，但其"中国化"与"基督化"并行不悖的发展方针，使燕京大学相较其他基督教大学率先走向了中国化的发展道路。20世纪20年代，时任校长的司徒雷登设立"现代中文部"，邀请周作人出任主任，开设新文学的相关课程，对新文化运动所倡导的语言和文学给出了正面的回应，也为新文学的学院化开辟了一番疆土。进入20世纪30年代，旨在推动高层次国学研究的哈佛燕京学社成立，随之而来的是燕大国文系的课程设置从整体上呈现出愈加学术化和专门化的趋势，新文学课程和师资所占比重缩小，训诂学、音韵学、考据学及古典文学研究类占据了课程的主体。然而，新文学类课程的减少，并不意味着燕大国文系对于新文学进入大学课堂这一探索的终止。时任国文系主任的郭绍虞推行的大一国文教材改革以及"文章病院"等活动，对强化学生的写作能力，推动新文艺不断成熟，从而使新文艺作为一种值得传授和研究的"知识"走进大学课堂，给出了切实可行的思路和方案。从这个意义上来说，燕京大学在新文学学院化道路中有着不可替代的样本化意义。

二、笔酣墨饱，内蕴充实

《从边缘到合流》分为上、下二编，分别研究圣约翰大学和燕京大学的文学教育问题。作为基督教大学，圣约翰大学和燕京大学设立的最根本目的是促进基督教在中国的传播，是整个传教事业的一部分。然而，校方又面临近现代中国风云变幻的政治文化环境，需要根据时局不断调整自身的治校策略和教学内容。凤著从治校宗旨、课程设置、社团和校刊等方面全方位地展现了这两所大学的教学图景。

圣约翰大学初名圣约翰书院，创立于1879年，1905年升格为大学。发展至20世纪初，圣约翰大学已经成为拥有当时全国最先进的教学设施、课程教材和最有社会影响力的高等学府。圣约翰大学在民国时期的基督教大学中被认为是西化程度最高的学校。然而，凤媛教授在书中指出，圣约翰的教育并非一味西化，相反，它一直努力在西化和本土化、基督化和世俗化之间进行调和与平衡，并以自己的方式去回应复杂的社会文化思潮。

自从卜舫济校长主政圣约翰以来，其治校理念一直在更基督化还是更世俗化的两端徘徊。一方面，他强调办学的宗教目的，规定学生必须参与宗教活动，强化学校的基督教气氛；而另一方面，他推行"英语运动"，开设其他综合性专业，从而实现培养精英式人才的目标，这些举措无疑加剧了学校的世俗化倾向。

以20世纪20年代圣约翰大学的国文教学改革为界限，在此之前，在"英语运动"

的推动下，圣约翰的绝大部分课程已经英语化了，并且还形成了一整套体系完备的西洋文学教育课程，包括"英文小说"、"英学文萃"、"英文散体文"、"英文诗歌"、"英国文学史"、"莎士比亚剧本"等在内。尽管以"英语运动"为代表的世俗化教学改革带来了西式的校园氛围，但凤著通过对圣约翰大学国文教育改革相关史料的梳理和考辨，展示了圣约翰校方对传统文学教育的重视和国文科的建设成果，对圣约翰大学"一味西化"的观点进行了重释。从 20 世纪初仅有的"国文"和"国文选本"，逐渐扩展到涵盖中国传统文史教育中"经史子集"各类传统文学和文化课程，校方在推行西化的同时并未放松对中国传统经典类课程的建设。进入 20 世纪 20 年代，在英文教育与中国传统教育之间努力调试的圣约翰大学又遭遇了非基督教运动与"五四"新文化浪潮的冲击。在圣约翰的教师队伍中，既有孟承宪和钱基博这样对白话文持谨慎态度的学者，也有洪北平和何仲英这样主张将白话文和新文学带进课堂的国文教师，但这并不影响他们共事，包括共同参加国文教学研讨社、共同担任《约翰半月刊》的辅导委员会等工作。因此，"五四"新文化运动中重要的"文白之争"在圣约翰此番教学改革中呈现出温和的态势，文言文教学与白话文教学并行不悖。在社团方面，既有旨在"研究国事，联系国语"的"国事研究会"和"国乐会"来"发扬国光"，又有"希望于文学上改良中国现在流行的新剧"的"大学生剧社"①。校园刊物《约翰声》上发表的文章也呈现出语体文与文言文并存的新旧交融的状态。校方在整体政策方针上表现出明显的调和性，既不忘却传统也不忽视"现代"，既呼应"本色化"也始终不忘"基督化"②。

在《从边缘到合流》的下编中，凤媛教授从作为燕大校长的司徒雷登其人谈起，展现了燕京大学与圣约翰大学颇为不同的办校理念和教学风貌。作为一个自由派神学立场的传教士，司徒雷登的宗教立场更为开明，也更重视基督教与当地文化的互通互融；再加上他本人在中国的成长经历，让他对中国社会和文化环境始终抱着"理解之同情"，力图使燕京大学成为一所"中国的大学"。1923 年，燕大开基督教大学的风气之先，主动废除学生参加宗教仪式的规定，还把宗教课程改为选修课，在整个燕大掀起了一股开明自由的风气。1919 年底，燕京大学国文部扩充，新增授课教师与科目。凤著援引了时任国文部主任的陈哲甫撰写的一份课程大纲，上面记载了国文部开设的约十门课程，分别是"模范文"、"学术文"、"文字学"、"文法"、"文学史"、"文

---

① 凤媛：《从边缘到合流：圣约翰大学和燕京大学的新文学教育研究》，上海文艺出版社 2020 年版，第 107 页。

② 凤媛：《从边缘到合流：圣约翰大学和燕京大学的新文学教育研究》，上海文艺出版社 2020 年版，第 107 页。

选"、"国语"、"格言"、"诸子"、"作文"①。凤媛教授认为，这些课程中不少已经表现出了对急剧变化的社会文化环境的回应。如改"国文"课为"国语"课，其实已经为之后以白话文为载体的新文学课程奠定了基础。又如 1920 年添加的"文学史"一课，以西式的"文学史"取代了传统的"文章流别"，体现了西方现代学科体制对中国当时大学课程设置的渗透和影响，传递出燕大国文系对当时社会文化语境的包容和顺应姿态。

燕大周刊社与《燕大周刊》也是凤著着墨甚多的部分，从中可以更清楚地发现燕大学生团体活动与新文学之间存在着密切的关联。《燕大周刊》由燕大周刊社创立，趣味趋近于新文艺，经常发表关于新文学的评论和译介。除了经营《燕大周刊》外，燕大周刊社还经常开展话剧演出，并在《燕大周刊》上发表剧评，不仅呈现出和当时新文学界的某些热点话题积极应和的特点，同时也产生了另一类专门探讨戏剧舞台实践的相关问题的文章。20 世纪 20 年代燕大校园新文学场的形成不仅体现在燕大周刊社的相关活动上，还体现在建立于师生关系基础上的新文学界人际关系网络的构建中。《燕大周刊》的作家群体以周作人为中心，围绕着的是包括俞平伯、谢婉莹、落华生、熊佛西、凌瑞唐、焦菊隐等与其有着或远或近师生关系的作家群体。他们当时既是与新文学关系密切的作家，同时也是燕大任教的老师或就读的学生。以周作人为代表的知名教授为燕大新文学场提供了足够强大的社会资本和文化资本，而文学青年们则可以借力于此，得以跻身文坛，发出自己的声音。

凤著还独具匠心地把目光投向了以"燕大三师"为代表的基督徒教授群体。吴雷川在 1926-1927 年代理国文系主任期间，推行古典文学和新文学教育并举的措施，让新文学教育在当时系政正处于转折过渡时期时仍得到了壮大和发展；刘廷芳和赵紫宸在现代新诗创制方面的探索与实践，则为正在摸索阶段的中国现代新诗提供了可供借鉴的途径②。凤媛教授认为，"燕大三师"身兼传道者、教育者、基督新教思潮运动的倡导者、"五四"白话文学的创制者的多重身份，这些多重身份造就了他们复杂的文化认同。在这种复杂的文化认同下，燕大基督徒教授群体所展开的新文学教育与学术实践，是全面考察燕大校园新文学场域形成的一个重要维度，也是考察"五四"新文化运动在基督教大学如何立足和发展的重要角度。

在新文学作为一门学科走进大学课堂、被知识化和经典化的过程中，燕京大学也

---

① 凤媛：《从边缘到合流：圣约翰大学和燕京大学的新文学教育研究》，上海文艺出版社 2020 年版，第 179 页。
② 凤媛：《从边缘到合流：圣约翰大学和燕京大学的新文学教育研究》，上海文艺出版社 2020 年版，第 287 页。

以自己的方式进行了处理和回应。从 20 世纪 20 年代末到 1937 年前后，面对中国高等教育界整体呈现学术化、专业化的趋向，燕大国文系的课程设置也从整体上呈现出愈加学术化和专门化的特点，包括"文学"类课程的缩减，考据、音韵、训诂等中国传统学术研究类课程的增加以及学科门类的专门化等。20 世纪 30 年代，时任国文系主任的郭绍虞通过对大一国文教材的编纂和"文章病院"等活动的推广，让学生在基本的写作训练中提高运用文言文和白话文的能力，最终通过他们的写作实践参与、推动新文学的不断成熟，从而使新文学更具有学术价值。这些举措显然是对新文学如何以一种"学科"的形态进入大学课堂、文学系课程应当如何设置、大学生国文程度是否降低等问题的回应，并给出了切实可行的思路和方案。

三、史海钩沉，文史互证

纵观全书，《从边缘到合流》中的论述是建立在对浩如烟海的史料的钩沉、考辨和阐释上的，有着扎实而浑厚的史料支持。这本著作不仅拓宽了中国现当代文学的研究视野，极大地丰富了基督教大学研究的文献资料，更展示了审视与运用史料的独到技巧，可以被视作史料阐释的优秀范本。

首先，在史料的丰富性上，凤著所用到的史料数量惊人，种类繁多，而且多为原始文献，如档案、日记、报纸期刊、外文作品等，为论述提供了有力的支持。其中最具特色的则是档案类史料，如学堂章程、课程表、教职员名单、演出剧目表、学生毕业论文等，还有影印自耶鲁大学神学院图书馆特藏"亚洲基督教高等教育联合董事会档案"的珍贵史料，让人大开眼界。由于研究对象为基督教大学，相当部分的原始档案系英文写成。在引用这些文献时，凤媛教授除将之翻译成汉语外，还保留了英文原文，并对可能造成误读的地方做出了解释。比如在援引"亚洲基督教高等教育联合董事会"的档案时，专门解释了为何档案中称燕京大学为"Peking University"：作为燕京大学前身之一的汇文大学的英文名称就叫 Peking University，所以在燕京大学初创时期，其英文名一直保留了 Peking University 的称呼，故而燕京大学的早期档案中也都沿用这一称呼。对待史料严肃细致的态度，不仅体现出凤媛教授严谨的治学风格，也给尘封在历史中的人和事还以鲜活的血肉，使读者能够借触摸原始资料，再次回到历史场景中。

其次，在结合史料进行论述时，凤媛教授另辟蹊径，以独特的视角进入，对有限的史料进行了最大限度的开掘。在考察周作人出任燕京大学"现代中文部"主任时期的文学观念与教育实践时，凤著以周作人开设的"翻译"课程为切入点，讨论他自身语言文学观和教学实践的结合。1922 年，"现代中文部"成立，由周作人出任系主任。虽然现存的资料中未见"现代中文部"明确的课程布告，但凤媛教授根据《知堂回想录》中周作人对此事的回忆，还原出"现代中文部"大致开设了"国语文学"、"文学通论"、"习作"、"讨论"等课程①。联系当时国语运动的语境，这里的"国语"即白话文或语体文。1923–1930 年，周作人在国文系开设翻译课，1929–1930 年更名为"翻译文之研究"。虽然目前缺乏直接的课程讲义档案来说明翻译课程的具体内容，以及周作人是如何来教授这些课程的，但凤媛教授发现，在 1925–1926 年燕京大学的课程布告中，对"翻译"课的介绍为"lectures and exercises on the method of translation from English into Chinese"②，可见这门课上会介绍中英翻译的基本方法以及翻译练习。而同时期的《燕大周刊》第 22 期上，也开始刊载署名为"公译"的翻译小说《鸳鸯》，开篇的编辑按语中写道："这一篇小说是本校翻译班上第一次共同研究的成绩，很感谢周先生同诸位同班允许我们在这里发表。"③"周先生"即周作人无疑。在此之后，《燕大周刊》又陆续推出了几篇由翻译班"公译"的小说。这些"公译"小说都译自爱尔兰裔日本作家小泉八云的作品，保存了小泉原作的精髓和气韵，语体形式上都采用了较为自由的、有弹性的，不受格律、声调和格式限制的散文体，甚至对标点符号都不予修改。在公译小说《獾》后，编辑特意加了一番按语予以说明："据周先生讲，小泉八云写故事的时候，尝自实地的演肖里边个人的深情口吻。所以原文的标点符号，译者毫不省减。因为也足以表现原作者的用心，是一样应当注意的。"④ 这显然完全贯彻了周作人所奉持的翻译理念。1923 年 12 月，《燕大周刊》第 25 期上刊发了一篇署名为"絜溟"的文章《翻译谈》，开篇即说明这篇文字是"文学讨论班上的笔记和平时的感想"⑤，而"文学讨论"课正是周作人在 1922–1923 年开设的课程。这篇文章指出了翻译的两种方法——"直译"与"自由译"，并谈到了二者各自的优缺点，并且主张"直译"，"因为原文的思想与原文的艺术实在有密切的关系"，而"介绍原文的艺术，就是要'国语力范围内的欧化'"，这种"国语力范围内的欧化"

① 凤媛：《从边缘到合流：圣约翰大学和燕京大学的新文学教育研究》，上海文艺出版社 2020 年版，第 190 页。

② 凤媛：《从边缘到合流：圣约翰大学和燕京大学的新文学教育研究》，上海文艺出版社 2020 年版，第 207 页。

③ 凤媛：《从边缘到合流：圣约翰大学和燕京大学的新文学教育研究》，上海文艺出版社 2020 年版，第 208 页。

④ 凤媛：《从边缘到合流：圣约翰大学和燕京大学的新文学教育研究》，上海文艺出版社 2020 年版，第 209 页。

⑤ 凤媛：《从边缘到合流：圣约翰大学和燕京大学的新文学教育研究》，上海文艺出版社 2020 年版，第 209 页。

就是"为要区别于死译的缘故"①。凤媛教授敏锐地觉察到，"絜滰"对于"直译"的理解，以及对于翻译作品时应该"欧化"到什么程度的意见，与周作人的翻译观相当吻合。结合周作人自身的文学语言实践，凤著认为这门课程最大的意义不仅在于对翻译文辞章文理的研究，更在于翻译实践的训练，教会学生如何把与汉语表达习惯相斥的某些外语句式通过翻译转化为自由生动的口语体，从而给在摸索中的新文学提供理想的文体范本。

依托对史料的广泛把握，此著作中的一些个案研究还挑战了学界的固有认知。比如在讨论燕京大学最早拟建"现代中文部"并聘请周作人的动因时，学界往往会援引1922年4月司徒雷登提交给燕大董事会的校长报告。然而，凤媛教授通过查阅"亚洲基督教高等教育联合董事会"档案发现，早在1921年6月，司徒雷登在提交燕大校董会的校长报告中，就专门讨论了成立"现代中文部"的事宜。在这份报告中，司徒雷登指出"鉴于文学革命在整个国家产生了如此剧烈的变化，能够如此有助于开通民智，我们建议成立'现代中文部'"，或者"对于国文系进行彻底的重组"。接下来，司徒雷登提出了主持这个新系的人选要求——"至少精通一门西方语言"；"不仅可以运用和教授新的文体，而且是能够帮助产生这种文体的那一小部分领导者之一"②。相较于1922年4月司徒雷登提交给燕大董事会的那份校长报告，这份报告可以说更早地还原了以司徒雷登为代表的校方设立"现代中文部"的最初动因。

结　语

《从边缘到合流》始终围绕一个总的问题进行研究和讨论，那就是晚清民国时期基督教大学的教育与新文学的发生、发展之间的关系。凤著立足于近代教育与新文学的接触点，融合了文学、史学、教育学等多个学科和领域的研究方法，梳理和挖掘了大量中英文原始资料，细致、生动地呈现出处于边缘地位的基督教大学是如何应对和解决新文学教育过程中的困境与矛盾，以及作为一种学科的新文学如何在这两所具代表性的基督教大学的课堂上确立和展开。这对分析和重新审视新文学发生的动力机制、激活新文学研究的新思路无疑有着重要的启发。

以圣约翰大学和燕京大学这两所具有代表性的基督教大学为研究对象，凤著拓宽

---

① 凤媛：《从边缘到合流：圣约翰大学和燕京大学的新文学教育研究》，上海文艺出版社2020年版，第209页。

② 凤媛：《从边缘到合流：圣约翰大学和燕京大学的新文学教育研究》，上海文艺出版社2020年版，第186页。

了从教育机制角度进行新文学研究的视域。在考察现代大学和新文学之间内在关系的时候，学界一般比较重视民国时期国立大学在参与新文学被知识化和经典化过程中所发挥的影响，而往往忽略了处于边缘地位、但实际已经成为民国时期社会文化环境重要组成部分的基督教大学。作为一种强行进入的外来力量，民国时期的基督教大学有着复杂的生存语境。这种复杂性一方面来自自身——它们需要努力在"神圣"与"世俗"、"西洋化"与"中国化"、文言与白话以及传统文化与新文化之间达成微妙的平衡，另一方面，基督教大学还需要面对近现代中国风云变幻的政治文化环境，根据实际情况不断调整自身的治校方针和教学内容。正因为其复杂的生存处境，对其的研究便更能揭示新文学在发生、发展和作为一种知识和学科被纳入文学教育体系过程中的历史复杂性。

早在中华人民共和国成立前夕，以朱自清、闻一多为代表的知识分子就已经为新文学教育发声，认为新文学进入学院化体制中，已经不仅仅是教育领域的问题，更与建立一个独立、民主的现代化的民族国家的目标紧密相关①。因此，新文学的知识化、经典化、学院化也势必成为参与现代民族国家缔造的必要手段。在新文学的发生、确立以及学院化这样一个宏大而复杂的语境下，凤媛教授以独辟蹊径的研究视角，借助对一个久被遗忘的历史角落的打捞，以严谨的研究态度，融合了文学、史学和教育学等多个学科和领域的研究方法，立论客观，持论公允，在一些个案分析上挑战了学界既有的定论，丰富了基督教大学新文学教育的研究资料，对"现代文学在中国的确立"这样一个值得被研究者反复思考的问题重新进行了考察和研究。以凤媛教授此本新著所提供的思路为契，民国时期基督教大学的文学教育活动这一主题还有许多值得研究和思考的空间：在全球化的视野下，教会大学的办学实践可以如何与中国当下的教育现实进行对话；对教会大学的历史遗产进行尽量客观的评估之后，这些办学模式和经验对当下中国致力创建世界一流大学的教育目标有何借鉴作用；教会大学因其复杂的文化身份和存在的特殊历史时期所导致的局限和不足如何作为一种经验教训被我们所规避。由此，对基督教大学的研究就不仅局限于历史范畴中的挖掘、考辨和阐释，更可以为当下中国的文学教育提供一些有意义的参照。

（作者单位：华东师范大学人文社会科学学院中国语言文学系）

---

① 朱自清：《关于大学中国文学系的两个意见》，《国文月刊》第六十三期，1948年1月。

编后语

姜　飞

　　人文领域的研究和写作，近年来，在各种数据库的加持和学者生存状态的催促之下，愈加表现出知识性的无比坚实和数量上的大跃进。我们这个时代的人文写作进入了值得警惕的容易阶段——知识的检索和粗加工，饾饤堆砌，洋洋成文。容易的事情常常带来更深刻的生存危机——我们的写作和我们的存在是否有理直气壮的意义？大量的人文知识分子，甚至包括研究现代文学的学者和准学者，埋头挖掘数量巨大而意义不大甚至可有可无的知识，在知识的跑道上滑行，却没有腾空而起的能力甚至动机，与思想的天空保持着遥远的距离。

　　也许我们都需要常常自问：我们为什么要从事人文写作？

　　然而，还有比缺乏思想习惯和思想成绩更令人遗憾的事情，那就是知识的跑道本身就不坚实，知识的不可靠意味着这个时代的所谓知识分子与思想的天空永无关系。在知识与思想的意义上，本辑有一些文章是值得推荐的，譬如《"声音"的技艺与修辞：郭沫若的战时演讲动员》，以及《论川藏茶马古道与藏地文学的现代新变》，还有《小报缘何写新诗——〈晶报〉文人的新诗接受机制与另类建构》，等等。这些文章无疑挖掘出了许多知识，然而这些知识是有意味的知识，它们的书写形成了各自的召唤结构，有可能带来新的理解和进一步思考。演讲这件事，历史悠久，读《尚书》，许多文字即从口吻可知，那就是演讲，譬如《牧誓》。那么到了抗战时期，郭沫若的演讲与我们的演讲传统之间，何处有"通"，何处是"变"，这里可以挖掘者甚多，而思想和意义将呼之欲出。至于茶马古道与藏地文学，这一对词语本身就带来激动和想象，知识的考据能够形成某种对历史的新认知甚至是人类学意义上的新理解。于是，文章里的知识就成为有较大意义的知识。那时候，藏地文学在汉地现代与藏地传统之间，加上遥远印度的可能性影响，构成了一个动态结构，让人联想到王明珂的《羌在汉藏之间》。另外，《晶报》与新诗的问题，值得细致探寻。知识的发掘描绘了"新"与"旧"之间富有历史感和意义空间的风景，可以协助我们摆脱新文学史的某些成见。

　　知识的意义生成可能，与学术研究的视野有关。有学者提出了大文学研究的系列命题，值得重视。大文学研究可以扩大研究视野，而更重要的是，让知识的意义经由"大"的研究而有"大"的意义。实际上，研究郭沫若抗战时期的演讲，这也是大文学研究。演讲经过记录和发表，形成了文本，然而这样的文本超越了一般的文学文体学，属于大文学范围。同时，演讲的时候，声音本身构成了另一个文本，而声音是"讲"的方面，演讲者还有"演"的方面，在"演"和"讲"之外，还有听众、环境、历史背景"诸元"，共同形成一个文本，一个超越了记录稿、发表稿的更大的"大文学"文本。在此，我们可以参考蒋荣昌《消费时代的文学文本》中关于文学文本的新理解。知识是新的，发现是新的，重要的是，可以召唤对文学和历史的新认知，诱发新思想。

　　大文学研究，除了作为研究对象的"大文学"之外，还有作为研究方法的"大文学"。本辑《瘟疫的科学性来源——近现代中美科学小说里的人种论述及其想象》，可以视为在方法意义上的大文学研究。跨学科研究原是比较文学美国学派的重要方法，这样的方法可以让中国现代文学研究"大"起来，在科学与小说之间，在瘟疫与隐藏在瘟疫的历史及其叙述之中的意识形态之间，因跨越而有了新的知识、新的角度。重要的是，由此可以超越饾饤之学，有腾空而起的希望。

投稿须知

　　《现代中国文化与文学》为四川大学文学与新闻学院主办的学术辑刊，现为南京大学2021-2022年度中文社会科学引文索引（CSSCI）来源集刊，每年4辑。现对投稿的有关问题作以下说明与约定：

　　1. 栏目说明。本刊欢迎中国现当代文学与文化的相关研究文章，常设栏目有特稿、大文学视野、文学档案、民国文学研究、共和国文学研究、港澳台文学研究、学人·著述等，并不定期推出各类专题研究栏目。

　　其中，"特稿"为本刊向业内资深专家的约稿；"大文学视野"主要指从广阔的社会文化范畴来研讨文学现象；"文学档案"主要针对新发现的文学史料，并强调对所列史料要有所分析和阐述；"民国文学研究"指晚清民初至中华人民共和国成立之前的相关文学研究；"共和国文学研究"指中华人民共和国成立后至今的相关文学研究；"港澳台文学"包括对中国香港、澳门、台湾三地相关文学的研究；"学人·著述"则是对学界相关学者与专著的评介，也包括一些重要的会议综述。

　　2. 论文规范说明。文章必须未曾在其他正式刊物上发表过。每篇字数为7000—10000字，重要选题或史料可适当增加字数。来稿凡引必注，注释统一采用脚注形式（体例详后），引文、注释请务必核对无误。来稿需另提供英文标题，并在文末注明作者简介、作者单位、电子邮箱、联系电话、通信地址等必要信息。

　　3. 投稿规定。本刊目前只接受邮箱投稿，投稿邮箱为：xdzgww@126.com。请在邮件主题中注明"作者单位+姓名+文章名"。作者须确保投稿文章内容无任何违法、违纪内容，无知识产权争议。严禁剽窃、抄袭，反对一稿多投。

　　4. 编审说明。本刊采用同行专家匿名审稿制，审稿期限为6个月。6个月内未收到用稿通知，可自行处理。本刊编辑有权删改所用稿件，不同意者请在来稿时予以说明。稿件一经采用，寄送样刊两册。

　　5. 版权说明。本刊官方微信公众号为"大文学研究"，所刊稿件将在此平台上择优予以推送；且本刊已许可中国知网以数字化方式复制、汇编、发行、信息网络传播本刊全文。所有署名作者向本刊提交文章发表之行为视为同意上述声明。

6. 费用说明。本刊不以任何形式收取版面费。

《现代中国文化与文学》编辑部

脚注格式：

①徐杰：《论乡村小说的写作》，《王西彦研究资料》，知识产权出版社 2009 年版，第 368-369 页。

②郭志刚、孙中田：《中国现代文学史》（上册），高等教育出版社 1999 年版，第 235 页。

③［美］爱德华·W. 萨义德：《东方学》，王宇根译，生活·读书·新知三联书店 2007 年版，第 426-427 页。

④陈荒煤：《向赵树理方向迈进》，《人民日报》1947 年 8 月 10 日。

⑤丁帆：《新世纪中国文学应该如何表现"风景"》，《徐州师范大学学报》（哲学社会科学版）2012 年第 3 期。